Risiko Deutschland

Joschka Fischer

Risiko Deutschland

Krise und Zukunft der deutschen Politik

Kiepenheuer & Witsch

Umschlaggestaltung Kalle Giese, Overath
Umschlagfoto Sentopress, Bielefeld
Satz Jung Satzcentrum GmbH, Lahnau
Druck und Bindearbeiten Mohndruck Gütersloh
ISBN 3-462-02341-1

Inhalt

Vorwort

Mit dem Ende des kalten Krieges kündigt sich das einundzwanzigste Jahrhundert an, und es wird das Jahrhundert der Globalisierung werden, so wie das neunzehnte das Jahrhundert der Nationalstaaten war und das zwanzigste das Jahrhundert der Weltkriege und der Supermächte. Dieser Prozeß der Globalisierung wirkt universell und wird sich durch keine Macht der Welt aufhalten lassen, denn er wird angetrieben von dem Prozeß einer säkularen Modernisierung, dessen Kräfte tieferen Ursprungs sind und viel weiter reichen, als politisches Handeln – gleich in welchem System – dies jemals zu tun vermag. Der Prozeß der Moderniserung der Welt, der vor etwa vierhundert Jahren in Europa seinen Ausgang nahm, war zugleich deren Entzauberung, und heute steht die Staatengemeinschaft vor Herausforderungen, die die Steuerungsmöglichkeiten des bisherigen internationalen politischen Systems und seiner tradierten nationalstaatlichen Organisationsformen bei weitem übersteigen. Im Zeitalter des Globalismus wird sich die Politik nachdrücklich internationalisieren – und d. h. entnationalisieren – müssen, da sie ansonsten den neuen globalen Herausforderungen nicht gerecht werden kann. Diese Herausforderung stellt sich vor allem an die führenden Industrieländer des Westens, da deren Entscheidungen für den weiteren Fortgang der globalen Entwicklung von zentraler Bedeutung sind.

So wird z. B. die Globalisierung der Märkte, vor allem des Arbeitsmarktes, und eine dramatische Überalterung der Gesellschaften des Westens deren Sozialstaaten vor die größte Herausforderung ihrer Geschichte stellen mit wahrscheinlich erheblichen Auswirkungen auf die Stabilität dieser reichen Industrienationen in Nordamerika und vor allem in Europa. Die himmelschreiend ungerechte Verteilung der Lebenschancen und des Reichtums auf dieser Welt werden nicht nur für zusätzliche politische Instabilität sorgen, sondern auch den Weg der Weltwirtschaft in die selbstgestellte Wachstumsfalle einer zunehmenden Umweltzerstörung beschleunigen. Die globalen ökonomischen Wachstumsbedürfnisse einer sehr schnell auf 8 Milliarden Menschen anwachsenden Menschheit und die Öffnung des Weltmarktes nach dem Ende des kalten Krieges für Milliarden von Menschen, die bisher durch die Systemkonkurrenz zwischen West und Ost faktisch davon ausgeschlossen waren, werden die natürlichen Ressourcen und zahlreiche regionale Ökosysteme, ja das globale Ökosystem Erde zusätzlich belasten und auch absehbar überlasten, wenn nicht politisch steuernd eingegriffen wird. Eine solche Steuerungsleistung vermag aber selbst eine Supermacht wie die USA kaum noch allein zu erbringen, geschweige denn die herkömmlichen europäischen Nationalstaaten oder gar die Schwellenländer der Dritten Welt.

Für all diese Herausforderung des kommenden einundzwanzigsten Jahrhunderts gibt es heute keine oder kaum zufriedenstellende politische Antworten der internationalen Staatengemeinschaft. Die Politik leistet sich weltweit noch den Luxus der nationalstaatlich begrenzten Machtpolitik, während die Probleme bereits eine andere, weitaus größere, transnationale und globale Dimension angenommen haben. Mit dem Ende des kalten Krieges ist eine ganze Weltordnung verschwunden, und an deren Stelle ist eine große Unordnung, sind große Risiken und sind noch größere Chancen getreten. Diese neue Unordnung im internationalen politischen System verlangt nach ordnenden Übereinkünften und Gestaltung, die den Problemen der Zukunft gerecht werden, und nicht nach Lösungen, die sich bereits in der Vergangenheit als untauglich, ja in wesentlichen Teilen sogar als hochgefährlich erwiesen haben.

Europa, dieser Kontinent, von dem drei Weltkriege – zwei heiße und ein kalter Krieg – ausgegangen sind, befindet sich nach dem Untergang der Sowjetunion in einer extrem zerrissenen Situation zwischen den nationalistischen Dämonen einer wiedererstandenen Vergangenheit und der Hoffnung auf eine Zukunft der europäischen Völker in einer gemeinsamen Union. Einerseits fallen in Europa Grenzen, andererseits werden neue Grenzen errichtet, und zugleich ist der Krieg um Territorium und Grenzen in all seiner ethnischen Grausamkeit und nationalistischen Verblendung nach Europa zurückgekehrt. Gerade der Krieg im früheren Jugoslawien demonstriert tagtäglich, daß sich Europa angesichts der Herausforderungen des einundzwanzigsten Jahrhunderts einen Rückfall in den überkommenen Nationalismus einer überwunden geglaubten Vergangenheit nicht mehr erlauben kann und darf.

Deutschland ist der große Gewinner des Endes des kalten Krieges, denn es hat seine Einheit wiedererhalten und alle seine Feinde gewissermaßen über Nacht verloren. Die wiederentstandene deutsche Mittellage in Europa bietet diesmal eine große Chance, wenn diese durch Deutschland nicht erneut für eine Renationalsierung seiner Politik, nicht für die Wiedergeburt seiner nationalen Hegemonie vertan wird, sondern vielmehr für eine auf volle Integration setzende Politik der »europäischen Mitte« genutzt wird.

Aber dieses wiedervereinigte Deutschland befindet sich auch in einer tiefen Krise: die Krise der Vereinigung zwischen Ost und West und eine Orientierungskrise über den zukünftigen Weg des Landes. Ausgerechnet dieses Deutschland leistet sich gegenwärtig angesichts seiner unverhofften Chancen und auch angesichts der großen Herausforderungen einen drohenden Rückfall in den Nationalismus. Einhergehend mit der Einheit des Jahres 1990 hat zum ersten Mal seit dem Ende des Zweiten Weltkriegs ein Revisionsversuch sein Haupt erhoben, vor allem innerhalb der intellektuellen und politischen Eliten, der die Chance der neugewonnenen Souveräntität der »Berliner Republik« deutschnational nutzen will. Er zielt innen- und vor allem außenpolitisch auf die Revision der Grundlagen der deutschen Politik und setzt auf ein Wiederanknüpfen an die vordemokratischen Machtstaatstraditionen vor 1945. Seine Kombattanten findet er vor allem unter der historischen Intelligenz und im rechten Lager der Politik bis in die konservative Mitte hinein. Im Kern geht es bei diesem neuen Revisionismus um eine Absage an die europäische Integration und demnach um die Rückkehr zu einer Europa destabilisierenden Hegemonialpolitik. Allein auch nur der Versuch wird sich politisch für Deutschland als hochgefährlich erweisen.

Dieser nationalistische Revisionsversuch ist ein Angriff aus der Vergangenheit auf die europäische und demokratische Zukunft der Bundesrepublik Deutschland, und das Schlachtfeld, auf dem dieser Angriff ausgetragen wird, ist wieder einmal die Geschichte. Die deutsche Nation braucht nach dem Wegfall des Antikommunismus, dem zunehmend prekärer werdenden Wohlstandsversprechen und den drohenden innerdeutschen Verteilungskonflikten zwischen West und Ost, so die gegenwärtige deutschnational konservative Sicht der Dinge, wieder eine belastbare nationale Sinnstiftung, und die findet im nationalen Bewußtsein der eigenen Geschichte – oder was dafür ausgegeben wird – statt. Die historische Legitimation der alten (west)deutschen Bundesrepublik und ihrer nüchtern pragmatischen Demokratie muß zuvor allerdings erst zertrümmert und so einer neuen nationalen Legitimation Platz verschafft werden.

Genau deshalb ist das vorliegende Buch auch kein Buch über aktuelle und zukünftige Herausforderungen geworden, kein »grünes« Buch über die Umwelt, keines über das Zeitalter des Globalismus und keines über die Krise der Demokratie. Das vorliegende Buch handelt, obwohl – oder genauer: gerade weil – es um die zukünftige Politik Deutschlands geht, vor allem von der Vergangenheit, von deutscher Geschichte und den Irrungen, ja dem Irrsinn deutscher Machtpolitik, ihrem schließlichen Scheitern im ersten deutschen Nationalstaat und dem endlich erfolgreichen demokratischen Neubeginn im Westteil des Landes. Und es handelt von den Risiken, die diesem Land von einem deutschnationalen Rückfall in die Verführungen der Machtstaatspolitik drohen, und insofern handelt es auch von den anstehenden Alternativen deutscher Außenpolitik.

In Deutschland, wie in manch anderen Ländern Europas, geht es gegenwärtig darum, die Vergangenheit nicht wieder Gegenwart werden zu lassen, und dazu bedarf es nachdrücklich der Erinnerung. Nicht umsonst gründen alle diese deutschnationalen Revisionsversuche auf der »Relativierung« und der »Historisierung« der jüngeren deutschen Vergangenheit, aber tatsächlich meinen sie ein bloßes »Schwamm drüber!« über die nationalistischen Katastrophen der deutschen Geschichte und vor allem über Hitler und seine völkermörderischen Verbrechen.

In dieser Wiederkehr der Vergangenheit liegt das gegenwärtige »Risiko Deutschland«. Der Begriff »Risiko« meint eine erkennbare Gefahr, der man allerdings erfolgreich begegnen kann, um so das erkannte Risiko zu verringern oder gar abzuwenden. Er umfaßt demnach also auch wesentlich das Element der »Chance« zur Risikovermeidung, und genau in diesem Sinne ist der Begriff »Risiko Deutschland« hier gemeint.

Das vorliegende Buch ist also kein historisches Werk, auch wenn es ausführlich die Entwicklungslinien der deutschen Geschichte hin zur Katastrophe vom 8. Mai 1945 – jener Urkatastrophe des deutschen Nationalismus – nachzuzeichnen versucht. Obwohl es sehr stark auf die vorhandenen Erkenntnisse der geschichtlichen Forschung zurückgreift, konzentriert es sich gerade dadurch ganz auf die politische Aktualität, denn wenn dieser deutschnationale Revisionsversuch im vereinigten Deutschland gelingen sollte, so würde die endlich überwunden geglaubte Geschichte des deutschen Machtstaats auf fatale Weise dieses Land mit all den daran hängenden negativen Konsequenzen erneut einholen.

Die deutsche Linke scheint nach dem Zusammenbruch der Sowjetunion, nach der deutschen Einheit und dem damit einhergehenden Verlust ihrer sozialen Utopien wie gelähmt, während sich eine neu entstehende jungdeutsche Rechte nach dem Verlust des antikommunistischen Feindbildes, welches das konservative Lager über vierzig Jahre bequem vereint hat, heftig daranmacht, die deutschnationale Sinnstiftung unseligen Angedenkens zu exhumieren und von dem Brandgeruch der Krematorien von Auschwitz zu reinigen. Mit dem Ende des kalten Krieges verspürt der Nationalismus wieder historischen Rückenwind in Europa, und genau das macht so manche, heute durchaus noch akademisch erscheinende Debatte innerhalb einer sich verstärkt entwickelnden nationalen Rechten in Deutschland so besorgniserregend. Es geht bei all diesen Revisionsbemühungen im Gewande historisch akademischer Bemühungen aber mitnichten um Wissenschaft, sondern um harte Politik und um die zukünftige politisch-intellektuelle Hegemonie im souverän gewordenen Deutschland.

Die deutsche demokratische Linke wird sich diesem Gegner endlich stellen müssen, wenn sie nicht weiter zu Lasten von Demokratie, Freiheit und Frieden wichtiges Terrain an die ideologische Wiedergeburt von Nationalismus und Machtstaat in Deutschland verlieren will, und sie wird die Auseinandersetzung um die Geschichte und in der Geschichte Deutschlands annehmen müssen und sich nicht länger auf den tradierten Kanon moralischer Positionen aus der Zeit des kalten Krieges allein verlassen dürfen. Die Bundesrepublik Deutschland ist heute wieder voll für sich selbst verantwortlich, und das wird auch die deutsche Linke vor völlig neue Herausforderungen stellen. Die »Leichtigkeit des Seins« der alten (west)deutschen Bundesrepublik ist definitiv dahin. Gerade wenn man die Rückkehr zum Nationalstaat für einen historischen Irrtum hält und die Zukunft in einer Europäischen Union anstrebt, ist die Zeit der bequemen linken Distanz zur Nation in Deutschland seit 1989 nolens volens vorbei, es sei denn, die Linke will die Fehler des Einheitsjahres und deren Folgen zwanghaft wiederholen. Anders gesagt: Die deutsche Einheit und der daraufhin erfolgende deutschnationale Revisionsversuch der demkoratischen, zivilen und friedensstaatlichen Fundamente der alten Bundesrepublik zugunsten von Nation, ethnischer Selbstdefinition, Machtstaat, Weltpolitik und deutscher Hegemonie werden die Linke in diesem Land zwingen, endlich ihr Verhältnis zu diesem Deutschland und – eng damit verbunden – auch zu Europa zu klären. Man kann es drehen und wenden wie man will, ein besseres Deutschland wird es nicht *gegen*, sondern nur *mit* diesem Land geben, und genau darum wird die gegenwärtige Auseinandersetzung zu führen sein. Die Chancen, zu gewinnen, sind diesmal besser denn je in der deutschen Geschichte, und das »Risiko Deutschland« wäre danach zum ersten Mal in der deutschen Geschichte wirklich gebannt.

1. Kapitel

Antinomien eines kalten Sieges

»Es muß einem schon zu denken geben, wenn es am Ende dieses Jahrhunderts praktisch nirgendwo mehr überzeugte Kommunisten gibt, nicht einmal im Bereich der Sowjetunion... Nazis und Hitlerbewunderer gibt es dagegen noch immer, und es sind nicht nur die kläglichen Reste einer älteren Generation, sondern neue Anhänger, junge Männer und Frauen, teils offen, teils heimlich. Und es gibt sie nicht nur in Deutschland und Österreich, sondern in vielen Ländern der Welt.«

John Lukacs[1]

Nach dem Ende des kalten Krieges durch das Verschwinden der mächtigen Sowjetunion steht der Westen als ein völlig verblüffter und zugleich uneingeschränkter Sieger vor dem Weltgericht, welches, frei nach Hegel, ja die Weltgeschichte sein soll. Lorbeerkränze, Triumphe, kolossale Denkmäler und unsterblicher Ruhm für die siegreichen Helden, so sollte man meinen, beherrschen die Stimmung der Zeit, aber nichts da! Nichts ist zu finden von dem strahlenden Glanz eines historischen, eines epochemachenden Sieges. Ganz im Gegenteil gab es noch nie einen freudloseren Sieg und mißlaunigere, ja ratlosere und verängstigtere Sieger als diese Sieger des kalten Krieges. Was Wunder auch, denn mit dem Sieg stürzte zugleich eine Weltordnung ein, auf die man alles gesetzt hatte und die man eigentlich, wenn man nur ehrlich wäre im Westen, gar nicht verlieren wollte. Im alten Rom, das wie keine zweite Macht der Geschichte ihre gewonnenen Kriege in Triumphzügen für die siegreichen Feldherren zu zelebrieren verstand, wurden wegen weitaus geringerer Siege derartige Spektakel veranstaltet und in Gestalt von Marmorsäulen und steinernen Triumphbögen in der Hauptstadt verewigt. Für die entscheidenden Siege über das verfluchte Karthago, Roms große Gegenspielerin und Todfeindin in der damaligen Welt des Mittelmeeres, gingen die Scipionen gar in die Unsterblichkeit ein.

Der vergleichbare, weitaus gigantischere Zweikampf unserer Tage dagegen ist sang- und klanglos zu Ende gegangen, und von Triumphen weltweit keine Spur. Im Gegenteil, die siegreichen Feldherren und Konsuln der Gegenwart, vorneweg der amerikanische Präsident George Bush, wurden von ihren Völker anstandslos und demokratisch zivilisiert aufs Altenteil geschickt. Die Völker wollen statt dessen Erneuerung und die heißersehnte »Friedensdividende« zur Lösung ihrer inneren Probleme nach all den Jahrzehnten des Wettrüstens. Der Sieg des Westens erweist sich schon nach wenigen Jahren als das, was er tatsächlich war: ein ungewollter Sieg. Es ist dies eine weitere Kuriosität in dem an historischen Einmaligkeiten so reichen Vorgang des Verschwindens der Supermacht Sowjetunion – deus in machinam! –, wie man sie vergleichbar in der Geschichte nur schwerlich finden wird.

Wenn es also ein Sieg wider Willen für den Westen war, und in der Tat ging diese Revolution von Osteuropa und vor allem von Rußland aus, dann wird die Tatsache durchaus weniger verwunderlich, daß im Westen niemand feiert und geehrt wird, sondern daß unter den Siegern wider Willen und Erwarten eine große Ratlosigkeit herrscht, eine bängliche Zukunftsangst und eine nicht zu übersehende Hilflosigkeit angesichts der blutigen Ungeheuer einer längst abgetan geglaubten Vergangenheit, die unter den Trümmern des zerbrochenen Sowjetreiches hervorkriechen, als hätte Stalin jene ominöse Büchse der Pandora gefunden und im Untergang weit geöffnet. Den Westen beschleicht die klamme Ahnung, daß sich die Hinterlassenschaft des zusammengebrochenen Sowjetimperiums als noch weitaus gefährlicher für die Welt erweisen könnte als dieses Imperium selbst in seinen aggressivsten Zeiten.

Der Homo sapiens scheint, ganz anders als der Elefant, für die schlechten Dinge und Bösartigkeiten des Lebens lediglich ein äußerst kurzes Gedächtnis zu besitzen. Und so verwundert es nicht, daß bereits wenige Jahre nach dem Ende des kalten Krieges sich der verklärend milde Glanz nachlassender Erinnerung breitmacht. Erinnern wir uns, der kalte Krieg war keineswegs eine Operettenveranstaltung von einigen Zehntausenden Dr. Strangeloves in den Militär- und Politbürokratien zwischen Washington und Moskau. Er war kein enorm teurer Scherz oder die globale Inszenierung des Jüngsten Gerichts ohne abschließenden Ernst. Er war auch keine

moderne Politmagie zur Betäubung der Massen und zur Verteidigung der Machteliten und der politisch-militärisch-industriellen Bürokratien in Ost und West, für die lediglich Billionen von Dollar und Rubel verschwendet wurden. Nein, der kalte Krieg war ein richtiger Krieg zwischen Todfeinden gewesen, bitter ernst, der allerdings niemals ausgeschossen wurde, sondern sich, bedingt durch die alles zerstörende Macht der Atombombe, in der bloßen Androhung eines letzten, atomaren Schußwechsels erschöpft hatte. Allerdings: Die feindlichen Lager des kalten Krieges wurden lediglich durch die Macht der atomaren Technologie in jenes anhaltende kalte Patt gezwungen, an der Leidenschaft und Bereitschaft zum heißen Kriege hat es ihnen aber, ganz in der machtpolitischen Tradition der vorangegangenen Jahrhunderte, niemals gemangelt.
Der Begriff »Androhung« schreibt und sagt sich leicht, ja er klingt sogar nach einer fast verharmlosenden Relativierung der tatsächlichen Gefahren.
Was aber hieß »Androhung« im kalten Krieg? Niemals zuvor in der Menschheitsgeschichte – und diese war seit der ersten Staatenbildung im Neolithikum vor 5000 Jahren immer auch eine nie abreißende Geschichte von Kriegen gewesen[2] – gab es eine solche Anhäufung von Armeen, Waffen und Vernichtungspotentialen wie in diesem kalten Krieg. Dieser »angedrohte« Krieg umfaßte und organisierte potentiell nicht weniger als die kollektive Selbstvernichtung der Gattung Mensch. Eine auch nur annähernd vergleichbare, extreme Zuspitzung menschlichen Irrsinns in der Politik hatte es in der gesamten Menschheitsgeschichte zuvor nicht gegeben.
Ähnlich historisch beispiellos waren allerdings dann auch das unangekündigte Ende dieses Krieges und die von diesem Ende ausgelöste allgemeine Ratlosigkeit und Zukunftsangst. Der Westen macht gegenwärtig die alte Erfahrung, daß nichts so deprimierend ist wie eine Niederlage und nichts so gefährlich wie ein Sieg. Für den Verlierer ist die Welt qualvoll und doch zugleich einfach. Er muß aushalten und durchhalten, muß versuchen, wieder auf die Beine zukommen, die Scherben zusammenfegen und sich aus dem Desaster der Niederlage herausarbeiten. Der Sieger hingegen muß aus seinem Sieg mehr machen als eine kommende Niederlage, muß versuchen, die gewonnenen Vorteile auf Dauer zu erhalten, und die Welt nach

dem Siege neu ordnen. Nicht selten begann in der Geschichte mit einem strategischen Sieg zugleich auch der Abstieg der siegreichen Mächte, denn der Verlierer braucht Härte, die Sieger aber Weisheit, und nichts ist so selten unter Menschen und gar in der Politik zu finden wie die Tugend der Weisheit. Vielleicht fasziniert die Menschen gerade deshalb die Geschichte großer Reiche, die Jahrhunderte überdauert haben.

»Was tun mit dem Sieg?« fragt sich der Westen, und aus dem Mausoleum an der Kremlmauer in Moskau ertönt angesichts der Ratlosigkeit des Westens ein dröhnend homerisches Gelächter. Die Mumie hat gut lachen. Der gute Mann hatte damals übrigens zwanzig Jahre intellektuellen Vorlauf, bevor der Zar in Rußland 1917 hinweggefegt wurde. Lenin und sein kommunistischer Verschwörerzirkel erlebten sogar eine detaillierte Generalprobe der Revolution von 1917 im Jahre 1905, saßen während des Ersten Weltkrieges sicher im Schweizer Exil, sahen, wie die klassiche bürgerliche Welt in ihre Selbstzerstörung im Weltkrieg hineintaumelte, und verfolgten, wie die damaligen mächtigen Reiche langsam, aber sicher im gegenseitigen Trommelfeuer und Massensterben in den Schützengräben in sich zusammenkrachten, »...derart, daß die Kronen zu Dutzenden über das Straßenpflaster rollen und niemand sich findet, der sie aufhebt«[3], wie der alte Friedrich Engels ungehört bereits 1887 prophezeit hatte. Und dennoch ging es grauenhaft schief mit Lenins Menschheitsexperiment, langfristig zwar und erst nach siebzig Jahren, dafür aber um so nachdrücklicher.

Wenn nun eine Weltordnung ankündigungslos und gewissermaßen über Nacht zusammenbricht, so wirft das mehr als nur eine Frage auf. Was folgt, und das ist die erste und naheliegendste Frage, auf diese Ordnung des kalten Krieges, auf deren eisig klare und zugleich furchtbar einfache machtpolitische Logik, die politisch wie geistig ordnende Kraft ihrer ideologischen Todfeindschaften? Was folgt auf das Zeitalter der beiden Supermächte und des globalen atomaren Rüstungswettlaufs? Zumindest für Europa und für Deutschland wird die Beantwortung dieser Frage in den kommenden Jahren von entscheidender Bedeutung sein, denn Europa war der bedeutendste Kriegsschauplatz des kalten Krieges und Deutschland sein Hauptschlachtfeld gewesen.

Der politische Alltag Europas gibt uns, den Zeitzeugen dieses Umsturzes, eine erste, wenig befriedigende Antwort: Auf die Ordnung des kalten Krieges folgte ganz offensichtlich ein gewaltiges Durcheinander von Mächten, Interessen, Konflikten, Bündnissen, Ideen und allen möglichen Verrücktheiten, ein unkalkulierbares Chaos ungeordneter Kräfte. Es stellt sich demnach die zweite Frage, wie sich dieses Chaos strukturieren wird und wer dabei in Europa welches Risiko zu tragen und welchen Preis zu entrichten, wer welchen Gewinn und welchen Verlust zu verzeichnen haben wird. Diese Kalkulation von Gewinn und Verlust wird die Politik der europäischen Mächte in den nächsten Jahren wesentlich bestimmen.
Vierzig Jahre lang schien das Ende des kalten Krieges zwischen Ost und West das zentrale und doch unerreichbar ferne Ziel der Politik des Westens zu sein, so daß man, als dieser Ernstfall dann völlig unerwartet 1989/90 eintrat, dort auf nichts und niemand vorbereitet war. Vierzig Jahre lang hatte diese globale, alle anderen Konflikte der Welt nach dem Ende des Zweiten Weltkrieges in seinen Bann zwingende welthistorische Auseinandersetzung zwischen dem kapitalistisch-demokratischen Westen und dem sozialistisch-diktatorischen Osten die große Gefahr eines atomaren, eines Dritten Weltkrieges auf die Tagesordnung der Epoche gesetzt. Tag um Tag, Rüstungsrunde um Rüstungsrunde – gemessen in einem immer weiter ins Sinnlose eskalierenden militärischen Potential des atomaren Overkill und begleitet von einer gigantischen Verschwendung an menschlicher Intelligenz und materiellem Reichtum – schien diese Ordnung der angedrohten gegenseitigen atomaren Vernichtung alle anderen Konflikte ruhiggestellt zu haben. Die Geschichte selbst schien unter diesem machtpolitischen Eispanzer der internationalen Machtpolitik erstarrt zu sein, und es bewegte sich lediglich noch die atomare Rüstungsspirale. Allein der kalte Krieg der beiden Supermächte zählte, und alles politische Geschehen in den Kernbereichen dieser Konfrontation war seinem Diktat untergeordnet.
Gewiß gab es in den Randzonen dieser globalen Konfrontation noch jede Menge heiße Schießkriege, von Afghanistan bis Vietnam, aber die Abschreckung hielt dennoch und ohne Ausnahme, was sie versprach: Die beiden Militärbündnisse der Supermächte haben in den vierzig Jahren des kalten Krieges nicht ein einziges Mal direkt

und unmittelbar aufeinander geschossen. Nach all den Jahrzehnten der Eiszeit des kalten Krieges war im Westen freilich eines zunehmend in Vergessenheit geraten, nämlich daß sich auch die mächtigsten Gletscher bewegen und daß in ihrem Inneren, selten von außen zu erkennen, gewaltige Kräfte und Veränderungen wirken.

Bevor wir uns jedoch den Folgen und Konsequenzen des Zusammenbruchs der Ordnung des kalten Krieges zuwenden, soll zuerst noch einmal versucht werden, festzuhalten, was diese Ordnung ausgemacht, was sie hervorgebracht hat und was heute, im Gefolge dieses Zusammenbruchs, durchaus und zu Recht als gefährdet angesehen werden muß. Als erstes Faktum gilt es festzuhalten, daß sich diese Ordnung des Kalten Krieges aus der jeweils spezifischen Sicht des Westens und des Ostens völlig anderes dargestellt hat.

Aus westlicher Sicht barg diese Ordnung des kalten Krieges und einer bipolaren Welt nicht nur gewaltige Risken und Kosten, sondern hatte durchaus auch ganz erhebliche Vorteile.

Wie in jedem Krieg, der sich alternativlos in die Länge zieht, weil eine Erschöpfung eines oder gar beider Kombattanten nicht absehbar ist, begannen sich die Zeitgenossen in dieser Ordnung des kalten Krieges einzurichten, sich an sie zu gewöhnen, sie als die einzig Mögliche jenseits des atomaren Untergangs anzusehen. Ja, man vergaß seit den sechziger Jahren – die nukleare Parität der Supermächte war Realität geworden, die innerdeutsche Grenze wurde 1961 mit dem Bau der Berliner Mauer endgültig abgeriegelt, der Flüchtlingsstrom aus dem Osten versiegte nahezu völlig – und der dann einsetzenden Entspannung zwischen den beiden Blöcken mehr und mehr, daß man sich im Kriegszustand befand, einem kalten zwar, aber immerhin hochgefährlich. Die Alten, die noch von der politischen Ordnung Europas vor dem kalten Krieg geprägt waren, begannen wegzusterben, die Jüngeren gewöhnten sich an diesen nichterklärten atomaren kalten Weltkrieg und seine merkwürdige politisch-strategische Logik und Ordnung, und die in diese Ordnung Hineingeborenen kannten sowieso nichts anderes. Auf der westlichen Seite jener kalten und zugleich hochgefährlichen Frontlinie, welche die jeweiligen Einflußzonen der Supermächte USA und UdSSR trennte, ließen sich zudem die wirtschaftlichen, politischen und sozialen Dinge höchst hoffnungsvoll an.

Westeuropa, allen voran der besiegte westliche Teil des ehemaligen Deutschen Reiches, erlebte seit den fünfziger Jahren eine beispiellose wirtschaftliche und in deren Gefolge auch demokratische und soziale Blüte, und das hatte im wesentlichen drei Gründe: Erstens lag Deutschland völlig zerstört und erschöpft am Boden. Deutschland hatte bedingungslos kapituliert, war besetzt und unter den Siegermächten aufgeteilt worden und zudem politisch, ökonomisch, moralisch und materiell am Ende. Die totale nationale Katastrophe der Deutschen, das vom Deutschen Reich begangene Jahrhundertverbrechen des Holocaust am europäischen Judentum und an den Sinti und Roma und der verbrecherische Rasse-, Versklavungs- und Vernichtungskrieg gegen einige der osteuropäischen Völker und die Völker der damaligen Sowjetunion machten auch nur den Gedanken an eine deutsche Revanche, anders als nach 1918, oder an ein Fortbestehen des preußisch-deutschen Militarismus oder gar des Nationalsozialismus völlig unmöglich.

Es ist die bittere Wahrheit, daß sich die deutschen Eliten der Demokratie erst dann wirklich zuwandten, als sie das Land 1945 in den tiefsten Abgrund geführt und sich dabei gänzlich an Hitler und seine Verbrechen ausgeliefert hatten. Bis dahin war die Bejahung der Dekmokratie als Staatsform eine Sache von Minderheiten unter den deutschen Eliten gewesen. Die Mehrheit hatte für die Demokratie nur Verachtung übrig gehabt und lief demnach konsequent 1933 und danach zu Adolf Hitler und seinem »Führerstaat« über. Angesichts dieser ausschließlich selbstverschuldeten Katastrophe des Großdeutschen Reiches hätte ein wie auch immer geartetes Festhalten an der Vergangenheit für die Nation sowohl machtpolitisch als auch geistig den endgültigen Selbstmord bedeutet. Nach 1945 gab es keine »Kriegsschulddebatte« und keine »Dolchstoßlegende« wie nach 1918. Deutschland blieb nach dem Ende Hitlers nur der radikale Bruch mit seiner Geschichte und ein grundsätzlich anderer, demokratischer Neuanfang, erzwungen von den westlichen Siegermächten und der eigenen Schande.

Der zweite Grund für die prosperierende Entwicklung des Westens lag in der Politik der westlichen Siegermächte, die Deutschland diesmal keine weitere Chance zur Revanche lassen wollten. Deshalb wurde Deutschland dauerhaft in Besatzungszonen aufgeteilt, und

dem größeren westlichen Teil wurde die Chance eines demokratischen Neuanfangs eingeräumt. Allerdings nur nach westlichem Vorbild und unter strikter westlicher Kontrolle.
Der dritte und schließlich alles überragende Grund für den Aufschwung Westeuropas war der Beginn des kalten Krieges Ende der vierziger Jahre und die Angst vor der drohenden Gefahr der Expansion der Sowjetunion nach Westeuropa. Die USA hielten diesmal, ganz anders als nach dem Ersten Weltkrieg, ihr militärisches Engagement in Europa aufrecht, und sie entschlossen sich zu einer Eindämmungspolitik gegenüber Stalin. Die Angst vor einer expansiven Sowjetunion führte seitens der westlichen Supermacht zu jenem beispiellosen ökonomischen Hilfsprogramm, dem sogenannten »Marshallplan« der die darniederliegenden westeuropäischen Volkswirtschaften, vorneweg die westdeutsche, auf marktwirtschaftlicher Grundlage in eine anhaltende Blüte führen sollte. Die rechtsstaatlich-parlamentarisch verfaßte Demokratie wurde nach dem Zweiten Weltkrieg zur alleinigen Regierungsform im Westen Europas, und seit den siebziger Jahren waren auch die letzten Diktaturen im europäischen Süden von parlamentarischen Demokratien dauerhaft abgelöst worden. Diese entschlossene Verbindung von demokratischer, marktwirtschaftlicher und militärischer Komponente beim Wiederaufbau Westeuropas und des westlichen Teils des besiegten Deutschlands homogenisierte in einem bis dahin nicht gekannten Ausmaß die gesamte Entwicklung der beteiligten Nationen und schuf damit den politisch-ökonomischen Rahmen für jene erfolgreiche Entwicklung bis 1989.
Die traditionelle Erbfeindschaft zwischen Deutschen und Franzosen wurde historisch ad acta gelegt, und aus dieser jahrhundertealten, so viele Opfer fordernden Feindschaft entwickelte sich die zentrale Achse der westeuropäischen Zusammenarbeit bis hin zur gegenwärtigen vollen Integration im gemeinsamen Markt der Europäischen Gemeinschaft. Damit wurde einer der beiden wichtigsten Kriegsgründe zwischen den westeuropäischen Nationen in der Neuzeit ausgeschaltet, nämlich die Rivalität in der Wirtschaft. Der noch in der jüngsten Vergangenheit blutig ausgetragene Kampf um Märkte, Großwirtschaftsräume und Einflußzonen der europäischen Mächte wurde nun zugunsten eines friedlichen Interessen-

ausgleichs auf dem Vertragswege, des freien Handels und des gemeinsamen Marktes überwunden. Die große Industrie wurde durch Montanunion, EWG und später EG und EU vom Kriegs- zum Integrationsfaktor der westeuropäischen Nationen – und dies muß man auf dem Hintergrund der europäischen Geschichte als eine fast revolutionäre Veränderung bezeichnen. Darin lag und liegt eine unglaubliche historische Leistung.
Westeuropa und Nordamerika wurden seit der ersten Hälfte der fünfziger Jahre in der Sicherheitspolitik unter amerikanischem Oberbefehl in der Nato militärisch integriert. Es war dies eine direkte Konsequenz aus dem begonnenen kalten Krieg. Aus souveränen Staaten und jahrhundertealten erbitterten Konkurrenten, ja Feinden, und nach zahllosen größeren und kleineren Kriegen und Grenzverschiebungen wurden aus den Kombattanten sicherheitspolitische Partner, die einen wesentlichen Teil ihrer Souveräntität, nämlich die freie und uneingeschränkte Verfügung über die eigenen Streitkräfte, ganz an das Bündnis, wie im Falle Westdeutschlands, oder zu Teilen abgetreten hatten. Hierin unterschied sich die Nato aber wesentlich von den klassischen europäischen Militärbündnissen der Vergangenheit. Mit dieser militärischen Integration entfiel nun der zweite wichtigste Kriegsgrund in der Geschichte der europäischen Mächte, nämlich deren machtpolitische und strategische Rivalität. Auch dies war eine erstaunliche, historisch zu nennende Leistung. Hinzu kam die Beendigung aller Grenz- und Territorialkonflikte in Westeuropa[4] durch eine endgültige Regelung mit der Perspektive, die Grenzen in Westeuropa durchlässig und eines fernen Tages in einem vereinten Europa sogar überflüssig zu machen.
In Westeuropa war damit eine völlig neue, für die europäische Geschichte durch und durch atypische Ordnung entstanden, die nicht mehr auf der Rivalität der Mächte, wechselnden Bündnissen und Krieg gründete, sondern vielmehr auf Integration, Gewaltverzicht und Interessenausgleich durch freien Rechtsvertrag. Aus der außenpolitischen Rivalität der westeuropäischen Staaten bis hin zu immer wiederkehrenden Kriegen war somit eine fast innenpolitisch zu nennende friedliche Konkurrenz unter gewaltfreien westeuropäischen Vertragsverhältnissen geworden. Die Gewalt wurde durch

das Recht zwischen den Mächten ersetzt. Westeuropa war fortan internationalistisch oder zumindest transnational orientiert und erlebte ein in seiner Geschichte niemals zuvor gekanntes Maß an Freizügigkeit von Menschen, Waren und Ideen. In den eineinhalb Jahrhunderten zuvor, seit der Französischen Revolution, hatte hingegen der Nationalismus seine schrecklichen Triumphe auf dem gequälten Kontinent gefeiert. Diese Überwindung der wirtschaftlichen und machtpolitischen Rivalitäten unter den europäischen Mächten zugunsten ihrer ökonomischen und militärischen Integration war ein wirklicher Bruch mit jener blutigen, an Kriegen so reichen Geschichte der europäischen Hegemonialkonflikte, die Europa seit dem Ende der Religionskriege im siebzehnten Jahrhundert bis zum 8. Mai 1945 bestimmt hatte. Wer bestimmt über welches Territorium? Dies war die zentrale Frage der klassischen Außenpolitik der europäischen Mächte bis 1945 gewesen, und aus dieser Frage entstand jener über die Jahrhunderte andauernde Kampf um Hegemonie oder Gleichgewicht. Souveränität, Staat und Regentschaft waren selbst in vorkonstitutionellen Zeiten an die Macht über Territorium und Bevölkerung gebunden gewesen. Territorium hieß Untertanen, hieß Macht, hieß Markt, hieß Reichtum und Prestige. Und eine Vergrößerung und Vermehrung von alledem verhießen immer mehr Macht, mehr Größe, und zudem winkten, was man als persönliches Motiv für nicht gering veranschlagen sollte, Ruhm und Unsterblichkeit. Denn in der Geschichte wird bis auf den heutigen Tag nicht dem Wohltäter und friedlichen Hausvater gedacht, sondern es werden immer noch vor allem die großen Eroberer und Bluthunde besungen.

Zur Beantwortung der »Territorialfrage« haben die europäischen Mächte zahllose Kriege in Europa und Übersee geführt, bis zu den beiden monströsen Weltkriegen dieses Jahrhunderts, nachdem das im Zweiten Kaiserreich geeinte und industriell erstarkte Deutschland unter Preußens Gloria die Frage der Hegemonie endgültig und mit allen Mitteln zu seinen Gunsten entscheiden wollte. Diese ganze Epoche nebst ihrer langen Vorgeschichte war in der Zeit des kalten Krieges Vergangenheit geworden, tiefste, scheinbar niemals mehr rückholbare Vergangenheit.

Diese Entwicklung betraf allerdings nur die innere Situation Westeuropas, denn jenseits der Außengrenze des Westens, jenseits der kalten Frontlinie zwischen den Blöcken führte diese Ordnung zu völlig anderen Entwicklungen und Ergebnissen. Hier erwies sich die bipolare Ordnung des kalten Krieges nur scheinbar als stabil, und genau hier sollte sie dann auch ihr abruptes Ende finden.

Der Einmarsch der Roten Armee in die osteuropäischen Staaten und in Ostdeutschland 1944/45 hatte, anders als in Westeuropa, nicht nur die machtpolitische Konsequenz, daß diese Länder damit definitiv und auf unabsehbare Zeit der sowjetischen Einflußzone angehörten, sondern die sowjetische Besetzung zog mit brutaler Notwendigkeit eine importierte politische und soziale Revolution nach sich, die den meisten Völkern in Osteuropa mit Waffengewalt und Staatsterror aufgezwungen wurde. Diese Sowjetisierung Osteuropas führte zur Entmachtung und Verfolgung der alten Eliten, zur Enteignung der über Eigentum und Grundbesitz verfügenden Klassen und zur Vernichtung der kapitalistischen Marktwirtschaft. An ihre Stelle wurden eine zentrale Planwirtschaft (faktisch eine reine Zuteilungswirtschaft unter politischem Kommando) und das allgemeine Staatsmonopol an Grund- und Produktiveigentum gesetzt. Die Folgen waren ein dramatischer Produktivitätseinbruch und die Aufzehrung der vorhandenen ökonomischen und natürlichen Substanz. Freie Wahlen, Rechtsstaat und parlamentarische Demokratie wurden zugunsten einer kommunistischen Einparteiendiktatur sowjetischen Typs abgeschafft bzw. verweigert, und die stalinistischen Geheimpolizeien nahmen diese zu sowjetischen Satelliten herabgesunkenen osteuropäischen Staaten in ihren terroristischen Griff.

Hinzu kam noch, daß sich die Sowjetunion und die USA als Hauptsiegermächte in einem weiteren wesentlichen Punkt voneinander unterschieden. Die USA hatten, bis auf einige pazifische Inseln, diesen Weltkrieg weit jenseits ihres Territoriums geführt und keine wesentlichen Verluste an Zivilbevölkerung und Eigentum zu beklagen. Ganz anders hingegen die Sowjetunion, welche die Hauptlast des Zweiten Weltkrieges zu tragen hatte. Die Hitlersche Barbarei hatte sich ganz besonders in den besetzten westlichen Gebieten der Sowjetunion ausgetobt, und die Verluste an Menschen und Eigentum waren furchtbar. Die Sowjetunion befand sich 1945 ganz gewiß nicht in einem Zustand, in dem sie, selbst wenn sie es gewollt hätte, zu einem großzügigen Hilfsprogramm für die von ihr besetzten Länder in der Lage gewesen wäre. Allerdings ist dies eine rein hypothetische Frage, denn die von Moskau betriebene gewaltsame Sowjetisierung in seiner gesamten osteuropäischen Einflußzone lief ja im Gegenteil auf eine nachdrückliche und anhaltende Schwächung der dortigen Volkswirtschaften hinaus.

Die Ordnung des kalten Krieges bedeutete als erstes für Osteuropa die Sowjetisierung, und diese definierte sich wie folgt: eine dauerhafte, gewaltsame großrussische Fremdherrschaft in Gestalt von KP, Geheimpolizei und als ultima ratio (Berlin 1953, Budapest 1956, Prag 1968) die Rote Armee. Damit war aber in der Sowjetisierung Osteuropas bereits das spätere Scheitern dieser imperialistischen Strategie Stalins angelegt, denn auf Fremdherrschaft läßt sich zwischen Völkern weder Freundschaft noch ein wirklicher Interessenausgleich gründen, und beides sind unverzichtbare Voraussetzungen für eine dauerhafte Ordnung, die auf Zustimmung und nicht auf Unterdrückung beruht. Zudem wog gerade in Osteuropa die an nationalen Widerstand gegen Fremdherrschaft schwer, und so ist die Tatsache nicht verwunderlich, daß sich die Osteuropäer unter Einschluß der Ostdeutschen niemals mit einer anhaltenden russischen Fremdherrschaft nach 1945 wirklich abgefunden haben.

An der Spitze dieses nationalen Widerstandes gegen die sowjetrussische Fremdherrschaft standen die Polen und Ungarn, gleich was dieser Widerstand jenen beiden Völkern an Opfern auch immer abverlangte. Sie mochten in ihrem Freiheitsstreben mehr als einmal blutig unterdrückt worden sein, und es mochte lange Phasen der erzwungen »Ruhe« gegeben haben, aber diese hatten schließlich nur eine zeitlich hinauszögernde, niemals aber eine wirklich verändernde Bedeutung. Der Kampf dieser beiden Völker gegen die Fremdherrschaft der Romanows und Habsburgs war weitaus älter als Lenins und Stalins Sowjetimperialismus. Über all die vier Jahrzehnte der russischen Besetzung hinweg blieb für die Völker Osteuropas und des Baltikums klar, daß sie die erstbeste Gelegenheit nutzen würden, um dem russischen Imperium zu entkommen.

Zweitens hieß die Sowjetisierung Osteuropas die Unterdrückung von Selbstbestimmung und Demokratie, drittens die Zerstörung der Volkswirtschaften durch Enteignung und Zentralplanung. Faktisch bedeutete dies für die osteuropäischen Völker einen über die Jahrzehnte andauernden, allein durch den politischen Zwang der kommmunistischen Diktatur aufrechterhaltenen Verarmungsprozeß statt Massenwohlstand und soziale Sicherung wie im Westen. Und viertens beinhaltete die Sowjetisierung Osteuropas eine ausbeuterische und imperialistisch zu nennende Abhängigkeit von den ökonomischen Bedürfnissen der Sowjetunion.

Für Osteuropa bestand die Ordnung des kalten Krieges also in einem reinen Gewaltverhältnis der Siegermacht Sowjetunion gegenüber den unterworfenen Völkern, das keinerlei Perspektive der Zivilisierung und friedlichen Emanzipation bot. Gewiß, es hat sich auch innerhalb des Ostblocks im Laufe der Zeit vieles entspannt und, nach Ländern unterschiedlich, mehr oder weniger positiv verändert, aber dies galt immer nur, soweit und solange die völlige Unterwerfung unter die Interessen der Sowjetunion, die Diktatur der KP und die Zentralplanwirtschaft nicht in Frage gestellt wurde. Beim Erreichen oder gar dem Versuch des Überschreitens dieser Systemgrenze machte die Rote Armee sofort gewaltsam Schluß mit jeglicher Reform des realen Sozialismus in Osteuropa. In jenem historischen Augenblick aber, als die Sowjetunion nicht mehr in der Lage oder auch nicht mehr willens war, die Sowjetisierung Osteuropas gewaltsam aufrechtzuerhalten, zerbrach die Ordnung des kalten Krieges innerhalb kürzester Zeit am Unabhängigkeits- und Freiheitsstreben der osteuropäischen Völker.

In Osteuropa hatte zum Jahreswechsel 1989/90 die Nation über die imperiale Fremdherrschaft gesiegt. Dies sollte sich dann binnen zweier Jahre mit den beginnenden Sezessionskriegen in Jugoslawien, zahlreichen nationalen Konflikten in ganz Osteuropa, der einvernehmlichen Trennung von Tschechen und Slowaken und der gesamteuropäischen Wiedergeburt eines militanten Nationalismus, ja Faschismus als ein Sieg von höchster historischer Ambivalenz für Europa erweisen.

Eine wiederum völlig andere Perspektive hatte die Ordnung des kalten Krieges aus der Sicht der Sowjetunion. Seit dem Sieg der bolschewistischen Revolution 1917 war deren großes Problem ihr staatliches Überleben, ihre innere und äußere Sicherheit. Mit dem Sieg über Hitlerdeutschland war die Sowjetunion mächtiger und sicherer denn je geworden, und mit dem Erreichen der nuklearen Parität mit den USA ab 1949 war Lenins und Stalins Staat nicht einmal mehr theoretisch durch eine äußere Macht in Frage zu stellen. Im Innern hatte Stalins perfekter Terror jegliche Opposition vernichtet. Der Sozialismus, oder was in Rußland und seiner Einflußzone als solcher auch immer ausgegeben wurde, hatte sich nach dem Zweiten Weltkrieg historisch durchgesetzt, zumindest galt dies für die östliche Hälfte der Welt.

Von der bolschewistischen Oktoberrevolution 1917 über den Bürgerkrieg und die Intervention der Entente bis hin zum Überfall durch Hitler und die deutsche Wehrmacht ging es allen fremden Mächten immer auch und vor allem um eine Revision der Ergebnisse der bolschewistischen Revolution vom Oktober 1917. Hitler machte dann den westlichen Völkern der Sowjetunion auf massenmörderische Weise klar, daß er über dieses antikommunistische Revisionsziel hinaus die Versklavung und langanhaltende Fremdherrschaft über diese Völker als eigentliches Kriegsziel verfolgte. Erst im sogenannten »Großen Vaterländischen Krieg« von 1941–45 kam es zur endgültigen, fortan scheinbar alternativlosen Identifikation Rußlands mit der bolschewistischen Diktatur. Das Ergebnis des Kriegsausgangs vom 8. Mai 1945 war der Aufstieg der Sowjetunion zur globalen atomaren Supermacht, gegen deren politischen Willen außerhalb des westlichen Lagers weltweit kaum noch etwas ging. Rußland war so mächtig wie noch nie zuvor in seiner Geschichte geworden, es bezahlte für diese Macht allerdings einen schrecklichen Preis, nämlich den der völligen inneren Verarmung. Die Sowjetmacht blutete innerlich aus und mußte in ihrer Selbstzerstörung enden.

Das Terrorregime Stalins hat den Völkern der Sowjetunion selbst die größten Opfer an Menschen und Entbehrungen aufgezwungen. In den zwanziger und dreißiger Jahren hatte die rücksichtslose Stalinsche Industrialisierung eines Agrarlandes mit dem rücksichtslosen Einsatz des Massenterrors aus der Sowjetunion ein gigantisches Beinhaus gemacht. Danach kamen Hitler und die Deutschen und veranstalteten an den Völkern der Sowjetunion ein weiteres millionenfaches Gemetzel. Das russische Volk mußte in der ersten Hälfte des zwanzigsten Jahrhunderts Unvorstellbares erleiden. Wo viel Unterdrückung ist, da ist in der Regel auch viel Widerstand, aber dies galt nicht für die Sowjetunion. Das wirft die Frage auf, und die Beantwortung dieser Frage ist politisch von höchster Aktualität, warum es in Rußland – und hier sei bewußt Rußland genannt und nicht der Vielvölkerstaat Sowjetunion –, beginnend mit der Chruschtschowschen Öffnung und spätestens dann in den siebziger Jahren, nicht zur Herausbildung einer wirklichen politischen Opposition gekommen ist, die auf Rückhalt in breiteren Bevölkerungsschichten und verschiedenen Regionen rechnen konnte. In Rußland herrschte über siebzig Jahre hinweg ein politisches System, ohne daß es auch nur den Ansatz einer organisierten Alternative dazu gegeben hat. Es entwickelte sich dort, anders als in Osteuropa, keine elementare Systemopposition im Volk.

Gewiß, es fanden sich heroische einzelne, wie Solschenizyn und Sacharow, der eine wurde des Landes verwiesen, der andere im Lande in der Verbannung isoliert. Es gab tapfere Dissidentengruppen unter der Intelligenz, deren Mitglieder oftmals in Straflagern oder gar in der Psychiatrie eingekerkert und mißhandelt wurden, und es gab, in Gestalt des Samisdat, eine funktionierende Untergrundöffentlichkeit. Dennoch fehlte in all den Jahren eine wirkliche Systemdissidenz in breiteren Schichten der Bevölkerung. Die Identifikation von Großrußland und Sozialismus in Gestalt der Sowjetunion wurde massenhaft niemals in Frage gestellt, und diese Tatsache wird man nicht nur auf den Stalinschen Terror, auf die perfekte Polizeiüberwachung des spätstalinistischen Systems, auf die Weite des Landes, auf das Fehlen demokratischer Traditionen etc. zurückführen können. Dies sind gewiß alles bedeutsame Gründe, und das Ausmaß und die Wirkung des Terrors und des systematischen millionenfachen Mordens auf ein Volk sind selbst heute, nachdem die Fakten weitgehend offengelegt wurden, noch immer nicht ganz zu begreifen. Aber es muß darüber hinaus auch ein erhebliches Maß an Übereinstimmung zwischen dem System und breiten Bevölkerungsschichten Rußlands gegeben haben, zumindest seit dem Ende des Zweiten Weltkriegs, die angesichts der Zumutungen des Sowjetsystems für die breiten Massen tief in der russischen Ge-

schichte verwurzelt sein mußte. Anders läßt sich jenes innere Oppositionsdefizit in der Spätphase der Sowjetunion nicht erklären.
Der sowjetische Stalinismus war die Verbindung von moderner Industrie mit der gesellschaftlichen Organisationsform des altrussischen Despotismus, überwölbt und gerechtfertigt von einer messianischen Erlösungsideologie namens Marxismus-Leninismus. Nun darf man allerdings nicht übersehen, daß die bolschewistische Revolution und das in deren Folge von Lenin und Stalin durchgesetzte Gesellschaftsmodell der Sowjetunion keineswegs dieser radikale Bruch mit der russischen Geschichte war, als der er sich selbst immer ausgegeben und legitimiert hatte. Rosa Luxemburg, eine intime Kennerin Lenins und der russischen Kommunisten von Anbeginn an, war exakt dieser Tatsache und ihren fatalen Konsequenzen schon sehr früh auf die Spur gekommen. Die alleinige und völlige Ausrichtung der gesamten Gesellschaft und Wirtschaft auf die Vermehrung der Macht des Staates durch Industrialisierung mit nichts als nackter Gewalt bis hin zum Massenterror von oben, dies war das Wesen und der eigentliche Zweck des Sowjetismus von Lenin und Stalin. Exakt dies war auch der Grund für die gewaltige Industrialisierungsleistung seit den zwanziger Jahren. Rußland mußte um jeden Preis und ohne Ansehen der Opfer industrialisiert werden, weil nur so der Sowjetstaat überleben konnte. Diese absolute Härte Stalins war nichts völlig Unbekanntes in der russischen Vergangenheit, und der Bolschewismus bedeutete für Rußland keineswegs diesen unterstellten radikalen Bruch mit jener jahrhundertealten Geschichte eines despotischen Zarentums, sondern vielmehr seine ungebrochene Fortsetzung in die Moderne des zwanzigsten Jahrhunderts hinein.
Der Untergang der Sowjetunion ist durch einen gigantischen Bankrott verschuldet. Allein schon die Rolle der globalen Supermacht und die damit einhergehende militärische exorbitante Vergeudung von gesellschaftlichem Reichtum und Ressourcen hätten selbst die Kräfte der riesigen, an Rohstoffen so immens reichen Sowjetunion auf Dauer überfordern müssen. Am Ende des kalten Krieges zeigte es sich, daß auch die noch reichere und zudem wesentlich produktivere und besser organisierte westliche Supermacht USA ihre Kräfte im kalten Krieg nachdrücklich erschöpft hatte. Die Sowjetunion

gründete ihre gewaltige militärische und technologische Stärke als atomare Supermacht aber im Gegensatz zu den USA nicht auf ein einigermaßen effizientes, modernes Wirtschafts- und Gesellschaftssystem, sondern faktisch auf die gesellschaftliche und staatliche Organisationsform des russischen Mittelalters. Sieben Jahrzehnte lang wurden in der Sowjetunion mit allen Möglichkeiten des Staatsterrorismus die Menschen, die Realität und die Vernunft bis zur völligen Erschöpfung der materiellen und geistigen Kräfte des Systems vergewaltigt. Am Ende konnte selbst die nackte Gewalt den Bankrott nicht mehr abwenden, denn eines ging mit Lenins und Stalins System nicht: Es war, wie man mittlerweile weiß, einfach nicht reformierbar. Durchhalten oder untergehen hieß die alleinige Alternative, und auch hierin stand Lenins Staat ganz in den Traditionen des von ihm gestürzten despotischen Zarismus in Rußland.

Der Zusammenbruch der Sowjetunion 1989/90 und ihr Verschwinden waren nicht das Ergebnis einer Revolution von unten, sondern vielmehr des Versuchs einer radikalen Systemreform, einer Revolution von oben mit dem Ziel der Modernisierung des Sowjetsystems, nicht seiner Zerstörung. Hierin besteht der entscheidende Unterschied zur Entwicklung in weiten Teilen Osteuropas, aber auch im Baltikum und am Kaukasus. Diese gleichermaßen einfache wie sattsam bekannte Tatsache ist allerdings für die Analyse der zukünftigen Entwicklung Rußlands und vor allem ihrer Risiken von herausragender Bedeutung, denn diese Revolution von oben endete nicht in einer Systemreform, sondern im völligen Zusammenbruch dieses Systems, in einem chaotischen Debakel. Gewiß wirft dies sofort die nicht beantwortbare Frage auf, wie denn eine grundsätzliche Veränderung der Sowjetunion (oder genauer, des alten großrussischen Reiches, das sich da Sowjetunion nannte) anders denn in chaotischen Formen hätte verlaufen sollen, zumal die Grundrichtung der russischen Entwicklung hin zu einer demokratischen Moderne, wenn auch mit täglich wachsenden Fragezeichen, bis heute noch stimmt und diese Revolution bisher ganz entgegen den Erfahrungen der russischen Geschichte nur ein geringes Maß an Gewalt hervorgebracht und wenige Opfer gekostet hat.

Für die Mehrzahl der Russen war das Verschwinden der Sowjetunion nicht aktive Revolution, sondern passiv erlebter Zusammenbruch.[5] Die Sowjetunion war das letzte Imperium des 19. Jahrhunderts, ein Vielvölkerreich wie die längst untergegangenen Reiche der österreichischen Habsburger, der türkischen Osmanen und der großen Kolonialreiche des Westens. Die Uhr dieses letzten Imperiums, durch die kommunistische Diktatur und deren undurchdringlichen atomaren Schutz bis zum letztmöglichen Atemzug künstlich am Leben erhalten, war definitiv abgelaufen. Zuerst erfolgte der Rückzug der sowjetischen Supermacht aus Osteuropa und damit auf die inneren Grenzen des Reiches, aber das war lediglich die Eröffnung des Bankrotts. In logischer Konsequenz erfolgten daran anschließend die Auflösung des Reiches, die Gründung der GUS und der Rückzug auf die Grenzen des russischen Kernlandes. Die atomar hochgerüstete Führungsmacht jener Zweiten Welt des realen Sozialismus, dieser stolze und kraftstrotzende Antipode der USA, fand sich am Ende des Jahres 1990 als zerfallende Atommacht in der Dritten Welt wieder. Seitdem ringen Rußland und die übrigen Nachfolgestaaten der Sowjetunion um ihre innen- wie außenpolitische Stabilität, und das Ergebnis dieses Ringens hat wiederum ganz erhebliche Konsequenzen für die Stabiltät und Sicherheit in ganz Europa.

Die Nachkriegsordnung war in ihrem östlichen Teil also auf nichts als Gewalt gebaut, und daran ist sie zugrunde gegangen. Wir haben es bei dem ankündigungslosen, implodierenden Zusammenbruch des großrussischen Reiches mit einer wirklichen Revolution zu tun, allerdings mit einer völlig atypischen Revolution, zumindest wenn man sie an ihren historischen Vorgängerinnen, jenen großen Revolutionen der Neuzeit, mißt. Diese Revolution war nicht das Ergebnis von historischen Kräften und Prozessen, die neue Ideen, neue Menschen, Gruppen oder Klassen entstehen ließen und diese schließlich an die Macht in Staat, Wirtschaft und Gesellschaft gebracht hätten. Hier wurde nicht das Alte wie die zu eng gewordene Haut einer Schlange abgestreift, die überkommenen Verhältnisse wurden nicht über den Haufen geworfen, um dann von neuen historischen Kräften in der Revolution endgültig abgeräumt zu werden, sondern das Alte sackte völlig durchmorscht in sich zusammen. Diese dritte Russische Revolution, und darum handelte es

sich bei den Ereignissen von 1989/90, ist das Ergebnis des völligen Erschöpfungszustandes einer Supermacht, ein Zusammenbruch nach innen, ankündigungslos und extrem schnell.
Aus diesen Gründen hat der Sturm der Geschichte nicht Platz für das Neue geschaffen, sondern wie eine plötzlich einsetzende heftige Regenflut lediglich das obere Erdreich weggerissen und die darunter liegenden Schichten zu Tage gefördert. Die Wirkung dieser dritten Russischen Revolution war daher für den gesamten europäischen Kontinent nicht konstruktiv, führte zu keinem historischen Erneuerungsschub, sondern lediglich zu einer Erosion in Gestalt historischer Regression. Die Ordnung des kalten Krieges wurde weggerissen, und es trat in der politischen Gegenwart Europas nicht die Zukunft einer friedlichen, auf Recht, Gewaltverzicht und Interessenausgleich gegründete neue Ordnung hervor, sondern diese Revolution erweckte vielmehr eine hochgefährliche seit dem 8. Mai 1945 tot geglaubte Vergangenheit der Nationalkonflikte in Europa zu neuem Leben. Seitdem quälen diese höchst konkreten Nachtmahre eines aggressiven Nationalismus und seiner ethnischen Begründung im Kampf um Territorium, Grenzen und Macht erneut den alten Kontinent Europa. In anderen Weltteilen – im Nahen Osten, in Südafrika, in Ostasien – wirkte das Ende des kalten Krieges dagegen richtiggehend befreiend. Seit Jahrzehnten blockierte Verhältnisse brachen dort auf, und die Geschichte konnte fortan völlig neue und bis dahin für nicht machbar gehaltene Wege gehen. Anders in Europa. Dort führte das Ende des kalten Krieges teilweise zurück in die gefährliche Vergangenheit des Kontinents.
Die Dritte Russische Revolution war eine Revolution ohne historische Idee und ohne historisches Subjekt, und das macht sie so konturlos, so chaotisch, so wenig kalkulierbar in ihrer innen- wie außenpolitischen Richtung. In diesem völligen Mangel an Subjekt und Idee – welch eine Ironie für den toten Marx – gründen die großen Gefahren, die von der politischen Lage des heutigen Rußland ausgehen. Als Idee wurden zu Beginn der Gorbatschowschen Reformen Perestroika und Glasnost entwickelt, d. h. die marktwirtschaftliche und demokratische Erneuerung des Sowjetsozialismus. Beides erwies sich als Illusion. Gorbatschow und der Reformflügel der alten kommunistischen Nomenklatura waren niemals das historische

Subjekt dieser Revolution gewesen, sondern lediglich deren Auslöser. Als im Gefolge der osteuropäischen Ereignisse von 1989/90 auch in Rußland die Revolution an Dynamik gewann, entglitten ihnen sehr schnell die Dinge, und die Ereignisse begannen sich zu verselbständigen. Der Westen spielte ebenfalls eine völlig passive Rolle in dieser Revolution. Es waren allein die osteuropäischen Völker gewesen, die ihre Chance zur Freiheit beherzt ergriffen und durchgesetzt hatten.

Was hieß neben der nationalen Selbstbestimmung in Osteuropa eigentlich Freiheit? Unter Freiheit verstand und versteht man dort die erfolgreiche Kopie der westlichen Verbindung von demokratischem Verfassungsstaat und marktwirtschaftlichem Wirtschaftssystem mit seinem Massenkonsum, seiner sozialen Sicherheit und seinen Möglichkeiten zur individuellen Selbstverwirklichung. Allein für Osteuropa war die Idee der Revolution von 1989/90 klar definiert: Sie hieß nationale Selbstbestimmung, Demokratie und westlicher Konsumkapitalismus. Aber bereits mit dem Abzug der Sowjetmacht begann die nationale Selbstbestimmung zu einem neuen Elend zu denaturieren. Aus nationaler Selbstbestimmung wurden allzuschnell Minderheitenkonflikte, Grenzstreitigkeiten, Sezession und ethnische Säuberung.

Für den Westen wiederum stellt sich das Problem des abrupten Endes der alten Ordnungen anders: Mit dem Untergang der Sowjetunion wurde offenbar, daß die politische Welt Westeuropas in einem hohen Maße entlang der Abwehr jenes Außendrucks organisiert war, der von der feindlichen Sowjetunion auf den Westen ausgeübt wurde. Stalin darf man wohl zu Recht als den Vater von EU und Nato bezeichnen, denn die Angst vor ihm und seiner übermächtigen und gewaltbereiten Sowjetunion ließ die tradierten europäischen Widersprüche zweitrangig erscheinen und brachte die Verantwortlichen zum gemeinsamen Handeln in Richtung Integration.

Anders gesagt, die westeuropäische Integration war das Ergebnis des Abdankungsprozesses der europäischen Mächte in zwei Weltkriegen. Danach war Europa unter zwei fremde Kontinentalmächte aufgeteilt und wurde faktisch fremdbestimmt, eher sanft im Westen, hart und brutal im Osten. Der Zugriff der fremden Supermächte und die totale Niederlage des immerwährenden Kriegsgrundes Deutschland hatte die uralten Rivalitäten der europäischen Mächte zumindest stillgestellt, teilweise sogar überwunden. Damit ist es jetzt wieder vorbei. Was wird dann aber aus Westeuropa und der europäischen Einigung werden, nachdem Stalins Drohkulisse namens Sowjetunion als historischer Motor des europäischen Einigungsprozesses ausgefallen ist?[6] Reicht die Kraft der Europäer aus sich selbst heraus zu jenem historischen Schritt der Einheit, oder wird es angesichts des weggefallenen Außendrucks erneut zu einer Zersplitterung Europas in die unterschiedlichsten nationalen Interessen und Rivalitäten kommen? Vieles deutet gegenwärtig in diese Richtung, denn die historisch regressiven Kräfte der Zersplitterung erleben seit dem Epochensturz von 1989 einen gewaltigen Aufschwung. Am Ende bliebe dann allein die Angst vor einem erneut eigene Wege suchenden Deutschland, um die europäische Integration voranzubringen.

Aus der Ordnung des kalten Krieges wurde Europa in einen Spagat zwischen Vergangenheit und Zukunft, zwischen Transnationalismus im Westen und Nationalismus im Osten hineingezwungen. Die Kräfte des Nationalismus sind allerdings die historisch weitaus dynamischeren, sie greifen an.

»Kurz gesagt« – und Alain Touraine hat es als erster so klar ausgedrückt –: »mit dem Verschwinden der sozialen Frage ist die nationale Frage wieder offen. ... Die soziale Frage hat das Jahrhundert beherrscht, mit ihm verschwindet sie, und die nationale Frage, ihr Doppelgänger, den sie endlich hat verschwinden lassen, kehrt wieder.«[7] Die europäische Politik ist aus der Zweidimensionalität der Epoche des kalten Krieges in die Vieldimensionalität der Zeit des kalten Sieges übergewechselt. Wo vorher im politischen Raum eine klare Zweiteilung die europäische Welt regierte, gefährlich zwar und doch zugleich erleichternd einfach, übersichtlich und geordnet, und sich die europäische Politik auf nur einer Zeitebene abspielte, da umfaßt Europa heute mindestens fünf politische Räume – Westeuropa, Mittelosteuropa, der Balkan, das Baltikum und die GUS-Staaten, umrahmt von Rußland und Amerika –,[8] die zudem ihre Politik auf den unterschiedlichsten, oft Jahrzehnte oder gar Jahrhunderte auseinanderliegenden Zeitebenen organisieren. Aber

selbst diese Unterteilung ist nur eine annähernde, denn die Eindeutigkeiten des kalten Krieges haben sich in zahllose Zweideutigkeiten der europäischen Politik zerlegt, die mittlerweile alle Räume, alle Lager, alle Nationen und alle Köpfe durchdringen.
Es gibt nur noch ungefähre Fronten in der Ära nach dem kalten Krieg, vage Bündnisse und schleichende Gefahren. Die europäische Lage erinnerte im Zeitalter des kalten Krieges, dieser militärische Vergleich sei hier erlaubt, sehr stark an den Stellungskrieg im Ersten Weltkrieg, während die gegenwärtigen europäischen Verhältnisse (denn von Ordnung mag man kaum sprechen) eher einem Guerillakrieg ohne wirkliche Fronten ähneln. Gewißheit gibt es im Jahre vier nach dem Ende des Systems von Jalta nur über eines, nämlich daß nichts dafür spricht, daß es in nächster Zukunft in Europa ausschließlich friedlich zugehen wird und der Kontinent sich an jener lang ersehnten Friedensdividende wird erfreuen können. Im Gegenteil muß man davon ausgehen, daß fortan in Europa wieder alles möglich sein wird.
Durch die nicht aufzuhaltende staatliche Einigung seit der Öffnung der Mauer am Abend des 9. November 1989 erhob sich in nahezu voller Größe und wirtschaftlich stärker denn je erneut Deutschland, jener alte und eigentliche Gegner des europäischen Gleichgewichts der Mächte in der ersten Hälfte des zwanzigsten Jahrhunderts. Dadurch kompliziert sich die strategische Lage der europäischen Politik ganz erheblich, denn Deutschlands Rolle in Europa bedarf, ganz entgegen dem aktuellen Trend »Zurück in die Vergangenheit« im postsowjetischen Europa, unbedingt der historischen Neudefinition. Deutschland ist der historische Rückweg in die Geschichte aufgrund seiner extrem negativen Sonderrolle in vergangenen Zeiten verbaut. Dieses Faktum zu ignorieren hieße, sehenden Auges eine Katastrophe zu wiederholen. Ein schlichtes Anknüpfen Deutschlands an die Zeit vor dem kalten Krieg birgt für Europa unabsehbare Risiken. Gerade in Deutschland ist es gegenwärtig wichtig, daran zu erinnern, daß nicht Rußland der notorische Störenfried der europäischen Ordnung in diesem Jahrhundert gewesen war, sondern diese Rolle hat bis zur letzten Konsequenz das Deutsche Reich gespielt. Deutschland wußte seit der preußischen Reichseinigung 1871 durch »Eisen und Blut«[9] mit seiner geopoliti-

schen Lage und seiner Kraft politisch nicht selbstbeschränkend umzugehen. Und es war Deutschland gewesen, das Europa zweimal in den Abgrund gestoßen hatte. Ohne Hitler und seinen verbrecherischen Krieg wäre die Rote Armee vermutlich niemals nach Mitteleuropa und bis an die Elbe vorgedrungen und Deutschland somit die Teilung, Osteuropa die Sowjetisierung und Europa der kalte Krieg erspart geblieben.

Mit dem Abgang der Sowjetunion und dem erneuten Auftritt Deutschlands nach der wiederhergestellten Einheit wurden die europäischen Karten völlig neu gemischt, rückwärts. Seitdem sind in Europa wieder Dinge möglich geworden, die man vierzig Jahre lang für fast unmöglich gehalten hatte, und als erstes hat diese radikale Veränderung der politischen Bedingungen, auf denen Europa seit dem Ende des Zweiten Weltkriegs gründete, das politische Denken und seine geistige Orientierung erfaßt. Die Idee der Epoche hat radikal gewechselt, das politische Denken der Zeit ist ein völlig anderes geworden. Ideen, die gestern noch Vergangenheit waren, bemächtigen sich heute der Zukunft, und was gestern noch galt, ist heute Makulatur und abgetan. Seit 1989/90 wird überall in Europa plötzlich wieder in den alten Kategorien von Nation, von Volk, von Sprache, von Territorium, ja Religion gedacht. Politische Ordnungen werden erneut in den exhumierten Kategorien der europäischen Mächterivalitäten und Hegemonilakonflikte entworfen, auch und gerade im Westen. Und wie eine Epoche denkt, so handelt sie früher oder später auch. Exakt dieser radikale Wandel im Denken ist es, der bereits heute, auch wenn die Welt der westeuropäischen Wohlstandsgesellschaften noch stabil und demokratisch integriert in beruhigender Ordnung erscheint, politisch zu größter Sorge über die zukünftige Entwicklung Anlaß geben muß.

Die Welt der Ideen befindet sich im zeitlichen Vorlauf. Der radikale Wandel des Denkens heute verweist auf die Radikalität morgen kommender Veränderungen in der politischen Wirklichkeit. Die Ordnung des kalten Krieges und das von ihr hervorgebrachte integrationistische Denken in der westlichen Staatenwelt waren allerdings nie die ganze Wahrheit der westeuropäischen Politik. Hinter der sichtbaren Seite der Integration dachte man vor allem in den Hauptstädten der alten Westmächte, in London, Paris und Rom, nach wie vor in den Kategorien der klassischen europäischen Machtpolitik. Die Integration Westeuropas hatte, neben der Abwehr eines expansiven Großrußlands, immer auch die zweite Hauptfunktion gehabt, Deutschland unter der Kontrolle des Westens zu halten. Genau aus diesem Grund versuchten die engsten europäischen Verbündeten Deutschlands, wie England, Frankreich und Italien, die deutsche Einheit 1989/90 zu verzögern oder gar zu blockieren. Was Wunder also, daß da keine Siegesstimmung, geschweige denn Triumphgefühle bei den westlichen Siegern aufkommen wollte, denn, wie bereits gesagt, dieser Sieg war ein durch und durch ungewollter. Er droht weitaus mehr Probleme für die Sieger mit sich zu bringen, als er an Lösungen versprach.[10] Und eines der Hauptprobleme heißt erneut Deutschland.

2. Kapitel

Les Incertitudes Allemandes I – Auf dem Weg zu deutscher Großmacht

»Deutschland ist ein Motor, der stärker ist als der Verstand seiner Lenker.«

Arnulf Baring[11]

Die europäische Politik der kommenden Jahre wird neben der Zukunft der europäischen Einigung vorrangig durch zwei weitere Fragen bestimmt werden, die damit eng zusammenhängen und die, obwohl historisch alles andere als neu, dennoch von allergrößter Aktualität sind: Was wird aus Rußland? Und wohin wird sich Deutschland wenden? Die politische Brisanz, die in der Frage nach der Zukunft Rußlands liegt (auch nach dem Ende der Sowjetunion ist Rußland immer noch das flächenmäßig größte, neun Zeitzonen umfassende und rohstoffreichste Land der Erde mit 150 Millionen Menschen und einem Arsenal von mehr als 40 000 Nuklearwaffen), ist angesichts des inneren Chaos, der Größe und der geopolitischen Bedeutung des Landes und der nach wie vor vorhandenen atomaren Hochrüstung nur zu verständlich. Befindet sich das heutige Rußland bereits in der Situation Deutschlands in der Zeit der Weimarer Republik und droht als Antwort auf den Zerfall des Imperiums und die tiefe innere Krise Rußlands ein russischer Faschismus, der dann allerdings über Atomwaffen verfügen wird und der die russische Krise wieder innenpolitisch autoritär und außenpolitisch expansiv zu überdecken versuchen wird? Rußland bleibt eine Supermacht im Wartestand, und deshalb ist es von entscheidender Bedeutung für Europa, ob seine Zukunft sich rechtsstaatlich-demokratisch oder erneut diktatorisch-expansiv gestalten wird.

Warum aber stellt sich die Frage nach Deutschland, das doch eine beispiellose, vierzigjährige demokratische Erfolgsgeschichte seit dem Ende des Zweiten Weltkrieges hinter sich hat? Deutschland ist ein reiches, ein friedliches Land geworden, ohne Gebietsansprüche, ohne Expansionsgelüste, in anerkannten und sicheren Grenzen lebend und in einem umfassenden Geflecht internationaler Verträge und Bündnisse eingebunden. Die über vierzig Jahre offene »Deutsche Frage«, die Frage nach der staatlichen Einheit von West- und Ostdeutschen, wurde mit dem friedlichen und durch internationale Verträge abgesicherten Beitritt der DDR zur Bundesrepublik Deutschland und der definitiven Anerkennung der Grenze mit Polen durch Deutschland im Jahre 1990 endgültig geschlossen. Das gegenwärtige Deutschland scheint, trotz aller inneren Schwierigkeiten, nachgerade ein Hort der politischen Stabiltät zu sein, und dennoch stellt sich zunehmend mehr die Frage nach der zukünftigen Rolle Deutschlands in Europa.

Diese Frage wird objektiv durch das Ende des kalten Krieges und die deutsche Einheit aufgeworfen, denn Deutschland liegt nun einmal da, wo es, frei nach Bismarck, der Herrgott hingelegt hat, in der europäischen Mitte. Seine politische Zukunft ist deshalb, bedingt auch, neben seiner Lage, durch seine Größe, seine daraus erwachsende Macht und seine recht eigene Geschichte, spätestens seit dem Beginn der Neuzeit eine Frage von allererstem europäischem Rang. Seit damals war Deutschlands politisches Schicksal immer auch zugleich von höchstem europäischem Interesse.[12]

»Wem Deutschland gehört und wohin die Deutschen gehören – das war niemals eine akademische Frage. Es lag darin die Entscheidung beschlossen über Gleichgewicht und Hegemonie auf dem Kontinent. Deshalb war auch die Deutsche Frage niemals Eigentum der Deutschen allein, in der Vergangenheit nicht und nicht in der Gegenwart. Sie war stets Kernfrage europäischer Gestaltung und wird es nach menschlichem Ermessen in Zukunft auch bleiben.«[13]

Was wird aus diesem 1990 entstandenen, nach Rußland an Bevölkerungszahl größten und wirtschaftlich stärksten Staat in der Mitte Europas werden? Diese objektive Frage der Geschichte reflektiert sich zunehmend auch subjektiv in der deutschen Innenpolitik. Vor allem in dem entstehenden jungkonservativen Lager wird dabei die erneuerte Faszination jener alten und zugleich gefährlichen deutschen Anworten auf diese Frage nach der Rolle Deutschlands entdeckt, denn auch in Deutschland scheint die Vergangenheit in den Köpfen mit Macht wieder heraufzuziehen.

Weiter oben wurde bereits eine erste Antwort versucht: Deutschlands zukünftige Rolle in dem postsowjetischen Europa ist unklar und zweideutig, schwankend einerseits zwischen einer Kehrtwende in die Vergangenheit, in die erneute geopolitische »Mittellage«, in einen erneuten »deutschen Sonderweg«, und andererseits dem Festhalten an jener vierzigjährigen Politik hin zu einer vollständigen europäischen Integration. War der Jahrzehnte währende Europäismus Deutschlands lediglich eine Tugend, die allein der Not jener totalen Katastrophe von 1945 zu verdanken ist? War alles also nur die machtpolitische Tarnung der besiegten Deutschen zur Wiedergewinnung der nationalen Einheit und Stärke, und beginnt jetzt, nach der wiedergewonnenen deutschen Einheit, erneut die Rückbesinnung auf den Vorrang einer eigenständigen nationalen Rolle, perspektivisch bis hin zu einer eigenen Weltpolitik? Europa ja, nach wie vor, aber fortan doch wieder und immer mehr »Deutschland zuerst«?

Mit dem Ende des kalten Krieges drängt sich politisch wieder die Ordnung der Vergangenheit in den Vordergrund, Europa droht sich weg von der Integration und hin zu der wiedererstandenen Rivalität der Mächte und des Nationalismus zu entwickeln. Deutschland kann, wie gesagt, diesen Weg zurück nicht gehen, ohne nicht erneut zu einer großen Gefahr für sich selbst und seine Nachbarn zu werden. Also muß es seine Rolle neu definieren, und diese Neudefinition ist politisch offen. Folgt Deutschland blind und ohne Verstand dem mächtigen Schub der heute politisch wirkenden Gezeiten, so wird diese neue Selbstdefinition deutscher Politik nach dem Ende des kalten Krieges irgendwann den Verführungen der Vergangenheit erliegen, und dann begänne von Berlin aus eine neue Epoche der europäischen Desintegration und der »deutschen Unsicherheiten«. Denn, notabene, Deutschland war vierzig Jahre lang nicht nur das wichtigste Schlachtfeld des kalten Krieges gewesen, sondern es war dadurch zugleich zu dem zentralen Faktor der europäischen Stabilität seit 1945 geworden.

Der Begriff der »Stabilität« im System der europäischen Staatenwelt entstammt der Terminologie konservativ bestimmter Machtpolitik. Stabilität steht dort als herausragende Metapher für die Verteidigung des Status quo und damit der jeweils bestehenden Machtverhältnisse. An Stabilität hatten niemals die Verlierer dieses Staatensystems ein Interesse, sondern immer nur die Sieger, und in der Staatenwelt dominierte das Interesse an Stabilität bei den etablierten Mächten, während neu aufsteigende Staaten diese Stabilität regelmäßig in Frage stellten – allen voran und immer wieder Deutschland mit jenem berühmt-berüchtigten Kampf um seinen »Platz an der Sonne«[14]. Die Erschütterung oder gar die Zerstörung eines stabilen Ordnungssystems der etablierten europäischen Mächte durch eine neu entstande Macht hieß allerdings, und dies gilt es aus aktuellen Gründen ganz nachdrücklich hervorzuheben, immer Krieg. Dies galt für das revolutionäre Frankreich im späten 18. Jahrhundert und für Napoleons Kaiserreich im frühen 19. Jahrhundert ebenso wie für das reaktionäre Preußen und das seit 1871 Deutsches Reich genannte Großpreußen seit den sechziger Jahren des letzten Jahrhunderts.

Diese ehernen Grundsätze der europäischen Politik hatten allerdings nur bis zum Einbruch der kontrollierten Atomspaltung in die internationale Militärstrategie und Politik Bestand. Die Atombombe sollte den Begriff der Stabilität im internationalen Staatensystem völlig neu definieren, er wurde durch sie zum zentralen Begriff eines außenpolitischen Denkens unter dem Diktat der gegenseitigen Abschreckung und angedrohten Massenvernichtung. Stabilität hieß fortan, da Kriege unter den Atommächten sofort in den Weltuntergang zu führen drohten und folglich ihre Führbarkeit und ihren politischen Charakter verloren hatten, nichts geringeres als die Logik der gegenseitigen Lebensversicherung.

»Der Weg von Bismarck zu Hitler«, so Sebastian Haffner, »ist die Geschichte des Deutschen Reiches, zugleich schon die Geschichte seines Untergangs. Denn das ist das Unheimliche an dieser Geschichte, daß das deutsche Reich fast von Anfang an seine Zerstörung betrieben zu haben scheint. Mit seiner immer größeren und immer weniger berechenbaren Machtentfaltung schuf es sich die Welt von Feinden, an der es zerbrochen ist – und zwischen denen es schließlich geteilt wurde. Mit der Teilung hörten wie mit einem Zauberschlag diese Feinde auf, Feinde zu sein. Von den beiden deutschen Staaten, die seit 1949 die Stelle des Bismarckreichs einnehmen, hatte von Anfang an die Bundesrepublik im Westen, die DDR im Osten keinen Feind mehr.«[15] Die Frage, die sich deshalb heute für die Deutschen und für Europa stellt, ist, ob sich Deutschland unter dem Druck der völlig veränderten Lage im postsowjetischen Europa erneut vom Stabilitätsfaktor zum Faktor der Unsicherheit, zum Risikofaktor entwickeln wird. Stabilitätsfaktor oder Risikofaktor, das ist die zentrale Frage der deutschen Innen- wie auch der Außenpolitik der kommenden Jahre, die zuerst und vor allem in Deutschland selbst zu beantworten und zu entscheiden sein wird.

Aus der Geschichte läßt sich, weiß Gott, viel lernen, und dennoch gehört es tatsächlich eher zu den seltenen Glücksfällen eben dieser Geschichte, wenn Völker und Nationen aus ihren historischen Erfahrungen gelernt haben. Meistens wurde und wird nur dasjenige gelernt, was man jeweils aus der Geschichte lernen will, wird nur gesehen, was man beabsichtigt zu sehen. Paßt die Historie als Legitimation in die jeweils aktuelle politische Absicht oder Tendenz, so kommt sie zupaß, wenn nicht, so deutet man sie um oder flieht in die abgründige Metaphysik irrationaler Begriffe wie »Identität«, »Berufung« oder gar »Schicksal.« Der Wille wird dann höher veranschlagt als die Ratio, der Wunsch mächtiger als die Wirklichkeit, und die Illusion verdrängt die Erfahrung. Am Ende landet man dann bei der »Vorsehung«, und spätens dann wird die Politik zur Theologie und damit höchst gefährlich. Dieser Realitätsverlust ist keineswegs nur ein individualpsychologisches Problem, sondern ist nur allzuoft als ein wirkungsmächtiges Gruppenphänomen in der Politik anzutreffen.

Die Geschichte der Völker bewegt sich im Regelfall gemächlich voran, durchaus mit jener geologischen Kontinentaldrift zu vergleichen, die die Kontinente bewegt und gegeneinanderstoßen läßt. Wenn sich die Kräfte tief im Innern der historischen Prozesse einer Gesellschaft zu verhaken beginnen, wenn es gar an den Rändern der »historischen Platten« zu Auffaltungen und gewaltigen Spannungen kommt, dann treten plötzlich enorme Erschütterungen auf, die Geschichte verliert ihre gemächliche Gangart und macht plötzlich einen gewaltigen Sprung, welcher in der Regel zu einem gehörigen Scheppern unter allen menschlichen Ordnungen führt.[16] Solche Sprünge der Geschichte, diese einem gewaltigen Erdbeben gleichende Entladung der Spannungen in den Tiefenschichten der Historie, nennt man zu Recht »Revolution«. Insofern wird hier der Begriff der Revolution in der Geschichte nicht nur im Sinne seiner klassisch politischen Definition als der gewaltsam herbeigeführte gesellschaftliche und politische Umsturz verwandt[17], sondern bewußt wesentlich weiter gefaßt.

Merkwürdigerweise vollzieht sich ein solches Beben der Historie in der Moderne etwa alle vierzig bis fünfzig Jahre, gefolgt meistens von zwei bis drei Jahrzehnten großer Unruhe und Unordnung, in denen die historischen Kräfte sich zu einem neuen Status quo ordnen – 1789–1814 die große Unruhe der Französischen Revolution, die dann bis 1848 durch die Ordnung des Metternichschen Systems und der Heiligen Allianz abgelöst wurde; vom Revolutionsjahr 1848 beginnend bis 1871 die große Unruhe der neuen europäischen Staatenbildung (Bismarcks großpreußisches Deutsches Reich und die italienische Einigung), von 1871 bis 1914 dann die lange Friedenszeit und die Herrschaft der fünf europäischen Großmächte England, Frankreich, Rußland, Deutsches Reich und Österreich-Ungarn; vom Juli 1914 bis zum 8. April 1945 dann die schrecklichste Epoche des modernen Europa – zwei Weltkriege, die Russische Revolution, Lenin, Stalin, der Faschismus, Hitler, Auschwitz, der Holocaust –, auf die dann der vierzigjährige »Frieden« des kalten Krieges folgte, der mit dem Zusammenbruch der Sowjetunion 1989/90 zu Ende gegangen ist.

Die Revolutionen in der Geschichte sind allerdings keine ausschließliche und vorzügliche Angelegenheit der Vernunft, weder objektiv vom Geschichtsprozeß noch von den subjektiven Antrieben, Interessen und Ideen der jeweiligen Akteure her gesehen. Sie entfalten ein gewaltiges Destruktionspotential an menschlicher Irrationalität, und folglich liegen hier, im Geschichtsprozeß, »Genie und Wahnsinn« nur um Haaresbreite getrennt beieinander. Entsprechend hochgefährlich gestalten sich diese Revolutionen in der Geschichte, vor allem seitdem die technisch-wissenschaftliche Revolution die Zerstörungskraft der menschlichen Gesellschaften ins Absolute gesteigert hat.

Man sollte also den Lerneffekt der Geschichte nicht allzu hoch veranschlagen, mindestens genauso groß, wenn nicht gar noch größer ist ihr Verführungseffekt, aber dennoch gewinnt die historische Reflexion angesichts der allgemeinen historischen Regression in der Ära nach dem Ende des kalten Krieges eine besondere Bedeutung. Dies gilt ganz besonders für die notwendige neue Rollendefinition Deutschlands, denn der erste deutsche Nationalstaatsversuch in der Moderne, das Bismarckreich zwischen 1871–1945, ist ja bekanntlich auf grauenhafteste Weise an seinem anhaltenden Realitätsverlust gescheitert. Es ist deshalb unerläßlich, sich der Ursachen dieses katastrophalen Scheiterns zu vergewissern, auf daß sie angesichts einer objektiv erneut ähnlichen (allerdings keineswegs identischen!) Lage Deutschlands seit 1990 nicht ein weiteres Mal zwanghaft wiederholt werden müssen. Allerdings ist die rationale Analyse nur sehr bedingt wirksam gegen die Schubkraft historischer Kräfte, wenn diese mit Macht in die entgegengesetzte Richtung sich bewegen.

Deutschland war seit dem Beginn der Neuzeit eigentlich immer nur »Amboß« oder »Hammer« (Bismarck) gewesen, Schlachtfeld oder aggressiver Störenfried Europas. Zu einer ausgeglichenen Interessenlage in seinem europäischen Umfeld war es seit dem 16. Jahrhundert so gut wie nie in der Lage, denn als stabil erwiesen sich in der neuzeitlichen Geschichte Deutschlands vor allem die Extremlagen. Zerrissen unter fremder Herrschaft oder vereinigt in kriegerischer Aggressivität, das waren die deutschen Alternativen der Vergangenheit, und diese Geschichte macht Deutschland bis auf den heutigen Tag zu einem äußerst schwierigen Vaterland. Diese Zerrissenheit zwischen den Extremen wiederum ließ unter den politischen Eliten Deutschlands auch kein historisch begründetes, von Generation zu Generation fortentwickeltes Bewußtsein von den grundlegenden Interessen der Nation entstehen, die selbst schärftse innenpolitische Umbrüche überdauert hätten. Und es gab demnach, von genialen Einzelfällen einmal abgesehen, auch keine gewachsene Tradition der Staatskunst unter den politischen Eliten Deutschlands beim Verfolg der Interessen der Nation.

Worin bestand nun dieser berühmt-berüchtigte deutsche Sonderweg, der das Land in jene große nationale Katastrophe in den dreißiger und vierziger Jahren des 20. Jahrhunderts geführt hat, und was waren seine Ursachen? War es die »verspätete Nation« (Plessner)?[18] Waren es die gescheiterte bürgerliche Revolution von 1848 und die spätere Reichseinigung durch den preußischen Militärabsolutismus, wie es etwa der alte Mommsen angesichts der Bismarckschen Reichseinigung von oben schon recht früh verlauten ließ?[19] War es gar die geopolitische Mittellage Deutschlands in Europa? »Was ist anders mit den Deutschen?« fragt der Historiker Hagen Schulze. »Die Antwort ist leicht zu geben: Ihnen fehlt es, zeitlich gesehen, an Kontinuität, räumlich betrachtet an einer Mitte wie an festen Grenzen. Kein Land in Europa, das so viele Hauptstädte besaß, Aachen, Goslar, Frankfurt, Prag, Wien, Berlin, Bonn. Nicht einmal ein Raum, in dem sich zentrale Macht entfalten, von dem sie ausstrahlen konnte, existiert hier. ... Und abgesehen von ein paar Kilometern Küste gibt es in diesem amorphen Gelände keine dauerhaften Grenzlinien, weder durch die Natur noch durch eine politische Macht geschaffen.«[20]

Es spricht vieles dafür, daß alle drei der hier angeführten Faktoren für den Sonderweg in die deutsche Katastrophe verantwortlich waren. Strukturell reicht jener historische Prozeß tief in die Geschichte der deutschen Nationalstaatsbildung, ja bis zu ihren frühesten Wurzeln zurück. In Deutschland überdauerte die altrömische Reichsidee der Antike bis in die Mitte unseres Jahrhunderts! Mochten andere in der beginnenden europäischen Moderne Nationalstaaten gründen, die Deutschen hielten an ihrem »Heiligen Römischen Reich« und dem römisch-deutschen Kaisertum (Imperator Romanorum Augustus) über tausend Jahre hinweg fest. Dieses Reich geht in seiner Gründung auf die Kaiserkrönung des siegreichen Frankenkönigs Karl durch Papst Leo III. am 25. Dezember des Jahres 800 in der Peterskirche in Rom zurück[21], und unter Otto I. wurde aus dem fränkischen Kaisertum Karls das römisch-deutsche Kaisertum.

Das Heilige Römische Reich Deutscher Nation endete 1000 Jahre später am 6. August 1806 mit dem Verzicht von Kaiser Franz II. auf die römisch-deutsche Kaiserkrone. »Kaiser Franz legte durch ein kühl und farblos gehaltenes Manifest vom 6. August die deutsche Krone nieder und erklärte zugleich, dem Rechte zuwider, ›das reichsoberhauptliche Amt und Würde‹ für erloschen, sein Kaiserthum Österreich für ledig aller Reichspflichten. ... Durch einen Staatsstreich des letzten Habsburgerkaisers ging also jene Krone zu

Grunde, die seit tausend Jahren mit den stolzesten und schmachvollsten Erinnerungen des deutschen Volkes verwachsen war; der Heldenruhm der Ottonen haftete an ihr, aber auch der Fluch des dreißigjährigen Krieges und die lächerliche Schande von Roßbach. Den ganzen Umkreis irdischer Schicksale hatte sie durchmessen, aus einer Zierde Deutschlands war sie zu einem widrigen Zerrbilde geworden, und als sie endlich zusammenbrach, da schien es, als ob ein Gespenst versänke. Die Nation blieb stumm und kalt...«[22] Derart lakonisch kommentierte zwei Generationen danach Heinrich von Treitschke aus großpreußischer Sicht das Ende des römisch-deutschen Kaiserreiches. Und in der Tat, am Ende hatte sich dieses uralte und ehrwürdige Reich so erschöpft, daß es bei seinem Untergang nur noch einen einzigen und letzten Märtyrer hervorbrachte, nämlich den Nürnberger Buchhändler Palm. Ihn erschossen 1806 die Franzosen standrechtlich wegen einer von ihm verbreiteten Schrift mit dem höchst subversiven Titel »Deutschland in seiner tiefen Erniedrigung«.[23]

Daß es sich bei der Reichsidee der Deutschen um alles andere als um eine historische Marotte handelte, sondern vielmehr um einen zwar uralten und doch zugleich auch in der Neuzeit noch politisch äußerst wirkungsmächtigen Mythos, der sich vor allem in Zeiten der Krise beliebig wiederbeleben ließ, wurde durch die Bismarcksche Reichsgründung[24] bis hin zu Hitlers »Großdeutschem Reich« bewiesen. Der *Dualismus von Territorialstaat und Reichsidee* prägte den fatalen Sonderweg der Deutschen in die moderne Nationalstaatsbildung. »Anders als in England und Frankreich, wo sich bereits frühzeitig Keimzellen zentraler Herrschergewalt und somit die Voraussetzung moderner nationaler Staatsorganisation herausbildeten, entwickelten sich in Mitteleuropa zwei politische Strukturen zugleich, die oberhalb und unterhalb einer nationalstaatlichen Organisation standen und die deren Herausbildung entscheidend behinderten: einerseits war da das Heilige Römische Reich, dessen raison d'être auf universaler und transnationaler Herrschaft beruhte, und andererseits entstanden aus den Stammesverbänden die Territorialstaaten, deren Stärke und Selbstständigkeit in demselben Maß zunahmen, in dem das Reich zu einem machtlosen, fast metaphysischen Gebilde ohne eigene staatliche Gewalt verkümmerte.«[25]

Das alte Reich war von tausendjähriger Dauer gewesen, aber fast ebenso lange währte seine machtpolitische Demontage. Erst zogen die Päpste den Kaisern die eine Hälfte der Zähne ihrer Reichsherrschaft, anschließend besorgten die Territorialfürsten den Rest. 1492 entdeckte Columbus Amerika und veränderte damit die europäische Welt. Fünfundzwanzig Jahre später, am 31. Oktober 1517, hämmerte ein gewisser Doktor Martin Luther seine 95 Thesen an die Schloßkirche zu Wittenberg und beendete damit definitiv die Einheit des weströmischen Christentums. Mit der von Luther ausgelösten Glaubensspaltung der abendländischen Christenheit zerfiel die Reichseinheit endgültig zuerst geistig und dann auch machtpolitisch, da nunmehr selbst der eine, der römisch-katholische, Glaube die Reichsidee nicht mehr zu tragen vermochte.

»Die lutherische Reformation ist in Deutschland, wie schon oft mit Recht angedeutet worden ist, zur neu integrierenden Kraft wesentlich für den von Fürstentum, Adel und gelehrten Juristen und Geistlichen getragenen Territorialstaat und oligarchische Stadtregierungen geworden, nicht für eine großräumige, bürgerlich bestimmte Staats- und Nationenbildung.«[26] Aus der Glaubensspaltung des 16. Jahrhunderts und den durch sie ausgelösten Religionskriegen entwickelten sich die absolutistisch verfaßten Nationalstaaten der europäischen Neuzeit, über Deutschland aber brach zu dieser Zeit jene »Urkatastrophe des neuzeitlichen Deutschland«[27] herein, wie Michael Stürmer sie nannte, das Grauen des Dreißigjährigen Krieges.[28]

Die Formel »cuius regio eius religio« des Augsburger Religionsfriedens von 1555 galt damals in den meisten europäischen Staaten und Herrschaften. »›Ein König, ein Glauben, ein Gesetz‹ hieß es unerbittlich im 17. Jahrhundert. Da war nicht Raum für zwei Konfessionen in einem Land...«[29] England setzte seit 1531 mit der Bildung der anglikanischen Staatskirche, Frankreich seit dem Beginn der Hugenottenkriege 1562 und Spanien seit 1481 mit der Erneuerung der Inquisition und der Beendigung der Reconquista 1492 mittels Vertreibung, Enteignung, Mord und Zwangsbekehrung die Uniformität des religiösen Bekenntnisses auf ihren Territorien brutal durch. Die Einheit des religiösen Bekenntnisses war die Voraussetzung für die monarchische Zentralisierung der Macht durch den

König. Im Heiligen Römischen Reich hingegen hatte dieser Religionsfriede eine völlig andere Wirkung als in den westlich davon gelegenen Königreichen. Dort wurde mittels des religiösen Uniformitätsprinzips des Territoriums die Zentralmacht der jeweiligen Könige gegenüber der Adelsopposition gestärkt, während im alten Reich durch den Augsburger Religionsfrieden das genaue Gegenteil geschah: Die Fürsten gewannen gegenüber dem Kaiser, die Territorialstaaten gegenüber dem Reich noch weiter an Macht.

Die Ablehnung der Wahl eines Habsburgers zum böhmischen König durch den böhmischen Adel und die Wahl des protestantischen Kurfürsten Friedrich V. aus der Pfalz, einem Wittelsbacher, zum König von Böhmen waren die offene Herausforderung des habsburgischen Kaisers in Wien, der allerdings eh die Dinge im Reich militärisch zum endgültigen Austrag zu bringen gedachte.[30] Die Katastrophe für Deutschland begann, als sich Kaiser Ferdinand II. daranmachte, die Konfessionsfrage und die Machtfrage gegenüber den Territorialfürsten unter dem Einsatz von militärischer Gewalt zu Gunsten der kaiserlichen Zentralmacht und der katholischen Kirche lösen zu wollen. Angetrieben von dem militanten Kreuzzugsgeist der katholischen Gegenreformation wollte es der Habsburger auf dem Kaiserthron in Wien den westeuropäischen Königreichen gleichtun und in einem Krieg gegen die protestantischen Fürsten im Reich sowohl die souveräne Adelsopposition als auch die durch die Reformation ausgelöste Glaubensspaltung erledigen.

»Da vielleicht das ganze Schicksal dieser [katholischen] Religion von dem Entschlusse abhing, den das Haus Österreich ergriff, so mußte man die österreichischen Prinzen durch ganz Europa als die Säulen des Papsttums betrachten. Der Haß der Protestanten gegen letzteres kehrte sich darum auch einstimmig gegen Österreich und vermengte nach und nach den Beschützer mit der Sache, die er beschützte. Jede Kriegsrüstung des Königs von Spanien oder des Kaisers mußte nun zum Verderben der Protestanten abzielen, jeder Feldzug gegen eines dieser Häuser war ein Krieg gegen das Mönchtum, gegen die Inquisition.«[31] So Friedrich Schiller in seiner *Geschichte des Dreißigjährigen Krieges* von 1791. Und Schiller fährt fort: »Aber eben dieses Haus Österreich, der unversöhnliche Gegner der Reformation, setzte zugleich durch seine ehrgeizigen Entwürfe, die von einer überlegenen Macht unterstützt waren, die politische Freiheit der europäischen Staaten und besonders der deutschen Stände, in nicht geringe Gefahr.« Ferdinand II. versuchte also ab 1618 eine doppelte Revision der Reichsverfassung und damit der europäischen Machtverhältnisse mit Gewalt. Für Deutschland hieß das dreißig Jahre Krieg, deren Folgen noch viele Generationen später die deutsche Geschichte negativ beeinflussen sollte.

Der »Teutsche Krieg« eskalierte zu einem europäischen Krieg, der nahezu ausschließlich auf dem Boden des Reiches ausgetragen wurde. Den in Not geratenen protestantischen Territorialfürsten blieb nichts anderes übrig, als ausländische Hilfe herbeizurufen, und sie kam zuerst aus Dänemark, dann ab 1630 aus Schweden und ab 1635 auch aus Frankreich. Während bei der Intervention des Schwedenkönigs Gustav Adolf die Glaubensfrage zu Beginn noch stark im Vordergrund stand, so war das Eingreifen des katholischen Frankreichs auf protestantischer Seite bereits ausschlielich machtpolitisch begründet. Frankreichs Interessen sprachen gegen eine Ausdehnung der habsburgischen Macht, die es vom Reich und von Spanien her umklammert hielt. Das Haus Österreich bedrohte von Spanien her sowohl die französische Pyrenäengrenze im Südwesten als auch vom Reich her seine Ostgrenze.[32] Die katholische Sache des Kaisers wiederum wurde von Anfang an von Spanien und selbstverständlich vom Papst in Rom unterstützt.

Keine Seite war zur militärischen Entscheidung dieses Krieges fähig, und daraus erwuchs die eigentliche Tragödie für das Reich. Jahr um Jahr fraßen sich die verschiedenen Kriegsheere, der damaligen Militärstrategie (»Der Krieg ernährt den Krieg«) folgend, die das Heer aus dem Land ernährte und mittels Plünderung und Raub allzuoft den ausstehenden Sold für die Armeen beglich, wie Heuschreckenschwärme durch das Land, sengten, raubten und mordeten, bis nichts mehr zu holen war, und hinterließen weite Landesteile in völliger Zerstörung. Den Rest besorgten Seuchen und der Hunger.[33]

Was als religiöser Bürgerkrieg begonnen hatte, war im Laufe von drei Jahrzehnten zu einem europäischen Hegemonialkrieg der großen Mächte in Deutschland geworden. Die habsburgischen Kaiser hatten am Ende zwar die dynastische Stellung des Hauses Österreich in seinen Erblanden gestärkt und Böhmen und Schlesien für sich gerettet (Schlesien sollte dann knapp einhundert Jahre später dem Haus Österreich von dem Preußenkönig Friedrich dem Großen endgültig abgenommen werden), aber die Stellung der kaiserlichen Zentralmacht im Heiligen Römischen Reich war am Ende des Dreißigjährigen Krieges schwächer denn je. Das Reich bestand jetzt endgültig nur noch der Form nach, faktisch war es in zahlreiche einzelne souveräne Territorialstaaten und -herrschaften zerfallen, deren Existenz von fremden Garantiemächten und der eigenen militärischen Stärke abhing.

»... die deutsche Einheit wurde Opfer von Reformation und Gegenreformation, und während in allen anderen europäischen Staaten der Kampf zwischen den Konfessionen zugunsten der einen oder anderen Seite entschieden wurde, blieb er in Deutschland in der Schwebe, versteinerte gewissermaßen im territorialstaatlichen Prinzip des Cuius-regio-eius-religio und verstärkte so die territoriale Zersplitterung Mitteleuropas durch die religiöse. Und dieser Zustand blieb bis ins 18. Jahrhundert hinein stabil, denn die ›Libertäten‹, die Souveränitätsrechte der mehr als dreihundert mitteleuropäischen Territorien und Reichsstädte, wurden seit dem Ende des Dreißigjährigen Krieges durch einen Vertrag garantiert, dem Westfälischen Frieden von 1648. Seitdem galt die Verfassung des Reiches als Bestandteil des ius publicum europaeum, des europäischen Völkerrechts, war also Sache aller europäischen Mächte, und deren größtes Interesse bestand darin, die Entstehung eines modernen Machtzentrums in Mitteleuropa und damit die Gefährdung des Gleichgewichts der europäischen Mächte zu verhindern.«[34] Der Westfälische Friede verhinderte sowohl die Entwicklung eines mächtigen, absolutistischen Zentralstaats mit einer uniformen Staatskonfession als dessen theologisch-machtpolitischer Legitimation wie in Frankreich, und er verhinderte andererseits auch eine Entwicklung hin zur konstitutionellen Begrenzung der königlichen Macht, wie sie in England durch den Landadel und das städtische Bürgertum spätestens seit der Glorious Revolution 1688 und der Declaration of Rights 1689 durchgesetzt worden war. Beides waren Alternativen eines zentralistischen Königtums.

Im Heiligen Römischen Reich hingegen blieben die Macht und die

Souveränität weder beim Kaiser, noch ging sie an das Bürgertum über, sondern dort setzte sich mit dem Ende des Dreißigjährigen Krieges endgültig der antizentralistische Absolutismus der vielen Fürstenstaaten und kleinen bis kleinsten Herrschaften durch.[35] Man kopierte nur zu gerne die Prunksucht, die Bauwut und die absolutistische Repräsentanz des französischen Sonnenkönigs, seine große politische Leistung allerdings in der Herausbildung und Konsolidierung des französischen Nationalstaates fanden in Deutschland im Zeitalter des Absolutismus nichts Vergleichbares.

»Die Verfassungsgeschichte des mittelalterlichen Deutschlands bildet in wichtigen Beziehungen das Gegenstück derjenigen des mittelalterlichen Frankreichs. In Frankreich sehen wir seit Ludwig VI. die Gewalt des Monarchen in beständiger Zunahme, die der Großen in beständiger Abnahme begriffen. In Deutschland nimmt die Gewalt des Kaisers, trotz gelegentlicher Anläufe zur Selbstbehauptung, beständig ab, die der großen Vasallen beständig zu. Die kaiserliche Autorität war anfangs viel größer als die ihrer Nachfolger. In Frankreich wurde die Souveränität des Lehnsgroßen von der Krone aufgesogen, in Deutschland die Krone durch die Souveränität der Großen in Schatten gestellt.«[36] Durch diese Aufspaltung der europäischen Mitte in zahlreiche Territorialherrschaften zu Lasten der kaiserlichen Zentralmacht war die Grundlage für Deutschland als »verspätete Nation« gelegt worden.

Eine »englische Entwicklung« war mit der Niederlage der aufständischen Bauern und des mit ihnen verbündeten städtischen Bürgertums und des verarmten kleinen Adels in den Bauernkriegen im frühen 16. Jahrhundert unmöglich geworden. Eine »französische Entwicklung« hin zu einer kaiserlich-absolutistischen Monarchie ließ der Ausgang des Dreißigjährigen Krieges nicht mehr zu.[37] Zweihundert Jahre später, im Jahre 1814 nach den Befreiungskriegen gegen Napoleon und erneut 1848, bedingt durch das Scheitern der bürgerlichen Revolution, wurden zwei weitere große Gelegenheiten in der deutschen Geschichte vertan, das damals Versäumte nachzuholen und den historischen Anschluß an die westeuropäischen Zentralstaaten und ihre mittlerweile bürgerlich-demokratische Moderne zu finden. Dem standen damals bereits Preußen und seine Militärmacht entgegen, die Deutschland unter dem Joch der autoritären Tradition jenes im siebzehnten Jahrhundert entstandenen, spezifisch deutschen »Fürstenstaates« bis 1918 festhalten sollte. »Die Staatsgläubigkeit der Deutschen, in der Reformation angelegt und durch die Greuel des Dreißigjährigen Krieges noch gesteigert, hat den Weg der Reform von oben erleichtert und die bürgerliche Emanzipation zugleich erschwert.«[38] Das eigentliche Ende des Heiligen Römischen Reiches war 1648 im Westfälischen Frieden zu Münster und Osnabrück besiegelt worden, der Rest erwies sich dann nur noch als Epilog.

Der Dreißigjährige Krieg war unter vielen Gesichtspunkten eine Wasserscheide für die deutsche und europäische Geschichte und deren weitere Entwicklung. Mit ihm endete das Zeitalter der Religionskriege und kurz danach auch Spaniens Vorherrschaft und Weltgeltung. Frankreich war als neue europäische Vormacht aus dem Krieg hervorgegangen, und mit ihm das absolute Königtum, die zentralstaatliche absolute Monarchie. Adel und Protestantismus waren zuvor in Frankreich mit Gewalt und Vertrag zur Raison gebracht worden. Ganz allgemein erzwangen die Imperative der damals modernen Kriegführung die rationalen Organisationsleistungen des frühmodernen Fürstenstaates. Der Dreißigjährige Krieg hatte hierbei als ein gewaltiger Beschleunigungsfaktor gewirkt: »Der im 16. Jahrhundert in Gang gesetzte Wandel wurde durch das Kriegsgeschehen nicht in jeder Hinsicht abgebrochen, vielmehr wurde er in zentralen Bereichen extrem beschleunigt. Augenfällig ist dies beim politischen Wandel: Der Krieg wurde zur Inkubationszeit von Absolutismus und höfischer Adelswelt, die zusammen die zweite Hälfte der Frühneuzeit prägen sollte...«[39]

Die Religionskriege, meistens ja religiöse Bürgerkriege, hatten in ihrer barbarisch grausamen Zügellosigkeit klargemacht, daß diese abgründige Selbstzerstörung der frühmodernen europäischen Herrschaften und Staaten durch den religiösen Krieg und Bürgerkrieg nur durch die Herrschaft eines starken Fürstenstaates im Innern wie nach Außen abzuwehren war. Im Nordosten, in der Mark Brandenburg, der »Sandbüchse des Reiches«, haben die Hohenzollern aus diesen Erfahrungen des »Teutschen Krieges« nachhaltige Konsequenzen gezogen, die Deutschlands weitere Entwicklung in den kommenden dreihundert Jahren entscheidend prägen sollten.

»Der preußische Machtstaat,« so Michael Stürmer, »war eine verzweifelte und gewaltsame Verwahrung gegen die Conditio Germaniae seit 1618.«[40] Der Staat Preußen war reiner Vernunftstaat, gründete demnach zuerst und vor allem auf einer Idee und weniger auf einer gemeinsamen Geschichte, Tradition und Kultur[41], und insofern kam es nicht von ungefähr, daß sich mit dem Staat Preußen gegen Ende des 18. Jahrhunderts, beginnend mit Immanuel Kant, die Hochblüte des deutschen Idealismus in der Philosophie verbinden und in Georg Wilhelm Friedrich Hegel – »Der Staat ist die geistige Idee in der Äußerlichkeit des menschlichen Willens und seiner Freiheit«[42] – seinen »Staatsphilosophen« finden sollte. Der Staat Preußen, dieses »Ergebnis von Geographie und Herrscherwillen« (Heinz Schilling), war in der Tat eine »idealistische Konstruktion«, beruhend auf der fast ins Absolute gesteigerten Idee des absolutistischen Militär- und Verwaltungsstaates, bestehend aus einem absoluten Herrscher, dem König von Preußen, seiner Armee, seiner Bürokratie, und einem Territorium. Das Territorium war von großer geographischer und historisch-kultureller Beliebigkeit, es kam vielmehr auf die Herrschaftsidee und ihre Umsetzung an. »Preußen war ein Militärstaat, mehr als andere, mußte es sein, wenn es aus seinen unverbundenen Landesteilen einen zusammenhängenden Gebietskörper machen wollte – und das mußte es wollen, die Vernunft seiner Lage gebot es.«[43]

Der preußische Staat hatte die politisch-militärischen Überlebensimperative unter den Bedingungen frühmoderner Machtpolitik perfektioniert, indem er die Effizienz der preußischen Militärmonarchie in den Mittelpunkt all seines Denkens und Handelns stellte, denn anders hatte er keine Überlebenschance.[44] Die Armee als die Organisationsform des gesamten Staates, der gesamte Staat als eine Armee, das war die Zauberformel des preußischen Staates, die seinen Aufstieg zur fünften Großmacht in Europa in der zweiten Hälfte des 18. Jahrhunderts unter Friedrich II. ermöglichen sollte.[45] Preußen »opferte bewußt Glanz für Macht«[46], wie Sebastian Haffner zu Recht meinte. Oder um es mit Treitschkes Worten zu sagen: »Durch das Heer wurde Preußen zur europäischen Macht erhoben ...«[47] Der »aufgeklärte Absolutismus« des Alten Fritz – Abschaffung der Folter, humanere Strafgesetze, sehr weitgehende

Religionsfreiheit, gelockerte Zensur und ein insgesamt der Aufklärung verpflichtetes geistiges Klima am preußischen Hof – stand dazu nicht im Widerspruch. Im Gegenteil bot der aufgeklärte Absolutismus einen sehr weitgefaßten geistig-kulturellen Rahmen, der sowohl die Integration der weitgestreuten und an Tradition und Geschichte höchst unterschiedlichen Landesteile erleichterte und damit beförderte, als auch die Produktivität der Wirtschaft des keineswegs reichen Landes steigerte. Beides waren wesentliche Voraussetzung für die militärstaatlich gestützte äußere Expansionspolitik des friderizianischen Preußens.
Der Aufstieg Preußens zur zweiten deutschen Großmacht neben dem Hause Österreich vollzog sich in der Verbindung jenes einzigartigen machtpolitischen Instruments des preußischen Militär- und Verwaltungsstaates mit dem Eroberungswillen Friedrichs II., dessen Tollkühnheit selbstmörderische Züge trug. Ein halbes Jahr, nachdem Friedrich am 31. Mai 1740 der preußischen Thron bestiegen hatte, entriß er »in einem Rendezvous mit dem Ruhm« durch militärische Gewalt den Habsburgern Schlesien.[48] Drei Kriege sollte er insgesamt mit der alten Kaisermacht in Wien um Schlesien führen müssen, bevor Friedrich der Große Preußen als zweite deutsche Großmacht nebst dem Erhalt seiner schlesischen Beute 1763 im Frieden von Hubertusburg sichern konnte. Der letzte Krieg um Schlesien dauerte sieben Jahre, und Preußen stand dabei, allein auf England und die eigene Armee gestützt, gegen eine gewaltige Übermacht von Feinden: Österreich, Frankreich, Rußland, Schweden, Sachsen und das Reich (ohne Hannover, Hessen-Kassel und Braunschweig). Es war, an Einwohnern gemessen, die zwanzigfache Übermacht.
»Erst in diesem Krieg gegen die Zahl und die Wahrscheinlichkeit wurde Friedrich ein Großer, er gewann ihn gewiß auch mit Hilfe englischer Subsidien und dank dem unerwarteten Tod der Zarin Elisabeth im Jahre 1762, vor allem aber Kraft seines Feldherrngenies, gepaart mit einem das Selbstmörderische streifenden harten Willen und märchenhaftem Glück. Dabei war alles das nur ein Nebenkriegsgeschehen im weltgeschichtlichen Ringen zwischen Frankreich und England um die Führung auf den Weltmeeren und um den Besitz der großen Kolonialreiche...«[49] Am Ende siegte die

englisch-preußische Koalition auf der ganzen Linie in Schlesien und in Übersee, aber groß war an Friedrich zuerst und vor allem sein Glück gewesen! Der König und sein Preußen standen faktisch unmittelbar vor der Niederlage, als seine erbitterte persönliche Feindin auf dem Zarenthron, Elisabeth, unerwartet starb und ihr Nachfolger Rußland aus dem Krieg gegen Preußen zurückzog.[50] Berlin war von feindlichen Truppen geplündert worden, Preußen hatte einen schrecklichen Blutzoll während des Siebenjährigen Kriegs zu entrichten, und das Land lag ruiniert und zerstört darnieder, aber Preußen war zur europäischen Großmacht geworden.

Exakt 183 Jahre später sollte sich im Bunker der Reichskanzlei in Berlin der von feindlichen Armeen eingeschlossene Führer des Großdeutschen Reiches nochmals an jenes unfaßliche Glück Friedrichs des Großen erinnern. Die Nazis glaubten kurz vor ihrem Ende noch an eine Wiederholung jenes »miracle de maison de Brandenbourg« (Friedrich II.) und an ein Ende der Anti-Hitlerkoalition, als am 12. April 1945 der amerikanische Präsident Franklin Delano Roosevelt starb.[51] Das Wunder sollte sich nicht wiederholen. »Der Tod Roosevelts hatte auf das Kriegsgeschehen keinen Einfluß. Drei Tage später eröffneten die Sowjets mit zweieinhalb Millionen Soldaten, 41 600 Geschützen, 6250 Panzern und 7560 Flugzeugen die Offensive gegen Berlin.«[52] Hitler hatte, Gott sei Dank, nicht jenes unverschämte Glück Friedrichs des Großen, und er sollte seinem leider viel zu späten Untergang wenige Tage später nicht mehr entkommen.

Doch zurück zu Preußen unter Friedrich dem Großen. Der absolute *Machtstaat* und eine an va banque grenzende *Risikopolitik* standen bei der Geburt der Großmacht Preußen Pate, und diese beiden herausragenden Wesenszüge der preußischen Macht sollten die deutsche Politik vor allem seit den neunziger Jahren des 19. Jahrhunderts bis zur bedingungslosen Kapitulation des Großdeutschen Reiches am 8. Mai 1945 immer wieder einholen.

Der damalige Aufstieg Preußens enthält allerdings noch weitere, für den späteren Verlauf der deutschen Geschichte bis in die Gegenwart hinein hochinteressante Strukturelemente, die sich immer wieder als bestimmend erweisen sollten. So vollzog sich der Aufstieg Preußens als kontinentaleuropäischer Teil des wirklich *ersten Weltkrie-*

ges, ausgetragen zwischen den beiden damals wichtigsten europäischen Mächten Frankreich und England. Ein weiterer Gesichtspunkt fällt bei der Analyse des friderizianischen Preußens auf (und er wird uns bei der Bewertung der atlantischen Bindungen der Bundesrepublik später wieder begegnen): Preußen stand, wenn es sich mit der Seemacht England im Krieg gegen die jeweils vorherrschende Kontinentalmacht verbündet hatte, meistens auf der Siegerseite. So im Siebenjährigen Krieg und in den Napoleonischen Befreiungskriegen. Das spätere Großpreußen sollte als Deutsches Reich seinen Abstieg in die Katastrophe mit der Trennung von England und einer wachsenden Konfrontation durch eine irre Flottenpolitik einleiten, England in antideutsche Bündnisse treiben und dann zwei Weltkriege gegen die angelsächsischen Seemächte Großbritannien/USA und ihre Verbündeten verlieren.

Einen letzten Aspekt gilt es hier festzuhalten: die Bindung der staatlich-militärischen Machtmaschine Preußens an den zügellosen Willen eines großen einzelnen. Friedrich hatte für Schlesien damals alles – die Krone Preußens, die Dynastie der Hohenzollern und sein Leben – auf eine einzige Karte gesetzt, und um ein Haar hätte Friedrich mit seinem schlesischen Abenteuer auch alles ruiniert und verloren. Hätte die antifriderizianische Koalition im Siebenjährigen Krieg gesiegt, die deutsche Geschichte wäre mit hoher Wahrscheinlichkeit völlig anders verlaufen, denn sie wäre wohl niemals eine preußisch-deutsche Geschichte mehr geworden. Diese Abhängigkeit vom Willen und Können der *»großen Männer«* sollte Deutschland nicht mehr loswerden.

Anders als in England oder Frankreich war diese Bindung des Staatsschicksals an den subjektiven Willen des Herrschers nicht in eine historisch gewachsene, allgemein akzeptierte und unter den verschiedensten Eliten selbstverständliche Definition der Interessen des Gemeinwesens eingebunden, die von den jeweiligen Herrschern, ja Herrschaftssystemen in hohem Maße unabhängig war. Die preußisch-deutsche Herrschertradition fußte auf einem gefährlich zufälligen, von dem subjektiven Vermögen und den persönlichen Talenten des jeweiligen Souveräns auf dem Thron nahezu vollständig abhängigen Element, das sich immer wieder fatal auf die Entwicklung der preußisch-deutschen Angelegenheiten auswirken sollte.[53] Der große einzelne und nicht die Interessen bestimmten in der preußisch-deutschen Tradition von Friedrich dem Großen bis Adolf Hitler die Raison des Staates. Taugten die »großen Männer« der deutschen Politik etwas, so hatte das Land, wie unter Friedrich II. oder Bismarck, eben Glück gehabt. Waren sie hingegen von minderer Begabung, wie Kaiser Wilhelm II. oder gar veritable Schurken und Massenmörder, wie der letzte Kanzler des Deutschen Reiches und Führer Adolf Hitler, so endete der Gang der deutschen Angelegenheiten regelmäßig im Chaos oder gar im Abgrund.

Das friderizianische Preußen war der Höhepunkt preußisch-deutscher Macht im Zeitalter des Absolutismus. Der europäische Absolutismus hat in der Entwicklungsgeschichte der Moderne zwei große historische Leistungen vollbracht, nämlich die Herausbildung des modernen Macht- und Verwaltungsstaates und die Durchsetzung des europäischen Nationalstaates. Beide sollten den weiteren Gang der europäischen Moderne bis heute nachhaltig beeinflussen und prägen. Deutschland machte im Zeitalter des Absolutismus nur die erste der beiden bedeutsamen politischen Entwicklung mit, nämlich die zum frühmodernen Macht- und Verwaltungsstaat, und das auch nur in einigen Territorialherrschaften, zur nationalen Einigung sollte sich der deutsche Absolutismus als völlig untauglich erweisen. Im Gegenteil, er umfaßte ja gerade jene Kräfte, die im alten Reich für die Zersplitterung und die Dezentralisierung der Macht durch die Fürstenherrschaft standen und eben nicht für den zentralistischen Nationalstaat unter der Fuchtel einer einzigen und starken Zentralgewalt.

Der rationale, absolutistische Fürstenstaat bildete zugleich unter seiner Herrschaft die Grundlagen für seine Überwindung aus. Der materielle machtpolitische und ökonomische Zwang zur Ablösung des an Religion und Tradition orientierten Denkens zugunsten der Orientierung an Vernunft und Wissenschaft sollte sich als stärker erweisen als die Herrschaftsform der absoluten Monarchie. Dieser Fortschritt der Vernunft in der Überwindung traditioneller und überkommener Lehren und Legitimationen im frühmodernen Macht- und Verwaltungsstaat mußte sich mit zwingender Konsequenz früher oder später auch gegen die tradierte Organisation der Macht und die überkommene Verteilung des Reichtums in den spätabsolutistischen Gesellschaften richten. Der Absolutismus brachte durch seinen Zwang zur Ratio die europäische Aufklärung hervor, und diese wiederum entwickelte jene säkularisierte Ideenwelt, die sich spätestens am 14. Juli 1789 in Paris als stärker erweisen sollte als die Mauern und die Kanonen der Bastille.

Der Absolutismus wurde in der zweiten Hälfte des 18. Jahrhunderts in seinem Mutterland Frankreich als Organisationsform der Macht und des Staates zunehmend unvernünftig. Er vermochte die Interessen der Nation nicht mehr rational zu organisieren und versagte zunehmend als Modernisierungs- und damit als effizientes Herrschaftsinstrument. Das Land trieb dem Bankrott entgegen, 1788 kam es dann zum Staatsbankrott, und von ihm führte eine direkte Linie zur großen Französischen Revolution von 1789. Die Herrschaft des Absolutismus wurde hinweggefegt, Ludwig XVI., der König von Frankreich, wurde am 21. Januar 1793 öffentlich auf der Place de la Révolution in Paris enthauptet, die alten Eliten in der Zeit der Schreckensherrschaft durch den revolutionären Terror enteignet, vernichtet oder vertrieben, und Frankreich wurde durch diese Revolution zu einer Nation der Bürger. Die Französische Revolution ließ in dem überkommenen politischen und wirtschaftlichen Machtgebäude kaum einen Stein auf dem anderen und veränderte innerhalb weniger Jahre radikal die Realitäten der Nation.[54] Der rationale Macht- und Verwaltungsstaat bedurfte des Adels und der Monarchie nicht mehr länger, beide waren historisch obsolet geworden und gehörten fortan zu jenen mittelalterlichen Traditionsbeständen, die es abzuwerfen und hinter sich zu lassen galt. Als das eigentliche Subjekt des rationalen Fürstenstaates hatte sich unter der Herrschaft des Absolutismus das Bürgertum herausgebildet. Es übernahm mit der Revolution in Frankreich zugleich die Macht und die Nation.

Die Französische Revolution war auf dem europäischen Kontinent die politische Geburtsstunde der Moderne, der bürgerlichen, säkularisierten Gesellschaft. Die Entwicklung auf den angelsächsischen Inseln, namentlich in England, war in anderen, nämlich konstitutionelleren Bahnen verlaufen. Dem Parlament, bestehend aus dem niederen Adel und dem grundbesitzenden Bügertum, war es in England in einem längeren, nicht immer unblutig verlaufenen

historischen Ringen gelungen (so schickten die Engländer lange vor den Franzosen bereits einen König zur Enthauptung aufs Schafott, nämlich 1649 Karl I., und führten für elf Jahre unter Oliver Cromwell sogar die Republik ein, ohne daß dies allerdings so weitgehende Folgen gehabt hätte wie diesseits des Kanals), die absolutistischen Gelüste der Krone einzuschränken und das Königtum in England seit 1689, also einhundert Jahre vor der Französischen Revolution, in eine konstitutionelle Monarchie zu verändern. Die reale Macht war dabei Schritt für Schritt an das Parlament übertragen worden.
Gewiß hatte auch der amerikanische Unabhängigkeitskrieg um die Freiheit und Unbhängigkeit der nordamerikanischen Kolonien von der englischen Krone damals einen nicht unerheblichen Einfluß auf den Fortgang der französischen Ereignisse. In der amerikanischen *Declaration of Independence* vom 4. Juli 1776 kam es zu einer ersten modernen Bestimmung der *Menschenrechte,* und mit der *Verfassung* vom 17. September 1787 gab sich die erste moderne Demokratie ihre republikanisch-rechtsstaatliche Ordnung. Dennoch wurde der eigentliche historische Durchbruch der Moderne erst in der Französischen Revolution vollzogen. In ihr wurden endgültig die Verbindungslinien zum europäischen Mittelalter ein für allemal gekappt, und es floß sehr viel Blut dabei. Ludwig XVI. wurde als Bürger Louis Capet auf das Schafott geschickt, und mit dem Abschlagen des königlichen Hauptes durch die Guillotine der Republik wurde zugleich die über viele Jahrhunderte hinweg scheinbar unauflösliche Verbindung zwischen der französischen Nation und dem französischen Königtum unwiderbringlich durchtrennt. Daran sollte auch die royalistische Restauration nach Napoleons Ende nichts mehr ändern.
Am 14. Juli 1789 waren das Mittelalter und der Feudalismus in Europa durch das bewaffnete Volk von Paris endgültig beendet worden, und dies war zugleich auch die eigentliche Geburtsstunde der Moderne. Seit dem Frühmittelalter waren die drei tragenden Säulen der europäischen Gesellschaften, Krone, Kirche und Grundbesitz, untrennbar und immer an das Schwert in Gestalt des Adels gebunden gewesen. Die Macht des Adels hatte sich in Europa über tausend Jahre hinweg auf das Schwert gegründet. Diese Macht wurde in der großen Französischen Revolution von 1789 ein für allemal

gebrochen, und deswegen heißt diese Revolution zu Recht die Große. An die Stelle der überkommenen mittelalterlichen Ordnung von Krone, Kirche und Schwert traten wirtschaftlich das Bürgertum, politisch die Republik, militärisch die Nation in Waffen, und als Legitimation das glühende Bekenntnis zur Nation, der Nationalismus, der die dynastische Legitimation der Krone ablöste.

Frankreich hatte bereits im April 1792 Österreich den Krieg erklärt. Spätestens mit der Verurteilung und Hinrichtung Ludwig XVI. war allen gekrönten Häuptern Europas klargeworden, was die Revolution in Frankreich an tatsächlichen Zielen verfolgte. Der Sieg oder die Niederlage der Republik war für die europäischen Monarchien zu einer Frage auf Leben und Tod geworden.[55] Die Revolutionstruppen der freien Bürger in Waffen erwiesen sich an Zahl und Motivation den gepreßten und durch härteste Strafen und Drill zusammengehaltenen Söldnerarmeen der royalistischen Intervention überlegen. Angesichts der royalistischen Intervention der europäischen Fürsten erging der Aufruf »La patrie en danger!« an die französische Nation, und im August 1793 beschloß der Nationalkonvent die »Levée en masse«, die Rekrutierung aller unverheirateten Männer zwischen 18 und 25 Jahren. Es war dies der Beginn der allgemeinen Wehrpflicht und der modernen Massenheere, beides war eng verbunden mit der Nation und ihrer Verteidigung.[56] Die Revolution löste gegenüber den fremden Interventionstruppen einen großen »vaterländischen Krieg« aus, der die Massen mobilisierte und zu den Fahnen der Republik trieb. »Allmählich begann sich der patriotische Elan zu entfalten und Wunder zu wirken. Das erste ›Wunder‹ ging als ›Kanonade von Valmy‹ (am 20. September [1792]) in die Geschichte ein. Goethe, der als aufmerksamer Beobachter dabei war, prägte das respektvolle und unvergeßliche Verdikt: ›Von hier und heute geht eine neue Epoche der Weltgeschichte aus, und ihr könnt sagen, ihr seid dabeigewesen.‹ Überraschend an jener Schlacht war, daß sie von dem siegesgewissen Herzog von Braunschweig abgebrochen wurde, nachdem der Ruf des französischen Kommandeurs ›Es lebe die Nation!!!‹ seine schwer mitgenommenen und nach allen Gesetzen der Kriegslogik längst besiegten Sansculotteneinheiten standhalten ließ. Der militärisch erprobten und taktisch gedrillten Armee der Preußen, die als die besten Soldaten der Welt galten, war es nicht auf Anhieb gelungen, einen lächerlich unprofessionellen und nur ›moralisch‹ überlegenen Gegner in die Knie zu zwingen.«[57]

Die »Nation in Waffen« erwies sich als ein derart umstürzender Machtfaktor in der europäischen Geschichte, ja, man kann dabei ruhig von einer militärischen Revolution in der Revolution sprechen, daß ihm der Absolutismus im Fortgang der Entwicklung nichts entgegenzusetzen hatte. Europas seit Jahrhunderten herrschender Schwertadel wurde auch auf den klassischen Schlachtfeldern (und nicht nur im Bürgerkrieg) geschlagen. Es war völlig klar, daß, wenn es dem revolutionären Frankreich gelingen sollte, seine inneren Kämpfe zu beenden und die durch die Revolution freigesetzten Energien der Nation nach außen zu kehren, daß dann die überkommene Ordnung der europäischen Fürstenstaaten und Reiche in ihren Grundfesten erschüttert und sogar umgestürzt werden würde. Es war Napoleon Bonaparte vorbehalten, beides zu vollbringen: die Beendigung der Revolution im Inneren und die Expansion der Revolution nach außen.

Napoleons Kaiserreich war der Höhepunkt und zugleich der Abschluß der Französischen Revolution. In ihm schuf sich das Bürgertum Frankreichs nicht nur eine neue Legalität, sondern auch eine neue Legitimität. Das napoleonische Kaisertum war ein bürgerliches Kaisertum, das nicht nur jene gewaltige Umverteilung an Grund, Boden und Vermögen durch die Revolution zugunsten des Bürgertums verfestigte, sondern es schuf auch mittels tiefgreifender institutioneller Reformen – etwa der »Code Napoleon« als erstes bürgerliches Gesetzbuch – eine das Kaiserreich dann später in wesentlichen Teilen überdauernde bürgerliche Ordnung des französischen Staates.

Unter Napoleon wurden alle Ziele des außenpolitischen Programms Richelieus nicht nur erreicht, sondern sogar weit übertroffen. Niemals zuvor und niemals mehr danach waren Frankreichs Macht und Ruhm größer als auf dem Höhepunkt des Ersten Empire. Unter Napoleon erreichte Frankreich sein altes Ziel der Rheingrenze in ihrer vollen Länge, überschritt diese sogar in Norddeutschland für kurze Zeit und griff über die Alpengrenze bis weit nach Italien hinein. Darüber hinaus sicherte es seine Ostgrenze durch einen Cordon sanitaire von deutschen Vasallenstaaten, die es im Rheinbund zusammenfaßte. Das Heilige Römische Reich wurde durch Napoleon erledigt[58], Österreich faktisch zum ersten Mal aus Deutschland hinausgedrängt, Preußen zu einer ostdeutsch-polnischen Mittelmacht mit einem quasi Vasallenstatus gegenüber Frankreich degradiert und Rußland hinter seine Grenzen gebannt. Auf dem Höhepunkt der Napoleonischen Macht hatte Frankreich auf dem Kontinent die völlige Kontrolle über die alten Mächte, allein die Seemacht England und das ferne Rußland widerstanden noch dem imperialen Frankreich. Dies alles war durch die revolutionäre Freisetzung der Kräfte der bürgerlichen Nation möglich geworden. Der Absolutismus und das Ancien régime wurden durch das französische Kaiserreich zertrümmert, und an deren Stelle trat zukünftig der Kampf der bürgerlichen Nationen mit ihren Massenheeren.

Napoleons Kaiserreich war im eigentlichen Sinne des Begriffs niemals wirklich ein Imperium gewesen, denn es hatte zwar fast ganz Kontinentaleuropa erobert, aber ihm lag niemals eine die Nation überschreitende imperiale Idee zugrunde, wie etwa dem Heiligen Römischen Reich, wie Österreich-Ungarn unter den Habsburgern oder gar wie dem Reich der Karolinger. Es war und blieb immer national auf Frankreich beschränkt, und deshalb begründete das napoleonische Kaisertum eben kein »Reich«, das unter seiner Herrschaft viele Völker zusammengefaßt und vereint hätte, sondern es war immer nur das siegreiche Frankreich geblieben. Der Rest war instabile Eroberung, abhängig vom ungewissen Glück auf den Schlachtfeldern.

Deutschland war von der Französischen Revolution nur wenig beeinflußt worden, trotz der Mainzer Republik und einiger linksrheinischer Übungen in deutschem Jakobinismus. Die Wirkung der Französischen Revolution kam mit aller Macht erst durch die Armeen Napoleons und die Niederlage der alten Mächte über Deutschland. Und entscheidend für die deutsche Erfahrung der Französischen Revolution waren weniger Freiheit und Republik als vielmehr die weltumstürzende Kraft von Nation und Nationalismus, von Kaisertum und militärischer Macht. In Deutschland wurde das Vorbild des französischen Kaiserreiches und seiner militärisch-imperialen Stärke zur Idée fixe des neu erwachten deutschen Nationalismus.[59] »Das napoleonische Frankreich war das Vorbild der deutschen Nationalbewegung und Napoleon ihr illegitimer Vater«, so Sebastian Haffner.[60]

Diese spezifisch deutsche Form der Adaption der Französischen Revolution und der politischen Moderne in Gestalt des Napoleonismus wird uns in der preußisch-deutschen Geschichte in jenem fatalen deutschen Sonderweg seit den Einheitskriegen immer wieder begegnen, allerdings ohne seine bürgerlich-revolutionäre Grundlage in der zivilen Gesellschaft. So blieb es also vor allem bei der Übernahme des nationalistisch-kriegerischen Größenwahns der Napoleonischen Ära, die zivilisierenden Leistungen der bürgerlichen Revolution Frankreichs sollten im politischen System Preußen-Deutschlands nur eine sehr nachrangige Rolle spielen. Die Siege des revolutionären Frankreichs unter Napoleon definierten eine neue Ebene der historischen Auseinandersetzung in der europäischen Politik. Es waren machtpolitisch fortan keine Dynastien mehr gefragt, sondern nur noch ganze Völker und deren gewaltige Kräfte, gebunden an die Idee der Nation, an die Idee der Freiheit, der Verfassung und Selbstbestimmung. Der janusgesichtige, Freiheit und Knechtschaft in einer Idee vereinende moderne Nationalismus – Selbstbestimmung für das eigene Volk einerseits, aggressive Unterjochung fremder Völker andererseits – war der Büchse der Pandora entsprungen und sollte bis auf den heutigen Tag nicht wieder eingefangen werden.

Um Napoleon zu besiegen und die französische Fremdherrschaft abzuwerfen, mußte man sich seiner erfolgreichen Waffen bedienen. Diese Waffen waren aber zuerst und vor allem nicht militärischer, sondern politischer Natur – die Mobilisierung des Volkes unter dem Banner von Nation und Patriotismus, von Freiheit, Verfassung und Recht. Diese mobilisierenden Ideen standen allerdings in einem diametralen Gegensatz zu den absolutistischen Strukturen im verfürsteten Deutschland. Die bürgerliche Revolution kam nach Preußen-Deutschland in der ambivalenten Form der französischen Eroberung und eines sich daraus ergebenden nationalrevolutionären Befreiungskrieges. Es blieb dem preußischen König gar nichts anderes übrig, als den wichtigsten »bürgerlichen« Strukturreformen in Armee, Staat und Gesellschaft zuzustimmen, um so Preußen widerstandstauglich und siegfähig gegen das Napoleonische Frankreich zu machen[61], denn der preußische Absolutismus war von Napoleon in der Doppelschlacht von Jena und Auerstedt im Oktober des Jahres 1806 vernichtend geschlagen worden und im Anschluß an dieses militärische Desaster regelrecht zusammengebrochen.[62]

Die Legitimation und die Kraft für den Befreiungskrieg gegen Frankreich fanden sich also allein in der Idee und der Mobilisierung der deutschen Nation. Die Legitimität des preußischen Königtums reichte zur Mobilisierung für diesen Befreiungskrieg bei weitem nicht mehr aus.[63] Damit war aber auch in Deutschland der Fürstenpartikularismus und der Absolutismus historisch tatsächlich am Ende, denn die »Nation in Waffen« würde sich auch hier nach erfolgter Befreiung nicht mehr ungeschehen machen lassen, selbst wenn es noch viele Jahrzehnte bis zu jenem November 1918 dauern sollte, bis diese überlebte politische Herrschaftsform in Deutschland tatsächlich zu Grabe getragen wurde. Die Idee der Nation mußte unter den damaligen deutschen Verhältnissen des frühen 19. Jahrhunderts aber unmittelbar zu der Idee der *Einheit* und der *Freiheit* der deutschen Nation führen. Damit hatte die deutsche Nationalbewegung ihre beiden großen Themen bis in die jüngsten Tage des Jahres 1989/90 hinein gefunden.

Einheit und Freiheit waren in Deutschland zu Beginn des 19. Jahrhunderts revolutionäre Ideen, die angesichts der bestehenden inneren wie äußeren Ordnung sofort und unmittelbar in schwerste innen- wie außenpolitische Konflikte führen mußten. Wenn man die Interessen der wichtigsten Siegermächte der antifranzösischen Koalition gegen Napoleon betrachtet, so wird sehr schnell offenbar, warum und daß die deutsche Einheit eine revolutionäre Herausforderung für das damalige europäische Mächtesystem bedeuten mußte. Die Seemacht England, der erste große Sieger der Napoleonischen Kriege, wäre damals von der deutschen Einheit noch am wenigsten betroffen gewesen, solange dadurch nicht das Gleichgewicht der europäischen Mächte grundsätzlich gestört worden wäre. Englands Interessen lagen nicht in Europa, sondern nahezu ausschließlich auf den Weltmeeren und in seinem überseeischen Kolonialreich. Europa hatte in der machtpolitischen Kalkulation Britanniens lediglich die Funktion, durch das Gleichgewicht der Mächte politisch »neutralisiert« zu werden, so daß von dort keine Gefahr für das britische Mutterland ausgehen konnte und England somit den Rücken frei hatte für seine Weltpolitik.

Ganz anders hingegen war die Interessenlage der Kontinentalmacht Rußland, die eigentliche und zweite große Siegerin über Frankreich nach dem Untergang der Grande Armée zwischen Moskau und der Beresina im Spätherbst des Jahres 1812. Rußland war nach wie vor eine asiatische Autokratie, die auf der Leibeigenschaft seiner Bauern und der unumschränkten Herrschaft des Zaren gründete. Gegenüber dem zaristischen Rußland erinnerte selbst der schlimmste und zurückgebliebenste Fürstenabsolutismus in Deutschland noch an eine Lichtgestalt der Aufklärung und des Fortschritts. Zudem war das russische Reich ein Vielvölkerstaat, der, vor allem in Polen, jede Form von Nationalismus und verfaßter Freiheit fürchten mußte.

Der dritte Sieger, Österreich-Ungarn, war ebenfalls ein europäischer Vielvölkerstaat, dessen Zusammenhalt durch die Idee der Nation und ihrer freien Selbstbestimmung auf das höchste gefährdet war. Das Reich der Habsburger hatte sich seit den erfolgreichen Türkenkriegen und den verschiedenen polnischen Teilungen im 18. Jahrhundert zu einem bunten Völkergemisch entwickelt, das sein Schwergewicht zunehmend aus Deutschland heraus und nach Osten hin auf den Balkan verlagert hatte. Durch seine Niederlage gegen Napoleon und das Ende des Alten Reiches wurde diese Tendenz noch nachdrücklich verstärkt und Österreich faktisch zum ersten Mal aus Deutschland hinausgedrängt. Nach dem Ende Napoleons versuchte es zwar erneut einen Fuß in die deutschen Angelegenheiten hineinzubekommen, aber sein vormaliger historischer Ort als deutsche Vormacht (und damit auch als Kristallisationspunkt des erwachten deutschen Nationalbewußtseins) wurde zunehmend von Preußen besetzt.

Die beiden Siegermächte Rußland und Österreich hatten also allein schon von ihrer inneren Verfaßtheit und politischen Struktur her überhaupt kein Interesse an einer konstitutionellen Einheit Deutschlands, ja sie mußten deren außen- wie innenpolitische Wirkungen sogar fürchten. Denn »was ist des Deutschen Vaterland?« reimte bereits 1813 der nationalbewegte Ernst Moritz Arndt die gefährlichste außenpolitische Frage Europas des 19. und 20. Jahrhunderts munter vor sich hin.[64] Was hieß die Einheit der Deutschen in Mitteleuropa? Gehörte Deutsch-Österreich dazu? Was würde mit jenen Gebieten werden, in denen Deutsche und Polen oder Deutsche und Tschechen seit Jahrhunderten friedlich Haus an Haus lebten? Und mußte die deutsche Einheits- und Nationalbewegung nicht zum Katalysator für andere Nationalbewegungen in dem Vielvölkerstaat Österreich und im russischen Kaiserreich werden?

Hier wurde nun von Anbeginn ein Kernproblem der bürgerlich-deutschen Einheitsbewegung offenbar: der Ausgleich der europäischen Mächte fand seit dem Westfälischen Frieden in der Mitte des Kontinents, in Deutschland, statt. Jede innere Änderung hier, ja gar die Bildung eines großen deutschen Nationalstaates in der Mitte Europas, berührte sofort die elementarsten Interessen nahezu aller wichtigen europäischen Mächte. Schlimmer noch, die Einheit Deutschlands würde mit hoher Wahrscheinlichkeit den Umsturz der mitteleuropäischen Landkarte nach sich ziehen und sich in zwingender Logik zu einer Existenzbedrohung der großen Mächte auswachsen müssen. Kein Wunder also, daß die in Wien 1814 zum Kongreß versammelte Gegenrevolution in Wirklichkeit zwei Dämonen zu bannen hatte: Vordergründig ging es um die Bändigung der bürgerlichen Revolution, um Napoleon und um die nachnapoleonische Rolle Frankreichs, tatsächlich aber sah der Wiener Kongreß die Hauptgefahr für die »legitime«, die überkommene Ordnung in der Idee der Nation und ihrer Freiheit, und damit auch und vor allem in der deutschen Nationalbewegung.

Die vierte und zugleich kleinste der bedeutendsten Mächte der antinapoleonischen Koalition war Preußen, dem nach den Befreiungskriegen scheinbar wie von selbst die Führungsrolle bei einer möglichen konstitutionellen Einigung der Deutschen zufiel. Damit war allerdings der perspektivische Konflikt der beiden deutschen Mächte um die Führungsrolle in Deutschland absehbar, dessen Austrag im Deutschen Bund institutionalisiert wurde. Preußen eignete sich deswegen besser als Projektionsfläche für die deutsche Nationalbewegung, weil es sich, anders als Österreich, das im 18. Jahrhundert eine »Ostentwicklung« erlebt hatte, vom Osten her nach Westen, dem Rhein zu und damit, ganz anders als Österreich, nach

Deutschland hinein ausdehnte. Nach dem Sieg über Napoleon stand Preußen dauerhaft am Rhein und in Westfalen, und gerade das letztere war von großer Bedeutung, denn Preußen gewann dadurch in Deutschland das bedeutendste Zentrum einer zweiten, vielleicht sogar noch wichtigeren Revolution, als es die Französische gewesen war, nämlich der industriellen Revolution, die zwischen Rhein und Ruhr damals ihren ersten Aufschwung in Deutschland nahm. Hier entstand nach den Napoleonischen Kriegen das industrielle Rückgrat für die kommende Weltmacht Preußen-Deutschland.

Preußen hatte unter Stein, Hardenberg und Scharnhorst nach dem Debakel von Jena eine Phase umwälzender Reformen von Wirtschaft, Staat und Militär erlebt, welche die Voraussetzungen für seinen Wiederaufstieg gelegt hatten. Allerdings verbesserten diese Reformen lediglich die moderne Funktionalität des preußischen Militär- und Verwaltungsstaates, sie modernisierten ihn nicht grundsätzlich hin zu einem bürgerlichen Gemeinwesen unter der verfassungsmäßigen Herrschaft einer konstitutionellen Monarchie. Der Kern der preußischen Reformen war die Militärreform, denn Preußen war zuerst und vor allem der Staat als Militär, das Militär als Staat. Die durch den Zusammenbruch von 1806 und die Siege der französischen Volksheere zugespitzte zentrale Frage: Volksheer oder Königsarmee? sollte weit über den engen Bereich des Militärischen hinaus von überragender Bedeutung für die gesamte künftige Entwicklung Preußen-Deutschlands werden. Hier, in der Heeresreform und damit im Zentrum preußischer Macht und Identität, mußte es sich erweisen, ob es zu einem von oben eingeleiteten Übergang vom Absolutismus zum bürgerlich-monarchischen Konstitutionalismus in Preußen kommen konnte oder nicht. *Reform* oder *Revolution,* so lauteten die sich abzeichnenden Alternativen in der damaligen preußischen Entwicklung. Beides sollte scheitern, die Reform in der reaktionären Wende von 1819/20, die Revolution 1848/49. Zurück blieb die modernisierte *Reaktion* des preußischen Machtstaates und seiner Fürstenherrschaft. Sie sollte Deutschland ins Elend führen.

»Das alte Preußen hatte Macht und Aufstieg vor allem seiner Armee verdankt. Demgemäß war die Heeresreform ein zentrales Ziel gerade der radikalen Gruppen um Scharnhorst und Boyen. Hier ging es nicht nur um die technische, organisatorische und strategische Modernisierung; die Frage war, ob und wie ein solch hochentwikkeltes Machtinstrument in ein freiheitliches System politischer Selbstbestimmung eingeordnet werden konnte... Doch es erwies sich als ein Angelpunkt für das Gelingen oder Nichtgelingen einer neuen politischen Kultur in Deutschland.«[65] Anders gesagt, die Reform modernisierte den Absolutismus in Preußen, sie dämpfte und zügelte ihn, aber sie beseitigte ihn nicht.

Nach dem Ende der Napoleonischen Kriege stand eh nicht die Reform, sondern vielmehr die Restauration der alten Ordnung auf der Agenda der Geschichte. Die Ordnung des Wiener Kongresses war sowohl der Versuch einer Wiederherstellung des europäischen Gleichgewichts der Mächte in Europa unter dem Patronat der Heiligen Allianz der beiden Kaiser in St. Petersburg und Wien[66] als auch der Versuch einer Bändigung der bürgerlichen Revolution durch ihre Entpolitisierung, durch das Zurückdrängen des Bürgertums in die biedermeierliche Privatheit und die Restauration der Herrschaft der Fürsten und Throne gegen die Ideen von Freiheit, Verfassung und Nation. Selbst wenn Preußen anders gewollt und schon damals die Einheit von oben mit den Mitteln des preußischen Machtstaates hätte herzustellen versucht (was es nicht tat), es wäre an den Kräfteverhältnissen der europäischen Lage gescheitert. Preußen hat am Ende der Napoleonischen Kriege gar nicht sehr viel anders gekonnt, als es die Restaurationspolitik des Wiener Kongresses vorgegeben hatte, denn es war in hohem Maße machtpolitisch von dem Wohlwollen des russischen Zaren und des Kaisers in Wien abhängig.[67]

Die Wiederherstellung der monarchischen Ordnung in Europa während der drei Jahrzehnte dauernden Ära der Restauration bis 1848 bedeutete allerdings lediglich eine Vertagung der bürgerlichen Revolution, keineswegs deren Beendigung. Metternich sollte letztendlich gegen Windmühlen kämpfen, denn die Tiefenkräfte der europäischen Entwicklung machten diese Revolution in nahezu allen europäischen Staaten unausweichlich. Im Innern der europäischen Gesellschaften vollzog sich in der ersten Hälfte des 19. Jahrhunderts deren radikale Umwälzung zur Industriegesellschaft oder wurde zumindest in dieser Zeit vorbereitet. Damit verlor die agrarische

Grundlage der Adelsherrschaft unwiderruflich ihre Bedeutung, und das europäische Mittelalter mußte demnach auch politisch zu Ende gehen. Es war also lediglich eine Frage der Zeit und der politischen Kräfteverhältnisse, bis die radikalen Veränderungen der gesellschaftlichen Basis im politischen Überbau zu einem solchen Druckaufbau führte, so daß dieser Überbau dann irgendwann explodieren mußte, zumal die Metternichsche Restauration jede ausgreifende Reform (und die damit einhergehende Druckentlastung) verunmöglichte.

Für Deutschlands Weg in die bürgerliche Moderne waren die strukturbildenden Grundlinien und Kräfteverhältnisse dieser Entwicklung seit dem Ende der napoleonischen Kriege vorgezeichnet: bürgerliche Verfassungsfreiheit und nationale Einheit mußten zu einer doppelten Revolution führen, einer innenpolitischen Revolution gegen die Fürsten und ihren territorialen Partikularismus und einer außenpolitischen Revolution namens »deutsche Einheit«. Die Frage war in der zweiten Hälfte des 19. Jahrhunderts also nicht mehr nach dem Ob, sondern nur noch nach dem Wie und dem Wann dieser Revolution zu stellen. Würde es sich bei der bürgerlichen Revolution in Deutschland um eine Revolution von unten oder um eine nationale Einigung von oben handeln? Oder anders gefragt, würde es in der Durchsetzung der Einheit Deutschlands von unten gelingen, auf revolutionärem Wege also, zugleich auch die Herrschaft der alten Fürsten- und Adelseliten und ihre ökonomische Macht zu brechen? Oder würde es diesen alten Herrschaftseliten gelingen, die gesellschaftliche und ökonomische Modernisierung Deutschlands und die Einheit des Landes von oben durchzusetzen und sich dadurch mit ihrer Macht in die Moderne hinüberzuretten? Nationale Einheit durch die siegreiche Demokratie oder den siegreichen Machtstaat? Das war die entscheidende Alternative deutscher Politik nach dem Ende des Napoleonischen Zeitalters.

3. Kapitel

Les Incertitudes Allemandes II – Von der Nation in den Abgrund der Weltmacht

> »Nicht Blindheit ist es, nicht Unwissenheit, was die Menschen und die Staaten verdirbt. Nicht lange bleibt ihnen verborgen, wohin die eingeschlagene Bahn sie führen wird. Aber es ist in ihnen ein Trieb, von ihrer Natur begünstigt, von der Gewohnheit verstärkt, der sie weiter vorwärts reißt, solange sie noch einen Rest von Kraft haben. Göttlich ist der, der sich selber bezwingt. Die Meisten sehen ihren Ruin vor Augen, aber sie gehen hinein.«
>
> Leopold v. Ranke (1827)[68]

Im Jahr 1848 spitzten sich die inneren Widersprüche unter der Ordnung der royalistischen Restauration in den verschiedenen europäischen Gesellschaften dramatisch zu. Der Fortgang der Geschichte war auch durch die morsch gewordene Reaktion à la Metternich nicht mehr anzuhalten, die Industrialisierung, die Grundlage der bürgerlichen Gesellschaft, setzte sich mit Macht gegen alle überkommene Ordnung durch. Die aus dem Mittelalter herüberragende starre Wirtschaftsverfassung der Zünfte und eine rückständige Agrarwirtschaft, gebunden an die unfreie Arbeit der hörigen Bauern, zerfielen zusehends, und die industrielle Revolution der Dampfwebstühle, der großen Fabriken, der Eisenbahnen und Telegraphen veränderte mehr und mehr auch die machtpolitischen Fakten. »Die deutsche Kleinräumigkeit trat in einen nach Taler und Gulden errechenbaren Widerspruch zu dem, was Unternehmer und Bankiers wollten und wollen mußten. ... Die deutsche Einheit, bisher eine Sache fortschrittlicher Literaten und jugendlicher Feuerköpfe, wurde zum Hoffnungsposten kaufmännischer Gewinn- und Verlustrechnung.«[69] Die wirtschaftlichen Notwendigkeiten erzwangen die politische Erneuerung, und da die alten Mächte dazu nicht bereit waren, mußte es über kurz oder lang zum revolutionären Knall kommen. Verschärft wurde diese Entwicklung noch durch eine sehr ernste Wirtschaftskrise, die das massenhafte Elend der unteren Volksschichten mit sich brachte.[70] Zündstoff hatte sich 1848 also mehr als genug aufgehäuft in Deutschland, es bedurfte nur noch des Funkens, der dann eine politische Explosion herbeiführen mußte. Ein weiteres Mal wurde dieser Funke der Revolution in Paris ausgelöst, nur diesmal sollte er, anders als 1789, direkt und unmittelbar auch auf Deutschland überspringen, ja es kam, ausgehend von dem Pariser Februarumsturz, zu einer europäischen Revolution.[71]

Freiheit, Einheit, Verfassung und Parlament waren die Forderungen der revolutionären Demokratie in den Märztagen, nicht aber der Sturz der Throne und die Republik. Die Monarchie sollte lediglich konstitutionell parlamentarisch werden. »In Deutschland überstürzten sich seit Ende Februar die Ereignisse. Drei verschiedene Vorgänge überschnitten sich jetzt. Einerseits kam es zu spontanen Initiativen in den einzelnen Bundesstaaten, die fast überall rasch zum Sturz der alten Regierungen führten; andererseits wurden Bestrebungen deutlich, die ein vorläufiges revolutionäres Zentrum für ganz Deutschland zum Ziel hatten, was dann zum ›Vorparlament‹ in Frankfurt führte. Aber auch die Vorgänge am Bundestag selbst waren ein Signal. Die alte Bundesversammlung, durch die neuen ›Märzregierungen‹ im progressiven Sinne instruiert, fand zu einer evolutionären Verbindung mit der revolutionären Bewegung und machte damit jenen Mittelweg der ›Vereinbarung‹ zwischen dem Neuen und dem Alten frei, der sowohl die anfängliche Euphorie wie den späteren Niedergang der Revolution begründete.«[72] Der Höhepunkt der Märzereignisse waren die blutigen Barrikadenkämpfe am 18./19. März in Berlin, denen über 230 Menschen zum Opfer fielen, und hier in Berlin – und nicht in Frankfurt! – wurde die entscheidende Frage der bürgerlichen Revolution in Deutschland am 18. März vom Volk gestellt, nämlich die Frage nach der Macht.[73]

Zwischen Mitte April und Mitte Mai 1848 kam es dann zu den ersten Wahlen zu einer Nationalversammlung in den deutschen Ländern, und schließlich, »am 18. Mai, als endlich das vorgeschriebene Quorum von 350 Abgeordneten in Frankfurt eingetroffen war, trat die Nationalversammlung unter Glockengeläut und Böllerschüssen in der Paulskirche zusammen«[74]. Das kaum für möglich Gehaltene

und lang Ersehnte, die Freiheit und die Einheit der deutschen Nation, schienen Wirklichkeit geworden zu sein. Es gab in Deutschland nunmehr ein demokratisch gewähltes und damit legitimiertes Parlament in der Frankfurter Paulskirche, die Nationalversammlung, ja es gab etwas später sogar ein parlamentarisch gewähltes deutsches Staatsoberhaupt, der bürgerlich gestimmte Habsburger Erzherzog Johann als sogenannter »Reichsverweser«, und es gab schließlich auch eine von diesem ernannte deutsche Regierung. Freilich haftete dieser ganzen, scheinbar leichtfüßigen Entwicklung der Märzrevolution ein entscheidender Fehler an, denn beide, die gewählte Nationalversammlung und die parlamentarische Regierung unter dem Fürsten Karl Leinigen, hatten keine wirkliche Macht und jenseits der flüchtigen Macht der Rede und des bedruckten Papiers nichts wirklich zu sagen, geschweige denn zu bestimmen in Deutschland.[75] Die Macht lag weder bei der Versammlung in der Frankfurter Paulskirche, noch gab es gar bereits einen deutschen Einheitsstaat, die Macht war vielmehr den Fürsten und ihren Armeen geblieben.
Die Paulskirche sollte ihre strategischen Ziele weder nach innen – Freiheit, Verfassungsstaat, parlamentarische Demokratie – noch nach außen – die Einheit der Nation in einem Staat – durchsetzen können. Sie hatte niemals auch nur einen Zipfel der wirklichen Macht in Deutschland in den Händen, trotz ihrer zeitweise sehr hohen Autorität und ihrer aus Wahlen hervorgegangenen Legitimität, und insofern fehlte der Frankfurter Nationalversammlung neben ihrer vorhandenen Legitimation durch freie Wahlen eigentlich das zweite wesentliche Element eines wirklichen Parlamentes, nämlich die parlamentarische Macht im Staate.[76]
Die Macht blieb vor allem in Österreich und in Preußen, diesen beiden wichtigsten Staaten Deutschlands, bei Kaiser und König und ihren Heeren, und dies war der eigentliche Grund des Scheiterns der Revolution. Sie wurde durch eben diese Heere und deren russische Unterstützung militärisch besiegt, und all die wunderbaren Verfassungsentwürfe und gelehrten Reden in der Paulskirche halfen dagegen wenig. Doch vor dem Ende kam noch die Demütigung: der preußische König Friedrich Wilhelm IV. lehnte seine Wahl durch das Paulskirchenparlament zum deutschen Erbkaiser ab. »... am 3. April 1849 erschien eine Delegation des Paulskirchenparlaments

vor Friedrich Wilhelm IV., um ihm tiefbewegt die deutsche Kaiserkrone anzutragen. Der aber hatte mittlerweile seine schwarz-rot-goldenen Gefühle vom März des vergangenen Jahres vergessen und war empört über diese Zumutung: Was die Delegation ihm da bringe, schrieb er an den Großherzog von Hessen, sei eine ›Schweinekrone‹, ein ›Reif aus Dreck und Letten‹, an dem ›der Ludergeruch der Revolution‹ hinge.«[77]
Die folgenden Volkserhebungen am Rhein, in Berlin, Dresden, der Pfalz und vor allem in Baden wurden durch preußisches Militär blutig unterdrückt. In Rastatt »am 23. Juli mußte sich die badische Besatzung auf Gnade und Ungnade den Preußen ergeben; die 5600 Gefangenen wurden als Kriminelle behandelt. In Rastatt und in ganz Baden begannen Standgerichte mit der Arbeit. Im Unterschied zu Sachsen und der Pfalz wurden zahlreiche Todesurteile vollstreckt. ... Eine Auswanderungswelle ohne gleichen setzte ein; 80 000 Menschen verließen ihre Heimat. Jeder 18. Bürger kehrte Baden den Rücken.«[78] Das Paulskirchenparlament hatte sich zuvor bereits im Frühjahr aufgelöst, und im Dezember 1849 trat schließlich auch der Reichsverweser Erzherzog Johann zurück. Die Revolution war zu Ende, ihre Niederlage umfassend und vollständig.[79]
Das Scheitern der bürgerlichen Revolution von 1848 in Deutschland war die eigentliche Wasserscheide in der Entwicklung Deutschlands in der Neuzeit. Mit der gescheiterten Revolution von 1848 begann recht eigentlich jener deutsche Sonderweg, der dann in die beiden Katastrophen von 1918 und 1945 münden sollte. »Für Deutschland war nicht die Französische Revolution, nicht Napoleon, nicht der Wiener Kongreß der point of no return: es war die Märzrevolution von 1848.«[80] Michael Stürmers These über die Revolution von 1848 als dem »Wendepunkt ohne Wendung«[81] in der deutschen Geschichte kann nur nachdrücklich zugestimmt werden, denn einerseits brachte die Revolution die bürgerliche Gesellschaft in Deutschland zum vollen Durchbruch, andererseits aber schleppte ihr Scheitern die überkommene, spätabsolutistische Herrschaftsform vor allem in den beiden deutschen Großmächten Österreich und Preußen in die Neuzeit hinüber. Durch die verlorene Revolution von 1848 wurde die Freiheits- und Demokratiefrage auf Jahrzehnte hinaus von der Nationalfrage Deutschlands ge-

trennt, ja im weiteren Verlauf der Bismarckschen Reichseinigung von oben durch »Eisen und Blut« wurden die Freiheits- und die Nationalfrage zu Antipoden in der deutschen Entwicklung.

1848/49 hatte zudem der preußische Militär- und Verwaltungsstaat über die bürgerliche Gesellschaft, das Heer des Königs über das bewaffnete Volk gesiegt. Die Armee, allein dem preußischen König und seiner »göttlichen« oder dynastischen Legitimität verpflichtet, hatte erfolgreich ihre Bürgerkriegstauglichkeit unter Beweis gestellt und sich als der eigentliche Machtfaktor in der deutschen Politik erwiesen. Die sich damals abzeichnende und in den Einigungskriegen Bismarcks dann endgültig durchgesetzte Lösung der offenen Einheits- und damit Nationalfrage durch das preußische Heer sollte dessen Suprematie und machtpolitische Eigenständigkeit in der deutschen Politik auf Dauer stellen. Damit war aber eine Entwicklung hin zu einem modernen, interessegeleiteten bürgerlichen Verfassungsstaat in Deutschland nachhaltig blockiert worden.

Gerade Deutschland sollte durch die Verbürgerlichung seiner Verhältnisse und die voranschreitende Industrialisierung ab der Mitte des 19. Jahrhunderts eine unglaubliche Kraft entfalten, der aber seine politische Ordnung und die sie tragenden Normen und Werte zu keinem Zeitpunkt gerecht wurden. Politisch regierten nach wie vor die alten Machteliten, gestützt auf vorbürgerliche Normen, die sich bis 1918 (eigentlich aber bis zur endgültigen Katastrophe 1945) maximal auf eine Koexistenz mit der bürgerlichen Gegenwart des Landes einließen. Die deutschen Machteliten, ihre Werte und ihre Organisation entsprachen nach 1848 niemals den politischen Erfordernissen jenes durch die Industrialisierung und die spätere staatliche Einheit erwachenden machtpolitischen Riesen namens Deutschland, und so geriet das Land durch die gescheiterte Revolution von 1848 in die Situation eines jungen Mannes, dessen wachsende Muskelkraft sich in einem umgekehrten Verhältnis zu der Entwicklung seiner Persönlichkeit befindet. Im wirklichen Leben sind die Gefängnisse voll von solchen Kraftpaketen mit mißlungener charakterlicher Entwicklung, im Leben der Staaten und Völker gelten allerdings andere, gefährlichere Gesetze, den dort gibt es kein übergeordnetes und zugleich ordnendes Gewaltmonopol.[82]

Die »nationale Frage« der Einheit der Deutschen war neben der in-

nenpolitischen »Freiheits- und Verfassungsfrage« das zweite große Ziel der 48er Revolution. Mehr noch, bedingt durch den historisch gewachsenen Partikularismus der Fürstenherrschaft gegen das alte Reich, waren in Deutschland diese beiden zentralen Fragen der bürgerlichen Revolution, Freiheit und Einheit, untrennbar miteinander verbunden. Auf die außenpolitische Brisanz dieser Frage wurde weiter oben bereits hingewiesen. Gerade die Behandlung der Verfassungsfrage in der Paulskirche zeigte aber, wie eminent schwierig die außenpolitische Grenzziehung und Definition dieses vereinten Deutschlands in der Mitte Europas tatsächlich war und welchen außenpolitischen Sprengstoff sie beinhaltete.[83] Sollte dieses Deutschland alle Deutschen umfassen? Sollte es am Ende gar alle Gebiete des ehemaligen Deutschen Reiches von 1806 umfassen, auch wenn es keine vorwiegend von Deutschen besiedelten Gebiete waren?[84] Und wie ließ sich dieses mit der Existenz des Vielvölkerstaates Österreich in Übereinklang bringen? Oder sollte man auf Grund der absehbaren Schwierigkeiten auf Österreich und die in ihm lebenden Deutschen verzichten und statt dessen mit einem kleineren, dafür aber eindeutig abzugrenzenden und zu definierenden Deutschland vorlieb nehmen, bestehend allein aus dem früheren Rheinbund und dem Königreich Preußen? Großdeutsche oder kleindeutsche Einheit, großdeutscher oder kleindeutscher Nationalstaat? Dies war die beherrschende außenpolitische Frage der Verfassungsdebatte in der Frankfurter Nationalversammlung, und die bereits militant deutschnationale Rethorik in den außenpolitischen Debatten der Paulskirche und die darin offen erklärten Gebiets- und Imperiumsansprüche des entstehenden Deutschland ließen die zukünftige Rolle Deutschlands als der entscheidende europäische »Risikofaktor« schon damals erkennbar werden.[85]
Die Paulskirche bekam es im Verfolg der nationalpolitischen Frage nach der Einheit Deutschlands sofort mit drei außenpolitischen Konfliktfeldern zu tun, die sie mit bedeutenden Mächten in Konflikt bringen mußte: Schleswig, Posen und Böhmen.[86] Vor allem die Schleswigfrage sollte sich als hochbrisant erweisen, die bis zum Einmarsch preußischer Truppen in Schleswig, der russischen Drohung mit einer Militärintervention gegen Preußen und schließlich zum preußischen Rückzug auf der ganzen Linie führte. Die Böhmen-

frage warf wiederum sofort die Frage nach dem Fortbestand des Habsburgerreiches auf, denn es war völlig klar, daß sich Österreich mit all seinen riesigen nichtdeutschen Ländern niemals in einen deutschen Nationalstaat einverleiben lassen würde, und ein deutscher Nationalstaat sollte es schon werden. Die Alternative hieß demnach bereits 1848 kleindeutsche Lösung ohne Österreich oder großdeutsche Lösung unter Inkaufnahme der Zerschlagung des südosteuropäischen Reiches der Habsburger mit vermutlich fatalen Folgen für die europäische Stabilität. Eine großdeutsche Lösung zu Lasten Habsburgs war damals aber völlig illusionär, denn das Kaiserreich Österreich war im Mächtegleichgewicht des Kontinents auch für Preußen-Deutschland als Gegengewicht zu Rußland unverzichtbar. Bismarck sollte dann achtzehn Jahre später nach der Schlacht von Königgrätz (Sadowa) im Jahre 1866 die einzig mögliche Entscheidung dieser Frage durchsetzen, indem er Österreich samt Böhmen und deren deutscher Bevölkerung aus Deutschland hinausdrängte.

Vom ersten Augenblick seines auch nur theoretisch verfassungsrechtlichen Entstehens an sollte der deutsche Nationalstaat also zu dem großen Unruhefaktor für die europäische Ordnung im 19. Jahrhundert werden. Dies war keine Frage der bösen Absicht oder gar der politischen Unfähigkeit der jeweils handelnden deutschen Eliten, beides kam später gewissermaßen noch strafverschärfend hinzu, sondern einfach das Resultat der geographischen Lage, der Größe des Landes und der historisch gewachsenen Realitäten der europäischen Politik. »Europa war ein Staatensystem mit einem scheinbar eingependelten Gleichgewicht; es war keine Frage, daß ein neuer, potentiell starker Staat in Mitteleuropa, eine neue Großmacht, die Staatsräson aller anderen Mächte berühren mußte, wohl aber war es die Frage, ob ein solcher Staat überhaupt erträglich sei und wieweit sie den Willen und die Möglichkeit hatten, seine Gründung zu verhindern. Europa war auch ein Europa der Völker, Mitteleuropa war bis dahin dynastisch-historisch und föderativ organisiert gewesen; die revolutionäre Bildung eines deutschen Nationalstaates mußte Grenz- und Nationalitätenkonflikte aufwerfen: Konflikte mit den alten Staaten und Konflikte mit den jungen – staatenlosen oder staatlich verfaßten – Völkern.«[87]

Deutschland hatte es 1848 also nolens volens mit einer doppelten Revolution zu tun, welche die europäischen Verhältnisse, anders als im Falle Frankreichs und Napoleons, nicht durch militärische Eroberungen umstürzen würde, sondern vielmehr durch die schlichte Existenz und Lage des vereinigten Landes. Die deutsche Einheit bedeutete unausweichlich eine dauerhafte und grundsätzliche Veränderung des europäischen Gleichgewichts, und für Deutschlands zukünftige Entwicklung mußte es sich demnach als von entscheidender Bedeutung erweisen, ob die inneren Verfassungsverhältnisse ihren Beitrag zu einer Entspannnung seiner objektiv komplizierten, ja gefährlichen außenpolitischen Lage und Rolle würden beitragen können oder nicht. Mit dem Scheitern der Revolution von 1848 und dem Sieg des Macht- und Militärstaates in Deutschland über den demokratischen Verfassungsstaat war auch diese Frage durch die Geschichte negativ beantwortet worden.

Für den Sieg der Gegenrevolution über die Paulskirche und die Demokratie war ganz entscheidend das Wiedererstarken des Hauses Habsburg in Österreich gewesen. Die verschiedenen nationalen Interessen der Ungarn, der Tschechen, der Kroaten, der Italiener und der Deutschen waren im Kaiserreich einfach zu gegenläufig. Es kam zu keinem gemeinsamen Vorgehen gegen die habsburgische Zentralgewalt, im Gegenteil, und dieses Faktum der nationalen Gegensätzlichkeit der verschiedenen Völker des österreichischen Kaiserreiches erlaubte es dem Hause Habsburg, sich der einzelnen nationalen Aufstände getrennt anzunehmen. Gemeinsam mit der Unterstützung durch zwei russische Armeen unter Paskjewitsch gegen die gefährlichste nationale Revolution in Ungarn war dies der Grund für den Sieg Habsburgs über die Revolution.[88] Es ist eine der Ironien der europäischen Geschichte, daß der Kaiser in Wien 1848 von eben jenem gerade mit Macht entstehenden Nationalismus gerettet worden war, der das Kaiserreich der Habsburger dann 1918 endgültig zerstören sollte.

Der zweite Grund des Scheiterns der Revolution von 1848 lag in der beginnenden Angst des Bürgertums vor dem Proletariat der Besitzlosen. Der »dritte Stand« bildete 1848, anders als noch 1789 in der Großen Französischen Revolution, eben keine Einheit mehr, sondern es hatte sich durch die zunehmende Industrialisierung ein halbes Jahrhundert später ein »vierter Stand« gebildet, das Industrieproletariat, dessen in völliger Besitzlosigkeit und elenden Lebensbedingungen begründete Interessen und dessen Radikalität eben nicht mehr nur den Adel und die Fürsten bedrohte, sondern nun auch die Bürger und deren Privateigentum. »Wenn das Proletariat die Auflösung der bisherigen Weltordnung verkündet, so spricht es nur das Geheimnis seines eigenen Daseins aus, denn es ist die faktische Auflösung dieser Weltordnung. Wenn das Proletariat die Negation des Privateigentums verlangt, so erhebt es nur zum Prinzip der Gesellschaft, was die Gesellschaft zu seinem Prinzip erhoben hat, was in ihm als negatives Resultat der Gesellschaft schon ohne sein Zutun verkörpert ist«, schrieb ein preußischer Untertan namens Karl Marx an der Jahreswende 1843/44 im Exil in Paris. »Wenn alle inneren Bedingungen erfüllt sind, wird der deutsche Auferstehungstag verkündet werden durch das Schmettern des gallischen Hahns.«[89]

Exakt vier Jahre später, wieder zum Jahreswechsel, hatten Karl Marx und Friedrich Engels im Londoner Exil »Das Manifest der Kommunistischen Partei« verfaßt, das nahezu zeitgleich mit der Pariser Februarrevolution in London veröffentlicht wurde. Es beginnt mit jenen klassischen Worten, die die Welt nachhaltig erschüttern sollten: »Ein Gespenst geht um in Europa – das Gespenst des Kommunismus«[90], und endet mit dem ebenso klassischen Aufruf: »Proletarier aller Länder, vereinigt euch!«[91] Das »Manifest« erklärt in offen drohenden Worten die Lage: »Die Waffen, womit die Bourgeoisie den Feudalismus zu Boden geschlagen hat, richten sich jetzt gegen die Bourgeoisie selbst. Aber die Bourgeoisie hat nicht nur die Waffen geschmiedet, die ihr den Tod bringen; sie hat auch die Männer gezeugt, die diese Waffen führen werden – die modernen Arbeiter, die Proletarier.«[92] Das kommunistische Programm hieß also nicht mehr »Liberté, Egalité, Fraternité« sondern meinte nur noch »Egalité« um jeden Preis.

Die proletarische Revolution war damals nicht nur eine Sache der Theorie, und erneut war Paris die Stätte ihres praktischen Auftretens. Die Pariser Februarrevolution von 1848 hatte sich als bürgerliche und soziale zugleich erwiesen und weitreichende Rechte und institutionelle Garantien für das Proletariat mit sich gebracht: das

Recht auf Arbeit in der Verfassung und die Einrichtung von Nationalwerkstätten zur Bekämpfung der Massenarbeitslosigkeit, faktisch ein staatliches Arbeitsbeschaffungsprogramm.[93] Andererseits war diese Revolution ohne jeden Zweifel bürgerlich bestimmt, und entsprechend waren die Mehrheiten in der Nationalversammlung und die Loyalitäten der Nationalgarde. Die Interesssen der Industriearbeiterschaft an garantierten Arbeitsplätzen und Löhnen standen aber in einem unauflösbaren Widerspruch zu den Interessen des Besitzbürgertums, und dieser Widerspruch mußte, da keines der beiden Lager der Revolution freiwillig nachgeben konnte, zum gewaltsamen Austrag kommen. Der 15. Mai 1848 erlebte einen kommunistischen Operettenputsch in Paris unter der Führung von Louis Blanc, ausgehend von großen Demonstrationszügen: »...die Masse drang (in die Parlamentskammer) hinein, bemächtigte sich der Bühne; Blanqui ergriff das Wort und sprach von den unverjährbaren Rechten des Volkes, Barbès, im Taumel der Bewegung, proponierte eine Steuer von 1000 Millionen auf die Besitzenden. Huber erklärte die Nationalversammlung für aufgelöst; die Kammer selbst schwieg; dann wälzte sich der Zug nach dem Stadthause, wo sich die Häupter installierten und Dekrete erließen. Jetzt erst nach einer halben Stunde kamen die Regierung und die Nationalgarde zur Besinnung; die Straßen wurden ohne alle Mühe gesäubert; die Garde marschierte auf das Stadthaus, nahm die Häupter gefangen und machte, ehe der Abend kam, dem ganzen Aufstand, ohne daß ein Tropfen Blutes geflossen wäre, ein rasches Ende. Blanqui, Huber, Sobrier und andere wurden verhaftet, die Masse wurde zerstreut...«[94]

In Paris kündigte sich im späten Frühjahr 1848 die erste proletarische Revolution gegen das besitzende Bürgertum an, die in dem Augenblick zum Ausbruch kommen mußte, als die Nationalwerkstätten aufgelöst wurden. Die verfaßten Rechte des Proletariats wurden abgeschafft, und daraufhin begann der Aufstand am 23. Juni 1884.[95] Einen Tag später verhängte die Nationalversammlung über Paris den Ausnahmezustand und übertrug dem republikanischen General Cavaignac alle Gewalt. Der schlug dann innerhalb weniger Stunden diese erste proletarische Revolution in Frankreich mit Militärgewalt blutig nieder, 10 000 Tote soll es dabei gegeben haben.[96] Die Angst des Bürgertums vor der proletarischen Revolution führte in Frankreich dann unmittelbar zu dem Wahlsieg von Louis Bonaparte, dem Neffen des großen Napoleon, bei den Ende 1848 stattfindenden Präsidentschaftswahlen, dann zu dessen Diktatur nach dem Staatsstreich von 1851 und schließlich ins Zweite Kaiserreich. Anders als in Deutschland blieb in Frankreich die Bourgeoisie die Siegerin der 48er Revolution, allerdings hinterließen die Ereignisse in der französischen Hauptstadt jenseits des Rheins einen nachhaltigen Eindruck.

Die bürgerliche Revolution mußte 1848 also bereits einen Zweifrontenkrieg führen, und diese Tatsache setzte ihrer Radikalität wesentlich engere Grenzen als der Revolution des Jahres 1789 in Paris. Eine drohende »zweite Revolution«, eine soziale Revolution, wäre angesichts der gesellschaftlichen Veränderungen nicht mehr mit einem Thermidor allein zu erledigen gewesen, und die Liberalen befürchteten wohl zu Recht, daß eine Zeit des »Terreurs« gegen Krone und Adel 1848 eben mit hoher Wahrscheinlichkeit nicht mehr vor dem Bürgertum und seinen Interessen haltgemacht, sondern vermutlich das Privateigentum gleich mit unter die Guillotine geschickt hätte. Genau deshalb getraute sich die Paulskirche auch nicht, die Grenzen jener theoretisch interessanten, praktisch aber zumeist harmlosen Verfassungsdebatten zu überschreiten und die wirkliche Machtfrage als Parlament mit der Bildung eines revolutionären nationalen Volksheeres zu stellen, die Republik auszurufen, den Adel zu entmachten und zu enteignen, die nationale Einheit zu erzwingen und damit zu einem deutschen »Konvent« zu werden. Die Angst vor der sozialen Revolution eines radikalisierten Industrieproletariats hatte die Kronen damals gerettet.[97]

Zusammengefaßt und mit einem Anflug von Ironie läßt sich also feststellen, daß die Könige und Kaiser in Deutschland, Preußen und Österreich 1848/49 durch den Nationalismus und den Kommunismus gemeinsam gerettet wurden, und in der Tat markiert die Revolution von 1848 eine Übergangszeit, in der die nationale und die soziale Frage einerseits noch nicht stark genug waren, um den Gang der Ereignisse zu beherrschen, andererseits aber waren diese beiden epochalen Zeitströmungen, anders als 1789, bereits so stark entwickelt, daß sie die bürgerliche Revolution gegenüber der Fürstenherrschaft zumindest teilweise in ihrer Radikalität blockierten. In diesem, selbstverständlich nur allein vom Ergebnis her betrachtet, faktischen Bündnis der Kräfte der Vergangenheit mit den Kräften der Zukunft gegen die bürgerliche Gegenwart lag die Tragik der deutschen Revolution von 1848. »Nichts war nach der Revolution mehr so, wieder so wie vorher. Aber die Krise zwischen Staat und Gesellschaft blieb unausgetragen; sie belastete die deutsche Geschichte.«[98]

Drei große historische Fragen standen in Deutschland 1848 also zur Lösung an: die nationale Frage, die Freiheitsfrage und die soziale Frage; und keine dieser drei Fragen war durch den Gang der Ereignisse gelöst worden. Im Gegenteil war sogar absehbar, daß, wenn die royalistischen Sieger nichts zur Gestaltung der Zukunft unternahmen und es lediglich bei der militärischen und polizeilichen Unterdrückung der Revolution beließen, die nächste, noch wesentlich gefährlichere Revolution innerhalb weniger Jahre kommen mußte, da die Ereignisse der Jahre 1848/49 den Fortgang der Entwicklung an der Basis der Gesellschaft hin zu einem bürgerlich-industriellen Deutschland erheblich beschleunigt hatten. Anders gesagt, der preußische Macht- und Verwaltungsstaat hatte zwar gemeinsam mit dem Zaren und dem Kaiser die Revolution besiegt, aber die gesellschaftlichen und historischen Bedingungen seiner Existenz schwanden in der Mitte des 19. Jahrhunderts durch die Wucht der industriellen Modernisierung rapide dahin, so daß es um ihn geschehen sein mußte, wenn es ihm nicht gelingen sollte, sich eine neue, zeitgerechte und zukunftsfähige Legitimation zu verschaffen. Dies ging nur, wenn Preußen als royalistischer Machtstaat bereit war, das materielle Erbe der 48er Revolution zumindest in seinen nationalen und in seinen wirtschaftlichen Teilen anzutreten, und genau das sollte Bismarcks Programm werden. Zu Recht nennt ihn Lothar Gall deswegen »der weiße Revolutionär«[99].

Das royalistische Preußen als Erbe und Testamentvollstrecker der bügerlichen Revolution von 1848 – dies schien auf den ersten Blick ein politisches Unding zu sein. Allerdings hatten bereits zwei Ereignisse während der Revolution von 1848 gezeigt, daß es zumindest in der Nationalfrage durchaus eine Übereinstimmung der Interessen der Paulskirche und der preußischen Monarchie gegeben hatte: es war dies erstens der Konflikt mit Dänemark um Schleswig, der bis zum Einmarsch preußischer Truppen eskalierte; und es war dies zweitens das Angebot der deutschen Kaiserkrone durch die Frankfurter Nationalversammlung an den preußischen König. Friedrich Wilhelm IV. hatte diese Krone zwar als degoutant abgelehnt, aber dies war eher eine vordergründige Ablehnung aus den bereits weiter oben angeführten Gründen gewesen und keineswegs eine grundsätzliche Zurückweisung der Führungsrolle Preußens bei der herzustellenden Einheit Deutschlands. Die Zeit und die Umstände waren damals noch gegen ein preußisch-deutsches Kaiserreich, grundsätzlich war es allerdings die einzige Alternative in der deutschen Einheitsfrage jenseits einer revolutionären Republik, das hatten die Verfassungsdebatten der Paulskirche unmißverständlich klargemacht.[100] Ohne oder gar gegen Preußen ging nichts in der deutschen Einheitsfrage, und mit Österreich ging auch nichts, zu beiden monarchistischen Varianten stand nur ein vereinigtes Deutschland als Republik zur Alternative, und diese war in der Revolution von 1848 vernichtend geschlagen worden.

Von den drei durch die Geschichte aufgeworfenen großen Fragen des damaligen Deutschland konnte der preußische Machtstaat weder die Freiheits- noch die soziale Frage positiv beantworten, ohne nicht sofort politischen und gesellschaftlichen Selbstmord begehen zu müssen. Allein eine positive Beantwortung der nationalen Frage Deutschlands, die Frage nach der Einheit, lag im Bereich der Möglichkeiten Preußens. Mehr noch – und dies hatte Schleswig 1848 gezeigt –, die preußische Armee war ein vorzügliches Instrument der Reichseinigung von oben, wenn nur die außenpolitischen Bedingungen stimmten und die preußische Armee es nicht mit einer erdrückenden Übermacht von Gegnern gleichzeitig zu tun bekam. Genau in diesem deutschnationalen Erbe der Revolution von 1848 sah der preußische Machtstaat seine historische Chance, um sich eine neue Legitimation und Zukunftsperspektive zu verschaffen: Altpreußen mußte durch die Reichseinigung von oben in einem größeren Deutschland aufgehen, wenn Preußen und sein Machtstaat nicht in absehbarer Zeit untergehen sollten.[101]

Hinzu kam noch, daß die Entwicklung der großen Industrie und die damit einhergehende technisch-wissenschaftliche Revolution den

Rahmen des dynastischen Territorialstaates deutscher Tradition endgültig sprengen mußten, da er sich, selbst in der Größenordnung Preußens, als zu klein und damit nicht mehr funktional erwies. Der Nationalstaat – und nicht der dynastische Territorialstaat – kristallisierte sich als die geeignete machtpolitische Organisationsform der entstehenden bürgerlichen Industriegesellschaften in Europa heraus. Ein weiterer, angesichts der historischen Entwicklung durchaus existenzgefährdender Aspekt schlug zudem erheblich zu Buche: Preußen war unter den europäischen Großmächten seit dem Siebenjährigen Krieg immer die kleinste gewesen und konnte sich nach der endgültigen Aufteilung Polens als direkter Nachbar der beiden Kaiserreiche Rußland und Österreich eigentlich nur noch nach Deutschland hinein ausdehnen. Dehnte es sich aber nicht aus, so mußte es angesichts seines (im Verhältnis zu den rivalisierenden Großmächten) kleinen und schwierig zu verteidigenden Staatsgebiets um seine Existenz als Großmacht und dann vielleicht auch als Staat fürchten. Die Lösung der deutschen Nationalfrage in einem kleindeutschen Nationalstaat unter preußischer Suprematie lag also Mitte des 19. Jahrhunderts durchaus auch im Selbsterhaltungsinteresse Preußens als Staat und europäischer Macht.[102]

In den Jahren nach dem Ende der Revolution von 1848 durchlebte Deutschland einen stürmischen Umbruch in Wirtschaft und Gesellschaft. »Die fünfziger Jahre gelten als die ersten ›Gründerjahre‹«[103], und dadurch wurde die bürgerliche Gesellschaft mächtig fortentwickelt. Der wirtschaftliche Druck auf die ökonomische und politische Überwindung der innerdeutschen Zoll- und Handelsschranken zugunsten eines einheitlichen deutschen Wirtschaftsraumes nahm zu, und damit wurden auch die ökonomischen Voraussetzungen zur Bildung eines kleindeutschen Nationalstaates nachdrücklich befördert. »Aber gerade die Verlagerung der bürgerlichen Energien von dem politischen Kampf, wo man unterlegen, auf den wirtschaftlichen Bereich, wo man unschlagbar war, begünstigte die Tendenzen zu einer Neuverfestigung des Adels als eines maßgeblichen Elements innerhalb der mit der Staatsmacht aufs engste verbundenen politisch-sozialen Führungsschicht.«[104] Der Historiker Heinrich Lutz führt zur Charakterisierung der Zeit eine »geistreiche« Äußerung von Karl Marx an über den wirtschaftlichen

Aufschwung im damaligen Deutschland, die da besagte, »daß die Reaktion nunmehr das Programm der Revolution ausführe. Aber das Verhältnis von politischer Unterdrückung und ökonomischen und soziokulturellen Fortschritten war komplizierter als die geistreiche Formel von Karl Marx. Indem sich die 1848/49 unterlegenen gesellschaftlichen Kräfte langfristig mit der wiedererstarkten Staatsmacht arrangierten, begaben sie sich – in Berlin ebenso wie in Wien und in München – ebenso langfristig der Chance, Staat und Gesellschaft nochmals durchgehend im freiheitlichen Sinne umzugestalten. Das wirkte über 1918 bis 1945.«[105]

In dieser postrevolutionären Konstellation der inneren und äußeren Machtverhältnisse Deutschlands wurde Otto von Bismarck am 22. September 1862 durch König Wilhelm I. zum preußischen Ministerpräsidenten berufen. Bismarck, ein preußischer Landjunker aus der Altmark und Berufsdiplomat, war der Kandidat der harten Reaktion um den Kriegsminister von Roon und verdankte seine Berufung einer innenpolitischen Verfassungskrise zwischen der Krone und dem preußischen Parlament. Der preußische Landtag weigerte sich seit der Heeresreform von 1859 hartnäckig, einer Militärvorlage der königlichen Regierung zuzustimmen, wodurch das Heer erheblich verstärkt worden wäre. Die liberale Mehrheit sah darin eine nicht hinnehmbare Stärkung des Königs zu Lasten des Parlaments und hielt dagegen.[106] Die Auflösung des Landtages durch den König und die sich daran anschließenden Neuwahlen brachten den Liberalen einen großen Sieg, und dies sagte alles über die damalige Stimmung im Lande.[107] Staatsstreich gegen Verfassung und Parlament oder Rücktritt, so stellte sich König Wilhelm I. die damalige Alternative dar, und der König trug sich angesichts dieser Entwicklung bereits mit sehr konkreten Rücktrittsabsichten, so »daß Roon... nun tatsächlich in Bismarck die letzte Rettung vor einer Machtübernahme durch die Liberalen unter dem ihnen mehr oder weniger offen zuneigenden Thronfolger sah...«[108]

Bismarck war als innenpolitischer »Konfliktminister« (Gall) des Militärs und der äußersten konservativ-royalistischen Rechten angetreten, der vor allem jene zentrale innenpolitische Herausforderung des Verfassungskonflikts um die Heeresreform so zu bewältigen hatte, daß es zu keinem Machtverlust des preußischen

Militärstaates und der Krone gegenüber dem von den Liberalen beherrschten Landtag kam, und darin war er überaus erfolgreich gewesen.[109] »Es ging darum, die Armee als antirevolutionären Kern des Staates zu bewahren, Gesellschaftspolitik mit militärischen Mitteln.«[110] Die Innenpolitik war jedoch weder seine Leidenschaft noch sein eigentliches Interesse gewesen. Bismarcks historische Leistung lag vielmehr in der Außenpolitik, in der Schaffung des preußisch-deutschen Nationalstaates in Gestalt des Wilhelminischen Kaiserreiches und nicht zuletzt in der europäischen Großmacht Deutschland und ihrer Eingliederung in das europäische Staatensystem.

Dennoch gab es in Bismarcks Politik ein eigentümliches Verhältnis von innenpolitischen Motiven und außenpolitischen Aktionen, denn der herausragende Außenpolitiker Bismarck hing letztendlich doch in seinem zentralsten Motiv als preußischer Konservativer an der Innenpolitik fest, nämlich an der Abwehr der Werte der französischen Revolution in Preußen. Es verwundert im nachhinein daher überhaupt nicht, wenn sich die von Bismarck geschaffene Großmacht innerhalb weniger Jahrzehnte sowohl moralisch-normativ als auch in ihren machtpolitischen Interessen als völlig unfertig und als gefährliche Fehlkonstruktion erweisen sollte, denn sie war innerlich ohne Halt in dem normativen Gefüge der Moderne. Durch die ganze Ära Bismarcks hindurch und für die gesamte Dauer des von ihm geschaffenen Reiches blieb jener reaktionäre, ja konterrevolutionäre Geburtsfehler des Bismarckschen Systems unverändert bestehen, nämlich daß der von ihm geschaffenene deutsche Staat Außenpolitik vorwiegend als militärische Machtpolitik auch aus innenpolitischen Gründen zur Erhaltung einer vormodernen sozialen und politischen Herrschaftsstruktur betreiben mußte und demnach auch betrieben hatte. Genau hierin liegt der Grund für die fatale Tatsache, daß die Großmacht Deutschland in ihrer Machtpolitik in einem hohen Maße nicht interessen-, sondern zunehmend prestigegesteuert agierte, eine »Todsünde« in der auswärtigen Politik, so man Bismarck folgte.

Bismarck hatte als Kanzler insgesamt vier Kriege – drei äußere und einen inneren – zu führen, drei davon gewann er, und es kam nicht von ungefähr, daß diese siegreichen Kriege alle gegen die äußeren Gegner Preußens erfochten wurden. Seinen vierten Krieg – es war dies sein längster und zugleich auch erster und letzter Krieg –, nämlich den Krieg gegen die »Reichsfeinde« im Innern, gegen die Sozialdemokratie und den politischen Katholizismus, mußte Bismarck verlieren, weil er hier gegen den Gang der Geschichte ankämpfte.[111] Dieser große Meister der »Realpolitik« zwischen den Staaten blieb in der Innenpolitik zeit seines Lebens ein reaktionärer Illusionist, der niemals begriffen hatte, daß sich eine Großmacht Preußen-Deutschland als bürgerlich-industrieller Nationalstaat im Europa der zweiten Hälfte des 19. Jahrhunderts nicht auf den permanenten Bürgerkrieg von oben und die Repression breiter Bevölkerungsteile durch die Polizei dauerhaft gründen ließ. Eine solche Großmacht mochte unter günstigen Bedingungen nach außen Krieg führen und gewinnen können, aber solange sie im Innern nicht auf den belastbaren Fundamenten der freiwilligen Zustimmung und der demokratisch verfaßten Beteiligung der wichtigsten Bevölkerungsgruppen an der Macht ruhte, sondern vielmehr in den Treibsand des mehr oder weniger latenten Bürgerkriegs gebaut war, konnte diese Macht nicht von allzulanger Dauer sein.[112] Kluge Geister erkannten damals bereits die in vaterländischer Begeisterung über Deutschlands Aufstieg und Einheit verdrängten großen Risiken von Bismarcks System.[113] So benannte der alte Mommsen, seines Zeichens ein liberaler Althistoriker und Meister der Geschichtsschreibung des antiken Roms und dort vor allem seiner republikanischen Ära und ihres Niedergangs, recht klar dieses tödliche Defizit an Bismarcks Reichskonstruktion, und ebenso gilt dies für einen weiteren Nestor der damaligen Geschichtsschreibung, den Baseler Professor Jacob Burckhardt.[114]

Es war gerade diese hohe Ambivalenz in Bismarcks System, eine Art von »verklemmter Revolution« in Preußen-Deutschland unter vorbürgerlich dynastischer Führung, eingeklemmt zwischen außenpolitischer Revolution und innenpolitischer Reaktion, zwischen industrieller Modernisierung und spätabsolutistischer Herrschaft, in der die Imperative des alten Preußen auf ein vereinigtes Deutschland von völlig unterschiedlicher Lage, Größe und Verfassung übertragen wurden, die aus dem Deutschen Reich Bismarcks jene hochgefährliche Spottgeburt des europäischen Staatensystems der Moderne machten. »Denn Preußen war ein Obrigkeitsstaat.

Die preußische ›Flucht nach vorn‹ zur nationalen Einheit bewirkte daher eine nachhaltige Wiederaufwertung des alten Staates, der im triumphalen Nachweis seiner Leistungstüchtigkeit und militärischen Schlagkraft diese Einheit herbeizwang. Um es unmißverständlich zu sagen: In Bismarcks fatalem Geniestreich einer preußischen Reichsgründung war das deutsche Verhängnis des 20. Jahrhunderts angelegt.«[115]

Es waren damals nicht nur die klügeren Liberalen vom Schlage Mommsens und Burckhardts, die das Schicksal von Bismarcks Reichsgründung ahnten, sondern die Kritik an Bismarcks »Geniestreich« kam ebenfalls und mit durchaus ähnlichen Argumenten (aber mit ganz anderer politischer Zielrichtung) auch von ganz rechts, von dem »legitimistisch« denkenden altpreußischen Konservativismus der Gebrüder Gerlach, die für eine durch christliche Werte und den Glauben an das Gottesgnadentum der Krone geleitete Prinzipienpolitik gegen die Revolution und gegen eine preußische »Interessenpolitik« à la Bismarck standen. Beide Seiten, sowohl die Kritik von links als auch die von rechts, entdeckten in Bismarcks Politik dessen »Bonapartismus« spezifisch preußischer Prägung[116], und beide fürchteten die Entgrenzung der Macht und ihre ausschließliche Gründung auf sich selbst.[117]

Die einen – und hierin lag der wesentliche, gar nicht hoch genug zu veranschlagende Unterschied – wollten jedoch als Antwort auf diese fatalen Defizite des Bismarckschen Systems den demokratischen Verfassungsstaat und damit den Anschluß an die politische Moderne, die anderen hingegen die Rückkehr zum legitimen Königtum und dessen Gottesgnadentum und dem christlichen Sittengesetz, was allerdings angesichts der historischen Entwicklung Deutschlands hin zu einer modernen Industriegesellschaft auf ein völlig illusionäres und reaktionäres Wunschdenken hinauslaufen mußte.

Die Angst der ultrakonservativen »Legitimisten« vor Bismarcks »Teufelspakt« mit der Revolution in Gestalt seines spezifisch preußischen »Bonapartismus« sollte sich allerdings im Fortgang der Geschichte des preußisch-deutschen Kaiserreiches noch als völlig berechtigt erweisen, auch wenn der Kurs der Gebrüder Gerlach niemals und zu keinem Zeitpunkt eine gangbare Alternative für

Preußen gewesen war.[118] Es gab eben einen großen und alles bestimmenden Unterschied zwischen dem französischen und dem Bismarckschen »Bonapartismus«, und dieser Unterschied lag in der recht eigenen, sehr modernen, demokratisch revolutionären »Legitimität« der großen Französischen Revolution von 1789. Sie hatte dem Napoleonischen Machtstaat eine moderne normative und auch soziale Legitimität verschafft – oder um es in die Sprache des deutschen Idealismus zu übersetzen: eine »Idee« gegeben –, die sämtliche Abenteuer der beiden Napoleone überdauern konnte. Kurz gesagt: Der Bonapartismus in Frankreich war Ausdruck des revolutionären Bürgertums, Bismarcks Bonapartismus hingegen war Ausdruck des preußischen Machtstaates, der jenseits seiner Selbsterhaltung als Machtstaat in der Moderne über keinerlei weitere normative Begründung, über keine »Legitimität« mehr verfügte.[119] Preußen »war das Land gewissermaßen der *tautologischen Staatsidee*. Der Sinn des Staates war der Staat.«[120]

Sowohl die liberale als auch die konservative Kritik an Bismarck ahnten damals zu Recht, welche Abgründe sich für einen modernen Machtstaat mit industriellem Unterbau ohne eigene normative Legitimität auftun mußten, für jene »Großmacht ohne Idee«[121], wie Helmuth Plessner Bismarcks Reich von 1871 nannte. Zu Recht verweist ein »kritischer Preuße« wie Christian Graf von Krockow mit allem Nachdruck auf die Bedeutung dieses Legitimitätsdefizits für den Verlauf der deutschen Geschichte bis hin zu Hitler. Preußen als Idee war die Verabsolutierung der Sekundärtugenden, weil es der Perfektion dieser Sekundärtugenden seine Existenz und seine Expansion hin zu einer europäischen Großmacht im Zeitalter des Absolutismus und der Aufklärung verdankte. Der Vernunftstaat Preußen, diese unmögliche Konstruktion eines Staates im 18. Jahrhundert wider die Macht der Traditionen, war im Zeitalter des Absolutismus hochmodern gewesen, 1871 erwies er sich angesichts der revolutionären Ideen von 1789 nur noch als reaktionär, ja als hochgefährlich, denn an den modernen politischen Primärtugenden des europäischen Westens – Freiheit, Demokratie, Volkssouveränität, Gewaltenteilung, Menschenrechte – mangelte es dem Deutschen Reich seit 1871 völlig. »Weil es sich um Tugenden des Mittels und nicht des Zwecks, also um rein instrumentale Tugenden handelt, könnte man auch von einer *Hypertrophie der sekundären Tugenden* sprechen. Genau hierin liegt die Gefahr: nicht in der Korruption, sondern in blinder Perfektion.«[122]

Schlimmer noch, Preußen-Deutschland durfte keinen Anschluß an die Entwicklung jener modernen westlichen Primärtugenden suchen, denn das Bismarcksche System fand seinen eigentlichen Seinsgrund ja nicht zuerst und vor allem in der nationalen Einheit (die war nur machtpolitisches und legitimatorisches Mittel zum tatsächlichen Zweck), sondern vielmehr in der antirevolutionären und damit auch antimodernen Zielsetzung der Verhinderung der Übernahme eben dieser revolutionären Primärtugenden durch Preußen-Deutschland. Bismarcks eigentliches Ziel in der Innenpolitik war die Verhinderung eines nachträglichen Sieges der bürgerlichen Revolution von 1848, und dies ist ihm gründlich gelungen. Damit wurde aber ein geistiges und sittliches Vakuum im Selbstverständnis der stärksten Macht Kontinentaleuropas – und dies war Deutschland nach der Reichsgründung von 1871 – programmiert, das eine dauerhafte und realistische Selbstdefinition der eigenen Interessen verunmöglichen sollte.

Kurioserweise erwies sich deshalb ausgerechnet die Heimat des Idealismus als völlig unfähig, eine belastbare »Identiät« als Nationalstaat und Nation herauszubilden, die mehr war als nur gefühlig nationalistisches Gebraus aus altgermanischen Urwäldern und mittelalterlichen Burgen zur höchst aktuellen Vernebelung der Gehirne. »Max von Schenkendorff, der Lyriker der Freiheitskriege, dichtete: ›Deutscher Kaiser! Deutscher Kaiser! / Komm zu rächen, komm zu retten, / Löse Deiner Völker Ketten, / Nimm den Kranz Dir zugedacht!‹ Die deutsche Zukunft war das deutsche Mittelalter; Schenkendorfs Kaiser war nicht der Habsburger in Wien, sondern Kaiser Barbarossa, der Hohenstaufe, der im Kyffhäuser saß und in Deutschlands größter Not wiederkehren würde, um die einstige Größe der Deutschen zu erneuern. Die Geschichte des Mittelalters wurde zur nationalen Leidenschaft.«[123] Und es kam nicht von ungefähr, so Hagen Schulze, »daß der lang ersehnte deutsche Nationalstaat von 1871 weitgehend aus dem Geist dieses Mittelalterbildes entworfen war.«[124]

Alle modernen europäischen Nationen haben eine historische Be-

gründung für ihren jeweiligen nationalen Anspruch, der immer wesentlich mehr war und ist als bloßer Nationaldünkel und Selbstüberhebung über die Nachbarvölker. »Auf der einen Seite findet man große, ja einmalige geschichtliche Ereignisse, Erhebungen, Kriege, Revolutionen und Siege, die dem nationalen Bewußtsein fortan als Bezugspunkt dienen: die Erhebung der Eidgenossen, der Freiheitskampf der Niederlande gegen Habsburg-Spanien, Magna Charta oder glorreiche Revolution in England und die große Revolution in Frankreich, Unabhängigkeitserklärung, Unabhängigkeitskrieg und Verfassungsgebung in den Vereinigten Staaten. Auf der anderen Seite tritt aber als Inhalt des Nationalbewußtseins jeweils eine Idee, ein *politischer Humanismus* auf den Plan, der den nationalen Rahmen mit menschheitlichem Anspruch sprengt. Urtümliche Freiheit, Toleranz und Gewissensfreiheit, parlamentarische Repräsentation, die Proklamation der Menschenrechte, Freiheitssicherung durch Gewaltenteilung: alles Prinzipien, die den Anspruch erheben, nicht nur hier und heute, sondern absolut und universal gültig zu sein. Es ergibt sich mit anderen Worten ein Bild der guten, der moralischen, der *gerechten Gesellschaft* schlechthin, die nur in dieser einen, auserwählten Nation ihren geschichtlichen Ort, ihre im dramatischen Gründungsakt symbolisierte Verwirklichung gefunden hat. Und eben aus dem Bewußtsein, das Gute und Wahre, das Moralische und Gerechte, das Allgemeingültige zu vertreten, erwächst der Stolz, das politische Selbstbewußtsein der Nationen.«[125]
Die bürgerlichen oder genauer: die modernen Revolutionen schufen im Erfolgsfalle demnach ein jeweils nationales Selbstverständnis, das über die Fährnisse der Zeiten und des Tagesglücks hinweg einen verbindlichen Werte- und politischen Orientierungsrahmen für alle bedeutsamen politischen Strömungen einer Nation zu begründen vermochte. Zu dieser Grundlegitimation der westlichen Nationen gehörte in der Regel dreierlei: erstens ein Befreiungs- oder Freiheitsmythos, der zugleich den engen nationalen Rahmen überstieg und in den darauf gegründeten jeweils nationalen Normen und Institutionen zugleich einen entscheidenden Beitrag zur Befreiung der Menschheit als solcher bei ihrem Weg aus Knechtschaft und »selbstverschuldeter Unmündigkeit« (Kant) vergegenständlicht hat; zweitens eine gelungene Synthese von Freiheit und

Gewalt und damit eine entsprechende freiheitliche Beantwortung der politischen Machtfrage in entsprechenden Verfassungsinstitutionen und dadurch auch die Hegung und Zivilisierung des Macht- und Gewaltproblems, das jedem politischen System zu eigen ist; und drittens eine gelungene Synthese von Demokratie und Nationalismus[126], die Entwicklung eines nationalen Selbstbewußtseins, einer »nationalen Identität« also, die in ihren Traditionsbeständen über die Generationen, die sozialen Schichten und die politischen Fraktionen hinweg eine langanhaltende, handlungsorientierende und die Interessen der Nation erfolgreich definierende, freiheitliche Kraft zu entfalten vermag.[127]

Die gescheiterte Revolution von 1848 erwies sich also unter vielen Gesichtspunkten als der entscheidende Wendepunkt in der neueren deutschen Geschichte, als »point of no return« (Michael Stürmer). Damals wäre ein »westlicher Weg« Deutschlands möglich gewesen, damals hätte eine bürgerlich-revolutionäre Selbstlegitimierung des deutschen Nationalstaates in demokratischer Verfaßtheit die Grundlagen für eine Entwicklung legen können, die eben nicht zu zwei Weltkriegen und zum 8. Mai 1945 hätte führen müssen. Damals hätte sich ein deutsches Nationalbewußtsein entwickeln können, das eben nicht antirevolutionär, antimodern und antiaufklärerisch gewesen wäre, sondern das sich auf die deutsche Aneignung und nationalspezifische Fortentwicklung der Ideen von 1789 – unter Einbeziehung der preußischen Tradition der pflichtorientierten Sekundärtugenden und des deutschen Föderalismus – gestützt hätte. Die deutsche Geschichte wäre dann im 20. Jahrhundert sicher völlig anders verlaufen, gewiß nicht konflikt- und kriegsfrei und auch nicht ohne deutschnationale Exzesse in der Ideologienbildung, aber die Ergebnisse wären dennoch wesentlich ansehnlicher gewesen. Sebastian Haffner weist ja zu Recht auf die »Vorklänge des Nationalsozialismus« in der deutschen Frühnationalbewegung aus der Zeit der Befreiungskriege hin[128], aber selbst dieser haarsträubende Unfug wäre durch eine erfolgreiche Revolution 1848 bürgerlich gebrochen und verfassungspatriotisch integriert worden.

Hätte, würde, könnte – alles Konjunktiv und Spekulation, vertane Gelegenheiten, denn die harte politische Wirklichkeit Deutschlands sah eben völlig anders aus. Die alten Mächte des preußischen Ancien régime waren Sieger geblieben über die bürgerliche Revolution, und sie definierten demnach den Weg der Nation zuerst in die Einheit und dann in die Zukunft als Großmacht auf verderbliche Weise.

Die gloriose Reichseinigung von 1871 nach dem Sieg über den Erbfeind im Westen hatte den endgültigen Kompromiß zwischen den altpreußischen Machteliten und dem nationalliberalen Bürgertum im Innern des neuen deutschen Reiches herbeigeführt.[129] Bismarck und das preußisch-deutsche Heer hatten möglich gemacht, wovon die deutsche Nationalbewegung über nahezu siebzig Jahren hinweg nur heftig geträumt hatte, und damit wurde 1848 für das deutsche Bürgertum endgültig ad acta gelegt. National und kaisertreu waren fortan politische Synonyme, Preußen hatte sich mit der Reichsgründung endgültig der deutschen Nationalbewegung bemächtigt.[130] Bismarcks restaurative Rechnung war demnach voll aufgegangen, nämlich dem preußischen Ancien régime durch das Bündnis mit der deutschen Nationalbewegung und die von oben durchgesetzte Einigung eine neue Legitmationsgrundlage im nationalen Bürgertum zu verschaffen. Es beschied sich fortan definitiv mit der industriellen und wissenschaftlich-kulturellen Modernität, die Macht blieb vormodern und in den Händen des preußischen Ancien régime.[131] »Es war ein Verhängnis für die ganze folgende deutsche Entwicklung, daß die Konfliktzeit in Preußen mit einem so restlosen Sieg der königlichen Gewalt geendigt hatte. Das alte Preußentum hatte den Ansturm des bürgerlichen Liberalismus auf der ganzen Linie abgeschlagen. Der König von Preußen und sein Heer hatten 1864 gesiegt, ebenso 1866 und 1870/71; nur so war das Deutsche Reich möglich geworden. Und nach solchen Erfolgen sollte der König auf seine Rechte zugunsten des Parlamentarismus verzichten? So ließ Bismarck das alte Preußen, wie es war, und gab ihm überdies die Führung in Deutschland.«[132]

Dennoch konnte auch Bismarck in all seiner Genialität den Imperativen seiner Zeit nur scheinbar entkommen, denn seine Reichskonstruktion hinterließ in jener zentralen Frage der neueren deutschen Geschichte nach der eigenen nationalen Identität eben ein fatales Vakuum, für das Deutschland und die Welt noch bitter bezahlen mußten. »... es zeigt sich eine tiefere Zusammengehörigkeit, ja ein

Bedingungsgefüge: Nationalbewußtsein und Nationalstolz haben gerade darin ihre Grundlage, daß man im Besonderen das Allgemeine wiedererkennt.«[133] Nur was war das Allgemeine dieser preußisch-deutschen Revolution von oben? Die erste Antwort auf diese Legitimationskrise des Bismarckreiches war die Erhebung eines scheinbar illusionslosen Realismus der »Interessenpolitik« zur Staatsdoktrin. Dies machte in der spezifischen Situation nach 1862 sogar Sinn, wenn man das entscheidende Motiv für Bismarcks Politik in Rechnung stellt: die Selbsterhaltung des spätabsolutistischen preußischen Machtstaates nach innen und nach außen. Im zentralen Motiv seiner Politik erwies sich Bismarck eben nicht als deutschnationaler, sondern vielmehr durch und durch als preußischer Politiker, und das blieb er auch zeit seines Lebens. Nur, Bismarcks Preußen sollte es mit der Proklamation des preußisch-deutschen Kaiserreiches am 18. Januar 1871 im Spiegelsaal zu Versailles eben nicht mehr geben, sondern durch Bismarcks meisterliche Machtpolitik war ein deutscher Nationalstaat entstanden, der fortan über eine völlig andere Lage und völlig andere Interessen als Preußen verfügte. Zudem war Bismarcks »Realismus« nicht ein Realismus in der Verteidigung der Freiheit, wie er etwa im britischen Parlament zu Hause war, sondern dieser Realismus gründete allein auf der militärischen Stärke des preußisch-deutschen Machtstaates und in dessen Vergangenheit. »... etwas Unheimliches scheint sich hinter diesem Realismus zu verbergen, wenn Sieg und Reichsgründung an das Schicksal der Nibelungen am Hofe Etzels und an einen Weltkrieg denken lassen. Das Unheimliche war *der Bruch mit den politischen Traditionen Westeuropas.* Lange vorbereitet trat er mit dem Beginn des Ersten Weltkrieges dramatisch zutage.«[134]

Für das 1871 vereinigte kleindeutsche Reich mußte dieser altpreußisch begründete politische »Realismus« in dem Moment, wo das altpreußische Element, bedingt durch die Reichseinigung und den unaufhaltsamen Generationenwechsel, zugunsten des deutschnationalen in den Hintergrund trat und zunehmend verblaßte, dann sehr schnell in die selbstgestellte Falle einer schlimmen nationalen Selbstüberschätzung der jungen Großmacht Deutschland führen. Die Bismarckschen Definitionen der Interessen des Reiches waren selbst nach 1871 preußische und nicht deutschnationale, Bismarck als Person repräsentierte noch einen »preußischen Realismus« in der Außenpolitik, dem allerdings mit der kleindeutschen Reichsbildung von 1871 die Grundlage zunehmend entzogen wurde.[135] Mit Bismarcks Entlassung 1890 sollte diese Tradition in der Außenpolitik des Reiches abrupt abbrechen.

Fassen wir zusammen: Die Reichseinigung von oben durch Bismarck und das preußische Ancien régime hatte fatale Folgen für den weiteren Verlauf der deutschen Geschichte, da sie erstens Deutschland von der bürgerlich-revolutionären Moderne des Westens abkoppelte und dadurch machtpolitisch und geistig in eine Sonderrolle drängte. Zweitens blieb durch den völligen Sieg des preußischen Königtums über das deutsche Bürgertum innenpolitisch eine halbabsolutistische Herrschaftsform erhalten, die die Herausbildung eines freiheitlich demokratischen Verfassungsstaats dauerhaft blockierte. Drittens gestaltete Bismarck diesen preußisch-deutschen »Semiabsolutismus« in Gestalt seiner persönlichen Herrschaft und seines ganz spezifischen Verhältnisses zu Wilhelm I. aus. Die Bismarcksche Reichsverfassung war in Wirklichkeit nur die verfassungsmäßige Staffage für Bismarcks »persönliche Diktatur«[136], so Arthur Rosenberg, und in ihrer Wirkung war diese Verfassung an sein ganz persönliches Genie gebunden. Viertens wurde durch die überragende Rolle Bismarcks bei der Reichseinigung und durch die Lösung der deutschen Nationalfrage von oben der preußische Mythos von den großen Männern, die Geschichte machen, zuerst gestützt auf Friedrich den Großen, nunmehr auch auf Bismarck und später auf den unseligen Führer Adolf Hitler, auf das Deutsche Reich übertragen und sollte dort, vor allem in Zeiten der Krise, in Verbindung mit der institutionellen Schwäche des deutschen Parlamentarismus und der Reichsverfassung, unheilvolle Wirkungen zeitigen. Diese »Hoffnung auf den starken Mann« als Subjekt der gesellschaftlichen Veränderung sollte die kommenden Jahrzehnte der deutschen Geschichte nachhaltig bestimmen. Fünftens hatte die Reichseinigung durch das preußische Heer noch weitere fatale Folgen für den Fortgang der preußisch-deutschen Geschichte, denn das Militär war damit auch zum eigentlichen Subjekt der Geschichte des modernen Deutschland geworden, und das preußisch-deutsche Kaiserreich verstand sich bei aller Modernität in Wissenschaft und Industrie in seinem Selbstverständnis doch eher als das neue Sparta, eine Nation von Kriegern also. Damit kam es auch zu einer normativen Trennung von der westlichen Entwicklung, und das kaiserliche Deutschland suchte und schuf sich fortan sein recht eigenes, antiwestliches, antimodernes und schließlich auch antiaufklärerisches Wertegerüst in Gestalt der ideologischen Begründungen seines Sonderweges. Und damit war sechstens die Identität, das Nationalgefühl der deutschen Nation fixiert auf vormoderne, antiwestliche politische Legitimationen, auf einen deutschen Nationalismus, der auf die Verabsolutierung, ja Vergottung militärischer Macht und autoritärer Herrschaft gründete; und der sich mangels moderner menschenrechtlicher und verfassungspatriotischer Begründungen intellektuell zunehmend auf eine zuerst nur historisch und dann mehr und mehr biologisch begründete Überlegenheit des Deutschtums stützte. Am Ende dieses Irrwegs des deutschen Nationalbewußtseins stand schließlich der Absturz in die verbrecherische Hybris und die moralische Finsternis der »germanischen Herrenrasse«.

Das Deutsche Reich Bismarcks befand sich mit seinem Entstehen in dem gewonnenen Krieg gegen Frankreich von Anfang an in einer extrem schwierigen außenpolitischen Lage, denn seine Entstehung bedeutete faktisch den Umsturz, ja eine veritable Revolution der überkommenen europäischen Ordnung und der Machtverhältnisse in Mitteleuropa. Es entsprang eben nicht nur der interessengeleiteten Dramatisierung des damaligen konservativen Oppositionsführers im Parlament von Westminster, Benjamin Disraeli, wenn er diese Bismarcksche Reichseinigung von oben und unter Einsatz der preußischen Militärmacht als »die deutsche Revolution« bezeichnete und prophezeite, daß deren Wirkungen für Europa diejenigen der Französichen Revolution noch übertreffen würde.[137] In diesen Worten kam echte Sorge um die europäische Stabilität zum Ausdruck. Wir haben weiter oben bereits darauf hingewiesen, daß ein deutscher – und sei es auch nur ein kleindeutscher – Nationalstaat in der Mitte Europas gar nicht expansiv sein mußte, um diese revolutionäre Wirkung auszulösen, sondern daß seine bloße Existenz, seine Größe, seine Lage und sein Schwergewicht dazu völlig ausreichten. Deutschland liegt eben anders als Frankreich nicht in einer

westlichen Randlage des Kontinents, sondern in dessen politisch neuralgischer Mitte, in der über die Jahrhunderte hinweg die europäischen Mächte ihr Gleichgewicht austariert oder aber die Hegemonie gesucht hatten. Jetzt, im Jahre 1871, war in der Mitte des Kontinents selbst die stärkste Macht entstanden, das preußisch-deutsche Kaiserreich, und befand sich durch seine Kraft und Lage von Anbeginn an in einer latent hegemonialen Position. Darin, in dieser objektiven Lage und gar nicht so sehr in irgendeinem bösen Willen lag die eigentliche Bedrohung, die von der bloßen Existenz des wiedererstandenen Deutschen Reiches nach 1871 für die europäische Ordnung ausging.
Angesichts dieser objektiven äußeren Lage hätte es nach 1871 im allerersten deutschen Interesse gelegen, diesen nicht veränderbaren Kalamitäten der Lage Deutschlands zumindest dort gegenzusteuern, wo man die Verhältnisse positiv beeinflussen und verändern konnte. Um die Risiken dieser außenpolitischen Mittellage – und hier stand von Anfang an die Gefahr einer Einkreisung durch eine mächtige Koalition von Gegnern im Vordergrund[138] – zu mildern, zu begrenzen und zu entschärfen, hätte sich vorzüglich die äußere Bündnispolitik und die Demokratisierung der Innenpolitik angeboten, und dies hätte sowohl eine Politik als auch ein nationales Selbstverständnis von Selbstbeschränkung, von Sicherheit durch Bündnis und Freundschaft, von Stärke durch Vertrag und Kooperation, von einem Vorrang der innenpolitischen Demokratieentwicklung vor einem machtpolitischen Primat der Außenpolitik notwendig gemacht.[139] Aber es geschah das genaue Gegenteil, und das hatte benennbare Gründe.
Sowohl der Gründungskonsens der Bismarckschen Reichseinigung durch Preußens schimmernde Wehr in drei europäischen Kriegen als auch das restaurativ-reaktionäre Grundmotiv der gesamten Bismarckschen Politik standen einem solchen Primat der demokratischen Innenpolitik und einem nationalen Selbstverständnis der klugen Selbstbeschränkung grundsätzlich entgegen, ja schlossen diese aus prinzipiellen Gründen völlig aus. Statt dessen wurde Bismarcks Reich vom Machtstaatsdenken, vom »Primat der Außenpolitik«[140] und von einem nationalen Selbstbewußtsein der Stärke und der deutschen Überlegenheit bis hin zur Auserwähltheit beherrscht.

Hinter diesen deutschen Omnipotenzgefühlen waberten aber zugleich nagende Minderwertigkeitsgefühle gegenüber den älteren Mächten und ihrer kolonialen Weltgeltung und verbarg sich eine allgemeine geistige und politische Haltlosigkeit der Großmacht oder gar »Weltmacht« Deutschland, die nach Bismarcks Abgang nicht mehr regiert wurde, »sondern es wurden zufällig und prinzipienlos die laufenden Geschäfte erledigt«[141].
Die Staatsräson von Bismarcks Reich bestand, wie der Fortgang der Geschichte zeigen sollte, allein in der Person und dem politischen Genie Bismarcks und seines besonderen Verhältnisses zu seinem König und Kaiser Wilhelm I., denn nur der erste Reichskanzler allein beherrschte die Imperative der deutschen Außenpolitik, wie sie sich aus der innen- wie außenpolitischen Lage des Reiches nach 1871 ergeben haben. Es erscheint heute, aus dem Abstand von mehr als einhundert Jahren und nach zwei Weltkriegen, als völlig verrückt, aber die damalige Großmacht Deutschland war nicht nur jene von Plessner so bezeichnete »Großmacht ohne Staatsidee«, sondern zugleich auch, jenseits und ohne Bismarck, eine Großmacht ohne politische Führung und ohne verpflichtende Grundsätze. Nur Bismarck allein schien die außenpolitischen Grundregeln seines Systems zu beherrschen, die politischen Eliten des Bismarckschen Systems aber waren durch die Überlebensimperative dieses Systems schlicht überfordert.
Die Folgen erwiesen sich nach seinem Abgang als Kanzler für das Reich als überaus schlimm. »Daß Bismarck die politische Existenz des deutschen Volkes auf seine Person, ja auf sein persönliches Verhältnis zu Wilhelm I. zuschnitt, bleibt ein historischer Fehler von ungeheurem Ausmaß«, so Arthur Rosenberg, und er trifft die Sache im Kern.[142] Bismarck hatte den deutschen Nationalstaat geschaffen und wußte mit ihm in Europa umzugehen, aber er, der große »Realist«, hinterließ zugleich keinerlei Tradition an rationaler Interessenpolitik für dieses Deutsche Reich, die seinen Abgang überdauerte. Mit seiner Entlassung schien das Reich fortan von allen guten Geistern der Vernunft verlassen zu sein, und unter Wilhelm II. ging es fortan weniger um rationale Interessen der Nation als vielmehr um wechselnde Stimmungen und nationalistisches Großmachtprestige.

Mit der Thronbesteigung von Wilhelm II. 1888 und der Entlassung Bismarcks zwei Jahre später begann tatsächlich eine neue Ära. Eine neue Generation, die fortan nicht mehr preußisch, sondern deutschnational und kaiserlich dachte, wollte es wissen und praktisch ausprobieren, wie stark Deutschland tatsächlich war. Man begann munter drauflos zu fuhrwerken, und »seit Mitte der neunziger Jahre begaben sie sich mit der Trampeligkeit von Parvenus auf das rutschige Parkett der Weltpolitik...«[143] Es war kein geringerer als Max Weber, den man ja nun keineswegs als die Ausgeburt deutschnationaler Irrationalität bezeichnen kann, der die Stimmung und die wilden Prestigeziele dieser neuen Ära unter Wilhelm II. in seiner bekannten »akademischen Antrittsrede« im Jahre 1895 auf ihren politisch hochgefährlichen Begriff gebracht hatte: »Wir müssen begreifen, daß die Einigung Deutschlands ein dummer Jungenstreich war, den die Nation auf ihre alten Tage beging und seiner Kostspieligkeit halber besser unterlassen hätte, wenn sie der Abschluß und nicht der Ausgangspunkt einer deutschen Weltmachtpolitik sein sollte. ... schwerer noch lastet auf uns heute das Bewußtsein unserer Verantwortlichkeit *vor der Geschichte.* Nicht unserer Generation ist beschieden zu sehen, ob der Kampf, den wir führen, Früchte trug, ob sich die Nachwelt zu *uns als ihren Ahnen* bekennt. Es wird uns nicht gelingen, den Fluch zu bannen, unter dem wir stehen: Nachgeborene zu sein einer politisch großen Zeit, – es müßte denn sein, daß wir verstünden, etwas anderes zu werden: Vorläufer einer größeren. Wird das unser Platz in der Geschichte sein? Ich weiß es nicht und sage nur: es ist das Recht der Jugend, zu sich selbst und ihren Idealen zu stehen.«[144]
Das war die eindeutige Abkehr von Bismarcks Politik der Saturiertheit des Reiches, des Vorrangs der Bewahrung also, und begründete jene neue Phase von Weltmachtpolitik Deutschlands, die auf die Erweiterung und Vergrößerung des Deutschen Reiches hinauslief und folglich auch vor hohen und höchsten Risiken bis hin zum Krieg nicht zurückschrecken durfte. Daß Deutschland dabei aufgrund seiner geopolitischen Lage und seiner latenten Hegemonie ziemlich allein gegen eine mächtige Koalition von feindlichen Mächten würde zu kämpfen haben, wußte Bismarck nur zu gut, und dies war seine große Angst gewesen. Die neue Generation schien das weniger zu interessieren und schon gar nicht zu ängstigen.

Dabei hatte der Alte ja durchaus die aggressive nationaldeutsche Großmachtrhetorik vorgegeben, denn wie hatte Bismarck etwa am 6. Februar 1888 in einer Rede im Reichstag getönt? »Wir Deutsche fürchten Gott, aber sonst nichts auf der Welt.« Freilich, der Kanzler fügte dem allerdings gleich den Satz von der deutschen Gottesfurcht und der daraus erwachsenden deutschen »Friedensliebe« hinzu, der allerdings bei weitem nicht so populär wurde wie der Satz von der deutschen Furchtlosigkeit: »Und die Gottesfurcht ist es schon, die uns den Frieden lieben und pflegen läßt.«[145] Es war dies bei Bismarck lediglich militante Rhetorik gewesen, denn seine praktische Außenpolitik sah völlig anders aus und war, ganz entgegen der kraftmeierischen Rede im Reichstag, sehr wohl von einer höchst realen und sehr irdischen Furcht bestimmt, denn tatsächlich plagte den ersten Reichskanzler der »Alpdruck der Koalitionen« (cauchemar des coalitions) gegen das Reich.

Die europäische Mittellage bestimmte für Bismarck die Außenpolitik des Reiches, und in dieser geopolitischen Lage sah er die große Gefahr für dessen Existenz. Fünf Großmächte bestimmten die damalige europäische Szene – Großbritannien, Frankreich, Rußland, Österreich-Ungarn und Deutschland –, und in diesem Spiel zu fünft durfte, so Bismarck, Deutschland niemals gegen eine Koalition von drei Gegnern zugleich stehen. Sein ganzes kompliziertes Spiel in der Diplomatie mit Verträgen, Rückversicherungsverträgen, geheimen Beistandspakten, Defensiv- und Offensivkoalitionen etc. diente allein der Abwehr einer feindlichen und zugleich überlegenen Koalition von Mächten gegen das Reich.[146] Exakt diese Lage des Reiches, die immer den Gegenstand von Bismarcks großer Sorge gewesen war, sollten seine Nachfolger aber dann bis 1914 und dem Beginn des I. Weltkriegs mutwillig herbeiführen, und damit wurde die Katastrophe für das Deutsche Reich und das Kaisertum der Hohenzollern programmiert. Der Ausgang des Ersten Weltkrieges für Deutschland gab Bismarck in seinen Ängsten nur zu recht.

Wilhelm II. und seine Generation sollten wenige Jahre später eben nicht die diplomatische Kunst des alten Kanzlers und seine Gefährdungsanalyse von der außenpolitischen Lage des Reiches für bare Münze nehmen, sondern vielmehr seine donnernden Kraftsprüche über Deutschlands Größe und Furchtlosigkeit, von des Alten

»Gottesfurcht« und der daraus erwachsenden »Friedensliebe« war da nichts mehr zu hören, und »Alpträume« schienen Wilhelm II. nicht zu plagen. Der machtpolitische Realismus eines Bismarck wurde endgültig durch eine Prestigepolitik der zur Weltmacht werdenen Großmacht Deutschland verdrängt, und das sollte sich als eine hochriskante, ja existenzgefährdende Veranstaltung für Reich und Monarchie erweisen. »Risikopolitik« wurde fortan das Signum der Politik des Deutschen Reiches, und sie nahm zunehmend abenteuerlich destruktive, ja selbstmörderische Züge an.

Die Politik Wilhelms II. beinhaltete freilich nicht nur die Abkehr und den Bruch mit Bismarck und seiner Politik, in gewisser Weise war es auch und gerade deren Fortsetzung: In Wilhelms ganzer politischen Unfähigkeit offenbarte sich die Wahrheit des Bismarckschen Systems. Wilhelm II. war nicht der Bruch mit Bismarck, sondern vielmehr seine logische Konsequenz, auch und gerade in seinen haarsträubenden Schwächen und seiner politisch suizidalen Unfähigkeit.[147] Entsprach Wilhelm II. mit seiner Mischung aus lärmender Großmäuligkeit und zitterndem Selbstbewußtsein, aus donnernder Drohung und depressiver Ängstlichkeit nicht exakt dem Gemütszustand der damaligen herrschenden Schichten des Deutschen Reiches? Der junge Kaiser liebte den wechselnden Mummenschanz bizarr prunkender Uniformen, aber war nicht das ganze Bismarcksche System ein einziger nationaldeutscher Mummenschanz des alten, des spätabsolutistischen Preußen in bürgerlicher Zeit?[148] Das preußisch-deutsche Reich wurde unter dem zweiten Wilhelm von den verdrängten Sünden und Fehlern seiner Gründung schneller eingeholt als vermutet.

Dabei hätte die Entlassung Bismarcks durch Wilhelm II. durchaus eine positive Zäsur in der deutschen Nationalgeschichte bedeuten können, wenn der neue Kaiser auf die tatsächliche Konstitutionalisierung und demokratische Reformen und damit auf die parlamentarische Fortentwicklung von Bismarcks System gesetzt hätte. Dies wäre auf eine die Monarchie konstitutionalisierende Verfassungsänderung als Begründung für Bismarcks Entlassung hinausgelaufen, die sich angesichts der innenpolitischen Kämpfe der späten Bismarckära durchaus angeboten hätte, aber eine solche staatspolitische Weitsicht war angesichts der handelnden Personen und namentlich Wilhelms II. lediglich eine theoretische Chance, denn tatsächlich hieß die Parole des jungen Kaisers: »Der Kurs bleibt der alte, Volldampf voraus!«[149] Der Kurs blieb aber mitnichten der alte, sondern dies galt lediglich für den Erhalt der Grundlagen des Systems, dessen Überlebtheit bisher allein durch das virtuose Genie eines einzelnen überspielt wurde. Die Verknüpfung von unterlassener Systemreform bei zunehmender Unfähigkeit der politisch Verantwortlichen kennzeichnete die Ära Wilhelms II., aber gerade in dieser verfluchten Abhängigkeit von den einzelnen handelnden Personen an der Spitze des Reiches oder gar der Persönlichkeit des jeweiligen Herrschers zeigte sich die ganze abgründige Malaise von Bismarcks »weißer Revolution« und seiner reaktionären Reichsgründung.

Das Deutsche Reich, so Sebastian Haffner, war »nun einmal Großmacht und hatte deshalb auch den Großmachtinstinkt, noch größer zu werden«[150], aber es verfügte zugleich niemals mehr nach Bismarck über jene zweite, überlebensnotwendige Tugend einer Großmacht, nämlich über deren notwendige Intelligenz. Bismarck hatte in seinem kontinental-altpreußischen Bezugsrahmen noch eine klare Vorstellung von den geopolitischen Grundrisiken des Reiches, die er in einem klassischen Satz deutscher Politik zusammenfaßte, der sich gegen deutsche Kolonial- und Weltmachtträume richtete und der noch – oder genauer: wieder! – heute, selbst unter den ganz anderen politischen Verhältnissen der Bundesrepublik Deutschland nach der Einheit, von bestechender Aktualität ist: »Ihre Karte von Afrika ist ja sehr schön, aber meine Karte von Afrika liegt in Europa. Hier liegt Rußland, und hier – nach links deutend – liegt Frankreich, und wir sind in der Mitte; das ist meine Karte von Afrika.«[151]

Statt nüchterner Interessenanalyse und -kalkulation einer Großmacht regierte in Berlin unter dem Regiment Wilhelms II. fortan die Ingeniosität des Augenblicks und der herrscherlichen Launen, statt langfristiger Diplomatie zum Ausgleich, zur Neutralisierung oder gar Auflösung der gefährlichen Mittellage des Reiches verfiel die Wilhelminische Führungselite in eine Politik der »selffulfilling prophecy«, die nichts mehr mit Vernunft und strategischem Kalkül und nur noch etwas mit dem selbstzerstörerischen Zug jener nördlichen

Nager namens Lemminge in den Abgrund zu tun hatte.[152] Die Politik des Reiches unter Wilhelm machte aus der Mittellage mit ihrer latenten Einkreisung Deutschlands durch fremde Mächte innerhalb weniger Jahre eine tatsächliche Einkreisung und führte schließlich in einen Zweifrontenkrieg Deutschlands gegen eine überlegene feindliche Koalition.

Anfang der neunziger Jahre und damit zu Beginn der Regierungszeit Wilhelms II. war das schließlich tragische Ende des preußisch-deutschen Reiches ja noch keineswegs vorherbestimmt und entschieden. Wenn man die Politik Frankreichs oder gar Englands in der nämlichen Zeit betrachtet und mit der Deutschlands vergleicht, die sich im letzten Viertel des 19. Jahrhunderts und um die Jahrhundertwende herum ebenfalls in äußerst prekären Situationen befunden haben, so muß man noch heute, einhundert Jahre danach, an der Unvernunft, ja an der protzenden und zugleich gedankenschwachen Leichtfertigkeit der damaligen deutschen Führung und der »kaisertreuen« deutschen Eliten verzweifeln. Jene Zeit des Wilhelminismus – von 1890 bis 1914 – ist für die deutsche Nationalgeschichte aus mehreren Gründen von besonderer Bedeutung, denn in ihr wurde das Deutsche Reich endgültig zu jenem »ruhelosen Reich« (Michael Stürmer) und zentralen Risikofaktor für das Gleichgewicht der europäischen Mächte.

Grundsätzliche politische Entscheidungen über den Weg einer Nation sind in kaum einem politischen System unumstritten, sondern müssen in der Regel aus- und durchgefochten werden, aber genau dazu war das Bismarcksche Verfassungsystem nicht in der Lage. Wo in den westlichen Demokratien und konstitutionellen Monarchien der weitere Weg der Nation erstritten und unter den Parteien öffentlich ausdiskutiert und in freien Wahlen entschieden werden mußte, setzte das System Bismarcks dagegen tatsächlich auf den dynastischen und bürokratischen Zufall. Nationalistische Verblendung, imperialistische Interessenpolitik, nationale Eroberungs- und Ausdehnungsgelüste, öffentliche Kriegshetze, patriotische, koloniale und maritime Verbände und all der Schrecklichkeiten mehr gab es damals in jedem wichtigen europäischen Land, und überall drängte die dramatische Entwicklung der Konkurrenz der nationalen Industriekapitalismen in Europa in imperialistische Lösungen zur Markteroberung und Marktsicherung. Es handelte sich dabei nicht um deutsche Besonderheiten oder gar Abartigkeiten, aber es bleibt dennoch die Frage, warum es nur in Deutschland so grauenhaft danebenging.

Betrachtet man sich etwa im Vergleich mit dem Deutschen Reich die Außenpolitik Frankreichs und Englands, so wird man für die fragliche Epoche feststellen müssen, daß die Lage Deutschlands gegen Ende des 19. Jahrhunderts zwar nicht unkompliziert gewesen war, sich außenpolitisch aber im Verhältnis zu Frankreich, Rußland oder England dennoch keineswegs als wesentlich schwieriger darstellte. Deutschland war, wirtschaftlich und militärisch, die stärkste Macht des Kontinents, Frankreich hingegen war 1871 besiegt worden, hatte Elsaß-Lothringen an Deutschland abtreten müssen und war außenpolitisch völlig isoliert: An seiner Ostgrenze stand das militärisch und wirtschaftlich übermächtige Deutsche Reich, in den Kolonien, vor allem in Afrika, geriet die französische Republik in Interessenkonflikte mit Großbritannien, die bis an die Grenze des Krieges gingen, und von der Autokratie des Zaren in Rußland war die Republik Robespierres durch die Revolution von 1789 und den Königsmord scheinbar für immer ideologisch getrennt. Frankreich mußte also seine Interessen nach 1871 unter schwierigsten Bedingungen definieren und zu deren Durchsetzung außenpolitische Prioritäten setzen und hat sie gesetzt, wobei es ihm sogar gelang, seine kolonialen und europäischen Interessen parallel und schließlich erfolgreich zu betreiben.

Das Wilhelminische Deutschland hingegen war nicht einmal zu einer vergleichbaren singulären Leistung beim Verfolg seiner europäischen Interessen in der Lage, von weitergehenden weltpolitischen Ambitionen ganz zu schweigen. Für die französische Republik etwa war klar, daß Frankreich allein gegen das Deutsche Reich militärisch niemals eine Chance haben würde. Frankreich mußte demnach erstens entscheiden, ob es die Feindschaft mit dem übermächtigen deutschen Nachbarn, dem Sieger von 1871 und dem Okkupanten von Elsaß-Lothringen, aufrechterhalten, ob es also eine Revision von 1871 anstreben sollte und, wenn ja, ob es ohne Rücksicht auf tradtionelle Feindschaften, Interessengegensätze oder gar ideologische Barrieren hierin seine nationale politische Priorität setzen wollte. Frankreich hat sich entsprechend diesem strategischen Ziel nach Revision der Ergebnisse von 1871 entschieden: das Bündnis der Republik mit dem autokratischen Rußland war alles andere als eine politische und historische Selbstverständlichkeit, und auch dem Bündnis mit dem Vereinigten Königreich standen gravierende historische und damals aktuell politische Gründe entgegen: Frankreich war in den vergangenen Jahrhunderten der Hauptfeind Englands auf dem Kontinent gewesen, es gab ebenfalls eine alte koloniale Rivalität, die sich 1898 im Konflikt um Faschoda im Süden des Sudan[153] sogar bis an die Grenze eines militärischen Konfliktes zwischen den beiden Mächten zugespitzt hatte. Zudem galt Frankreich in London als der eigentliche und potentiell gefährlichste Konkurrent Britanniens um die maritime Vorherrschaft.

Großbritannien befand sich gegen Ende des 19. Jahrhunderts ebenfalls vor einer sehr schwierigen Entscheidung, nämlich einem grundsätzlichen Strategiewechsel in seiner Außenpolitik. Spätestens der Burenkrieg in Südafrika und auch der zunehmende Druck Rußlands auf Nordchina und die dortigen britischen Interessen machten offensichtlich, daß das Vereinigte Königreich seine Kräfte global überdehnt hatte und fortan wohl auf Bündnispartner angewiesen sein würde, wollte es am Empire und seiner globalen Führungsrolle festhalten. Seine Politik der »Splendid Isolation«, nämlich keine Bündnisse einzugehen, die Großbritannien auf dem Kontinent oder in Übersee in einen Krieg verwickeln könnten, der nicht unmittelbar und allein in der Verteidigung britischer Interessen begründet lag, stand deshalb kurz vor einer grundsätzlichen Revision.[154] Auch das mächtige England brauchte also fortan Verbündete, wenn es sowohl sein Empire aufrechterhalten als auch das europäische Gleichgewicht gesichert wissen wollte, die Frage – und diese Frage war für die Sicherheit des Deutschen Reiches von zentraler Bedeutung – war nur: welche Bündnisse mit wem?

Mit Frankreich hatte das Vereinigte Königreich gravierende Reibungspunkte in den Kolonien, und Rußland war sein imperialer Hauptrivale in Asien und möglicher Kriegsgegner im Mittleren Osten und in China. Immerhin wurde das erste Bündnis 1902 nach der Aufgabe der »Splendid Isolation« mit Japan gegen Rußland geschlossen, und britische Seeoffiziere befanden sich an Bord des japanischen Flaggschiffs von Admiral Graf Heihachira Toto in der Seeschlacht von Tsushima, als die Japaner die russische Flotte dort am 27. Mai 1904 vernichtend schlugen.[155] Das spätere britisch-französisch-russische Dreierbündnis gegen das Deutsche Reich, die sogenannte »Triple-Entente«, war also alles andere als eine quasi naturgegebene Tatsache der damaligen europäischen Politik, sondern sie resultierte zu großen Teilen aus einer katastrophal falschen Politik des Deutschen Reiches. Jene »Welt von Feinden«[156], gegen die sich das Deutsche Reich dann glaubte zur Wehr setzen zu müssen, diese Welt hat es sich zielstrebig und weitgehend ohne Not selbst geschaffen.

Es war vor allem die Politik des Wilhelminischen Deutschlands gewesen, welche die Überwindung all dieser Interessenkonflikte und gewachsenen Feindschaften gegen ein Dreierbündnis in Frankreich, Großbritannien und Rußland möglich gemacht hatte, und in der Tat darf man darin, man verzeihe mir dieses derbe Wort, eine der größten diplomatischen und machtpolitischen Idiotien der jüngeren Geschichte sehen. Bernd Martin chrakterisiert diese Politik völlig zutreffend mit dem Begriff »der planmäßigen, selbstverschuldeten deutschen ›Auskreisung‹ aus dem Kreis der Mächte«.[157] Das Verhältnis Deutschlands sowohl zu Frankreich als auch zu Rußland war zugegebenermaßen kompliziert: Frankreich wollte die Revision von 1871, und Rußland geriet auf dem Balkan in zunehmend kriegsträchtigere Konflikte mit dem wichtigsten Bündnispartner des Reiches, mit Österreich-Ungarn. Um so mehr hätte das Reich, da eine Versöhnung mit Frankreich nach menschlichem Ermessen allein schon wegen Elsaß-Lothringen nicht möglich war[158], alles tun müssen, um England von einem Dreierbündnis mit Frankreich und Rußland fernzuhalten, und in der Tat waren die machtpolitischen Interessenkonflikte vor der Jahrhundertwende zwischen Deutschland und Großbritannien gering, wenn man sie mit jenen verglich, die Großbritannien von Rußland und Frankreich trennte.[159] Dennoch verstand es das kaiserliche Deutschland mit der Treffsicherheit eines durch nichts von seinem Entschluß abzubringenden Selbstmörders, das traditionell gute Verhältnis zu der Welt- und Seemacht Großbritannien durch seine Flottenpolitik völlig zu ruinieren.

In den zwei Jahrzehnten nach Bismarcks Entlassung 1890 gelang es Frankreich, aus seiner Isolierung völlig auszubrechen und ein mächtiges, gegen Deutschland gerichtetes Bündnis zusammenzubringen. Großbritannien löste sich in derselben Zeit aus seiner freiwilligen und zugleich für seinen Weltmachtstatus immer problematischer werdenden Isolation und wurde Mitglied dieses antideutschen Bündnisses, während die deutsche Politik, wie von Sinnen, alles tat, um das Reich in die Isolierung und strategische Umklammerung zu führen, und die herrschenden Eliten in Deutschland jubelten dieser entschlossenen Vorbereitung zum Harakiri bei klingendem Spiel auch noch zu.[160] Der Irrsinn dieser Entwicklung hatte einen Namen: Es war die deutsche Flottenpolitik unter dem damaligen Marineminister und Admiral Alfred Tirpitz.[161]

Deutschlands Aufbruch in die Weltpolitik wurde gewiß angetrieben durch die Handelsinteressen einer rasch wachsenden Industrienation, der Industriegigant Deutschland schüttelte die altpreußischen Selbstbeschränkungen innerhalb weniger Jahre kraft seiner neu entstandenen Interessenlage einfach ab. Diese Entwicklung war wohl unaufhaltsam. Das Drama lag allerdings darin, daß mit diesem Vorgang zugleich die grundlegenden Imperative der Selbsterhaltung des Deutschen Reiches und selbst die minimalste politische und strategische Vernunft gleich mit abgetan wurden. »Die Lage um die Jahrhundertwende enthielt ebensoviel Drohung wie Versprechen. Die deutsche Politik konnte, auch ohne Bündnis mit England, viel erreichen. Das französisch-russische Bündnis war an der Peripherie gefährdet, und vielleicht stand es überhaupt nur auf dem Papier. Wer konnte das wissen? Der deutschen Politik war viel möglich. Nur eines war ihr verboten, absolut und unter Strafe des Untergangs: die Herausforderung Englands durch ein seestrategisches Machtpotential. Aber es machte sich noch vor der Jahrhundertwende in Deutschland ein zunächst sportiver, dann aus Angst und Arroganz gemischter Englandhaß breit.«[162]

»Weltmacht durch Seemacht«[163], so formulierte es auf äußerst griffige Weise der amerikanische Seeoffizier Alfred Thayer Mahan in seinem klassischen Werk *»Der Einfluß der Seemächte auf die Geschichte»*, und die Weltmachtrolle Englands und seiner allgegenwärtigen Royal Navy schien diese These glänzend zu bestätigen.

»Mahans Bücher gehörten, auch auf ausdrücklichen Wunsch Wilhelms II., zur Pflichtlektüre der deutschen Marineoffiziere. Mahans ›Influence of Seapower‹ galt als Tirpitz' ›Marinebibel‹.«[164]
In Berlin machte man sich also ohne große Rücksichtnahme auf die Realitäten und die leicht absehbaren Folgen einer maritimen Expansion Deutschlands an deren Umsetzung. Die politische und militärische Entscheidung zur seegestützten Weltmachtpolitik zwang dem Deutschen Reich eine irrwitzige Entwicklung hin zu neuen Feindschaften und damit hin zur Selbstzerstörung auf, die, einmal ausgelöst, selbst durch die Akteure kaum noch anzuhalten und umzudrehen war, denn nicht nur das ganze Prestige der Hohenzollernherrschaft hing mittlerweile an der Flottenrüstung, sondern sie hatte auch eine höchst bedeutsame innenpolitische Aufgabe zu erfüllen, nämlich die Ablenkung der Energien nach außen, die innerhalb Deutschlands zu schärfsten sozialen und politischen Konflikten führten und das System zu gefährden drohten.[165] In der Wilhelminischen »Weltpolitik« ging es gewiß um ökonomische und machtpolitische Interessen, aber tatsächlich gab auch hier der konterrevolutionäre Grundbaß der Bismarckschen »Revolution von oben« den Takt vor, nämlich den Erhalt des preußisch-deutschen Militärabsolutismus und die Abwehr von Demokratisierung und sozialer Emanzipation unter allen Umständen zu sichern. Dem Bündnis mit der deutschen Nationalbewegung nach 1860 mußte nach 1890 das Bündnis mit der »imperialistischen Bewegung« folgen, sollten die extremen Widersprüche des Bismarckreiches nicht im Innern explodieren und die Monarchie hinwegfegen. Der »Primat der Außenpolitik« zur Sicherung einer reaktionären Innenpolitik in Deutschland setzte sich also in der Wilhelminischen Weltpolitik unter anderen internationalen Bedingungen fort.[166]
Die Entscheidung der kaiserlichen Regierung in Berlin zum Schlachtflottenbau und die endgültige Entscheidung des Reichstages über die erste Flottenvorlage am 26. März 1898[167] hatten für den weiteren Fortgang der europäischen Entwicklung höchst fatale Konsequenzen, denn der deutsche Schlachtflottenbau brauchte zu seiner Begründung ein neues Feindbild: »Am 6. Juni 1897 traf Tirpitz in Berlin ein. Großes wurde von ihm erwartet, aber weder der Kaiser noch der Kanzler, der Reichstag oder die Marine waren auf

die rasche Abfolge von Ereignissen vorbereitet, die nun folgen sollten. ... Am 15. Juni, nur neun Tage nach seiner Amtsübernahme (als Marineminister), suchte Tirpitz den Kaiser in Potsdam auf und übergab ihm eine 2500 Worte umfassende und als ›streng geheim‹ gekennzeichnete Denkschrift mit dem Titel ›Allgemeine Überlegungen zur Zusammensetzung unserer Flotte nach Schiffsklassen und Konstruktion‹. Hinter dieser technischen Sprache verbarg sich ein Dokument, das die deutsche und europäische Geschichte verändern sollte. Klar, logisch, unnachgiebig wie Hammerschläge hatte Tirpitz seine Sätze formuliert. ... Alle bisherigen deutschen Marinestrategien wurden beiseite gefegt. ... Die Kriegsmarine, bisher ein Gegenstand der Geringschätzung, sollte zu einer mächtigen Waffe in den Händen deutscher Admiräle und einem wirkungsvollen Instrument der deutschen Diplomatie werden. Die internationalen Implikationen der Denkschrift waren noch weitreichender. Um den Bau von Schlachtschiffen zu rechtfertigen, war ein neuer Feind – das zum damaligen Zeitpunkt befreundete England – ins Auge gefaßt worden. Um Frankreich und Rußland zu bekämpfen, war eine mächtige deutsche Schlachtflotte nicht vonnöten; das deutsche Feldheer würde diesen Krieg gewinnen oder verlieren, was immer auf See geschehen mochte. Um Englands Vorherrschaft zur See zu brechen und der deutschen Weltpolitik freie Hand zu geben, waren allerdings Schlachtschiffe notwendig. Nachdem Tirpitz diese Prämisse aufgestellt hatte, kehrte er das Argument einfach um: um den Bau von Schlachtschiffen zu rechtfertigen, mußte England der Feind sein.«[168]

Das Vereinigte Königreich war in jenen Tagen die einzige wirkliche Weltmacht, ohne Britannien ging damals kaum etwas in der politischen Welt und gegen England nur sehr wenig. Die britische Macht rund um den Erdball fußte allein auf Englands unangefochtener Herrschaft auf den Weltmeeren.[169] Sowenig wie die mittelalterliche Republik Venedig eine italienische Macht gewesen war, sondern vielmehr eine mediterran-orientalische Seemacht, obwohl die Stadt selbst in Italien lag, sowenig war das Vereinigte Königreich eigentlich eine europäische Macht, sondern die wirklichen Interessen Großbritanniens lagen immer auf den Weltmeeren und in den Ländern jenseits des europäischen Horizonts. Europa war für England nur insoweit von Bedeutung, als daß von ihm Gefahr für die britischen Inseln ausgehen oder dort am Ende gar ein unliebsamer maritimer Rivale entstehen konnte. Insofern verfocht England auf dem Kontinent eigentlich immer nur defensive Gleichgewichtsinteressen, die sich gegen jegliche Form von hegemonialer Machtbildung in Europa wandten.

Das Deutsche Reich nach 1871 war nun auf dem Kontinent zwar die mit Abstand stärkste wirtschaftliche und militärische Macht, eng verbündet mit einem zunehmend an Altersschwäche kränkelnden Österreich-Ungarn, aber Deutschland wurde zugleich von zwei weiteren Mächten im Westen und Osten des Kontinents, von Frankreich und Rußland, austariert. Deutschland war zwar kontinentale Führungsmacht, aber es verfügte damals eben, anders als Napoleon, nur über eine *latente Hegemonie* und verblieb damit im Rahmen des europäischen Gleichgewichts der Mächte. Wenn diese kontinentale Führungsmacht in Europa sich nun aber anschickte, entsprechend der Maxime »Weltpolitik als Aufgabe, Weltmacht als Ziel, Flotte als Instrument«[170] Großbritannien in seiner Weltmachtrolle auch auf den Weltmeeren herauszufordern, so war völlig klar, gegen wen sich die deutschen Weltmachtambitionen richteten und was machtpolitisch daraus mit zwingender Logik folgte: Großbritannien mußte sich aus seinem Selbsterhaltungsinteresse als maritimer Weltmacht heraus mit den kontinentalen Gegnern des Deutschen Reiches verbünden, und wenn Deutschland seine maritime Herausforderung nicht beendete, so mußte es irgendwann Krieg gegen eine übermächtige Koalition führen. Nach Lage der Dinge unter den beteiligten Mächten (denn mittlerweile waren diese – und auch das unterschied die Lage von dem Jahr 1870 ganz erheblich – gemeinsam mit Japan und den USA zu den bedeutendsten Industriestaaten der Erde geworden) würde dies aber ein sehr großer, ein Weltkrieg werden.[171]

Die Konsequenzen der deutschen Weltpolitik à la Wilhelm II. und der Flottenrüstung seines Admirals Tirpitz standen schon damals allen Beteiligten glasklar vor Augen, denn die höchst gefährlichen Konsequenzen der deutschen Politik waren mit den Händen zu greifen. Aber man wollte ja in der deutschen Reichsführung bewußt das Risiko, weil man die Weltmacht England abzulösen gedachte, und dies ging eben nur mit Flotte, Seemacht und Krieg oder wenigstens mit glaubhafter Kriegsdrohung durch Flottenrüstung. Vor den Krieg hat diese selbstmörderische Politik der Reichsleitung allerdings die Einkreisung des Reiches durch die fortan feindliche und dem Reich überlegene Mächtekoalition von Rußland, Frankreich und Großbritannien gesetzt: »Die weltpolitische Torheit lag darin, daß unter den europäischen Hauptmächten bisher allein England der neuen deutschen Machtstellung wohlwollend neutral gegenübergestanden hatte, jetzt aber durch die deutsche Außenpolitik unerbittlich auf die Gegenseite manövriert wurde. ... Der Flottenbau und die wilden antibritischen Ressentiments, die der imperiale Krieg gegen die Burenrepublik im südlichen Afrika ins Kraut schießen ließ, fügten dem französisch-russischen Militärbündnis von 1894 die britisch-französische Entente Cordiale von 1904 hinzu, und bald auch ein englisch-russisches Bündnis von 1907. Die Einkreisung, von den Deutschen am meisten gefürchtet, war zuletzt Ergebnis deutscher Politik. Hinter den reizenden Matrosenanzügen der kleinen Mädchen und Jungen stieg eine tödliche Realität auf.«[172]

Die »Risikopolitik« hatte ihr Instrument in Gestalt der »Risikoflotte« gefunden, ein zweideutiger Begriff, der ursprünglich von seinen Erfindern zur Verharmlosung und Verschleierung ihrer wahren Absichten erfunden wurde[173], der sich im Verlauf der Geschichte allerdings noch als höchst zutreffend erweisen sollte, denn später, im Krieg, sollte es sich zeigen, daß Tirpitz' Flotte militärisch völlig nutzlos war[174], ja, daß sie die militärischen Möglichkeiten der Landmacht Deutschland im kommenden Weltkrieg sogar erheblich geschwächt hat, denn die in Kiel und Wilhelmshaven vor sich hin dümpelnden teuren Spielzeuge des Kaisers fehlten als Ressourcen dem kriegsentscheidenden Landheer. Mehr als kleinere »Ausfälle« gegen die Seemacht England in der Nordsee waren für die deutsche Flotte während des Weltkrieges 1914–18 nicht drin. Die deutschen Schlachtschiffe auf den Weltmeeren, wie das deutsche Ostasiengeschwader, wurden von den Briten noch im ersten Kriegsjahr mit Mann und Maus versenkt, und selbst die verlustreiche Seeschlacht im Skagerrak zwischen der deutschen und der britischen Schlachtflotte am 31. Mai/1. Juli 1916 taugte nur fürs Prestige, sie war selbst

aber nicht für den Seekrieg entscheidend.[175] Jenes teure Trugbild deutscher Weltmachtgeltung unter Wilhelm II., die Schlachtflotte, erwies sich also in der Tat lediglich als eine politische »Risikoflotte«, allerdings nicht für einen möglichen Angreifer zur See, sondern für Deutschland selbst. Von ihr sollte dann auch jene Revolution zu Beginn des Novembers 1918 ausgehen – es ist dies eine bittere Ironie der deutschen Geschichte – , die das Kaiserreich und die Dynastie der Hohenzollern endgültig unter sich begrub.[176]
Es war jedoch nicht nur der Wilhelminische Flottenwahn gewesen, der das Deutsche Reich in Richtung eines aussichtslosen Weltkrieges gegen eine überlegene Mächtekoaliton trieb. Nachdem die Welt- und Flottenpolitik Wilhelms II. die Einkreisung des Reiches durch Rußland, Frankreich und England fahrlässig herbeigeführt hatte, bemächtigte sich der Generalstab des Problems und entwikkelte mit höchster Perfektion einen politisch-militärischen Zeitzünder, den »Schlieffen-Plan«[177], der, einmal betätigt, durch die Politik nicht mehr anzuhalten war[178] und Europa in einen alles verschlingenden Krieg stürzen mußte.
Preußens Gloria fußte auf seinem Militär, und das Deutsche Reich war die Fortsetzung des preußischen Militär- und Beamtenstaates als Nationalstaat. Der Ruhm der preußischen Waffen hatte das Wiedererstehen des Reiches überhaupt erst möglich gemacht, und die oberste Heeresleitung war demnach in allen politisch-militärischen Dingen die höchste Autorität in der Politik des Reiches. Nachdem die Einkreisung des Reiches und ein möglicher Zweifrontenkrieg mit Frankreich und Rußland eine konkrete Gefahr geworden waren, entwarf der damalige Generalstabschef Alfred Graf von Schlieffen, der Nachfolger des alten Moltke, des Siegers von Königgrätz 1866 und Sedan 1870, einen militärischen Feldzugplan, der auf einer modernen Umsetzung der Vernichtungsschlacht von Cannae beruhte[179] in der Hannibal am 2. August des Jahres 216 v. Chr. Rom die schwerste militärische Niederlage seiner Geschichte beigebracht hatte. »Cannae« stand seitdem in der militärischen Strategielehre für die erfolgreiche Schlacht, die auf der Überflügelung des Gegners an den Flanken, seiner Einkesselung und schließlichen Vernichtung beruhte. Genau diesen Geniestreich hatte sich Schlieffen zur Behebung der strategischen Malaise Deutschlands unter den Bedingun-

gen der modernen Millionenheere und ihrer bisher alles Dagewesene überbietenden Bewaffnung ausgedacht, um in einem Zweifrontenkrieg bestehen zu können.[180] Deutschland sollte sich zuerst Frankreich zuwenden, es im Kriegsfalle angreifen und aus der Offensive heraus die Flanken des Gegners umfassen, ihn einschließen, vernichten, um sich dann mit dem siegreichen deutschen Millionenheer, unterstützt durch das moderne Eisenbahnwesen, aus dem Westen in den Osten zu begeben und dort Rußland zu schlagen.

Es mutet selbst heute nach all den Jahrzehnten noch merkwürdig an, aber die damalige Führung des Deutschen Reiches wurde in ihrem Denken und Handeln durch einen krassen Widerspruch zwischen technisch-instrumenteller Perfektion und politisch-strategischer Blindheit geprägt. Der Schlieffen-Plan von 1906 war politisch und strategisch ähnlich realitätsfremd und illusionär wie die deutsche Flotten- und Weltpolitik – spätestens die Erfahrungen im Weltkrieg machten dies unabweisbar klar –, und der Absturz vom älteren Moltke zu Schlieffen war ähnlich tief wie der von Bismarck zu Bülow und Bethmann Hollweg, aber dieser Absturz war gewissermaßen im System des Bismarckreiches programmiert.

Die politisch bindungslose Perfektion der militärischen Planungen des preußischen Generalstabs versuchte eine technokratische Antwort auf die machtpolitisch-strategische Einkreisung des Reiches und verlor sich dabei einerseits im Fiktionalen, andererseits schufen die militärischen Planungen des preußisch-deutschen Generalstabs aber einen weiteren zwingenden Grund für Großbritanniens Beitritt und Festhalten am Dreierbündnis gegen das Reich. Der Schlieffen-Plan hatte politisch einen ganz entscheidenden Fehler, denn er setzte die Umfassung der gegnerischen Flanken voraus, und dies hieß im Falle Frankreichs die Verletzung der Neutralität entweder Belgiens oder der Schweiz. Schlieffen hat sich aus topographischen Gründen für Belgien entschieden, für den rechten Flügel also, aber dies mußte mit zwingender Logik den Kriegseintritt Großbritanniens nach sich ziehen, das Deutschland niemals widerstandslos erlauben würde, seine strategische Gegenküste Belgien mit dem überaus wichtigen Hafen Antwerpen zu besetzen. Britannien verteidigte seine Unabhängigkeit und Sicherheit als Nation nicht nur durch sein Flottenübergewicht in der Nordsee und auf den Weltmeeren,

sondern eben auch in Belgien, das war gewiß. Und so schufen Tirpitz und Schlieffen, diese beiden großen See- und Landstrategen des Wilhelminischen Reiches, die machtpolitischen Voraussetzungen für dessen krachende Niederlage im Weltkrieg.
Das Tableau war also angerichtet für den großen Krieg in Europa, und das Deutsche Reich hatte unter Bismarcks Epigonen die entscheidenden Zutaten für die Blutsuppe des Ersten Weltkriegs bereitgestellt. Ab 1905, in der ersten Marokkokrise, zeichnete sich die zukünftige Dreierkoalition gegen das Reich konkret ab, und nun bekam selbst Wilhelm II. Anflüge der Bismarckschen »cauchemars de coalitions«. »›Die Koalition ist de facto da‹ – so der Kaiser nach der ersten Marokkokrise. Die Kaunitzsche Koalition gegen den Machtstaat in der Mitte war durch den Hinzutritt Englands mächtiger, als Bismarck sie in seinen Alpträumen je gefürchtet hatte. Was blieb, war nur noch Abkehr von der Weltpolitik bei hohem Rüstungsstand, dem aber der Verfall der Massenloyalität folgen mußte. Oder die alte Bismarcksche Hoffnung auf Konflikte an der Peripherie und baldigen Zerfall des russischen Kolosses. Oder endlich der präventive Schlag zur Sprengung der Entente: Aufstieg oder Untergang. Die deutsche Politik, die seit Bismarck aus der Mittellage entkommen wollte, fand die Lage Deutschlands bedrohlicher denn je. Die Entscheidung für die Hegemonie beschwor seit 1905 den Ernstfall herauf.«[181]
Aufstieg oder Untergang, alles oder nichts – das war die entsetzliche Alternative deutscher Politik unter Wilhelm II. sechsunddreißig Jahre nach der Reichsgründung geworden. Die von Bismarck immer gefürchtete, energisch bekämpfte und schließlich erfolgreich ausmanövrierte Revolution in der gelungenen Reichseinigung von oben und der Trennung von National- und Freiheitsfrage, jener eigentliche Nachtmahr des preußisch-deutschen Reiches und seines Gründers also, ließ sich angesichts der Dynamik der bürgerlich-industriellen Moderne und der gleichzeitigen Verkommenheit des Bismarckschen Systems und der Unfähigkeit seiner Akteure nicht mehr länger ausmanövrieren. Die Widersprüche im Deutschen Reich mußten gewaltsam zu einem Austrag kommen, oder die alten Eliten mußten den Weg freiwillig frei machen, was völlig undenkbar war. Demnach war die entscheidende Frage nur, wie, wo und

wann die gewaltsame Lösung dieser Widersprüche stattfinden würde. Innerhalb oder außerhalb des Deutschen Reiches? Deutschland stand entweder vor einer innenpolitischen Revolution oder vor einem außenpolitischen Krieg des Reiches um alles oder nichts. Das Haus Hohenzollern und die herrschenden Eliten entschieden sich für den Krieg, auch wenn sie dabei Preußen, Deutschland und das bürgerliche Europa zugrunde richteten.

4. Kapitel

Les Incertitudes Allemandes III – Die Sehnsucht nach der »Utopie des Unglücks«

»Jedenfalls kam Hitler nicht aus der Hölle oder vom Himmel und war kein ›Betriebsunfall‹. Er gehört, gemessen an den Voraussetzungen, die sein Wirken und sein Auftreten ermöglichten, wie an seiner Gedankenwelt, tief in die deutsche Geschichte des 19. und 20. Jahrhunderts.«
Fritz Fischer[182]

»Am 29. September 1911, dem Tage der Kriegserklärung Italiens an die Türkei, beobachtete man am Himmel Nordafrikas einen Kometen im Sternbild des Löwen, der von Tag zu Tag heller strahlte, und alsbald ihm gegenüber einen zweiten Haarstern, der wie ein Schwert nordwärts zu weisen schien«,[183] so Egon Friedell in seiner epochalen »Kulturgeschichte der Neuzeit«, in der er uns diese unheilsschwangere Himmelserscheinung am Vorabend des großen Krieges in Europa überliefert hat. Und in der Tat wiesen die Gestirne die Richtung des Unheils, denn der sich abzeichnende Weltkrieg sollte zwar nicht in Nordafrika, aber im europäischen Norden zum Austrag kommen. Freilich hatte dies weniger mit jener nächtlichen Flammenschrift am Firmament zu tun, sondern vielmehr mit den höchst irdischen Dingen der politischen und gesellschaftlichen Entwicklung.
Im Frühsommer des Jahres 1914 lag in Europa die Gewitterschwüle eines großen Krieges in der Luft. In den vergangenen zwei Jahrzehnten waren auf diesem Kontinent gewaltige Mengen an politischem und militärischem Zündstoff angehäuft worden, aber fast schwerer noch wog das Faktum, daß es die gesellschaftlichen, ja die historischen Kräfte selbst waren, die zur gewaltsamen Lösung der Spannungen in den europäischen Gesellschaften und zwischen den europäischen Mächten drängten. Revolution oder Krieg hieß die schlichte Alternative, denn der Druck in den Tiefenschichten der europäischen Gesellschaften, ausgelöst durch dramatische Verän-

derungen technisch-industrieller und in der Folge davon auch gesellschaftlicher Art, verstärkte sich fast mit jedem Tag mehr. Alle Berichte aus der damaligen Zeit schildern einerseits eine hochdynamische Gesellschaft, Wirtschaft und Kultur, andererseits aber und parallel dazu jene bleierne »Zauberberg«-Stimmung des Fin de siècle. Aus diesem Widerspruch des Zeitgeistes zwischen Dynamik und Stillstand, zwischen der versteinerten Herrschaft der Mächte der Vergangenheit und einer rasenden Modernisierung entsprang eine tiefe Sehnsucht nach Reinigung, nach Veränderung, nach Aufbruch, nach Krieg. Thomas Mann hat diese Stimmung in seinem Essay »Gedanken im Kriege« aus dem November 1914 nachdrücklich zum Ausdruck gebracht:

»Erinnern wir uns des Anfangs – jener nie zu vergessenden ersten Tage, als das Große, das nicht mehr für möglich Gehaltene hereinbrach! Wir hatten an den Krieg nicht geglaubt, unsere politische Einsicht hat nicht ausgereicht, die Notwendigkeit der europäischen Katastrophe zu erkennen. Als sittliche Wesen aber – ja, als solche hatten wir die Heimsuchung kommen sehen, mehr noch: auf irgendeine Weise ersehnt; hatten im tiefsten Herzen gefühlt, daß es so mit der Welt nicht mehr weitergehe.

Wir kannten sie ja, diese Welt des Friedens und der cancanierenden Gesittung – besser, quälend viel besser, als die Männer, deren furchtbare, weit über die persönliche Größe hinausgehende Sendung es war, den Brand zu entfesseln: mit unseren Nerven, unserer Seele hatten wir tiefer an dieser Welt zu leiden vermocht als sie. Gräßliche Welt, die nun nicht mehr ist – oder doch nicht mehr sein wird, wenn das große Wetter vorüberzog! Wimmelte es nicht von dem Ungeziefer des Geistes wie von Maden? Gor und stank sie nicht von den Zersetzungsstoffen der Zivilisation? ... Wie hätte der Künstler, der Soldat im Künstler nicht Gott loben sollen für den Zusammenbruch einer Friedenswelt, die er so satt, so überaus satt hatte!

Krieg! Es war die Reinigung, Befreiung, was wir empfanden, und eine ungeheure Hoffnung. Hiervon sagten die Dichter, nur hiervon. Was ist ihnen Imperium, was Handelsherrschaft, was überhaupt der Sieg? Unsere Siege, die Siege Deutschlands – mögen sie uns auch die Tränen in die Augen treiben und uns nachts vor Glück nicht schlafen lassen, so sind doch nicht sie bisher besungen worden... Was die Dichter begeisterte, war der Krieg an sich selbst, als Heimsuchung, als sittliche Not. Es war der nie erhörte, der gewaltige und schwärmerische Zusammenschluß der Nation in der Bereitschaft zu tiefster Prüfung – einer Bereitschaft, einem Radikalismus der Entschlossenheit, wie die Geschichte der Völker sie vielleicht bisher nicht kannte. Aller innere Haß, den der Komfort des Friedens hatte giftig werden lassen – wo war er nun? Eine Utopie des Unglücks stieg auf...«[184]

Dies war nun keineswegs die exaltierte Einzelmeinung eines überspannten Literaten, sondern gibt vortrefflich die allgemeine Stimmung in Berlin und Deutschland vor dem Kriegsausbruch 1914 wieder.[185] Modris Eksteins schildert in seiner beeindruckenden kulturgeschichtlichen Studie »Tanz über Gräben. Die Geburt der Moderne und der Erste Weltkrieg« diesen an eine Massenpsychose erinnernden Glückstaumel, der das Deutsche Reich und vor allem die Massen in den Straßen Berlins damals erfaßte: »Ein Reporter der *Täglichen Rundschau* hat uns mit atemloser Prosa ein Bild davon gemalt, wie die Massen die Lieferfahrzeuge der Zeitungen stürmten, um das Neueste über die serbische Antwort in Erfahrung zu bringen; in hitziger Anteilnahme riß man die Zeitungen auf und las. Mit einem Mal ein Schrei: *Et jeht los!* Serbien hat das österreichische Ultimatum abgelehnt!

›*Et jeht los!*‹ Das ist das geflügelte Wort dieser Stunde. Es geht durch Mark und Bein... Und plötzlich, eh man's sich versieht, hat sich ein Zug gebildet, keiner kennt den anderen, aber alle beherrscht das eine ernste Gefühl: Krieg, Krieg, und alle gehören zusammen... Und dann klingt es, ernst und feierlich, zum abendlichen Himmel empor: ›Es braust ein Ruf wie Donnerhall.‹«[186]

Die Kriegsbegeisterung der Straße tobte nicht nur in der Hauptstadt Berlin, sondern auch in der entlegenen Provinz: »In Jena schreibt Charles Sorely, Sohn des Professors für Moralphilosophie in Cambridge – damals neunzehn Jahre alt und Gaststudent der Jenaer Universität –, am 26. Juli seinen Eltern nach Hause: ›Die trunkenen Verbindungen ziehen durch die Straßen und schreien: ›Nieder mit den Serben.‹ Selbst hier, im abgelegenen Jena, bringen die Zeitungen jede halbe Stunde ein Extrablatt, von Ausgabe zu Ausgabe mit wilderen Gerüchten, so daß man schier die Schüsse in Belgrad zu hören glaubt.«[187]

Eksteins kommt zusammenfassend zu der Feststellung, »daß in Deutschland die Massen die politische Initiative an sich gerissen hatten. Alle Vorsicht wurde in den Wind geschlagen. Der Augenblick erlangte höchste Bedeutung. Stunden, Jahre, ja ganze Jahrhunderte wurden auf Augenblicke reduziert. Historie und Leben waren eins geworden. Viele sollten die Stimmung jener Augusttage zeit ihres Lebens nicht vergessen können. Zehn Jahre später schrieb Thomas Mann, an diesen Tagen hätte so vieles begonnen, was zu beginnen wohl kaum schon aufgehört habe. Noch dreißig Jahre später lief Friedrich Meinecke, dem Doyen der deutschen Historiker, ein Schauer über den Rücken, wenn er an die Stimmung jener ersten Augusttage zurückdachte, und er bekannte, daß – trotz der Katastrophe, die folgte – diese Tage einige der erhabensten Augenblicke seines Lebens mit sich gebracht hätten.«[188] Und im Winter 1914 verklärte der große Historiker das sinnlose Gemetzel von Langemarck sogar zum »heiligen Frühlingsopfer«: »Am Yserkanal, wo die jungen Reserveregimenter der Kriegsfreiwilligen vorstürmten, liegt jetzt unser *ver sacrum* ... Ihr Opfer für uns bedeutet einen heiligen Frühling für ganz Deutschland.«[189]

Die Gesellschaft des wilhelminischen Kaiserreichs war in einem mehrfachen Sinne extrem zerrissen und zerklüftet: zwischen dynamischer Modernität und altpreußischem Macht- und Militärstaat, zwischen politisch entmündigtem Bürgertum und traditioneller Adelsherrschaft, zwischen entrechteter Arbeiterschaft und dem gesamten System, zwischen Protestanten und Katholiken und zwischen Deutschen und nichtdeutschen Nationalitäten im Reich. Hinzu kam ein allgegenwärtiger Antisemitismus. All diese Widersprüche und Unverträglichkeiten schienen mit dem Kriegsausbruch wie weggewischt, die innenpolitische Integration der Nation auf der Grundlage des wilhelminischen Systems war, bis auf wenige Ausnahmen, gelungen. »Der Krieg zwang die Reichsbevölkerung in eine *nationale Solidargemeinschaft*. Dazu aufgerufen waren besonders die Bevölkerungsschichten, die bisher noch nicht voll zur Reichsnation gehörten: Arbeiter, Sozialdemokraten, Katholiken, Juden.«[190] Ob diese »nationale Solidargemeinschaft« allerdings einen sich in die Länge ziehenden Krieg oder gar eine Niederlage des Reiches überdauern würde, blieb zu Recht mehr als zweifelhaft.

Die damalige europäische Welt schien nach Veränderung, nach radikaler Erneuerung und Umsturz des Alten zu schreien. Die Tragödie bestand allein darin, daß die alten Mächte die Völker soweit im Griff hatten, daß sie deren revolutionäre Energien in einen alles zermalmenden Krieg gegeneinander zu hetzen vermochten. Dies galt vor allem für das Deutsche Reich, und ausgerechnet dort, unter der Herrschaft des völlig vorgestrigen altpreußischen Militärstaates, war »die Assoziation des Krieges mit Befreiung und Freiheit – mit einem Befreiungs- und Freiheitskampf –...weit verbreitet.«[191] Die entpolitisierte bürgerliche Saturiertheit und der spätabsolutistische Mummenschanz historisch überlebter Monarchien paßte ganz offensichtlich nicht mehr zu dem Gang der gesellschaftlichen Entwicklung, denn die industrielle Moderne hatte gewaltige Kräfte und damit auch enorme Konfliktpotentiale materieller und geistiger Art in den europäischen Gesellschaften freigesetzt. Die wissenschaftlich-technisch-industrielle Revolution stattete die modernen Industriegesellschaften mit Energien, Instrumenten und damit Machtpotentialen aus, wie es sie noch nie zuvor in der Geschichte der Menschheit gegeben hatte. Zugleich erschütterte dieser rasende Durchbruch der industriellen Moderne sämtliche normativen, institutionellen und sozialen Gefüge und Bindungen der europäischen Industriegesellschaften.

Gerade in Deutschland war diese Dynamik besonders extrem, da das wilhelminische Kaiserreich an der Spitze dieser industriellen Modernisierungsdynamik stand[192], zugleich aber war dies Dynamik der Gesellschaft eingepreßt in den verrotteten Semiabsolutismus des zweiten Kaiserreiches mit seinem altpreußischen Militärstaat, seiner starren Klassen- und Kastenhierarchie und seiner geistig hochgefährlichen Mischung aus Obrigkeitshörigkeit, romantischer Innerlichkeit, offen zur Schau getragenen deutschnationalen Überlegenheitsgefühlen und tiefsitzenden Minderwertigkeitskomplexen in den bürgerlichen Schichten.[193] Die Energien des Bürgertums wurden von der preußisch-deutschen Machtelite auf die imperiale Expansion und die Großmachtphantasien gelenkt, und darunter kochte immer heftiger die soziale Frage in den Fabriken und Arbeitervierteln, mühselig durch polizeiliche Repression und etwas Sozialreform unter Kontrolle gehalten.

Der I. Weltkrieg, jene »große Dämmerung eines ganzen Zeitalters«[194], war nicht nur »die große Anfangskatastrophe unseres Jahrhunderts« (G. F. Kennan), das sich in seiner ersten Hälfte als blutiger und schrecklicher erweisen sollte als alle seine Vorgänger in der überlieferten Geschichte. Diese »Anfangskatastrophe« des 20. Jahrhunderts verfügte vielmehr über die realitätsumstürzende elementare Energie eines politischen »Urknalls«, und dieser Krieg sollte zugleich die Selbstzerstörung der klassischen bürgerlich-europäischen Welt und ihrer globalen Vorherrschaft einleiten. Er war die eigentliche Geburtskrise der nachbürgerlichen Moderne, der Durchbruch der industriellen Massengesellschaften zur bestimmenden Form der weiteren Geschichte.

Die Schüsse, die den österreichischen Thronfolger Franz Ferdinand und seine Gemahlin Sophie an jenem 28. Juni 1914 in Sarajevo ermordeten, abgefeuert von dem neunzehnjährigen Gavrillo Princip, einem großserbischen Nationalisten bosnischer Herkunft, sollten einen Krieg auslösen, der eigentlich erst zur Jahreswende 1989/90 definitiv zu Ende ging. Dieser Krieg wurde blutig und grausam ausgeschossen, mit einer zwanzigjährigen Unterbrechung, bis zum 8. Mai 1945. Manchmal war er ein kontinentaler und sogar Weltkrieg zwischen Nationen und weltweiten Bündnissen, mal regional begrenzter Krieg, mal blutiger Bürgerkrieg. Danach verfestigte sich dieser große Krieg unter dem Diktat der gegenseitigen atomaren Vernichtungsdrohung zum kalten Krieg, globalisierte sich endgültig und dauerte in diesem strategisch eingefrorenen Zustand mehr als weitere vierzig Jahre.

Bis heute bleibt es schwer nachvollziehbar, warum die Verantwortlichen nicht gesehen haben, daß dieser Krieg am Ende nur Verlierer produzieren konnte. Die Staatenwelt Europas, die politische Landkarte des Kontinents und die innere Ordnung der europäischen Mächte sahen zu Beginn des Krieges 1914 noch völlig anders aus als an dessen erstem, vorläufigem Ende 1918/19. Die europäische Landkarte wurde 1919 durch die sogenannten »Pariser Vorortverträge«, nämlich durch die Friedensverträge mit Deutschland in Versailles,

mit Österreich in Saint Germain-en Laye, mit Bulgarien in Neuilly, mit Ungarn in Trianon und 1920 mit der Türkei in Sèvres völlig neu gestaltet. Das Habsburger Reich verschwand endgültig von der Bühne der Geschichte, und an seiner Stelle entstanden historisch teilweise völlig neue Staaten, wie etwa die Tschechoslowakei und Jugoslawien. Die Grenzen wurden entsprechend der Interessen der Siegerkoalition zudem neu gezogen, und selten regierten dabei die Vernunft und die Voraussicht die Kartographen der Macht. So wurden damals zahlreiche neue, schwere und schwerste Konflikte vor allem in Mittel- und Osteuropa angehäuft, die die Anlässe zum nächsten heißen Krieg nachdrücklich vermehren sollten. Allenthalben lösten Republiken jahrhundertealte Monarchien und ihre regierenden Häuser ab, Habsburg, die Hohenzollern, die Romanows und viele andere große und kleine Dynasten und Dynastien in Europa wurden gestürzt, vertrieben oder gar ausgelöscht, und die uralte europäische Adelsherrschaft, die trotz 1789 in zahlreichen mittel- und osteuropäischen Staaten den Angriff des Bürgertums und der industriellen Moderne in Macht und Eigentum überstanden hatte, wurde scheinbar fast über Nacht hinweggefegt.
Wichtiger noch war es für den Fortgang der Geschichte, daß mit dem Ende des Ersten Weltkriegs die soziale Revolution zuerst in Rußland und dann auch in den westlich davon liegenden Staaten Europas ihr Haupt erhoben hatte. Mit dem Sieg der bolschewistischen Revolution 1917 wurde der zentrale Klassenkonflikt der kapitalistischen Industriegesellschaften in einer eigenständigen, gewaltigen Staatsmacht institutionalisiert und gewann damit auch eine außenpolitisch zentrale Qualität. Der machtpolitische Konflikt der europäischen Staaten wurde fortan noch durch einen tödlichen ideologischen Konflikt aufgeladen, der den durch die Große Französische Revolution ausgelösten ideologischen Konflikt zwischen royalistischer Legitimität und bürgerlich-revolutionärer Volkssouveränität an Heftigkeit und Unversöhnlichkeit noch bei weitem übertreffen sollte.
Mit dem Ende des Ersten Weltkriegs lag das Deutsche Reich am Boden, war das Kaiserreich Österreich-Ungarn verschwunden, das Osmanische Reich aufgelöst, und Rußland war auf seine inneren Grenzen zurückgeworfen worden und taumelte, bedingt durch Re-

volution und Bürgerkrieg, einem ungewissen Schicksal entgegen. Frankreich hatte zwar gesiegt – 1871 wurde erfolgreich revidiert, Elsaß-Lothringen gehörte wieder zur französischen Republik –, aber das Land hatte dafür einen furchtbaren Blutzoll entrichten müssen, der zu einer dauerhaften Schwäche führte. Großbritannien hingegen, der zweite große Sieger dieses Krieges, hatte 1918 seine globale Führungsrolle ökonomisch und strategisch an die USA verloren.[195] Der Krieg war zugleich der Anfang vom Ende der großen überseeischen Kolonialreiche der europäischen Mächte, auch wenn der Untergang des Osmanischen Reiches im Mittleren Osten noch weiteren kolonialen Zugewinn brachte. Dennoch hatte mit dem Ende des Ersten Weltkriegs der Zerfall der großen Kolonialreiche begonnen, denn die großen europäischen Mächte hatten in diesem Weltkrieg ihre Kräfte im Kampf gegeneinander anhaltend erschöpft, und jenseits des europäischen Horizonts begann in Ostasien der Aufstieg der Großmacht Japan.

Das alles war bereits nach den Schüssen von Sarajevo in der entscheidenden Julikrise des Jahres 1914 abzusehen. Blind lief damals keine politische Führung und keine europäische Macht in diesen kollektiven politischen Selbstmord, in diesen »Höllensturz der bürgerlichen Welt«[196] Europas hinein. Vor allem in Berlin bestimmte eine gefährliche Mischung aus innerem sozialem Druck, äußerer Ablenkung durch expansive Weltmachtansprüche, selbst herbeigeführter Umklammerungsfurcht, Spielen mit dem Präventivkrieg und hoher Risikobereitschaft im Stile eines »Jetzt oder nie!«[197] das Handeln der Regierung in jenen entscheidenden Tagen im Juli 1914. Weiter oben wurde bereits der innenpolitische Druck dargestellt, unter dem die auf globale Expansion setzende Außenpolitik des Deutschen Reiches und seine aberwitzige Flottenrüstung standen. Ein weiteres Mal sollte jetzt im Juli 1914 die Flucht vor der inneren Revolution zur außenpolitisch militärischen Aktion führen, nur hieß die Konsequenz diesmal Weltkrieg und Kampf um die Existenz des Reiches und der Monarchie.

Es waren damals vor allem die vorkonstitutionellen, semiabsolutistischen Monarchien unter den europäischen Großmächten – Österreich-Ungarn, Deutschland und Rußland –, die angesichts der Schüsse von Sarajevo glaubten, nur noch zwischen innerer Revolution im Falle einer weichen, kriegsvermeidenden Linie und äußerem Krieg wählen zu können.[198] Denn so persönlich schlimm und moralisch verurteilenswert der Mordanschlag auf das österreichische Thronfolgerpaar auch gewesen war, machtpolitisch wäre seine Wirkung gleich Null geblieben, wenn man nicht in Wien (und im Hintergrund Berlin) auf das Prestige gesetzt hätte und, aufgehängt an den großserbischen Zielen des Attentäters, einen kriegerischen Konflikt mit Belgrad daraus zu machen beabsichtigte. Gekrönte Häupter waren in der damaligen Zeit durchaus häufiger das Ziel erfolgreicher Attentate von anarchistischer oder nationalistischer Seite, ohne daß daraus Kriege entstanden wären. Wenn man allerdings Krieg mit Serbien wollte, so war das verabscheuungswürdige Attentat von Sarajevo ohne Zweifel eine hervorragende Gelegenheit, um zuzuschlagen. »Erst die Überschichtung der großen europäischen Mächtekonflikte mit der Sarajevo-Krise hat dann, nach wochenlang täuschender Ruhe, in den letzten Julitagen, übergangslos den Weltkrieg entflammt.«[199]

Michael Stürmer hat diese fatale Verknüpfung von innenpolitischem Druck und außenpolitischem Handlungszwang bei den beteiligten europäischen Mächten nach den Schüssen von Sarajevo prägnant dargestellt: »Jeder hatte an den kommenden Krieg geglaubt, reinigendes Gewitter oder Endkampf um die europäische Vormacht. Manche indes hofften, er sei zu furchtbar, um noch mit Willen und Verstand ausgelöst zu werden: ein kalkuliertes Risiko, aber kein Bild der Zukunft. So entstand neben der falschen Sicherheit des Friedens die sich selbst erfüllende Prophezeiung des Krieges. Neben Kraftgefühl, Machtrhetorik und Hochrüstung standen Angst vor innerem Zerfall und Verlust der letzten Bündnissicherheit.

Wenn Wien nicht mit den Serben kurz und erfolgreich abrechnete, war der Mord von Sarajevo dann der Anfang vom Ende der Donaumonarchie? Das war die Angst in Wien und Berlin. Mit Österreich aber fiel, während Rußland und Frankreich methodisch neue Massenheere aufbauten, der letzte deutsche Bündnispartner. Das war das Kalkül in Berlin; die Generalität ließ den Reichskanzler wissen, daß mit einem russischen Schlag in zwei, drei Jahren ohnehin zu rechnen sei.

In Petersburg waren Massenstreiks im Gang. Die Zarenregierung konnte sie nur beschwichtigen, indem sie die Gefahr der slavischen Brüder riesengroß darstellte. Danach aber war sie Gefangene des Panslavismus und der befeuerten Massen. ›Das Volk will es‹, so resigniert unterschrieb der Zar den Mobilmachungsbefehl, ahnend, daß ohne raschen Triumph dies sein und der Monarchie Todesurteil war. In Paris aber regierte die Angst, wenn jetzt gezögert würde, in Zukunft allein zu stehen, ausgeliefert der deutschen Übermacht. Wenn aber der große Krieg kam, so standen britische Gleichgewichtsinteressen auf dem Spiel. Die Berliner Führung, die zuerst auf rasche chirurgische Operation gegen Serbien gedrängt hatte, dann die Entente sprengen wollte, taumelte schließlich, jede Alternative verstellt, in die militärische Aktion. Ein Teufelskreis der Angst und der verzweifelten Hoffnung auf Sieg schloß sich.«[200]

Industrielle Modernisierung, Nationalismus und drohende soziale Revolution waren die drei Haupttriebkräfte der damaligen Zeit, und in diesem Koordinatensystem wurde der Weg hin zum Ersten Weltkrieg geebnet. Hinzu kam noch eine politische Führungsschicht, die vor allem in den historisch überständigen kontinentalen Monarchien aus schlichter Angst vor der Revolution die politischen Weichen seit langem auf die äußere, auf imperialistische Expansion gestellt hatte, um den inneren Druck aufzufangen und von der Revolution abzulenken. Die Politik der imperialen Expansion konnte aber nur so lange gutgehen, wie sie vor allem in den Kolonien stattfand und nicht das europäische Gleichgewicht in Frage stellte. Dies schloß zwar Reibungen und Konflikte bis hin zum Krieg zwischen den um ihre Einflußzonen ringenden europäischen Kolonialmächten nicht aus, aber diese Konflikte und Kriege blieben begrenzt und beherrschbar, solange der Konflikt nicht auf den Kernbereich des damaligen Staatensystems übergriff, auf Europa. Sobald das europäische Gleichgewicht in Frage gestellt werden würde, mußte es in Europa zum großen Krieg kommen. Diese machtpolitische Grundstruktur des internationalen Mächtesystems gilt bis in die Gegenwart hinein. Das Verhältnis von (in diesem Falle thermonuklear erzwungener) Stabilität im Zentrum und begrenzten Kriegen an der außereuropäischen Perpherie prägte z. B. auch die gesamte Epoche des kalten Krieges.

Es gab demnach zwei dramatische Bruchlinien in der damaligen europäischen Politik, die zu einer direkten kriegerischen Konfrontation der europäischen Großmächte führen konnten: Die erste lag auf dem Balkan, wo die imperialen Interessen der beiden morschen Kaiserreiche Rußland und Österreich-Ungarn direkt und nur schwer ausgleichbar aufeinanderstießen. Beide wurden angelockt durch die Beute, die das zerfallende Osmanische Reich verhieß, und beide standen außenpolitisch massiv unter dem Druck ihres drohenden innenpolitischen Zerfalls, und deshalb waren beide Kaiserreiche in ihrem imperialen Prestige äußerst verletzbar und kaum noch kompromißfähig.[201] Rußland hatte 1905 nach der Niederlage im Krieg gegen Japan seine erste Revolution erlebt, und der Zar in Moskau wußte nur zu gut, daß sich die innenpolitischen Bedingungen für seine Herrschaft seit damals keineswegs verbessert hatten. Eine zweite außenpolitische Niederlage würde die Monarchie in Rußland mit hoher Wahrscheinlichkeit innenpolitisch nicht mehr überleben.

Die zweite kriegsgefährliche Bruchlinie war ein möglicher deutscher Präventivkrieg gegen Frankreich, um die von Berlin als immer bedrohlicher empfundene französisch-russische Umklammerung aufzubrechen. Beide Motive sollten sich dann in der Julikrise des Jahres 1914 verschränken und zum Kriegsausbruch führen.[202]

Es war überwiegend das innenpolitische Motiv der Flucht vor der Revolution in den drei Kaiserreichen, welches zum Ausbruch des Ersten Weltkriegs geführt hatte, dies läßt sich auch unschwer an der Tatsache erkennen, daß dieser Krieg völlig ohne konkrete Kriegsziele begonnen wurde. »Wenn man heute ruhig überlegend sich fragt, warum Europa 1914 in den Krieg ging, findet man keinen einzigen Grund vernünftiger Art und nicht einmal einen Anlaß. Es ging um keine Ideen, es ging kaum um die kleinen Grenzbezirke…«, schrieb Stefan Zweig.[203] Und in der Tat, es gab zwar außenpolitische Gründe – Elsaß-Lothringen, das osmanische Erbe auf dem Balkan, Abstrafung Serbiens, Zweifrontenlage des Reiches und Überlegungen zum Präventivkrieg –, aber all dies rechtfertigte niemals die mutwillige oder auch stolpernde Entfesselung eines Weltenbrandes.[204] Die eigentliche Schubkraft hin zum großen Krieg lag vor allem in der innenpolitischen Überlebtheit der drei Kaiserreiche, die sie in außenpolitisch hochriskante Prestigeabenteuer trieb. »Die Kriegsziele kamen erst im Verlauf des Krieges, wie der Appetit beim Essen. Das Schlachten brauchte einen Sinn.«[205] Ein auch nur annähernd rational nachvollziehbarer und zugleich zum Selbstmord des bürgerlichen Europa zwingender außenpolitischer Grund ist beim besten Willen in der Julikrise von 1914 nicht zu finden. Es ging zu Beginn vor allem um Prestige, sehr viel Prestige und um strategische Positionsvorteile im Spiel der europäischen Mächte, und hierbei war die treibende Kraft die Reichspolitik in Berlin. Es soll hier nicht weiter die berühmte »Kriegsschuldfrage«[206] diskutiert werden, aber festzuhalten bleibt, daß in der mittlerweile zur »Hochrisikopolitik« gewordenen, die Konfrontation bewußt suchenden Vorgehensweise der Führung des Deutschen Reiches im Juli 1914 ohne jeden Zweifel eine erhebliche Schuld am Ausbruch des Ersten Weltkriegs lag. »Als die deutsche Reichsleitung mit ihrem ›Blankoscheck‹ dem Verbündeten Österreich-Ungarn freie Hand für eine militärische Strafaktion gegen Serbien gab, da war sie zwar nicht ›kriegswillig‹ in dem Sinne, daß sie den großen Krieg unter allen Umständen herbeiführen wollte. Wohl aber tat sie alles, um diesen Krieg unvermeidbar zu machen. Nicht hegemoniale Eroberungssucht leitete diese Politik, auch nicht eine kalt berechnete sozialimperialistische Krisenstrategie, sondern ein merkwürdiges Gemisch aus übertriebenen Befürchtungen, irrationalen Erwartungen und dilettantischen Fehlrechnungen.«[207] Bethmann Hollweg machte »Risikopolitik« und keine »Politik der Risikobegrenzung«, und als er diese schließlich doch noch betreiben wollte, am 29./30. Juli, war es zu spät. Der Zeitzünder der Mobilmachung und des »Schlieffenplans« wurde nach der russischen Generalmobilmachung am 31. Juli ausgelöst und begann unaufhaltsam abzulaufen. Die Militärs hatten der Politik damit endgültig das Gesetz des Handelns aus der Hand genommen.[208] Bethmann Hollweg wollte die diplomatische Demütigung Rußlands unter Inkaufnahme des Kriegsrisikos, denn nach der Meinung der damaligen politischen und vor allem der militärischen Reichsleitung ging von dem riesigen und erheblich aufgerüsteten Heer Rußlands in Verbindung mit dessen französischem Bündnis die größte Gefahr für das Reich und dessen Zukunft als Großmacht – und deshalb »Jetzt oder nie!«

»Es ist offenkundig, daß die düsteren Prophezeiungen der Militärs vom Mai 1914 die Politiker nicht unbeeindruckt gelassen hatten. In der Krisensituation des Juli 1914 erhielten sie verstärkte Plausibilität. Die von der Reichsleitung gewünschte und gedeckte ›Strafaktion‹ gegen Serbien sollte der Testfall für die russische Kriegsbereitschaft sein. Zeigte sich das Zarenreich auf diese gezielte Provokation hin zum Krieg entschlossen, dann war es nach Ansicht Bethmann Hollwegs und seiner engsten Mitarbeiter besser, den Krieg jetzt zu führen als zu einem späteren Zeitpunkt, wenn – wie die Militärs versicherten – die Chancen, ihn zu gewinnen, sich nur verschlechtern könnten. ... Es gab freilich noch eine andere Krisenlösung, und die war für den Kanzler offenbar die erwünschtere: Rußland wich vor der Kriegsdrohung zurück – sei es, daß das Zarenreich das Risiko eines großen Krieges scheute, daß der Bündnispartner Frankreich ihm den Beistand versagte oder London mäßigend auf Paris und Petersburg einwirkte. Dann eröffnete sich die Chance, über die erwartete diplomatische Schlappe Rußlands das gegnerische Bündnislager zu sprengen und zu einer für Deutschland vorteilhaften Neugruppierung der Mächtekonstellation in Europa zu gelangen. ... Das also war das Kalkül der deutschen Reichsleitung in der Julikrise. Es ist deutlich, daß die deutsche Politik damit einen hochgefährlichen Kurs eingeschlagen hatte ...«[209]

Es gab nochmals eine Chance, den Krieg abzuwenden, nachdem der britische Außenminister Sir Edward Grey gleich nach dem Bekanntwerden des östereichisch-ungarischen Ultimatums eine Friedensinitiative unternommen hatte, in welcher er die Vermittlung der vier nicht unmittelbar am Konflikt beteiligten Mächte – England, Deutschland, Frankreich, Italien – vorschlug. »Mit beschwörenden Worten forderte der deutsche Botschafter in London, Fürst von Lichnowsky, das Auswärtige Amt auf, den Vorschlag Greys anzunehmen: ›Ich erblicke hierin die einzige Möglichkeit, einen Weltkrieg zu vermeiden, bei dem für uns alles auf dem Spiele steht und nichts zu gewinnen ist.‹ Doch unbeirrt durch diesen Appell setzte die Reichsleitung den eingeschlagenen Kurs fort. Sie drängte noch am 25. Juli die Regierung in Wien, die erwartete Ablehnung des Ultimatums durch Serbien mit der sofortigen Kriegserklärung und der Einleitung militärischer Operationen zu beantworten.

Damit verband sich die Hoffnung, daß Rußland – vor ein *fait accompli* gestellt – doch noch zurückweichen würde.«[210] Lichnowskys dringlicher Appell an das Auswärtige Amt beweist übrigens, daß zumindest den politisch Verantwortlichen in Berlin die Gefährlichkeit der Situation und die absehbaren Folgen völlig klar vor Augen standen. Nichtsdestotrotz sah sich kein Verantwortlicher in den europäischen Hauptstädten mehr in der Lage, den Absturz in die Katastrophe des Weltkriegs zu verhindern, und auch der allerletzte Hoffnungsfaden, eine englische Vermittlungsbemühung, löste sich in nichts auf, das Unheil nahm seinen Lauf.[211] Am 4. August um Mitternacht befand sich das Deutsche Reich mit allen seinen wichtigsten Gegnern unter den europäischen Mächten im Kriegszustand, und in Europa begann über vier Jahre hinweg ein grauenhaftes, millionenfaches Morden.[212]

Der Erste Weltkrieg war der erste moderne Krieg, d.h., er wurde mit der Technik, den Energien und den Massen der modernen Industriegesellschaften geschlagen. Gedacht und geplant wurde dieser Krieg in den diversen Militärstäben und Staatskanzleien aber noch völlig in den Kategorien von gestern, nur daß die Heere eben etwas größer geworden waren.[213] Man muß kaum übertreiben, um festzustellen, daß sich militärtechnisch in der Zeit zwischen Alexander dem Großen und Napoleon I. nur eine wirklich bedeutende technische Revolution der Landheere ereignet hatte, nämlich die Erfindung des Schießpulvers in Europa und seine militärische Nutzung. Ansonsten reichte der Arm eines jeden Eroberers seit den Tagen der frühesten Geschichte des Altertums bis in die Neuzeit hinein nur so weit, wie seine Truppen zu marschieren und siegreich zu kämpfen in der Lage waren. Die Mobilität der Armeen war über die Jahrtausende hinweg auf dem Land an die Reichweite von Fußmarsch und Pferderitt gebunden, und insofern war die Reichweite der Macht auch in der Regel räumlich eng begrenzt. Mobilität und Kommunikation erlebten erst mit der Industrialisierung eine dramatische Revolution – zuerst auf See mit dem Durchbruch der Dampfschiffahrt und danach auch auf dem Lande mit der ebenfalls dampfgetriebenen Eisenbahn, dann mit dem durch einen Verbrennungsmotor getriebenen Kraftwagen und schließlich mit dem motorgetriebenen Flugzeug. Die Eisenbahn und der Telegraph hatten bereits den deutsch-französischen Krieg von 1870/71 beeinflußt, aber dennnoch war dieser Krieg in seinem Verlauf noch völlig traditionell geprägt gewesen. Das Pferd und die Marschtüchtigkeit der Infanterie gaben bei den siegreichen Offensivstößen Moltkes gegen Napoleon III. nach wie vor den Ausschlag. Die Feuerkraft war durch die damalige Technik, gemessen am Stand von 1914, sehr begrenzt, und insofern wurde der Krieg von 1870/71 strategisch, taktisch und militärtechnisch noch durch dieselben Grundtatsachen geprägt, wie sie schon für Napoleon I. gegolten hatten. Dies sollte sich im Ersten Weltkrieg dramatisch ändern, in den die Armeen 1914 noch hoch zu Roß geritten und zu Fuß marschiert sind – heraus kamen sie mit dem Panzer, dem Flugzeug und dem Lastwagen.

1914 hatte sich die Welt der Militärtechnik bereits radikal verändert.[214] Es war vor allem die Feuerkraft, die, bedingt durch die großindustrielle Massenproduktion von Kanonen und Munition und durch die Transportleistung eines sehr gut ausgebauten Eisenbahnnetzes, einen Quantensprung vollzogen hatte. Hinzu kam noch die enorme Steigerung der Feuerkraft der Infantrie durch die Einführung des modernen Maschinengewehrs. Beides, sowohl die Konzentration enormer Massen von Artillerie als auch die Einführung des Maschinengewehrs, stärkten vor allem die militärische Defensive, da diese beiden neuen Faktoren in der Schlacht noch an die überkommene altertümliche Mobilität von Pferdewagen und Mensch gebunden blieben und daher die Beweglichkeit des Offensivkrieges eher einschränkten denn erweiterten. Mit der Schnelligkeit und Kürze der napoleonischen Siege und der Moltkeschen Umfassungsschlachten war es demnach vorbei, da entscheidende Durchbrüche und Umfassungen angesichts einer strategischen Stärkung der Defensive durch Artilleriekonzentration und Maschinengewehr nicht mehr zu erzielen waren.[215] Heraus kam ein sogenannter »Abnutzungskrieg«, eine grauenhafte jahrelange Massenschlächterei, die alles bisher Erlebte bereits in den ersten Wochen des Krieges bei weitem übertraf,[216] und für dessen Ausgang schließlich nicht mehr die Feldherrnkunst, sondern die allgemeinen strategischen Potentiale der beteiligten Mächte – Wirtschaftskraft, Rohstoffe, Bevölkerungsgröße – den Ausschlag gaben. In all diesen kriegsentscheidenden Potentialen waren die Mittelmächte Deutsches Reich und Österreich-Ungarn zwar der Allianz von Frankreich und Rußland überlegen, allein der Eintritt Großbritanniens in die feindliche Koalition brachte die eindeutige Überlegenheit der Entente.[217] Später, im Jahr 1917, als Rußland aus dem Krieg ausschied, wog der Kriegseintritt der USA auf seiten der Entente den Verlust Rußlands mehr als auf, und das Kriegspotential der USA sollte sich dann für den Ausgang des Krieges und den Sieg über Deutschland und Österreich-Ungarn als entscheidend erweisen.

»Obwohl es falsch wäre zu behaupten, der Ausgang des Ersten Weltkrieges sei vorbestimmt gewesen, legen die ... Fakten nahe, daß der generelle Ablauf des Konfliktes – die frühe Pattsituation, die Ineffektivität des italienischen Kriegseintritts, die langsame Erschöpfung Rußlands, die entscheidende Wirkung der amerikanischen Intervention und der schließliche Zusammenbruch der Mittelmächte – in enger Korrelation mit der den Bündnissen in verschiedenen Phasen des Konfliktes zur Verfügung stehenden wirtschaftlichen und industriellen Produktivität und der effektiv mobilisierbaren Truppenstärke stand. Sicherlich mußten Generale immer noch ihre Feldzüge leiten (oder *fehl*leiten), Truppen mußten immer noch den individuellen Mut aufbringen, um eine feindliche Position anzugreifen, und Matrosen mußten immer noch die Härten des Seekrieges erdulden; aber die Quellen zeigen, daß es solche Qualitäten und Talente auf beiden Seiten gab und daß keine der Koalitionen ein entscheidend größeres Maß davon besaß. Aber was eine Seite, besonders nach 1917, in der Tat besaß, war eine markante Überlegenheit der produktiven Kräfte. Wie in früheren langgezogenen Koalitionskriegen stellte sich dieser Faktor schließlich als entscheidend heraus.«[218]

Selbst wenn man andere politische oder gar moralische Einwände gegen die damalige deutsche Politik, die zum Ersten Weltkrieg führte, beiseite läßt, so stellt sich gerade dann unerbittlich die Frage: Warum und wodurch glaubten denn die damalige Reichsleitung und die verantwortlichen Militärs eigentlich, den Krieg gegen diese überlegene Koalition gewinnen zu können? Angesichts der militärstrategischen Fakten hätte es Deutschland niemals auf einen großen Krieg ankommen lassen dürfen, denn es konnte diesen nicht gewinnen. An strategischen Potentialen war der deutsch-österreichische

Zweibund der feindlichen Mächtekoalition der Entente in allen entscheidenden Punkten unterlegen. Nur wenn ein erneuter schneller Sieg in einem »Blitzkrieg« über Frankreich möglich gewesen wäre – ein neues Sedan, ein weiteres 1870/71 also – hätte eine Chance auf einen erfolgreichen Kriegsverlauf für das Reich bestanden, und somit war mit der verlorenen Marneschlacht im September 1914 für Deutschland ein Sieg wenigstens über Frankreich realistischerweise nicht mehr greifbar.[219] An der Marne war, so Arthur Rosenberg, nicht nur der Schlieffenplan endgültig gescheitert, sondern dort war auch »die moralische Existenzberechtigung des alten Systems« endgültig verlorengegangen.[220]

Die deutsche Flotte erwies sich, wie bereits erwähnt, nach Ausbruch des Krieges 1914 als milliardenschwerer Flop, die Royal Navy fegte die deutschen Schiffe binnen kurzem von den Weltmeeren und blockierte die überseeischen Verbindungen der Mittelmächte völlig; die deutschen Kolonien wurden innerhalb weniger Monate an den Feind verloren; die Illusion der »Weltmacht Deutschland« platzte wie eine Seifenblase; und weder im Westen noch im Osten war eine schnelle Entscheidung in Sicht. Angesichts der waffentechnischen Realitäten erwies sich die zentrale Planung des preußisch-deutschen Militärs für den Sieg gegen die Entente, der Schlieffen-Plan, als pure, militärisch dogmatisierte Fiktion, die zu keinem erfolgreichen »Super-Cannae« zwischen Verdun und der Kanalküste führte, sondern vielmehr zu einem fast bewegungslosen Stellungs- und Grabenkrieg, unterbrochen dann und wann durch »Offensiven«, die nichts weiter waren als blutige Gemetzel um einige wenige Quadratkilometer von Granaten umgewühlten Boden. »Es war ein großartiger Plan, eines Wagner würdig; er hob ein begrenztes taktisches Abenteuer in den Rang einer totalen Vision. Die Strategie glich der eines Spielers, der sich im Besitz des Kasinos wähnt.«[221]

Nicht erst seit dem Beginn des Krieges zeichnete sich die Politik der Führung des Deutschen Reiches durch einen zunehmenden Realitätsverlust aus, aber im Krieg nahm dieser Realitätsverlust noch dramatisch zu. »Die grauenhafte Ziel- und Sinnlosigkeit der deutschen Außenpolitik von 1890 bis 1914 setzte sich im Kriege fort.«[222] Risikopolitik, Flottenrüstung, Schlieffenplan, Verdun, Siegfrieden und unbeschränkter U-Boot-Krieg heißen die Schlagworte für diesen Realitätsverlust der Politik des Deutschen Reiches auf seinem Weg in den Krieg und während des Krieges. Risikopolitik war der Oberbegriff, die Kriegsflotte sollte dem Reich die Weltmachtrolle bringen, der Schlieffenplan den Sieg im Zweifrontenkrieg, Verdun das Verbluten des französischen Heeres; der Siegfrieden sollte neue Territorien und Einflußzonen und den Fortbestand des preußisch-deutschen Ancien régime im Innern des Reiches bringen und der unbeschränkte U-Boot-Krieg die englische Seeherrschaft brechen, bevor Amerika seine Truppen und sein überlegenes Material nach Europa transferieren konnte. Es waren dies allesamt dumme Illusionen, die man selbst bei mäßiger politischer und militärischer Begabung und etwas kühler Kalkulation sofort als eben solche hätte durchschauen müssen. Aber es mangelte in der Reichsleitung nicht an Talent und Intelligenz, sondern es mangelte ihr an Alternativen.

Spätestens jetzt, im Krieg und nach den grauenhaften Menschenverlusten der ersten Monate, war das Bismarcksche System in seinem Fiktionalismus – »Dem Geist der Zeit entgegen wurde die stolze Burg des neuen deutschen Kaiserreiches erbaut durch List und Gewalt...«[223] – rettungslos gefangen. Waren vor dem Kriege noch Alternativen zur wilhelminischen Risikopolitik denkbar, ohne daß es in Deutschland sofort zu einer radikalen politischen und sozialen Umwälzung kommen mußte, so waren diese Alternativen nach dem Beginn des Krieges schlicht nicht mehr möglich. Die wilhelminische Elite hatte an den Sieg im Weltkrieg alternativlos ihre eigene Existenzfrage und die des ganzen Systems gekettet. Des Prestiges des Reiches wegen, in Wirklichkeit aber für das innenpolitische Prestige der herrschenden wilhelminischen Elite, hatte man Weltmacht durch Risikopolitik werden wollen, wegen dieses Prestiges hatte man den Krieg mutwillig herbeigeführt, und wegen dieses Prestiges – und nicht wegen der Interessen Deutschlands – waren Hunderttausende junger Männer bereits in den ersten Wochen des Krieges sinnlos geopfert worden. Was sollte die Reichsleitung den Familien der Gefallenen, ihren Witwen und Waisen, was den zu Krüppeln Geschossenen, was dem getäuschten Heer und was dem im nationalen Siegesrausch schwelgenden Bürgertum eigentlich sagen? Daß ein Sieg nach der verlorenen Marneschlacht im September 1914 nicht mehr machbar sei? Daß man deshalb möglichst schnell zu einem Verhandlungsfrieden kommen müsse, um für Deutschland zu retten, was zu retten sei? Die Großmacht Deutschland »flau« am Boden und, auf den Knien kriechend, im Absturz zu einer europäischen Mittelmacht? All dies wäre zwar von höchstem Realismus gewesen, zugleich jedoch Lichtjahre von jeder praktischen Machbarkeit entfernt, denn ein solcher Strategiewechsel der deutschen Führung hätte das sofortige Ende von Bismarcks System und der Herrschaft des Hauses Hohenzollern, hätte die deutsche Revolution bedeutet. Sieg oder Abgang, lautete also die schlichte Alternative für die wilhelminische Herrschaftselite nach dem Ausbruch des Weltkriegs, und so entschied sie sich, gemäß dem Zwang zur Selbsterhaltung, für den Kampf bis zum Äußersten. Das System entkam nicht mehr der selbstgestellten Falle.

Wie sehr gerade auch im Weltkrieg die alte Bismarcksche Grundstruktur der preußisch-deutschen Reichspolitik noch wirkte, nämlich den Primat der Außenpolitik zur Bändigung der innenpolitischen Revolution einzusetzen, demonstrierte die jahrelange Gespensterdebatte um den sogenannten Siegfrieden in der deutschen Öffentlichkeit.[224] Zwar gab es durchaus machtpolitische Gründe für die deutschen Annexionsabsichten, die mit dem Begriff »Siegfrieden« eigentlich gemeint waren,[225] nämlich die innenpolitische Befriedung. Aber das erklärt nicht das gesamte Phänomen. Wesentliche Teile der deutschen Führung und Öffentlichkeit schienen vielmehr endgültig in eine nationalistische Traumwelt übergewechselt zu sein, wie diese Debatte um den »Siegfrieden« und die damit verbundenen Annexionsziele zeigte. Gewiß, die wahre Kriegslage war in Deutschland nur ganzen wenigen Männern »am Hof, bei der Obersten Heeresleitung und allenfalls beim Reichskanzler (bekannt). Damit hörte der Kreis der Wissenden auf.«[226] Aber die bewußte Desinformation und Irreführung der deutschen Öffentlichkeit durch die OHL kann diesen anhaltenden und tiefgreifenden Realitätsverlust angesichts der Millionen von toten und zerschossenen Soldaten, des mörderischen Stellungskrieges, der erfolgreichen britischen Seeblockade und des Hungers im Reich nicht allein erklären. Es muß bereits damals so etwas wie eine kollektive Flucht aus der Realität stattgefunden haben, anders läßt sich diese

über Jahre hinweg ernsthaft geführte Annexionsdebatte angesichts der tatsächlichen militärischen Lage nicht erklären.
Auch militärisch setzte sich diese Flucht in Traumwelten durch, als nämlich klar wurde, daß der Schlieffenplan gescheitert war. Aber anstatt den Fiktionalismus dieses Plans zu erkennen und daraus schonungslos die Konsequenzen zu ziehen, trieb man es in der neuen OHL unter dem auf Moltke folgenden Generalstabschef v. Falkenhayn nur noch schlimmer. Die Schlacht von Verdun vom Februar bis in den Juli des Jahres 1916 hinein markiert den perversen Höhepunkt des grausamen Massenschlachtens in den Schützengräben des Ersten Weltkriegs, denn in Verdun ging es dem damaligen deutschen Generalstabschef v. Falkenhayn nicht um den Sieg über die feindliche Armee, sondern vielmehr um das »Ausbluten« der französischen Truppen in einer anhaltenden Schlacht.[227] Dieser Irrsinn der »Knochenmühle« von Verdun – »die satanische Bereitwilligkeit, Hunderttausende der eigenen Soldaten zu opfern, um die doppelte Anzahl der gegnerischen Kämpfer zu töten oder zu verstümmeln«[228] – sollte 362 000 Franzosen und 336 000 Deutsche an Opfern fordern, junge Männer allesamt, die ihr Leben eigentlich erst noch vor sich gehabt hatten und deren Knochen seitdem im Beinhaus auf dem Douaumont liegen und dort verbleichen.[229]
Die Erklärung des uneingeschränkten U-Boot-Kriegs durch Deutschland am 1. Februar 1917, mit dem die britische Seeversorgung unterbrochen und die englische Seeherrschaft gebrochen werden sollte, tatsächlich aber der Krieg auf die USA ausgeweitet wurde und das Reich sich damit selbst den definitiven Todesstoß versetzte, war bereits sehr stark geprägt von dem Irrationalismus des Glaubens an »Wunderwaffen« und ihre siegbringende Wirkung, ein Phänomen, das dann später erneut bei Hitler in der Endphase des Zweiten Weltkriegs auftreten sollte. Es handelte sich auch hier um die Flucht in Wunschwelten vor der sich abzeichnenden Niederlage. »Der General Ludendorff, der den verschärften U-Boot-Krieg durchsetzte, war eben nicht der militärische Fachmann, sondern es war der Politiker, der die letzte Karte ausspielte, um zum Siegfrieden zu gelangen, den er aus politischen Gründen brauchte. ... Alle diese Männer und die hinter ihnen stehenden Offiziere, hohen Beamten, Industriellen, Gutsbesitzer und Intellektu-

ellen waren davon überzeugt, daß das Deutschland, wie sie es liebten und wie sie es sich allein denken konnten, ohne den U-Boot-Krieg verloren sei. Der U-Boot-Krieg war der Weg zum Siegfrieden und damit zur Rettung Deutschlands und der von ihnen als allein vernünftig angesehenen Gesellschaftsordnung. Es war wie ein politischer Rausch, der die in Deutschland regierenden Schichten damals ergriffen hatte und in dem die nüchterne Überlegung einfach unterging.«[230]

Gewiß hatte diese nationalistisch angeheizte Realitätsflucht in der Politik des Reiches seit Bismarcks Abgang schon verstärkt eingesetzt, jetzt aber, im Weltkrieg, wurde diese nationalistische Flucht aus der Realität zum kollektiven Problem einer Mehrheit des deutschen Volkes, und diese Realitätsflucht sollte mit dem Ende des Krieges mitnichten zu Ende sein.

Der Erste Weltkrieg wurde auf seiten des Deutschen Reiches, ganz entgegen dem formellen Anschein, nicht mehr vom Heer des preußischen Königs und deutschen Kaisers geführt, sondern von einem nach Millionen zählenden Volksheer, von der, im wahrsten Sinne des Wortes, »Nation in Waffen«. Der moderne »industrialisierte« Krieg bestand nur noch vordergründig aus verschiedenen Feldzügen, tatsächlich lief er auf die totale Mobilisierung aller Kräfte und Menschen der beteiligten Industriegesellschaften hinaus und war demnach um vieles radikaler als selbst die Revolutionskriege der französischen Republik und Napoleons nach 1789. Die eigentliche »Levée en masse« hat es erst im August 1914 gegeben, und durch diesen Weltkrieg wurden die breiten Bevölkerungsmassen der europäischen Mächte unwiderruflich in die große Politik und damit in die Geschichte hineingezogen.[231] Der Begriff der »Masse« erwies sich als die entscheidende strategische Größe: industriell, militärisch, politisch, kulturell. Masse an Munition, an Kanonen, an Material, an Rohstoffen, an Energie, an Soldaten, an Toten. Die Strategie war zur »Materialschlacht« verkommen, und demnach entschied die schiere Masse an Menschen und Material. Konsequenterweise stellte sich auch die Kriegstechnik auf die neuen Größenordnungen ein. Mit dem Einsatz von Giftgas an der Westfront 1915 und dem massenhaften Sterben im Gaskrieg wurde eine weitere Pforte des modernen Krieges hin zum industriellen Töten durchschritten.

Der Gaskrieg hatte nichts mehr mit dem uralten Mythos des Kampfes Mann gegen Mann, Einheit gegen Einheit, Plan gegen Plan zu tun, wie er selbst im Trommelfeuer des Stellungskrieges und seinen »Stahlgewittern« noch fortwirkte. Mit dem Einsatz von Giftgas gegen ganze feindliche Frontabschnitte ging es nur noch um das flächendeckende Vergiften möglichst vieler Menschen, ging es nicht mehr um Kampf, sondern allein um Massenvernichtung. »Der Weltkrieg war nicht Abirrung der europäischen Zivilisation in atavistische Düsternis: er war ihre äußerste Zuspitzung und zugleich das Mittel ihrer Zerstörung.«[232] Die großtechnisch-industriell ins Werk gesetzte Massenvernichtung wurde zur neuen Qualität der Moderne, und das Jahrhundert hatte damit sein grausiges Programm erhalten.

Der Erste Weltkrieg brachte in den kontinentalen Kaiserreichen faktisch den radikalen politischen und sozialen Umsturz aller überkommenen Verhältnisse mit sich und in den Vielvölkerreichen auch die nationale Revolution. Die verschiedenen politischen Revolutionen gegen Ende des Weltkriegs vollzogen nur nach, was sich während des Krieges in all diesen Gesellschaften an tiefgreifenden Umwälzungen bereits ereignet hatte. Der Krieg zwischen großen Industrienationen, dies lehrte der Erste Weltkrieg, unterschied sich eben qualitativ von den Kriegen der noch vorwiegend agrarisch bestimmten Gesellschaften der Vergangenheit, weil ganz andere, um Faktoren größere Kräfte und Potentiale zum Einsatz kamen, die nur von mächtigen, industrialisierten Nationalstaaten oder gar multinationalen Großreichen und Kontinentalstaaten auf industrieller Basis, wie es (sehr eingeschränkt) das Russische Reich und vor allem die USA waren, erbracht und eingesetzt werden konnten. Zugleich war die Mobilisierung der Masse der Bevölkerung in diesen kriegführenden Staaten die Voraussetzung zur Produktion und zum Einsatz dieser gewaltigen kriegerischen Potentiale. Demnach war völlig klar, daß die Erfordernisse des modernen, industriellen Krieges, bei dem nicht mehr der »Schnellere«, sondern nur noch der »Stärkere« gewinnen konnte, wie Paul Kennedy zu Recht bemerkte[233], ein neues Verhältnis des Staates und seiner politischen Machtverteilung gegenüber der breiten Bevölkerung, den »Massen« also, zwingend notwendig machte.

Für die beiden Demokratien England und Frankreich bestand dieses Problem bei weitem nicht in dieser Schärfe, auch wenn die politischen Systeme dieser beiden Länder durch den Weltkrieg nicht unverändert blieben. Viel radikaler und unvergleichlich explosiver wirkte der Krieg auf die überkommenen, elitären, auf die uralte europäische Adelsherrschaft gestützten Herrschaftssysteme. Diese waren nunmehr endgültig historisch obsolet geworden, geschwächt bis zum Tode, und mußten demnach durch diesen Krieg mit zwingender Logik hinweggefegt werden. Allerdings wirkte der Weltkrieg nur potentiell als Faktor der Demokratisierung, tatsächlich setzte er totalitäre, ja radikal antidemokratische Energien und Kräfte frei, die sich der Massen bemächtigten, diese organisierten und den Krieg als Klassen- und Bürgerkrieg nach innen trugen. Auch dies war eine Konsequenz des Ersten Weltkriegs.
Der Weltkrieg entwickelte zudem eine bisher nicht gekannte Dynamik hin zur totalen Mobilisierung, zur vollständigen Konzentration der Energien, des Geschicks und der Kraft ganzer Nationen und industrieller Volkswirtschaften allein auf den Sieg im Krieg. Diesmal kämpften nicht mehr nur Armeen gegeneinander, sondern ganze Völker standen sich auf dem Schlachtfeld gegenüber, und so verwundert es nicht, daß Nationalstaat und Industriegesellschaft als historische und gesellschaftliche Organisationsformen der europäischen Moderne den Krieg materiell und auch ideologisch zum »totalen Krieg« transformierten.[234] In Deutschland entwickelte Erich Ludendorff, der eigentliche Chef der 3. OHL, aus dieser Erfahrung der Dynamik hin zum »totalen Krieg« eine militärstrategische Theorie, die fatalerweise weit über den Horizont des Militärischen hinaus Wirkung zeigen sollte. Auf der extremen Rechten entwickelte sich daraus ein ganzes Welt- und Gesellschaftsbild, das unmittelbar in den Nationalsozialismus und zu Adolf Hitler führte.
Die Bismarcksche Verfassung und das auf ihr gründende preußisch-deutsche Kaisertum waren faktisch mit dem Beginn des Weltkriegs außer Kraft gesetzt worden, nur – und dies ist eine weitere der an bitteren Ironien so reichen jüngeren deutschen Geschichte – daß die Mobilisierung der Nation nicht zur Parlamentarisierung des Systems führte, sondern im Gegenteil zu einer nichterklärten Militärdiktatur der Obersten Heeresleitung. Der Kaiser war zur bloßen

Staffage verkommen vor der faktischen Militärdiktatur der OHL unter Hindenburg und Ludendorff,[235] und dies war zugleich auch »das Ende der preußischen Monarchie als sinnstiftender Instanz. Die Macht aber war schon lange auf andere Institutionen übergegangen: auf Verwaltung, militärische Führung, organisierte Interessen, und Sinn gab nicht die Monarchie, sie symbolisierte ihn allenfalls. Der Krieg und seine Opfer bezogen sich nicht auf die Monarchie, sondern auf die Nation. Das Kaiserreich endete in den ersten Tagen des Weltkriegs. Was blieb, war eine durch Massenkonsens gestützte, herkömmlichen Verfassungsbegriffen sich entziehende Militärherrschaft...«[236]

Es war ein großes Unglück für die deutsche Nation, aber der preußisch-deutsche Militärstaat sollte das Haus Hohenzollern überleben, ja, das Militär machte sich regelrecht frei von einem schwachen Kaiser und erwies sich als das, was es in der preußisch-deutschen Geschichte eigentlich immer gewesen war, nämlich das politische Subjekt. »Blut und Eisen« waren eben der alleinige Stoff der Bismarckschen Reichsgründung, und mehr als eine Militärmonarchie war daraus nicht zu machen. Jetzt, in der tiefsten inneren und äußeren Existenzkrise des Reiches, erwies sich die Monarchie als überholt, und das Militär konnte ohne weiteres auf sie verzichten. Der preußisch-deutsche Militärstaat konnte ohne die Monarchie überleben, die Monarchie allerdings niemals ohne den Militärstaat. Hindenburg und Ludendorff traten an die Stelle von Wilhelm I., von Bismarck und Moltke, und niemand schien das im damaligen Deutschen Reich groß aufzuregen, am allerwenigsten Wilhelm II. selbst[237], denn an den autoritären, extrem nationalistischen und expansiven Zielen des preußisch-deutschen Militärstaates in diesem Krieg wurde unverändert festgehalten.[238] Der Kaiser und die Monarchie erwiesen sich dabei allerdings als eher hinderlich, denn die notwendige Massenloyalität für den modernen »totalen Krieg« war mit dem monarchischen Firlefanz von vorgestern materiell und ideologisch nur schwer zu organisieren.

War der Ausbruch des Weltkrieges das Ergebnis einer Politik des Deutschen Reiches gewesen, deren extrem hohes Risiko nicht zugunsten des Reiches aufgegangen ist, so zeigte sich der preußisch-deutsche Militärstaat bei der Beendigung des Krieges von einer fast teuflischen Intelligenz. Ein weiteres Mal nach 1848 bewies das preußisch-deutsche Militär seine herausragende Bürgerkriegstauglichkeit und die demokratische Linke ihre völlige Untauglichkeit, nur diesmal, in der zweiten Hälfte des Jahres 1918, geschah dies im Gegensatz zu 1848 unter wesentlich schwierigeren Bedingungen. Ludendorff und seine hochpolitische Offizierskamarilla in der OHL trugen als faktisch unumschränkte Herrscher des Deutschen Reiches tatsächlich die volle Verantwortung für das militärische Fiasko, das sich für Deutschland spätestens seit dem Frühjahr 1918 abzeichnete.[239] Die ganze politische, militärische und administrative Führung des Deutschen Reiches stand im Obligo gegenüber der Nation, vorneweg der Kaiser, für den mutwillig herbeigeführten und nunmehr verlorenen Krieg, für die millionenfachen Opfer, für den wirtschaftlichen Ruin, für all den Jammer und das nackte Elend.[240]

Genau zu diesem Zeitpunkt erwies sich Ludendorff als ein Stratege von Format, allerdings nicht im miltärischen Bereich, sondern vielmehr in einer zentralen politischen Frage: Wer war Schuld an der Niederlage des Deutschen Reiches?[241] Denn die Schuldfrage – dies ahnte Ludendorff im Gegensatz zu seinen naiven Gegnern von der Sozialdemokratie, den Liberalen und dem Zentrum nicht nur, sondern er wußte es! – würde innenpolitisch sowohl die Machtfrage wesentlich mitentscheiden als auch eine innen-, vielleicht eines Tages sogar außenpolitische Revision der Ergebnisse des Weltkriegs ermöglichen. Und nun gelang der OLH etwas, was dergestalt wohl nur in der Tradition des preußisch-deutschen Militärstaates und vor dem Hintergrund einer fast uneingeschränkten Bewunderung breiter Bevölkerungskreise für das Militär als Hort der Idee der Nation wie auch auf einer völlig verzerrten Realitätswahrnehmung des Krieges in der deutschen Bevölkerung möglich war: Die Verantwortung für die Niederlage des Deutschen Reiches im Ersten Weltkrieg wurde durch Ludendorff und seine planmäßig ins Werk gesetzte »Dolchstoßlegende«[242] bei der noch gar nicht existierenden deutschen Demokratie abgeladen, und damit war dieser ersten deutschen Demokratie noch vor ihrer Geburt bereits der »Todeskeim«[243] durch den deutschen Militärnationalismus eingepflanzt worden!

Ludendorff machte aus den Tätern Opfer und aus den Opfern Täter und hatte damit durchschlagenden Erfolg. Das preußisch-deutsche Militär blieb »im Felde unbesiegt«, war durch den »Dolchstoß« von hinten, ausgeführt von der Linken, den späteren »Novemberverbrechern«, niedergemacht worden, und das Militär blieb somit der einzig wahre Sachwalter der deutschen Nation. Die Linke hingegen hatte sich durch den (von Ludendorff ja tatsächlich erzwungenen, aber selbst nicht vollzogenen!) Waffenstillstand und den schmählichen Frieden als die 5. Kolonne des Feindes, als die antideutsche »Partei des Auslands«, als die sattsam bekannten »vaterlandslosen Gesellen« und damit als die eigentlich Schuldige für die Niederlage Deutschlands im Weltkrieg entlarvt.[244] Ludendorff hat hier sein genialstes Schurkenstück abgeliefert, und die blinde, hilflose Reaktion der deutschen Demokraten kann einem noch heute die Tränen der Wut in die Augen treiben.

»Ludendorff hielt letztlich noch ein As in der Hand, welches seine gesamten Risiken zu rechtfertigen schien. Es sollte nunmehr Aufgabe der Regierung auf ›breiter nationaler Grundlage‹ sein, den Waffenstillstand und den Friedensschluß herbeizuführen. Ludendorff war sich dieser Tatsache schon von Anfang an bewußt. Die Dolchstoßlegende wurde nicht erst am 9. November geboren, als die Revolution bereits im Gang war. Sie existierte schon lange vor diesem Ereignis und spielte – was am wichtigsten ist – eine bedeutende Rolle in Ludendorffs Überlegungen, auf ein Waffenstillstandsgesuch zu drängen und der ›Revolution von oben‹ zuzustimmen ... Am 1. Oktober machte er seinem Stab folgende Mitteilung: ›Zur Zeit haben wir keinen Kanzler. Wer es wird, steht noch aus. *Ich habe S. M. gebeten, jetzt auch diejenigen Kreise an die Regierung zu bringen, denen wir es in der Hauptsache zu danken haben,* daß wir soweit gekommen sind. Wir werden diese Herren also jetzt in die Ministerien einziehen sehen. Die sollen nun den Frieden schließen, der jetzt geschlossen werden *muß*. Sie sollen die Suppe jetzt essen, die sie uns eingebrockt haben!‹ Diese Idee verbreitete sich mit unglaublicher Geschwindigkeit. Am 7. Oktober konnte der bayrische Militärbevollmächtigte bei der OHL folgendes berichten: ›Zur innenpolitischen Lage hört man vielfach die Meinung äußern, es ist ganz gut, daß die linksstehenden Parteien das Odium dieses Friedensschlusses auf sich nehmen müssen. Der Sturm der Entrüstung wird sich gegen diese kehren. Später hofft man dann, sich wieder in den Sattel zu schwingen und nach dem alten Rezept weiter zu regieren.‹[245]«

Zu diesem Zweck, und auch das war wohl nur in Deutschland möglich, befahl Ludendorff die unverzügliche Parlamentarisierung des zusammenbrechenden Systems. »Die Parlamentarisierung Deutschlands«, so Arthur Rosenberg, »ist nicht vom Reichstag erkämpft, sondern von Ludendorff angeordnet worden. Diese Art von Revolution ist in der ganzen Weltgeschichte ohne Beispiel. Es ist schon oft vorgekommen, daß militärische Gewaltherrscher und Diktatoren freiwillig auf ihre Macht verzichten. Aber es ist ohne Analogie, daß der alte Diktator sich so leidenschaftlich bemüht hat, seinen Gegnern die Macht zu verschaffen, wie Ludendorff es an der Wende des Septembers und Oktobers 1918 getan hat.«[246]

Es war eine der ganz großen Tragödien der deutschen Geschichte, daß die demokratischen Parteien damals nicht über Männer und Frauen verfügten, die diesem Anschlag Ludendorffs auf die deutsche Demokratie entschlossen und erfolgreich entgegengetreten sind, und die Verantwortlichen in der Staats- und Militärführung für Deutschlands Niederlage unnachsichtig zur Rechenschaft gezogen haben. Eine falsch verstandene Verantwortung der demokratischen Linken für das Reich und die Nation in der Stunde ihrer tiefsten Not ließ die Täter im Uniformrock des kaiserlichen Militärs in die Opferrolle entkommen, und als Folge von diesem politisch und moralisch auf den Kopf gestellten Ende des Weltkriegs und der nicht stattgefundenen Abrechnung mit den Verantwortlichen des preußisch-deutschen Militärstaates sollte Deutschland furchtbaren Schaden nehmen.[247]

Das Ende des preußisch-deutschen Kaiserreiches, ja der letzte Akt der wilhelminischen Ära verlief wenig heldenhaft, nachdem Wilhelm II. Millionen seiner Untertanen zuvor den befohlenen Heldentod für Kaiser und Reich hatte sterben lassen. Auslöser war allerdings ein »heroischer« und gleichwohl militärisch völlig sinnloser Selbstmordversuch der Führung der kaiserlichen Flotte, den deren Befehlshaber auf eigene Faust und hinter dem Rücken der Regierung Ende Oktober 1918 planten. Die Admiralität der kaiserlichen

Kriegsmarine, jene Unheilsflotte der deutschen Geschichte, suchte den großen Abgang in einer aussichtslosen, selbstmörderischen Seeschlacht gegen die Royal Navy, nachdem sie sich im Krieg als völlig untauglich erwiesen hatte. Die Admirale waren wohl dem Untergangswahn der Nibelungen an Etzels Hof verfallen, denn sie wollten wenigstens die Ehre der kaiserlichen Flotte durch ihren »ehrenvollen Untergang« retten, aber als die Mannschaften von dieser sinnlosen »Operation Heldentod« Wind bekamen, brach in Wilhelmshaven in der Nacht vom 29. auf den 30. Oktober 1918 die offene Revolte aus. »Auf die Rebellion der Admirale folgte die Meuterei der Matrosen.«[248]

Wilhelm II. hatte sich bereits am 29. Oktober 1918 klammheimlich aus Potsdam abgesetzt und in Spa unter den Schutz des kaiserlichen Heeres und der OHL begeben. Dort wurde ihm von General Groener, dem Nachfolger Ludendorffs an der Spitze der OHL, am 9. November anläßlich einer Lagebesprechung allerreinster Wein über das zukünftige Schicksal Seiner Majestät und des »Maison de Brandenbourg« eingeschenkt: »Das Heer wird unter seinen Führern und kommandierenden Generälen in Ruhe und Ordnung in die Heimat zurückmarschieren, aber nicht unter dem Befehl Eurer Majestät, denn es steht nicht mehr hinter Eurer Majestät!«[249] Eine Umfrage unter den Truppenbefehlshabern hatte diese Tatsache ergeben, und daraufhin machte sich Wilhelm II. samt seiner Entourage im Dunkel der Nacht nach Holland, ruhmlos und angsterfüllt vor dem Zugriff der Revolution, aus dem Staub.[250] »Ja, wer hätte das gedacht, daß es so kommen würde«, räsonierte ein enttäuschter Monarch im Abgang über seine undankbaren Untertanen, die sich in den vier Jahren zuvor millionenfach für seine irrwitzige Politik geopfert hatten. »Das deutsche Volk ist eine Schweinebande.«[251] Derart war die herzliche Abschiedsbotschaft des Kaisers und letzten regierenden Hohenzollern an sein Volk, und damit hatte es sich mit der Monarchie in Deutschland. Zurück blieb ein »haltloses Reich«, dem nach dem militärischen Zusammenbruch nunmehr die soziale und politische Revolution drohte. Freilich kannte Wilhelm II. sein Volk denkbar schlecht, als er die Deutschen als »Schweinebande« beschimpfte, denn er überschätzte sie maßlos in ihrer Unbotmäßigkeit und ihrem Freiheitswillen.

Die revolutionäre Bürgerkriegstauglichkeit der deutschen Demokraten seit 1848 und den wenig heroischen Tagen der Paulskirche und namentlich auch der Sozialdemokraten hatte kaum zu-, sondern vielmehr abgenommen. Am 7. November 1918, also zwei Tage vor der Flucht des Kaisers nach Holland, wurde der Parteivorsitzende der SPD, Friedrich Ebert, von dem Reichskanzler Prinz Max von Baden in Berlin gefragt, ob er ihn und seine Partei nach einer Abdankung des Kaisers an seiner Seite gegen die soziale Revolution habe – und daraufhin »entgegnete Ebert ohne Zögern: ›Wenn der Kaiser nicht abdankt, ist die soziale Revolution unvermeidlich. Ich aber will sie nicht, ich hasse sie wie die Sünde.‹ «[252] Die Revolution löste in der Führung der Sozialdemokratie in Berlin demnach fast größere Angstzustände aus als bei dem abgängigen Kaiser.[253]
Die Deutsche Revolution von 1918 war durch und durch ein Trauerspiel, nicht weil es den führenden Akteuren etwa an besten Absichten gemangelt hätte, aber was ihnen fehlte, waren revolutionärer Mut, Phantasie und Entschlossenheit. Die Spitzen der »Friedenskoalition«, bestehend aus Sozialdemokraten, Zentrum und Liberalen, wollten die bürgerlich-demokratische Revolution eigentlich gar nicht, die von den Massen vorangetrieben wurde. Sie bejahten rückhaltlos die volle Parlamentarisierung, aber bereits der Republik hätte Ebert gerne eine konstitutionelle Monarchie unter einem liberalen Hohenzollern vorgezogen. Scheidemann rief die Republik vom Balkon des Reichstags aus, um Liebknecht und den Radikalen zuvorzukommen, und ging anschließend im Reichstagsrestaurant Kartoffelsuppe essen. Dort mußte er sich ob seiner heroischen Tat schwerste Vorwürfe von Ebert anhören.[254] Der Verlauf dieses historischen Tages am 9. November 1918 war symptomatisch für diese »sozialdemokratische« deutsche Revolution.
Ebert selbst wurde in die Reichskanzlerschaft hineingetragen, ja, der letzte kaiserliche Reichskanzler, Prinz Max von Baden, mußte sie ihm mittels eines »revolutionären Aktes« tatsächlich regelrecht aufdrängen.[255] Und als Ebert dann am Schreibtisch Bismarcks in der Reichskanzlei saß, da schuf er keine neue, revolutionäre Legalität, aus dem Reichstag entstand kein revolutionärer Konvent, und dieser Konvent schuf sich keine revolutionäre Armee, Justiz und Verwaltung. Die große Französische Revolution von 1789 hatte den ge-

fürchteten Wohlfahrtsausschuß hervorgebracht, die deutsche Revolution von 1918 lediglich einen parlamentarischen Untersuchungsausschuß der Weimarer Nationalversammlung über die Verantwortung an Weltkrieg und Niederlage, das war alles an Abrechnung mit der Vergangenheit.

Ebert dachte nicht an Revolution, sondern an deren genaues Gegenteil, und noch am selben Abend klingelte in der Reichskanzlei das Telefon, und der Chef der OHL, Groener, trug Ebert die volle Unterstützung des Heeres zur Aufrechterhaltung der Ordnung und gegen die soziale Revolution an. Ebert sagte ja, und damit war die Revolution von 1918 tatsächlich auch schon wieder zu Ende, selbst wenn sie noch einige Zeit andauern und viele Opfer fordern sollte. Aber mit dem Pakt von Groener und Ebert war der Fortbestand des alten preußischen Militärstaates in der neuen Form der Republik gesichert worden und damit die bürgerlich-demokratische Revolution ein weiteres Mal in Deutschland gescheitert.[256] Statt eine revolutionäre Miliz zu bilden, griff die Regierung Ebert, da die regulären Truppen nach dem Zusammenbruch nicht mehr bürgerkriegstauglich waren, auf die Landsknechthaufen der Freikorps zurück, den brutalsten Truppen der Gegenrevolution, um die soziale und demokratische Revolution blutig zu unterdrücken und zu beenden. Freilich lieferte sie damit die Republik ihren schlimmsten Feinden aus.[257]

Die deutsche Revolution von 1918 verfing sich also bereits nach wenigen Tagen in denselben Fallstricken wie ihre Vorgängerin von 1848. Die neue revolutionär-republikanische Staatsgewalt verfügte eben über alles, nur nicht über die tatsächliche Gewalt, sondern mußte sich analog zur Paulskirche auf den bewaffneten Arm des Ancien régimes, auf die kaiserliche Armee, stützen, um den Fortgang der Revolution zu unterdrücken. Die deutsche Demokratie hat dem alten System ein weiteres Mal nicht die Machtfrage gestellt, und folglich war damit keine Revolution zu machen, wohl aber eine blutige Konterrevolution.

Es bleibt selbstverständlich die Frage zu beantworten, ob denn, unter den spezifischen Umständen des Jahres 1918, als die Monarchie wie von selbst zusammengebrochen war und andererseits die bolschewistische Revolution zu drohen schien, überhaupt eine weitergehende Revolution notwendig war. Die Frage wurde durch den Fortgang der Geschichte selbst beantwortet, denn es zeigte sich: Solange das Zentrum des preußisch-deutschen Militärstaates erhalten blieb, nämlich die Armee und deren elementare Verbindung mit der Idee der vereinten deutschen Nation, so lange brauchte man über eine stabile Demokratie mit einer parlamentarisch verfaßten Neuverteilung der Macht in Deutschland nicht wirklich zu reden. Die tragenden Säulen der alten Macht des preußisch-deutschen Militär- und Verwaltungsstaates blieben fast völlig intakt, und damit war die Weimarer Republik in hohem Maße eine »illusionäre Republik«, denn innenpolitisch war sie auf ihre Todfeinde gebaut.[258]

Die Weimarer Republik ist später nicht am Wettstreit der Radikalen von links und rechts und an der Schwäche der bürgerlichen Mitte gescheitert, sondern vielmehr an den Revisionsbestrebungen des alten preußisch-deutschen Militär- und Verwaltungsstaates, der mit Republik, Demokratie und dem Versailler Frieden niemals etwas zu tun haben wollte. Die Republik von Weimar war für den alten, vordemokratischen Militär- und Verwaltungsstaat der institutionalisierte Verrat an Nation und Reich, der Staat gewordene Dolchstoß, die Republik des Auslandes, ja des Feindes, undeutsch durch und durch, und daraus ergab sich zwingend ihre Todfeindschaft gegenüber der Republik. Mag der November 1918 auch keine Revolution gewesen sein, so hat er zumindest eine zähnefletschende, antidemokratische und zu allem entschlossene Gegenrevolution der alten preußisch-deutschen Eliten hervorgebracht.[259] »Die Revolution von 1918 war gutmütig gewesen«, so Sebastian Haffner; »die Gegenrevolution war grausam.«[260]

Im Fortbestehen der kaiserlich-preußischen Armee, die später unter den Bedingungen des Versailler Vertrags in die wesentlich verkleinerte »Reichswehr« überging und dort in Gestalt einer verschworenen Kaderarmee den Geist und das militärische Potential des preußisch-deutschen Heeres unter den Bedingungen der Republik aufrechterhielt, lag die wichtigste Option auf die innen- wie außenpolitische Revision der Ergebnisse der Jahre 1918/19. Und genau dadurch beantwortet sich auch die Frage nach der Notwendigkeit der bürgerlich-demokratischen Revolution in Deutschland im November 1918: Die Weimarer Republik war deshalb eine machtlose und zum Untergang verurteilte Demokratie, weil sie in ihrem Innersten den alten preußisch-deutschen, antidemokratischen und autoritären Militär- und Obrigkeitsstaat mit sich herumschleppte. Sie hatte eben weder eine neue, revolutionäre Legitimität noch eine eigene, revolutionär begründete Macht geschaffen. Weimar war deshalb eine Republik ohne Macht und Legitimation, und daran ging die erste deutsche Demokratie zugrunde. Der Kaiser war zwar perdu, der Weltkrieg verloren, die Republik Realität, aber dahinter lauerte das bis an die Zähne bewaffnete, sogar verfassungsrechtlich geschützte, nationalistisch hochgerüstete Ancien régime auf seine Chance zur Revanche.[261]

Zu dieser inneren Malaise der vertanen Revolution kamen noch die extrem widrigen außen- und wirtschaftspolitischen Bedingungen des Versailler Friedensvertrages und seiner politisch fatalen Konsequenzen für Deutschland und Europa. Der Frieden von Versailles gilt zwar als ein harter Diktatfrieden, tatsächlich war er aber ein aus Schwäche geborener und eben kein »karthagischer« Frieden, der alles andere als eine stabile Ordnung der europäischen Mächte hervorzubringen vermochte. Dies ist nur ein scheinbarer Widerspruch, denn der Frieden von Versailles war zuerst und vor allem inkonsequent: zu hart für einen Versöhnungsfrieden, zu weich für einen Unterwerfungsfrieden. Entweder hätten die Alliierten das Deutsche Reich, aus Angst vor dem Wiedererstehen der Großmacht Deutschland, tatsächlich erledigen, d. h. besetzen und in seine einzelnen Teile auflösen müssen. Dann wäre wieder die alte Ordnung in der Mitte Europas geschaffen worden, wie sie etwa bis zur Mitte des 19. Jahrhunderts in der Zeit vor Bismarck bestanden hatte, als in der territorialen Zersplitterung der vielen Deutschländer und Deutschländchen das europäische Gleichgewichtssystem austariert worden war. Um diese vormoderne Aufsplitterung des Deutschen Reiches allerdings durchzusetzen, hätte es zuvor der Fortsetzung des Ersten Weltkriegs auf dem Territorium des Deutschen Reiches bedurft, mutmaßlich unter Einschluß eines langanhaltenden nationalen Widerstandes bis hin zum Guerillakrieg mit zahllosen Opfern, wie die Ereignisse nach der Besetzung des Ruhrgebiets durch französische und belgische Truppen seit dem 11. Januar 1923 durchaus nahelegten. Eine solche Politik hätte vielleicht noch ein halbes Jahrhundert zuvor aufgehen können, im Zeitalter der Nationalstaaten und der nationalen Erweckung überall in Europa war sie hingegen ein aussichtsloses Programm.

Oder die Siegermächte hätten in Versailles die Konsequenzen aus dieser Unmöglichkeit der dauerhaften Erledigung des Deutschen Reiches und seiner territorialen Zersplitterung ziehen und einen Frieden in Europa herstellen müssen, dessen Ordnung nicht von Rache gegenüber und Angst vor Deutschland hätte diktiert sein dürfen. Man hätte dann vielmehr versuchen müssen, Deutschland als Eckpfeiler einer neuen europäischen Ordnung der Demokratien einzubinden und damit machtpolitisch zu zivilisieren und zu befrieden.[262] Dies hätte allerdings einen regelrechten Systembruch im europäischen Mächtesystem bedeutet, nämlich den Übergang vom uralten Gleichgewicht rivalisierender, souveräner Großmächte in Europa hin zu einem Integrationssystem kooperierender Mächte mit kollektiven statt nationalen Wirtschafts- und Sicherheitsstrukturen. Keines von beidem geschah, sondern man wählte den hochgefährlichen Mittelweg, nämlich die maximale Demütigung und Schwächung Deutschlands, ohne sein Revanchepotential tatsächlich dauerhaft lahmzulegen oder gar zu zerstören.[263]

So lag die Großmacht Deutschland zwar am Boden, war aber mitnichten erledigt, sondern lediglich angezählt und angeschlagen. Versailles brachte keine wirklich substantiellen Konsequenzen für eine Überwindung des europäischen Gleichgewichtssystems zugunsten eines europäischen Integrationssystems, was angesichts der Selbstzerstörung der bürgerlichen Welt im Weltkrieg und der Russischen Revolution eigentlich auf der Hand gelegen hätte. Man versuchte lediglich im Rahmen dieses dreihundertjährigen Gleichgewichtssystems der europäischen Mächte die Bedingungen zur machtpolitischen und ökonomischen Eindämmung der Großmacht Deutschland zu verbessern. Damit war in der Konsequenz völlig klar, daß die wesentlichen Kriegsgründe, die zum Ersten Weltkrieg geführt hatten, im europäischen Mächtesystem nach wie vor existierten und irgendwann erneut zur Explosion drängen mußten. Darüber hinaus war absehbar, daß ein durch Versailles auf Revanche ausgerichtetes Deutschland erneut die Hauptantriebskraft

dieser kriegsgefährlichen Entwicklung im europäischen Mächtesystem sein würde.
Die extrem kurzsichtige Politik der alliierten Sieger ließ es im Versailler Friedensvertrag nicht zu, daß die neue Republik wesentlich günstigere Friedensbedingungen erhielt, als das kaiserliche Deutsche Reich sie bekommen hätte. Diese Politik der Alliierten war, frei nach Talleyrand, schlimmer als ein Verbrechen, sie war eine Dummheit. Durch den Frieden von Versailles wurde die historisch-emotionale Verbindung von Nation und preußisch-deutschem Militärstaat nicht zugunsten von Demokratie und Republik aufgebrochen, was durch einen Versöhnungsfrieden möglich gewesen wäre, sondern im Gegenteil sogar noch verfestigt, und jede politische Kraft im Reich, die sich für ein – und sei es auch nur bedingtes – Nachgeben aussprach, wurde dadurch auf unabsehbare Zeit als antinational diskreditiert. Schlimmer noch, das demokratische System als solches wurde in Deutschland fortan mit Versailles identifiziert und war damit für weite Teile der Bevölkerung national delegitimiert und politisch somit erledigt.[264] Hätte die Republik in Versailles auch nur einen Bruchteil der Konzessionen bekommen, die zwanzig Jahre später einem Adolf Hitler seitens der Westmächte gewährt worden sind, so wäre es vermutlich niemals zu diesem Hitler als deutschem Reichskanzler und damit auch nicht zum Zweiten Weltkrieg als Rassekrieg und zum Mord am europäischen Judentum gekommen. Aber angesichts der während des Krieges innenpolitisch geschaffenen Zwänge in Großbritannien und der realen, durch Millionen toter Franzosen nachdrücklich untermauerten Ängste Frankreichs vor dem Deutschen Reich war eine solche Politik unter dem vollen und gleichberechtigten Einschluß Deutschlands wohl nicht drin. Damit wurde erneut eine große Chance vertan, den deutschen Irrweg in die Moderne zu korrigieren.
Als besonders verheerend für die weitere Entwicklung in Deutschland sollten sich besonders drei Punkte des Friedensvertrags von Versailles erweisen: Erstens war dies die Tatsache, daß die deutsche Republik von den Siegern nicht als eine Chance zu einem Ausgleichfrieden verstanden wurde und demnach keine besseren Friedensbedingungen erhielt. Ein »fairer Friede« für Deutschland hätte die Macht der extrem nationalistischen Agitation gegen Versailles

und die Republik von Weimar brechen und somit der rechtsnationalistischen Revanchepolitik sowohl den Anlaß als auch die massenwirksame Agitationsplattform nehmen können. Und zweitens war es die moralische Verurteilung Deutschlands als alleinschuldig am Ersten Weltkrieg durch den § 231 des Versailler Vertrages, die Deutschland allerdings durch eine auf »Alles oder Nichts!« zielende Verhandlungsführung seines nationalkonservativen Außenministers Brockdorff-Rantzau wesentlich selbst herbeigeführt hatte.[265] Und daraus folgte drittens eine unsinnige Regelung der vom Verlierer Deutschland an die Sieger zu zahlenden Kriegsentschädigung, die allerdings nicht nur die ökonomische Erholung Deutschlands von den Kriegsfolgen anhaltend verzögern sollte, sondern die vor allem die Volkswirtschaften der Siegermächte, Frankreich vorneweg, auf das Nachdrücklichste schädigte.[266] Die europäischen Volkswirtschaften blieben instabil, ihr Wachstum zögerlich[267], und daraus ergaben sich politisch äußerst schädliche, weil die Massen radikalisierende Konsequenzen mit absehbar negativen Folgen in einem insgesamt labilen europäischen Mächtesystem.[268]

In Deutschland schlug noch ein weiterer Faktor extrem negativ zu Buche, nämlich die inflationäre Enteignung des kaisertreuen Mittelstandes durch die Hyperinflation und die Währungsreform von 1923. Finanzwirtschaftlich gesehen war der Weltkrieg für das Reich nichts anderes gewesen als eine gewaltige Hausse-Spekulation auf Sieg. Der Krieg wurde durch Staatsanleihen finanziert, die vor allem der national gesonnene Mittelstand opferbereit zeichnete und dafür sein Vermögen riskierte. Hätte das Deutsche Reich den Krieg gewonnen, so wäre die Spekulation aufgegangen, denn die Kriegsbeute sollte die Schulden nebst Zins und Zinseszins einbringen. Nachdem Deutschland den Krieg aber verloren hatte, war das Reich faktisch pleite, wenn es seine »inneren Kriegsschulden« und dazu noch die »äußeren Kriegsschulden« in Gestalt der Reparationen tatsächlich hätte begleichen wollen. Also mußte es zuerst und vor allem die inneren Kriegsschulden unbedingt loswerden, und so griffen die Verantwortlichen zur Enteignung durch Inflation. Tag und Nacht ratterten die Geldpressen, und am Ende dieser Operation, »am 15. November 1923, haben die gesamten inneren Kriegsschul-

den des Deutschen Reichs in Höhe von 154 Milliarden Mark nur noch den Wert von 15,4 Pfennig des Jahres 1914! Fiskalisch gesehen ist der Erste Weltkrieg der billigste Krieg, der je geführt wurde.«[269]
Freilich blieb bei diesem Enteignungsschlag die deutsche Mittelklasse mit ihrem Vermögen größtenteils auf der Strecke und wurde in den Ruin, in tiefe Verzweiflung und Verbitterung gestürzt. »Es ist in der Tat das bürgerliche Rückgrat des deutschen Nationalstaats, das duch die Inflation gebrochen wird. Diese Menschen wollen fortan mit der demokratischen Republik, von der sie sich betrogen fühlen, nichts mehr zu tun haben. Sie werden demjenigen folgen, der ihnen ihre Selbstachtung und ihre Ziele zurückgibt und ihnen verspricht, ihren Abstieg in das Proletariat zu verhindern, und zu ihrem Unglück und zum Unglück Deutschlands wird dieser Mann Adolf Hitler heißen.«[270]
Eigentlich endete der Erste Weltkrieg in einem Waffenstillstand, d.h., er führte nicht zu einem Frieden, sondern lediglich zu einer Vertagung des großen Krieges. Durch die Entwicklung hin zum August 1914 und die sich daran anschließenden vier Jahre des kollektiven Selbstmordes der bürgerlichen Welt Europas war offensichtlich geworden, daß das alte Gleichgewichtssystem der europäischen Mächte nichts mehr taugte, zumal im Zusammenbruch der bürgerlichen Welt Europas im Weltkrieg die soziale Frage in brutaler Härte aufgebrochen war. Der »vierte Stand«, das Industrieproletariat, stellte dem Bürgertum die Machtfrage, und mit der siegreichen Russischen Oktoberrevolution nahm dieser Konflikt nunmehr auch eine mächtige staatliche Form an. Fortan wurde der machtpolitische Konflikt der europäischen Staatenwelt damit noch durch einen weiteren innen- wie außenpolitischen Konflikt aufgeladen, nämlich durch die ideologische und machtpolitische Kontroverse zwischen dem revolutionären Sozialismus und dem Kapitalismus. Dies war ein Kampf auf Leben und Tod, härter noch als die machtpolitischen Rivalitäten im europäischen Staatensystem, da er die gnadenlosen Bedingungen des Bürgerkriegs auf die internationale Auseinandersetzung übertrug. Durch die Russische Oktoberrevolution wurde die internationale Politik massiv ideologisiert, und ähnlich wie nach 1789 wurde die Außenpolitik der Staaten und großen Mächte nicht mehr nur durch Interessenkonflikte definiert,

sondern fortan erneut durch den Grundsatzkonflikt sich ausschließender Werte.

Die Tragödie der damaligen internationalen Politik bestand darin, daß man all dies zwar gesehen hatte, der tatsächliche Druck auf die politischen Kräfte aber noch nicht so stark war, daß daraus praktisch Konsequenzen gefolgt wären. Das Notwendige und das Machbare waren, wie so oft in der Politik, einfach nicht vereinbar. Gewiß, mit der Gründung des Völkerbundes auf Betreiben des amerikanischen Präsidenten Wilson wurde eine neue integrationistische Ordnung sichtbar, aber sowohl der Friedensvertrag von Versailles als auch die isolationistisch begründete Verweigerung der USA, am Völkerbund als Mitglied teilzunehmen, machten aus diesem hoffnungsvollen Neuordnungsversuch des internationalen Systems eine Totgeburt. Die machtpolitischen Rivalitäten der großen Mächte blieben ungebrochen und entwickelten sich stärker denn je.

Im klassischen europäischen Gleichgewichtssystem war nach dem Ersten Weltkrieg ein hochbrisantes Vakuum entstanden. Das kommunistische Rußland hatte sich nach Revolution, Bürgerkrieg und Intervention auf sich selbst zurückgezogen und stand nur noch als eine potentielle Gefahr von morgen am Horizont Europas. Die »bolschewistische Karte« stach zwar bisweilen in den innenpolitischen Auseinandersetzungen nach 1918, tatsächlich aber hatte kein kommunistischer Umsturz- oder Aufstandsversuch in Europa und außerhalb Rußlands auch nur den Hauch einer echten Siegeschance gehabt. Rußland war allerdings in den vergangenen zwei Jahrhunderten, nachdem es Schweden als europäische Großmacht abgelöst hatte, einer der entscheidenden Ordnungsfaktoren im europäischen Gleichgewichtssystem gewesen. Die USA, jene zweite kontinentale Macht, die nach dem Ausscheiden Rußlands in den Ersten Weltkrieg auf seiten der Entente eingetreten waren und diesen Krieg schließlich mit ihrer gewaltigen Übermacht entschieden hatten, zogen sich militärisch und machtpolitisch nach dem Ende des Weltkriegs ebenfalls wieder aus Europa zurück, und so entstand in der europäischen Ordnung jenes gefährliche Vakuum.

Das europäische Gleichgewicht war seit dem frühen 18. Jahrhundert immer an zwei tragenden Punkten aufgehängt gewesen: an der

Landmacht Rußland und an der Seemacht England, beides im 19. Jahrhundert Weltmächte, und reguliert wurde dieses Gleichgewicht in der Mitte, in den zahlreichen Territorialstaaten des alten Deutschen Reiches. Sobald diese zentrale Achse des europäischen Mächtesystems nicht mehr funktionierte, drohten für das ganze System und damit für Europa große Schwierigkeiten. Die USA hatten mit ihrem Kriegseintritt in Europa faktisch die russische Rolle übernommen, ohne sie aber nach dem Krieg tatsächlich auch ausfüllen zu wollen, denn dem stand der traditionelle amerikanische Isolationismus entgegen, der sich aus der kontinentalen Insellage des Landes zwischen Atlantik und Pazifik mit seinen riesigen inneren Räumen ergab. So blieben die großen Mächte Europas also nach 1919 mit sich allein: Großbritannien kämpfte um sein Empire und gegen den Niedergang; Deutschland versuchte die Niederlage zu überwinden und lechzte nach Revanche; Frankreich versuchte sich von den Verheerungen und dem furchtbaren Aderlaß des Krieges zu erholen und sich zugleich vor der deutschen Revanche mit allen Mitteln zu schützen. Hinzu kam Ostmitteleuropa mit seinen neuen Staaten, seinen oft ungerecht willkürlichen Grenzen und seinen neuen und alten Erbfeindschaften, die zu Abenteuern und schnellen Bündnisvorteilen regelrecht einluden. Die verbliebenen europäischen Mächte waren demnach zur Ordnung aus sich heraus kaum noch fähig, weder zur Ordnung des tradtionellen Gleichgewichts noch gar zu einer neuen Integrationsordnung. Wenn es also nicht zuvor zu einer auf Einsicht beruhenden, friedlichen Neuordnung des europäischen Mächtesystems kommen würde – und die Chancen dazu standen angesichts der machtpolitischen Fakten denkbar schlecht –, so mußte, das war absehbar, ein weiterer, noch wesentlich verheerenderer Krieg wohl die endgültige Entscheidung über die neue europäische Ordnung bringen.

In dieser insgesamt extrem labilen europäischen Lage nach dem Ersten Weltkrieg sollte es also, wie nach 1871, ein weiteres Mal ganz entscheidend auf Deutschland ankommen: Die Frage war, ob dem im Weltkrieg besiegten Deutschland jetzt der Bruch mit seiner preußisch-deutschen Vergangenheit zugunsten seiner inneren Demokratisierung gelingen würde. Diese innenpolitische Frage nach der Herrschaftsform der deutschen Politik war zugleich die überragende außenpolitische Frage nach der Zukunft des europäischen Gleichgewichts und damit von Krieg und Frieden. Zugespitzt hieß also erneut die alles entscheidende und doch zugleich so überaus schlichte Frage des europäischen Mächtesystems: Wird Deutschland zum Stabilitäts- oder zum Risikofaktor werden? Die Frage, wir wissen es als Nachgeborene, wurde durch das Deutsche Reich zugunsten des extremsten, ja des völlig irrationalen Risikos beantwortet.

Auch heute drängt sich angesichts der dramatischen Fehlentwicklung des Deutschen Reiches nach 1918 noch die weitere Frage auf, anhand welcher Erfahrungen und nach welchen Gesetzen große, mächtige Nationen und ihre Entscheidungseliten eigentlich lernen und worin die offensichtlich gravierenden Verhaltensunterschiede zwischen vergleichbaren Völkern begründet sind. Warum konnte sich z. B. die einstige Weltmacht Großbritannien, insgesamt gesehen, schiedlich friedlich von seinem Empire verabschieden und auf die britischen Inseln und den Status einer europäischen Mittelmacht zurückziehen, während sich das preußisch-deutsche Reich selbst durch den Ersten Weltkrieg nicht von seinem Harakirikurs und dem Festhalten an verrückten, nationalistisch überhitzten und politisch hochgefährlichen Illusionen abbringen ließ? Millionen von Kriegstoten, Verletzten und Milliarden an Sachwertverlusten und große verlorene Territorien haben offensichtlich nicht ausgereicht, damit es in Deutschland zu einer rückhaltlosen Analyse der Kriegsursachen und ihrer Folgen gekommen ist. Die Revolution und ihr frühes Ende hat diese Verzerrung, ja Ausblendung der Wirklichkeit nach der Niederlage zudem nachdrücklich verstärkt.

Die außenpolitischen Verhältnisse, die aus dem Versailler Frieden herrührten, wurden bereits dargestellt, aber dennoch kommt man an der Feststellung nicht vorbei, daß auch nach 1918 die demokratische Linke in Deutschland zur Macht nicht fähig war, die konservative nationale Rechte nicht zur Einsicht. Die Selbstaufklärung über die Lage und den Kurs des Reiches war so ziemlich das Letzte, was die alten Eliten in der Weimarer Republik an sich heran ließen. »Daß die Rechte auf Restauration, Rache und Rechtbehaltenwollen verzichten lernen könnte, das wäre eines der wichtigsten Mittel der Rettung«, schrieb Ernst Troeltsch unter dem Alias »Spektator« in der Kulturzeitschrift »Kunstwart« bereits am 23. Mai 1919. »Aber derartiges scheint in unserem Deutschland unmöglich zu sein ... Wir sind, will man's groß und tragisch ansehen, die Nibelungen, die sich in Haß und Starrsinn gegenseitig vernichten; will man's klein ansehen, die Kleinstädter und Prozeßbauern, die in Stank und Neid sich gegenseitig ruinieren.«[271]

Allerdings hatten sich, wie bereits erwähnt, einige große Veränderungen durch den Weltkrieg in der Tiefe der deutschen Gesellschaft vollzogen. Der preußisch-deutsche Militärstaat hatte zwar den Ansturm der Revolution und den Übergang zur Republik mit leichten Anpassungskorrekturen im Kern unbeschadet überlebt, allein mit dem Verschwinden der Monarchie war der letzte Ordnungs- und Orientierungsrahmen aus vornationaler Zeit verlorengegangen. Der historisch gewachsene monarchistische Werterahmen war bereits in den Stahlgewittern des totalen Krieges zerstört worden. Darüber hinaus hatte sich die Monarchie im Weltkrieg als untauglich erwiesen und war demnach als Ordnungssystem verbraucht, da sie die notwendige Massenmobilisierung und die unbedingte Loyalität der Massen für den preußisch-deutschen Militärstaat unter den Bedingungen des Zeitalters der modernen Großindustrie auf Dauer nicht zu leisten vermochte. Ludendorffs »totaler Krieg« war mitnichten ein solcher gewesen, sondern er war, im Vergleich zu dem, was da noch kommen sollte, lediglich eine Form von altväterlicher Diktatur gewesen, nämlich die Konzentration nahezu aller Entscheidungsmacht bei der OHL als Kriegsexekutive. Ludendorffs totaler Krieg radikalisierte zwar die Kriegsanstrengungen an der Front und in der Heimat, ließ aber die Gesellschaft des Kaiserreiches, trotz der Millionen an Menschenverlusten und der kriegsbedingten sozialen Umwälzungen in ihrer Struktur und in ihren Werten in weiten Teilen unverändert. Tatsächlich beruhte der Ludendorffsche totale Krieg weder auf einer absoluten ideologischen Feinderklärung noch auf der vollständigen Ausrichtung der deutschen Gesellschaft auf den militärischen Kampf um Leben und Tod mit anderen Völkern. Dieser Schritt, aus Weltkrieg und Niederlage unerbittlich die Konsequenz zu ziehen, nicht den Kurs der deutschen Politik grundsätzlich zu wechseln, sondern vielmehr diesen Kurs, der ins Verderben der Niederlage geführt hatte, fortzusetzen, nur unendlich viel radikaler und ohne Rücksicht auf Realität, Moral und Tradition, sollte Hitler und den Nationalsozialisten vorbehalten bleiben.

Der Erste Weltkrieg war unter vielen innen- wie außenpolitischen Gesichtspunkten, unter wirtschaftlichen Aspekten ebenso wie unter sozialen und kulturellen, die prägende Urerfahrung Europas in seiner ersten industriellen Hochblüte und konstitutiv für die Geschichte des 20. Jahrhunderts. Nie zuvor hatte die Furie des Krieges auf diesem Kontinent der immerwährenden Kriege so grausam und alles verschlingend getobt. Die Völker und Staatsführungen schienen sich, wie von Sinnen, den neugewonnenen gewaltigen Kräften und Destruktionspotentialen der modernen Wissenschaft, der Technik und der großen Industrie bis zum blutigen Exzeß ausgeliefert zu haben. Dieser Krieg hat eine ganze Generation von Männern durch seine Grausamkeit und seine Sinnlosigkeit zutiefst geprägt, in Verdun, an der Somme, in Ypern und wo sonst auch immer, und nichts von dem Grauen, das nach ihm noch kommen sollte – die Russische Revolution, der Bolschewismus, der italienische Faschismus, der Nationalsozialimus, der II. Weltkrieg und Auschwitz –, und auch nichts von dem gewaltigen Fortschritt, den er mit sich brachte, ist wirklich begreifbar, wenn man diese Elementarerfahrung Europas in den Gräben des Ersten Weltkriegs nicht berücksichtigt.

Wer die Ursachen für Hitler und für Auschwitz sucht, der darf sich nicht zielgerichtet und bewußt ins ferne Rußland verlaufen, so wichtig die Zusammenhänge zwischen Russischer Revolution und dem deutschen Nationalsozialismus im einzelnen auch immer sein mögen, sondern er wird in den Materialschlachten und Phosgenwolken des Ersten Weltkrieges und in den politisch-ideellen Traumwelten des deutschen Nationalismus und der extremen Rechten im Deutschen Reich suchen müssen und dabei überreichlich fündig werden.[272] Die deutsche Rechte, von völkisch-radikal über nationalkonservativ, ja selbst die liberale Mitte und Teile der Linken, haben sich niemals wirklich über die Ursachen der Niederlage Deutschlands im Ersten Weltkrieg und die Bedingungen deutscher Politik zur Vermeidung solcher Niederlagen Rechenschaft abgelegt: Die Mittellage und die daraus folgende extrem starke

Bündnisabhängigkeit des Reiches im positiven (Integration) wie im negativen Sinne (Einkreisung); die strategische Stärke des Reiches, bestehend aus Lage und Kräftepotential; die durch Stärke und Lage bedingte latente Hegemonie Deutschlands auf dem Kontinent, insgesamt also die prekäre Lage Deutschlands im europäischen Gleichgewichtssystem und, daraus folgend, die Gefahr überlegener feindlicher Koalitionsbildungen gegen das Reich; demnach der objektive Zwang zu einer Politik der Akzeptanz der europäischen Mittellage. Und das heißt: eine Politik der Selbstbeschränkung, der freiwilligen Zurückhaltung, der Bündniseinbindung, des friedlichen Interessenausgleichs, eine Politik des Hegemonieverzichts durch Deutschland und damit einhergehend die Einsicht, daß das Reich aus all diesen Gründen zur Weltpolitik nicht befähigt und befugt war; die Notwendigkeit der nachholenden inneren Demokratisierung; die reformerische oder revolutionäre Ablösung der alten Eliten und des preußisch-deutschen Semiabsolutismus Bismarckscher Prägung und damit die definitive Überwindung des altpreußischen Militär- und Verwaltungsstaats zugunsten einer zivilen, bürgerlichen Demokratie unter Einschluß der sozialen Demokratie für die Arbeiterklasse; und schließlich die erfolgreiche Identifizierung von bürgerlich-demokratischem Verfassungsstaat und deutscher Nationalfrage.

All dies wären die notwendigen, die unabweisbaren Konsequenzen der deutschen Politik aus dem Debakel des Ersten Weltkriegs gewesen, und spätestens in der Weimarer Republik waren die genannten Zwänge und Grenzen deutscher Politik auch allseits bekannt. Allein die Wirkung dieser Einsichten blieb angesichts einer vertanen Revolution und einer radikalen, militant revanchelüsternen Rechten auf eine intellektuelle Minderheit und Teile des demokratischen Establishments der »haltlosen Republik« von Weimar beschränkt. Spätestens am 26. April 1925 wurde mit der Wahl des Generalfeldmarschalls Paul v. Hindenburg, gemeinsam mit seinem Stabschef Ludendorff der frühere Militärdiktator in der 3. OHL und demnach ein Hauptverantwortlicher für das deutsche Debakel im Krieg, zum Nachfolger Friedrich Eberts als Reichspräsidenten für jedermann klar, wohin die Reise der Weimarer Republik gehen sollte. Allerdings hätte sich mit der Wahl der reaktionär-monarchistischen Gallionsfigur Paul v. Hindenburg zum Reichspräsidenten auch eine große Chance für die Weimarer Demokratie auftun können, wenn damit die Akzeptanz von Demokratie und Republik durch die deutschnationale Rechte verbunden gewesen wäre. Das genaue Gegenteil war aber der Fall. Nach Lage der Dinge wäre ein Martin Luther als gewählter Papst in Rom weniger widersinnig gewesen als ein Hindenburg als Reichspräsident der Weimarer Republik.[273]

Der alte preußisch-deutsche Militärstaat hatte mit diesem gelungenen und zugleich völlig legalen, mit allen demokratischen Weihen versehenen Coup d'Etat nunmehr mit Hindenburg als Reichspräsidenten die mächtigste exekutive Verfassungsposition der Republik in die Hände bekommen, denn der Reichspräsident war von der Weimarer Verfassung mit weitgehenden exekutiven Befugnissen eines quasi republikanischen Ersatzkaisers ausgestattet worden. Regierung und Parlament blieben schwach und die Parteien untereinander verfeindet, weitgehend weltanschaulich ausgerichtet, zersplittert und demnach zu einer starken Mehrheitsbildung unfähig, und so kam dem vom Volk direkt gewählten Reichspräsidenten eine überragende Rolle zu. Sie war jetzt in den Händen der monarchischen Reaktion und der Erzverächter der Demokratie.[274] Den endgültigen Rest gab der Weimarer Republik die Weltwirtschaftskrise 1929 und der sich daran anschließende Zusammenbruch der deutschen Volkswirtschaft, mit der die Verelendung und Revolutionierung breiter Volksmassen einherging.

Als die wirtschaftliche Katastrophe über Deutschland hereinbrach, waren nahezu alle politischen Kräfte der Weimarer Demokratie, einschließlich der fundamentaloppositionellen Deutschnationalen rechts und der Kommunisten auf dem äußersten linken Flügel des politischen Spektrums als glaubwürdige Hoffungsträger für eine tiefgreifende Wende in Deutschland hin zum Besseren bereits verbraucht, als sich unter dem Druck des ausbreitenden Elends seit 1929 die Massen im Deutschen Reich in Bewegung zu setzen begannen: »Die radikalisierten Volksmassen, die weder von der KPD noch von der SPD erfaßt werden konnten, strömten seit 1929 den Nationalsozialisten zu ... In den Jahren 1924 bis 1928, in denen die norddeutsche Völkische Partei und die übrigen völkischen Verbände zerfallen waren, vermochte Hitler von München aus die NSDAP am Leben zu erhalten. Die Partei war klein und unbedeutend, weder die Reichswehr noch die Kapitalisten halfen ihr, aber gerade darum konnte sie rücksichtslos und ungehindert alles Bestehende angreifen. Als die große Wende 1929 kam, hatten die Deutsche Volkspartei und die Deutschnationalen, die nun auch ›System-Parteien geworden waren, bei großen Teilen der Rechtswähler ihre Autorität verloren ... Die Nationalsozialisten waren die einzige unverbrauchte Kraft im völkischen und gegenrevolutionären Lager und darum berufen, dort zu ernten, wo seit 1919 alle anderen völkischen und deutschnationalen Gruppen gesät hatten. Sie waren auch die einzige völkische Organisation, der die breiten Volksmassen eine antikapitalistische Gesinnung glaubten.«[275] Die Stunde des Rattenfängers hatte geschlagen.

Die deutsche Nationalgeschichte des zwanzigsten Jahrhunderts fokussiert sich, wie das Licht in einem Brennglas, in der legalen Machtergreifung der Nationalsozialisten im Deutschen Reich und in den zwölf Jahren der Reichskanzlerschaft und Diktatur des Adolf Hitlers. Es war dies zugleich der schaurige Höhepunkt und der endgültige Absturz des preußisch-deutschen Sonderweges seit 1848, denn die braune Machtergreifung hieß nichts Geringeres und Furchtbareres als die Übernahme des Deutschen Reiches, eines der mächtigsten Staaten in der Mitte Europas, durch das Verbrechen. Ein paranoider Massenmörder[276] wurde zum Reichskanzler und Heros Deutschlands, das ist die bittere Wahrheit des 30. Januar 1933, und er wurde durch die reaktionären alten Eliten des Wilhelminismus aus Wirtschaft, Landwirtschaft und Staatsapparat an die Macht gebracht. Gewiß gibt es in einem moralischen und intentionalen Sinn keine Kontinuität »von Bismarck zu Hitler« (Sebastian Haffner), und schon gar nicht handelte es sich bei der ganzen Hitlerei um ein unentrinnbares Fatum der deutschen Geschichte. Dazu hatte es zu viele Möglichkeiten und Chancen gegeben, den Weg des Deutschen Reiches nach der Einigung von 1871 zu korrigieren und zum Positiven hin zu verändern. Die historische Kontinuität liegt allerdings in der Kontinuität der Niederlagen der deutschen Demokratie seit 1848 und in den erfolgreichen gegenrevolutionären Versuchen des preußisch-deutschen Ancien régime und der deutschnationalen

Rechten begründet, um dadurch der historischen Notwendigkeit der bürgerlich-demokratischen Revolution und Modernisierung Deutschlands zu entkommen.[277] Diese Kontinuitätslinie allerdings führte linear zur »nationalen Revolution« Hitlers und seiner Nationalsozialistischen Deutschen Arbeiterpartei (NSDAP).[278]

Der Nationalsozialismus und Adolf Hitler sind in ihrer abgründigen Grausamkeit, in ihrer fast theologischen Gewaltverehrung und in ihrem bodenlosen Irrationalismus das Produkt der deutschen Weltkriegsgeneration und ihrer mörderischen Prägung im »totalen Krieg« der Jahre 1914–1918 gewesen.[279] »So merkwürdig es klingt«, schreibt Sebastian Haffner über Hitlers Lebensweg, »diese Fronterfahrung dürfte sein einziges Bildungserlebnis gewesen sein.«[280] Für diesen Sturz in den Abgrund bedurfte es zuvor keiner Russischen Revolution und keines Lenins, denn selbst wenn die Russische Revolution unblutiger und demokratischer verlaufen wäre, so hätte vermutlich dennoch der preußisch-deutsche Militärstaat und die extreme nationale Rechte in Deutschland weder die Niederlage im Weltkrieg noch die Revolution von 1918 und die darauf folgende Republik jemals akzeptiert. Damit wären Hitler und sein Programm für eine durchmilitarisierte Volksgemeinschaft als »Wehrstaat«, für Lebensraum im Osten, für den totalen Krieg als Rassekrieg zur Welteroberung und die Vernichtung des Judentums, auch unter völlig anderen, friedfertigeren »russischen« Bedingungen allemal eine erfolgsversprechende Variante extrem nationalistischer Revanchepolitik in Deutschland gewesen, denn sie stand in der oben angeführten nationalen Kontinuität der deutschen Rechten. Hitler und der Nationalsozialismus sind ein »autochthones« Ergebnis der deutschen Geschichte. Die europäischen Rahmenbedingungen waren dagegen nachrangig und hätten durchaus zahlreiche andere Optionen zugelassen.

Zu Beginn der dreißiger Jahre, fast neunzig Jahre nach der Revolution von 1848 und nach einem verlorenen Weltkrieg, war Deutschland endgültig reif für die Revolution. Sie sollte allerdings in ihrer perversesten Form das Land treffen. Die deutsche Tragödie war es, daß es im großen weiten Rund der Nation tatsächlich nur einen wirklichen »Revolutionär« gab, der tatsächlich ein revolutionäres Programm verfolgte, wenn auch ein hochkriminelles und völlig verrücktes, und der entschlossen, geschickt und brutal genug war, seine historische Chance gnadenlos zu nutzen: Adolf Hitler. Zudem verfügte er, wie so oft bei den Finsterlingen der Geschichte, über ein unglaubliches Glück. Er wurde lange Zeit unterschätzt, die Umstände entwickelten sich immer wieder zu seinen Gunsten, die meisten seiner Gegner waren schwach, und keines der zahlreichen Attentate und Attentatsversuche gelang. Hitlers Aufstieg und seine schließliche legale Machtübernahme im Deutschen Reich zeigten aber auch, welch gewaltiges revolutionäres Potential in den breiten Volksschichten im Deutschen Reich vorhanden war, und welches Ausmaß an radikaler Veränderungssehnsucht, die von der »sozialdemokratischen« Revolution von 1918 brüsk zurückgewiesen und und von der Weimarer Republik tief enttäuscht worden war.

Gewiß war Hitler der radikalste Verächter der Demokratie und insofern ein Erzreaktionär, ja ein entschlossener Gegner der Moderne, deren menschenrechtlichen Universalimus und Rationalismus er sogar zugunsten einer globalen, rassistisch und biologisch begründeten Elitenherrschaft revidieren wollte. Er war der härteste und brutalste Gegner des Kommunismus und insofern, betrachtet man sein Verhältnis zur sozialen Revolution, der entschlossenste Konterrevolutionär gegen den modernen Egalitarismus. Gewiß genoß er die materielle und ideelle Unterstützung des Großkapitals, der Deutschnationalen und der Reichswehr, und gerade die sogenannten großbürgerlichen und großagrarischen Kreise versuchten ja den massenwirksamen »Trommler« Hitler für sich zu instrumentalisieren. Hitler hat sie aber alle binnen kurzem überspielt und anschließend ausgeschaltet. Es war kein geringerer als Hitlers ehemaliger Parteigenosse und früherer Mitkämpfer Erich Ludendorff selbst – erschreckt und ernüchtert von Hitler, hatte sich Ludendorff bereits vor 1933 von diesem wieder getrennt –, der dem Reichspräsidenten v. Hindenburg nach Hitlers Ernennung zum Reichskanzler am 30. Januar 1933 folgende hellsichtigen Worte schrieb: »Sie haben durch die Ernennung Hitlers zum Reichskanzler unser heiliges deutsches Vaterland einem der größten Demagogen aller Zeiten ausgeliefert. Ich prophezeie ihnen feierlich, daß dieser unselige Mann unser Reich in den Abgrund stürzen und unsere Nation in

unfaßbares Elend bringen wird. Kommende Geschlechter werden Sie wegen dieser Handlung in Ihrem Grabe verfluchen.«[281]
Dennoch war die Selbststilisierung der nationalsozialistischen Machtergreifung als »deutsche Revolution« alles andere als bloße Ablenkung von ihren eigentlich konterrevolutionären Zielen und Aufgaben, im Gegenteil. Hitler wollte eine Revolution, und was für eine![282] »Der nationalsozialistische Aufstand gegen die Moderne war eine Revolution gegen die Revolution. Die nationalsozialistischen Retter und Erlöser waren trotz ihrer defensiven und radikal rückwärtsgewandten Ziele und Züge Figuren der Moderne... Es war eine politische wie eine soziale Revolution, was sich im Namen der Gegenrevolution in Deutschland zwischen 1933 und 1945 ereignete...«[283] Hitler wollte eine rassistische Revolution gegen die Moderne.[284] »Die Revolution, um alle Revolutionen zu beenden, war ihm [Hitler] Ausgangspunkt und Endpunkt, von den Tiraden des Reichswehragitators 1919 bis zu den letzten Phantasien im Bunker. Der Krieg, um alle Kriege zu beenden, war Telos der wüsten Heilsidee vom ›Tausendjährigen Reich‹, vom Millenium, dessen Ruhm noch in fernsten Zeiten seine Ruinen künden sollten. Und für den Fall, daß all dies im Blutsumpf versank, hatten für den Führer die ›Deutschen‹ versagt, und sie verdienten nichts als die Katastrophe: grenzenlose Macht oder grenzenloser Untergang, ein Drittes gab es nicht.«[285]
Hitler verfolgte fast von Anfang an nur zwei klare, eindeutige und zugleich völlig verrückte, ja verbrecherische Ziele, die er bis zum blutigen Ende rücksichtslos gewalttätig und gegen alle Vernunft, Realität und Moral durchhielt: die Weltherrschaft Deutschlands auf »rassischer Grundlage« durch die Eroberung ganz Europas und der Mord an dem Judentum.[286] In diesen beiden Zielen fand der deutsche Nationalismus seine extremste Zuspitzung und schlug zugleich in das Verbrechen um. Diese Ziele waren dermaßen abwegig verrückt, daß sie ihm selbst noch nach der Machtergreifung kaum jemals ernsthaft geglaubt wurden, und genau darin lag seine Stärke, denn Hitler wurde so lange unterschätzt, bis es zu spät war.[287] Er konzentrierte alle deutschnationalen Hoffnungen, alle revisionistischen Sehnsüchte, alle völkisch-nationalistischen Illusionen, alle revolutionären Energien und alles industrielle Geschick im damaligen

Deutschen Reich in seiner Person, Ideologie und Partei zur Durchsetzung dieser beiden Ziele. Er konzentrierte alle deutschnationalen Hoffnungen, alle revisionistischen Sehnsüchte, alle völkisch-nationalistischen Illusionen, alle revolutionären Energien und alles industrielle Geschick im damaligen Deutschen Reich in seiner Person, Ideologie und Partei zur Durchsetzung dieser beiden Ziele. Hitlers innenpolitisches Programm hatte allein die Funktion, die deutsche Gesellschaft so vollkommen in den Griff zu bekommen, daß es innenpolitisch keinerlei Widerstände oder gar ernstzunehmende Risiken gegenüber der Durchsetzung seines außenpolitischen Expansionsprogramms geben würde. »›Nie wieder darf und wird es in Deutschland einen November 1918 geben‹...«, lautete eine der ersten politischen Maximen des beginnenden Politikers Hitler, die er über die Jahre rigoros und erfolgreich durchgehalten hat. »Einen November 1918 hat es im Zweiten Weltkrieg wirklich nicht wieder gegeben: weder einen rechtzeitigen Abbruch des verlorengehenden Krieges noch eine Revolution. Hitler hat beides verhindert.«[288] Sein Programm zur Errichtung einer totalitär-terroristischen Diktatur mit sozialer Formierung der Massen war die unerläßliche innenpolitische Voraussetzung für die Umsetzung seiner äußeren rassistischen Eroberungspolitik.

Noch heute, ein halbes Jahrhundert danach, verschlägt es einem den Atem angesichts der Tatsache, daß es Hitler letztendlich bei allem, was er tat, allein um Deutschlands Weltherrschaft und um den Judenmord ging. Alles andere wurde instrumentell dazu eingesetzt, um die Voraussetzungen für die Durchsetzung dieser beiden verrückt-verbrecherischen Ziele zu schaffen.

Hitler stand einerseits voll in der Kontinuität des preußisch-deutschen Machtstaates und seines aggressiven Illusionismus, andererseits aber war er zugleich sein Ende, da er ihn definitiv zerstörte, und so zerbrach das Hitlersche Programm die preußisch-deutsche Kontinuität in der jüngeren deutschen Geschichte.[289]

Die Hitlersche Revolution war die Radikalisierung und zugleich Überschreitung – Kontinuität und Bruch also in einem – aller preußisch-deutschen Vorgaben in der Innen- und Außenpolitik, konzentriert auf den »totalen Militärstaat« und dessen zentrale Aufgabe, die Eroberung eines Weltreiches durch das Deutsche Reich.

Ein solch irres, gegen die Realität, die Erfahrung und die Einsicht gebautes Programm mußte sich bei seiner Durchsetzung entweder binnen kurzem als blanke Illusion erweisen (was so manche seiner Gegner, vor allem auf der radikalen Linken, anläßlich seiner Ernennung zum Reichskanzler annahmen und was sich binnen weniger Wochen als tödlicher Irrtum herausstellen sollte), oder dieses Programm mußte Kräfte mobilisieren, die stärker waren als die Vernunft und die Angst vor dem drohenden Abgrund.
Hier kommt nun die zentrale Rolle von Hitlers Rassenideologie und seines Kernbestandes, nämlich sein mörderischer Antisemitismus, zum Tragen. Der tödliche Haß auf die Juden war keineswegs nur eine persönliche Marotte Hitlers, sondern ideologisch unverzichtbar für sein Welteroberungsprogramm. Haffner hat mit hoher Wahrscheinlichkeit sogar recht, wenn er meint, daß es »auch ohne Hitler... nach 1933 wahrscheinlich eine Art Führerstaat gegeben (hätte). Auch ohne Hitler wahrscheinlich einen zweiten Krieg. Einen millionenfachen Judenmord nicht.«[290] Aber dieser Krieg wäre niemals ein rassistischer »Lebensraumkrieg« gegen Rußland geworden, sondern, wenn überhaupt, maximal ein Revisionskrieg und eine zweite Auflage von 1914–1918. Hitler, der irre Revolutionär, wollte dagegen mehr, viel mehr, und dazu bedurfte er des ideologisch begründeten Verbrechens in Gestalt seines mörderischen Antisemitismus.
Sebastian Haffner bestreitet diesen inneren Zusammenhang der beiden Hauptziele in Hitlers Programm: »Entsprechend verfolgte der Politiker Hitler von Anfang an zwei ganz verschiedene Ziele: einerseits die Herrschaft Deutschlands über Europa; andererseits die ›Entfernung der Juden‹, womit er ihre Ausrottung meinte. Das eine hatte mit dem anderen nichts zu tun; die beiden Vorhaben behinderten einander sogar.«[291] Mit dieser These verdient Haffner nachdrücklich Widerspruch, denn beide Ziele Hitlers sind gleichermaßen einem fiebernden Irrationalismus entsprungen und demnach völlig jenseits jeder politischen Vernunft und auch nur in Ansätzen rationalen Kalkulation. Die ideologisch legitimierende Funktion des nationalsozialistischen Rassenhasses und damit des militanten Hitlerschen Antisemitismus für seine »Lebensraum-« und Welteroberungspolitik ist unübersehbar. Daß sich beide »Ziele« in einem

rationalen Widerspruch befanden, sofern man hier in der nachvollziehenden theoretischen Annahme eine durchsetzungsorientierte Ratio zugrunde legt, ist zwar richtig, aber Haffner vergißt, daß beide Ziele in der damaligen historischen Situation und unter den gegebenen politischen Realitäten, was er ja selbst in seinen »Anmerkungen zu Hitler« über viele Seiten hinweg glänzend darstellt, jeder Rationalität und Durchsetzbarkeit entbehrten, sofern man Hitler auch nur noch einen Funken kalkulierenden und abwägenden Verstandes unterstellte.

Daraus erschließt sich, daß ohne die herausragende Dominanz seines mörderisch-paranoiden Antisemitismus – er wirkte gewissermaßen als Betäubungsmittel gegenüber Verstand und Instinkten – Hitler und seine Gefolgschaft wohl niemals den Griff nach der Weltherrschaft gewagt hätten. Die Vernunft und damit auch die Angst vor den Folgen ihrer Hybris wären ihnen ohne diesen elementaren Haß gegen die Juden dazwischen gekommen. Allein ihre Mordlust konnte demnach die Vernunft und die Angst betäuben, und insofern ist der mörderische Antisemitismus für Hitler unverzichtbar.[292] Einen bloßen Welteroberer Hitler als Kanzler des Deutschen Reiches hätte es mit hoher Wahrscheinlichkeit niemals gegeben, denn sein Charisma lag in der zur Politik gewordenen Mordlust, in diesem absolut ernst gemeinten, sendungsbewußten und eigentlich schon transpolitischen »Alles oder Nichts« – und bei Hitler lag die Betonung eindeutig auf dem Nichts.[293]

Gerade aber der Massenmord bedurfte des persönlichen Charismas und der betäubenden, die moralisch-humanen Reflexe außer Kraft setzenden Idee. Hätte Hitler, einmal an der Macht, einfach dazu aufgerufen, aus welchen Gründen auch immer, die Juden zu ermorden, so hätte er lediglich einige Totschläger und Raub- und Lustmörder zu mobilisieren vermocht, niemals aber die willfährige Mittäterschaft der Staats- und Militärbürokratie des Deutschen Reiches. Denn man vergesse bitte nicht, in Auschwitz, in anderen Vernichtungslagern und weiter auf dem Gebiet der Sowjetunion und im Baltikum durch die »Einsatzgruppen« wurde keineswegs nur »im deutschen Namen« gemordet, sondern Befehlende und Ausführende waren Deutsche, die auf Befehl und im Auftrag des Deutschen Reiches und seines Kanzlers Adolf Hitler handelten.

Der damalige deutsche Bürger und ordentliche Familienvater, ein Beamter gar, hätte sich selbst unter der Diktatur voller Grausen von diesem Aufruf zum Judenmord abgewandt. Es bedurfte vielmehr einer »Idee« und eines hehren Ziels, ja es bedurfte sogar einer »moralischen« Begründung, warum der Massenmord am europäischen Judentum durch das Deutsche Reich historisch unabweisbar, richtig und moralisch demnach völlig einwandfrei sei, damit sich die Masse der braven und biederen deutschen Familienväter und der wohlerzogenen Söhne direkt und indirekt an dem grauenhaften Staatsverbrechen beteiligten. Der »Organisator der Endlösung«, Adolf Eichmann, Österreicher wie sein Führer von Geburt, war persönlich alles andere als ein Totschläger oder gar Killer, sondern entsprach vielmehr dem typischen deutschen Beamten; in den Einsatzgruppen mordeten hunderttausendfach biedere deutsche Polizeibeamte an den Massengräbern, die als Kinder vermutlich alle am Religionsunterricht teilgenommen hatten, ihre Frauen nicht schlugen, ihre Kinder liebten, auch als Erwachsene sicherlich dann und wann sonntags in die Kirche gingen und von der Gültigkeit der Zehn Gebote nachhaltig überzeugt waren. Hitler lieferte ihnen allen die »ideelle« Begründung für die moralische Enthemmung und ihre Teilnahme am Massenmord am europäischen Judentum, und wenn nichts mehr half, so war es halt sein »Befehl«. Und auf den Befehl der Staatsführung hatte der »Gehorsam« zu folgen, denn Gehorsam war eine der obersten preußischen Sekundärtugenden.[294]

Das Judentum wurde von Hitler und der NSDAP zum Weltfeind schlechthin erklärt, und alle anderen rassistischen Hierarchien in Hitlers irrem Weltbild, bestehend aus dem Kampf der »Herrenrassen« gegen das »Untermenschentum«, gingen von dieser ideellen Antipode des Judentums als dem schlechthin Bösen aus.[295] Seine Vernichtung sollte die ideologische Antriebskraft bilden, die alle Schranken der Vernunft, des Anstandes, der Moral und der Angst niederreißen würde, damit die nationalsozialistische Revolution die »Revision der Ergebnisse der Völkerwanderung« betreiben konnte. Hitler formulierte in seinem rassistischen Weltbild die schlichte Alternative: »Wir oder die!«,[296] was nicht weiter originell und aufregend war. Aufregend in einem vielfachen Sinn des Wortes war und bleibt allein die Tatsache, daß dieser mörderische Irrsinn von einer

Mehrheit des deutschen Volkes geglaubt und vom deutschen Staat willfährig exekutiert wurde. Das alles klingt heute beim Niederschreiben absolut abwegig, abenteuerlich wahnsinnig und bisweilen sogar schlicht grotesk, aber genau so hat sich die Geschichte vor etwas mehr als fünfzig Jahren in Deutschland zugetragen. Es ist verrückt, aber Joachim Fest hat völlig recht: Hitler wollte keineswegs nur die Revision von Versailles, sondern er wollte die Ergebnisse der Völkerwanderung ungeschehen machen, und dazu waren der Antisemitismus und die auf ihm gründende nazistische Rassenlehre unverzichtbar.[297] Soweit hatte es der deutsche Nationalismus in seinem Sonderweg gebracht, und noch heute schaudert einem bei der Frage, wie es möglich war, daß die Eliten im Deutschen Reich in ihrer deutschnationalen Verblendung das Schicksal der Nation einem Verbrecher und seinen offensichtlich wahnsinnigen Plänen in die Hände gaben.

Selbst aus dem Abstand von nunmehr zwei Generationen und nachdem ganze Bibliotheken über das Dritte Reich, den Faschismus und Adolf Hitler verfaßt worden sind, bleibt die schlichte und dennoch bis heute schwer bis gar nicht beantwortbare Frage: Warum hat sich Deutschland an einen paranoiden Massenmörder ausgeliefert? Nicht die Tatsache, daß es einen Hitler und sein abgründig verrücktes Programm gab, ist erschreckend, denn solche Figuren nebst ihren fiebrigen Ideen gab es zu allen Zeiten und wird es auch in Zukunft immer wieder geben. Sie erhielten und erhalten dort nur niemals eine echte Chance, ihre mörderischen Ideen zu verwirklichen. Warum also gerade in der ersten Hälfte des 20. Jahrhunderts in Deutschland? Mit dieser Frage stoßen wir nun erneut auf das historische »Kontinuitätsproblem« in der jüngeren deutschen Geschichte: Wie war es möglich, daß sich die Mehrheit der Deutschen – Haffner spricht davon, daß es »auf den Höhepunkten der allgemeinen Führergläubigkeit wohl sicher mehr als neunzig Prozent aller Deutschen«[298] waren – an einen mörderischen Verrückten ausgeliefert haben? Gewiß, die materielle und geistige Not zu Beginn der dreißiger Jahre war groß im Deutschen Reich, aber auch andere Völker hatten damals und zu anderen Zeiten sehr schwere Verhältnisse zu bewältigen, ohne deshalb einen Hitler und seine Verbrechen hervorgebracht zu haben. Warum hat das elementarste moralische und humane Gewissen einer europäischen Kulturnation von hohem Rang nicht funktioniert, als der Wahnsinn in Deutschland politisch die Macht ergriff? Eine mögliche Antwort lautet: Weil es keine siegreiche bürgerlich-demokratische Revolution in Deutschland und kein freiheitlich-modernes Normensystem gegeben hat, und weil deshalb Macht, Befehl und Gehorsam in der Wertehierarchie der preußisch-deutschen Tradition den höchsten Stellenwert hatten und nicht Freiheit, Recht und Menschenwürde. Und so führte jener »deutsche Sonderweg«, der nichts anderes war als die Flucht vor den Ideen von 1789, schließlich das Deutsche Reich nach Auschwitz.

Eine interessante und zugleich hochaktuelle Antwort versucht Hans-Ulrich Thamer, wenn er darauf hinweist, daß das Modernisierungsprinzip Deutschlands ganz offensichtlich der Krieg und nicht die Revolution gewesen war. Thamer konstatiert eine ungewollte revolutionäre Modernisierungswirkung des Nationalsozialismus und vor allem des von ihm betriebenen Krieges auf die deutsche Gesellschaft: »Im Krieg jedoch gingen die alten Eliten unter, wurden überkommene Barrieren und Wertemuster niedergerissen oder eingeebnet. Der Krieg war mit alledem, was er zerstörte und freisetzte, die entscheidende Phase des Wandels. Das unterstreicht den Hinweis auf die hohen Kosten dieser Modernisierung und verweist auf den Zusammenhang von Krieg und gesellschaftlichem Wandel, auf die Katalysatorwirkung des Krieges, der im Deutschland der ersten Hälfte des 20. Jahrhunderts zweimal die Rolle übernahm, die anderswo Revolutionen gespielt haben. Das belegt andererseits aber auch die Behauptung vom Nationalsozialismus als einem Phänomen der deutschen Revolution. Denn der Krieg – die totale Mobilisierung und Gleichschaltung der Gesellschaft für den Krieg – gehört zum innersten Wesenskern des Nationalsozialismus.«[299] Wenn Thamer recht hat, und die wesentlichen Fakten sprechen für seine These vom »Krieg als deutschem Modernisierungsprinzip« in der Neuzeit, dann wird damit eine weitere Kontinuitätslinie von der Bismarckschen Reichseinigung durch »Blut und Eisen« bis hin zur Hitlerschen »Revolution gegen die Moderne« mittels des totalen Krieges sicht- und verstehbar. Thamers These beinhaltet dann allerdings Weiterungen bis in die Gegenwart hinein, denn auf dem Hintergrund dieses deutschen Modernisierungsprinzips Krieg gewinnt der zivil-defensive Charakter der alten Bundesrepublik eine ganz andere Bedeutung, und auch die gegenwärtige Debatte um eine Verstärkung militärisch gestützter Außenpolitik des wiedervereinigten Deutschland erscheint dadurch in einem anderen Licht, das angesichts dieses spezifisch deutschen »Modernisierungsprinzips« zur größten Vorsicht mahnt.

Man kann sich auch heute, ein halbes Jahrhundert danach, der Beantwortung dieser für Deutschland entscheidenden Frage nach dem Warum wohl nur annähern, denn eine erschöpfende und abschließende Antwort ist bisher nicht gelungen. Selbst heute bleibt immer noch ein unerklärbarer, rational nicht verstehbarer Rest angesichts der Ungeheuerlichkeit des Versagens vor 1933 und der Verbrechen zwischen 1933 und 1945.

Die bereits angesprochene Kontinuitätsproblematik weist hier einen wichtigen Weg zur Erklärung, und dieser führt zurück zu Preußen und der preußisch-deutschen Reichsgründung. Denn in der geistigen Kapitulation vor Hitler, in der mehr als einfachen Übernahme Preußens und seiner Traditionen durch die braune Diktatur[300] offenbarte sich die völlige politische, geistige und moralische Schwäche von Bismarcks Reichsgründung »gegen die Zeit«, denn »das war die *Tragödie* Preußens und der preußischen Tugenden: dem herrschenden Geist oder Ungeist der Zeit nichts entgegenstellen zu können als den Willen zum Dienst, zur Leistung und zur Pflichterfüllung.«[301] Die preußische Kultur der Sekundärtugenden, gewissermaßen die Staatsdoktrin des Kunstgebildes Preußen, war bindungs- und haltlos geworden, als das Reich mit dem Machtprinzip und all den schönen Weltmachtillusionen spätestens mit der Niederlage im Ersten Weltkrieg gescheitert war.

Was Preußen blieb, war der untaugliche Versuch, den alten preußischen Tugendfunktionalismus gegen die verbotenen Primärtugenden der Französischen Revolution in einem anderen, gegenrevolutionären Primärtugendsystem zu verankern, das sich allerdings als wenig dauerhaft, ja äußerst prekär erwies: »Romantik und Christlichkeit waren preußische Versuche, mit der seit 1789 gestellten Herausforderung konservativ fertig zu werden und so über die sterile Unterdrückung nach Art der Karlsbader Beschlüsse hinauszukommen. Aber es waren eben untaugliche, politisch taube Versuche.«[302] Bismarck versuchte im Anschluß daran den Übergang von der restaurativen »Ideenpolitik« hin zur »Realpolitik«, die man besser »Machtpolitik« nennen sollte, und setzte so das Bündnis Preußens mit der deutschen Nationalbewegung bis hin zur Reichsgründung durch. Mit der Reichsgründung wurde eine zunehmend verabsolutierte nationalistische Machtpolitik zur Primärtugend, und nach dem Zusammenbruch der Monarchie und der niemals akzeptierten Republik mußte Hitler mit seinen Wahnideen nur zugreifen und den preußisch-deutschen Sekundärtugenden seinen nationalsozialistischen Primärsinn – exakter eigentlich »Irrsinn« – geben. Gewiß, Hitler und das Dritte Reich waren unter vielen Gesichtspunkten das direkte Gegenteil der altpreußischen Traditionen, so man diese, wie Sebastian Haffner, sehr eng faßt und lediglich auf das alte, vornationale und territorialstaatliche Preußen bezieht. Aber, wie bereits erwähnt, allein schon die irrwitzige Risikopolitik Friedrichs des Großen im Siebenjährigen Krieg fand bei Hitler großen Anklang und Fortsetzung, und spätestens seit der Verbindung Preußens mit der Nationalbewegung durch Bismarck werden die Kontinuitätslinien hin zu Hitler immer unübersehbarer.[303] Ohne die völlig bindungslos gewordene preußische Machtstaatstradition hätte Hitler kaum eine Chance gehabt, und so er sie bekommen hätte, hätte er diese Chance mangels tauglicher Instrumente kaum nutzen können.

Gerade Preußen erwies sich für die Übernahme durch die Nazis als besonders geeignet,[304] denn Hitler fand dort eine historisch gewachsene Kultur der Pflichterfüllung vor, die seit der gescheiterten Revolution von 1848 moralisch und geistig zunehmend nicht mehr wußte, wohin sie moralisch und politisch gehörte, und genau deshalb ließ sie sich für die Verbrechen des Deutschen Reiches unter dem Reichskanzler Adolf Hitler instrumentalisieren. »Es blieb, ja verfestigte sich, nun unter nationalen Vorzeichen, die Frontstellung gegen alles, was ›1789‹ symbolisierte. Darin lag die entscheidende, die preußische Schwäche des vordergründig so mächtigen Deutschen Reiches. Und das halb immer schon verzweifelte ›Durchtrumpfen‹ des puren Machtstandpunktes führte in die deutsche Katastrophe des 20. Jahrunderts... Preußens tautologische

Staatsidee schuf in der Frage nach dem Sinn ein Vakuum. Dieses Vakuum mußte im Laufe der modernen Entwicklung irgendwie gefüllt werden. Es wirkte geradezu wie ein Sog. Es machte die ideologische *Fremdbesetzung* möglich – und am Ende unausweichlich, sofern sie nur gegenrevolutionär, antidemokratisch sich auswies.«[305]

Die preußische Kultur der Sekundärtugenden wurde, wie nahezu alles, was Hitler anfaßte und was nicht in einem substantiellen Widerspruch zum Nationalsozialismus stand, vereinnahmt, umgewertet und schließlich in diesen Prozeß der Selbstzerstörung Deutschlands hineingezogen. Es war Heinrich Himmler gewesen, Reichsführer SS und oberster Mordbube Hitlers, der am 4. Oktober 1943 in einer berühmt-berüchtigten Rede vor höheren SS-Offizieren in Posen die völlige Pervertierung jener preußischen Kultur der Sekundärtugenden durch den Nationalsozialismus auf den Begriff gebracht hatte, indem er den »Anstand« beim Massenmord zum Heldenepos hochstilisierte: »Unter uns soll es einmal ganz offen ausgesprochen sein, und trotzdem werden wir in der Öffentlichkeit nie darüber reden. Genauso wenig, wie wir am 30. Juni 1934 gezögert, die befohlene Pflicht zu tun und Kameraden, die sich verfehlt hatten, an die Wand zu stellen und zu erschießen, genauso wenig haben wir darüber gesprochen und werden wir je darüber sprechen ... Ich meine jetzt die Judenevakuierung, die Ausrottung des jüdischen Volkes. Es gehört zu den Dingen, die man leicht ausspricht – ›Das jüdische Volk wird ausgerottet‹, sagt ein junger Parteigenosse, ›ganz klar, steht in unserem Programm, Ausschaltung der Juden, Ausrottung, machen wir ...‹ Von allen, die so reden, hat keiner zugesehen, keiner hat es durchgestanden. Von Euch werden die meisten wissen, was es heißt, wenn hundert Leichen beisammen liegen, wenn 500 daliegen oder wenn 1000 daliegen. Dies durchgehalten zu haben und dabei – abgesehen von Ausnahmen menschlicher Schwächen – anständig geblieben zu sein, das hat uns hart gemacht. Dies ist ein niemals geschriebenes und niemals zu schreibendes Ruhmesblatt unserer Geschichte.«[306] J. P. Stern nennt Himmlers Posener Rede in Worte gefaßt »die radikalste Praxis einer Ethik, die ihren höchsten Wert in der Vernichtung der Ethik selber sieht«, und Stern kommt zu dem Schluß: »Es ist der Grundtext des Dritten Reiches.«[307] Dem kann man nur nachdrücklich zustimmen. Doch die Posener Rede Himmlers war zugleich mehr, sie war auch der »Grundtext« des Endes jenes deutschen Sonderweges, der in die völlige moralische Selbstzerstörung Deutschlands geführt hatte.

Was die Deutschen von dem Judenmord während des Krieges zwischen 1941 und 1945 wußten und wieviel sie davon wußten, ist eine müßige Debatte, denn zumindest dies ist erwiesen, daß die militärische und administrative Elite und auch die wirtschaftliche Elite von dem industriellen Massenmord in den Vernichtungslagern des Ostens und von dem tödlichen Wüten der Einsatzgruppen in den besetzten Gebieten der Sowjetunion wußten.[308] »Nach den Erfolgsbilanzen von Eichmann wurden bis zum Sommer 1944 insgesamt sechs Millionen europäische Juden ermordet, davon vier Millionen in Vernichtungslagern. Wir kennen die Ereignisse, die Zahl der Opfer und auch die möglichen Zusammenhänge, die zur ›Endlösung‹ geführt haben. Wir wissen, daß der Völkermord an den europäischen Juden nicht möglich war ohne das direkte oder indirekte Mitwirken einer Vielzahl von Behörden, Organisationen und Dienststellen, mithin einer großen Zahl von Menschen. Sie waren nicht Teil einer Massenbewegung zur Ausrottung des Judentums, wohl aber Elemente von unterschiedlichen Bürokratien, die der Vernichtung zwar gleichgültig gegenüberstanden, aber sich einer Führungsclique und letztendlich einem Führer unterworfen hatten, der von einem ideologisch-pathologischen Vernichtungsdrang getrieben wurde. Wir wissen auch, daß der Genozid nicht möglich war ohne ›die Hinnahme des zumindest dunkel geahnten grauenhaften Geschehens durch die Masse der Bevölkerung‹. Zwar blieben Ausmaß und Einzelheiten der Ausrottung der Juden während des Krieges unbekannt, aber die Tatsache der Vernichtung hätte bekannt sein können... die Deportationen der Juden spielten sich in aller Öffentlichkeit unter Beteiligung der örtlichen Polizei und Behörden ab; der Abtransport der Juden nach Osten war bekannt; Hunderttausende von Fronturlaubern aus Rußland berichteten zumindest über Massenerschießungen.«[309]

Als Entlastung wird dabei oft angeführt, daß damals bereits ein schrecklicher Krieg tobte und daß die Diktatur mit rücksichtslosem Terror jede Opposition sofort eleminierte. Dies ist für Deutschland

aber keine Entlastung, denn z. B. an jenem 9. November 1938 hatte sich das Deutsche Reich noch im tiefsten Frieden befunden, als die Nazis in einem in der deutschen Geschichte der Neuzeit einmaligen und beispiellosen Pogrom organisiert und mit voller Deckung der Staatsmacht über das deutsche Judentum ohne alle Heimlichkeit herfielen, ihre deutschen Landsleute jüdischen Glaubens öffentlich beraubten, brandschatzten, plünderten, prügelten und ermordeten und die jüdischen Gotteshäuser im Deutschen Reich in Flammen aufgehen ließen.[310] Es kam damals zu keiner kollektiven Reaktion der Empörung auf diesen Pogrom, und damit war für die Nazis der Weg frei nach Auschwitz. »Neben allen materiellen Schäden hatten der Pogrom und sein bürokratischer Abschluß noch viel weiterreichende Konsequenzen. Die Juden waren des letzten Schutzes, nicht nur des gesetzlichen, sondern auch des menschlichen Rechts auf Existenz, beraubt. Der biologische Rassenantisemitismus hatte sich durchgesetzt. Der Weg zur physischen Vernichtung war frei.«[311]
Damals, am 9. November 1938, ging es nicht mehr um Politik, sondern nur noch um die elementarsten Grundprinzipien menschlicher Moral und Gesellschaft mitten in Europa. Darf man einen Staat gewähren lassen, der zuläßt, daß der Nachbar einfach wegen seines Soseins zum »inneren Feind« erklärt und dann schutzlos und ungestraft ausgeplündert, geschlagen und ermordet werden kann? Darf ein Staat zulassen, ja selbst dazu aufrufen (Hitler war Kanzler, Goebbels Minister des Deutschen Reiches), daß Gotteshäuser ungestraft angezündet werden? Damals, mit dem Pogrom vom 9. November 1938 und dem mehrheitlich schweigenden Gewährenlassen der braunen Mordbrenner, hat Deutschland seine letzte moralische Chance gegenüber Hitler und den Nazis vertan und seine Ehre als Nation – man verzeihe mir hier diesen altmodischen Begriff der Ehre, aber wenn er je einen Sinn gemacht hat, dann an diesem 9. November 1938 – auf lange Zeit verloren. Gewiß, die übergroße Mehrheit des deutschen Volkes beteiligte sich nicht an den Pogromen, sondern sie schwieg. Aber genau dies war der unverzeihliche Fehler, der Hitler den Weg nach Auschwitz ermöglichte, denn die Nazis registrierten sehr sorgfältig die damalige Stimmung und die Reaktionen im Volk.[312]
Warum haben die Deutschen, anders als die Italiener mit Mussolini,

nicht selbst mit Hitler und den Nazis abgerechnet, bevor es zu spät war? Der Hinweis auf die preußische Befehls- und Gehorsamskultur ist zwar nicht falsch, er greift aber zu kurz, denn gerade einige Mitglieder der altpreußischen Adelselite versuchten ja unter Einsatz ihres Lebens und zu später Stunde am 20. Juli 1944, leider erfolglos, mit einem Attentat Hitler aus dem Weg zu räumen. Das physische Ende Hitlers war die Voraussetzung einer erfolgreichen Veränderung im Innern Deutschlands, denn ein lebender »Führer« hätte die Loyalität der Armee und des Volkes weiter gebunden; das war die berechtigte Hauptsorge der Verschwörer vom 20. Juli 1944. Man vergesse dabei allerdings nicht, im Jahr 1944 war der Untergang des Großdeutschen Reiches und seiner braunen Diktatur, war die völlige Zerstörung Deutschlands bereits für jedermann absehbar!

Ein weiterer Faktor muß hier mitbedacht werden: Hitler war ja 1933 völlig legal durch Wahlen an die Macht gekommen, und nach der Durchsetzung seiner offenen Diktatur hatte die Loyalität der Mehrheit der Deutschen eher noch zu- als abgenommen. Gewiß spielten die totalitär-terroristische Diktatur und ihre perfekte Überwachungsstrukturen eine große Rolle beim Brechen jeglichen Widerstandes, ebenso die gelungene soziale Formierung und die wirkungsvolle und sich modernster Mittel bedienende Propaganda von Goebbels. Später, im Krieg und nach den grauenhaften Verbrechen des Völkermords am europäischen Judentum und der Barbarei eines rassistischen Raub- und Versklavungskrieges in Osteuropa, kam gewiß noch Angst vor der drohenden furchtbaren Rache hinzu. Aber gerade angesichts des sich abzeichnenden Untergangs hätte die Massenloyalität der Deutschen gegenüber ihrem »Führer« eigentlich zerbrechen müssen, und exakt dies war nicht der Fall. Die innere positive Bindung der Mehrheit der Deutschen blieb selbst angesichts des Endes erhalten.

Diese Massenloyalität gegenüber Hitler trotz Verbrechen, Kriegschaos und sich abzeichnendem Untergang wird in der Endphase des Zweiten Weltkriegs noch unverständlicher, da Hitlers Vernichtungswahn sich nunmehr zuerst und vor allem gegen sein eigenes Volk richtete. Hitler hatte in seinem wahnhaften Weltbild die Deutschen zum »Herrenvolk« erklärt, und wenn sie dazu nicht taugten, so hatte er sie selbst für den Untergang vorgesehen. »Sein letztes

Programm für Deutschland war der Volkstod. Spätestens in seiner letzten Phase wurde Hitler zum bewußten Verräter an Deutschland«, schreibt Sebastian Haffner.[313] Und dennoch hielt die Armee bis zur sprichwörtlich letzten Patrone an ihm fest, ja es gab sogar viele Deutsche der damaligen Generation, die bis über den Tod des verehrten Führers hinaus von dieser positiven Bindung an Adolf Hitler nicht abzubringen waren. Und das hatte Konsequenzen auch nach dem Ende des Zweiten Weltkriegs, denn die innere Entwicklung der Bundesrepublik Deutschland bis hin zu 1968 und seinen ganz spezifisch deutschen Folgen sind ohne diese fortbestehende, untergründig geistige Loyalität zahlreicher Angehöriger der »Hitlergeneration« gegenüber Adolf Hitler und seinem Dritten Reich nicht zu verstehen.

Keine deutsche Politik der nächsten Generationen wird an dieser moralischen Katastrophe der deutschen Nation, an dem planvoll organsierten Judenmord durch das Deutsche Reich vorbeikommen. Gewiß, ein solches Staats-, ja Jahrhundertverbrechen, wie es der Völkermord am europäischen Judentum durch das Deutsche Reich gewesen war, bringt keine kollektive strafrechtliche Schuld hervor, sondern weitaus schlimmeres – Geschichte. Und diese Geschichte entläßt eine Nation nur sehr langsam aus der Verantwortung und aus der Haftung für ein solches einmaliges Verbrechen, denn das Gedächtnis der Nationen – und genau dies ist Geschichte – folgt nicht dem der Individuen, sondern verändert sich wesentlich langsamer. Und immer wieder, wie ein Grundbaß im Hintergrund der freundlichen oder gleichgültigen Tagesaktualitäten, der neuen politischen und gesellschaftlichen Fakten, klingt das Mißtrauen gegen Deutschland durch, daß »es« sich wiederholen könnte. Und dieses Mißtrauen lebt von der Erfahrung, daß »es« bereits einmal möglich war, was auch damals niemand für möglich gehalten hatte, und das »es« bis heute nicht wirklich rational erklärbar und verstehbar ist.[314] Dieses Faktum zwingt zur Vorsicht im Umgang mit Deutschland, und es sollte die Deutschen auch zur Vorsicht gegenüber sich selbst anhalten.

Hitler scheiterte schließlich an den harten außenpolitischen Fakten des europäischen Mächtesystems, denn auch er konnte, trotz seines unglaublichen Glücks, die machtpolitischen Gegebenheiten dieses

Systems nicht außer Kraft setzen. Hitler schuf mit seiner Politik der rassistischen Raubkriege gegen Osteuropa und die Sowjetunion erneut eine übermächtige Kräftekoalition gegen das Deutsche Reich – mächtiger noch als es die Koalition gegen Deutschland im Ersten Weltkrieg gewesen war –, der er schließlich unterliegen mußte. Trotz aller »Blitzkriege«, trotz all der glanzvollen Siege des nunmehr »Großdeutschen Reiches« und trotz all der durch die Wehrmacht besetzten Länder zwischen Nordkap und Nordafrika, Brest und Stalingrad hatte Deutschland doch niemals und zu keinem Zeitpunkt eine wirkliche Chance gehabt, den Zweiten Weltkrieg gewinnen zu können. Hitlers Wahnsinn erzwang bei den angegriffenen Völkern den Widerstand bis zum Äußersten, aber selbst wenn Hitler weitaus weniger verrückt und seine Politik nicht verbrecherisch gewesen wäre, so hätte sich dennoch das alte europäische Gleichgewichtssystem der Mächte schließlich gegenüber den deutschen Revisionsbestrebungen als stärker erwiesen. Solange die beiden »Ankermächte« des europäischen Systems, Großbritannien und Rußland, in dieser Funktion blieben, war eine Hegemonie Deutschlands auf dem Kontinent mit militärischen Mitteln nicht erfolgreich und dauerhaft durchsetzbar.

Hitlers ganze Politik war von Anfang an auf Krieg ausgelegt – allein schon die abenteuerliche Kreditfinanzierung seines exorbitanten Aufrüstungsprogramms ließ nur die Alternative Bankrott oder Eroberungskrieg für das Deutsche Reich zu[315] –, und folglich mußte er bei der Verfolgung seiner weitreichenden Ziele, die alles bisher Dagewesene an aggressiv-illusionärer Außenpolitik des Deutschen Reiches weit übertrafen, versuchen, das europäische Gleichgewichtssystem der Mächte durch einen großen Krieg aus den Angeln zu heben. Auch Hitler blieb, trotz aller Rassenideologie, letztendlich der Gefangene der Machtfigur des europäischen Gleichgewichts, das er zerstören wollte und das auch seine Kräfte schließlich überfordern sollte. Der von ihm ausgelöste Zweite Weltkrieg war in seiner machtpolitischen Grundstruktur die Wiederaufnahme des Ersten Weltkriegs durch das Deutsche Reich, Deutschland wollte erneut seine Hegemonie mit Waffengewalt durchsetzen und stellte ein weiteres Mal Europa die Existenzfrage, nur diesmal war es unter Hitlers Führung zum radikal Äußersten entschlossen. »Schon in

›Mein Kampf‹ hatte Hitler geschrieben, ein Programm, wie er es vertrete, sei ›die Formulierung einer Kriegserklärung gegen eine bestehende Ordnung, gegen eine bestehende Weltauffassung überhaupt‹. Im September 1939 begann er lediglich, die Auseinandersetzung mit Waffengewalt zu führen.«[316]
Auch hier stoßen wir wieder auf das Kontinuitätsproblem, genauer: auf jene spezifische Dialektik von Kontinuität der Hitlerschen Politik mit den Zielen der deutschnationalen Rechten und ihrer gleichzeitigen absoluten Radikalisierung, die diese Kontinuität zerbrach. So wie er in der Innenpolitik seine konservativen Verbündeten sehr schnell an die Wand gespielt hatte, so war er auch in der Außenpolitik nur vordergründig ein deutschnationaler Revisionspolitiker gegen Versailles, tatsächlich ging sein rassistischer »Griff nach der Weltmacht« weit darüber hinaus: »Hitler war nicht Wilhelm III.,«[317] und diese Erkenntnis war bereits damals jedermann öffentlich zugänglich, denn Hitler hatte es, soweit es seine Pläne und Absichten betraf, niemals an äußerster Präzision und Klarheit fehlen lassen: »Aber Hitlers außenpolitische Vorstellungen lagen seit ihrer Fixierung in ›Mein Kampf‹ fest. Prioritäten ergaben sich einmal aus dem Programm selbst, zum anderen jedoch auch aus wirtschaftlichen, militärtechnischen Zwängen, politisch langfristigen Gegebenheiten und tagespolitischen Ereignissen. Angesichts der millionenfach in dem Buch verbreiteten und von den Parteirednern immer wieder aufgegriffenen Leitsätze wie: ›Deutschland wird entweder Weltmacht sein oder überhaupt nicht sein... Damit ziehen wir Nationalsozialisten bewußt einen Strich unter die außenpolitische Richtung unserer Vorkriegszeit. Wir setzen dort an, wo man vor sechs Jahrhunderten endete. Wir stoppen den ewigen Germanenzug nach dem Süden und weisen den Blick nach dem Land im Osten. Wir schließen endlich ab die Kolonial- und Handelspolitik der Vorkriegszeit und gehen über zur Bodenpolitik der Zukunft‹.«[318]
Hitler hatte aus der Niederlage des Reiches im Ersten Weltkrieg für sich eine weitreichende Konsequenz gezogen, zumal diese den ihn eigentlich antreibenden ideologischen Vorgaben seiner »Lebensraumpolitik« sehr entgegenkam. Er wollte nicht noch einmal gegen England antreten müssen, und deshalb verzichtete Hitler auf die er-

neute maritime Herausforderung Großbritanniens, denn die Entscheidung sollte nicht mehr im Westen, und sie sollte schon gar nicht mehr auf See fallen, sondern im Osten und auf dem Land. Rußland hieß sein Hauptgegner und nicht mehr Großbritannien. Frankreich mußte zwar weiterhin niedergerungen werden, um den Rücken freizubehalten, das blieb sozusagen eine Konstante auch in Hitlers Rechnung, bedingt durch die Mittellage des Reiches. Er verzichtete aber auf die maritimen Weltmachtträume eines Wilhelm II., denn die See war seine Sache nicht, sondern Hitler versuchte vielmehr den Ausbruch aus der deutschen Mittellage auf dem Landweg mit der kriegerischen Zerschlagung der kontinentalen Weltmacht Rußland, und das war nun noch verrückter und gefährlicher als Wilhelms Weltmachtträume auf den sieben Weltmeeren. Hitler hatte von der Widerstandskraft der Völker des Russischen Reiches eine völlig irrige, aus seinen selbstgefertigten, arrogant rassistischen Vorurteilen über die slawischen Völker herrührende Auffassung, für die er und seine Soldaten noch teuer bezahlen sollten.

Das riesige Russische Reich, das nunmehr Sowjetunion hieß, war nur einmal in seiner Geschichte erobert worden, und zwar von Osten her, von den mongolischen Reiterheeren unter Batü, einem Enkel Dschingis-Khans, im 13. Jahrhundert. Rußland war damals noch wesentlich kleiner, nur auf den Osten Europas beschränkt, und sein damaliger Gegner aus den Tiefen Asiens verfügte zu dieser Zeit exakt über jene entscheidenden strategischen Qualitäten, die später dann für das moderne Rußland kennzeichnend sein sollten: die Mongolen hatten gegenüber dem mittelalterlichen Rußland die Überlegenheit an Raum und Menschen. Die Expansion Rußlands nach Asien hinein bis an den Pazifik in den vergangenen vierhundert Jahren hatte die Verhältnisse aber völlig umgekehrt. Ein Land, das wie das moderne Rußland über eine riesige Bevölkerung verfügt und sich über neun Zeitzonen hinweg ausdehnt, kann man niemals erobern, schon gar nicht durch eine Macht in der Größenordnung des damaligen Deutschen Reiches mit seinen wesentlich kleineren Ressourcen. Hitler dachte hier hoffnugslos mitteleuropäisch kleinkariert. In Deutschland wurde zwar seit der Reichseinigung von 1871 immer viel von Weltmacht schwadroniert, die Entwicklung hin zu einer solchen Weltmacht, deren Rolle, Interessen und Funktionen hat in Deutschland aber jenseits der wilhelminischen Kraftmeiereien und des Hitlerschen Wahnsinns niemals politisch wirklich eine Rolle gespielt. Im Deutschen Reich verstand man unter »Weltmacht« mehr ein ästhetisches oder bloßes Prestigeproblem, und man hatte weder die anglo-amerikanische Weltmacht zur See noch die russische Weltmacht zu Land jemals wirklich verstanden. Folglich stürzte sich Deutschland im zwanzigsten Jahrhundert zweimal mit lautem Hurra in eine katastrophale Niederlage im Kampf um Weltmacht und Weltherrschaft. Hitlers Gefasel von der Uralgrenze zeigte, daß er von Phantasmen getrieben war, denn selbst wenn die großdeutsche Wehrmacht, gemäß der Hitlerschen Fieberphantasien, Moskau genommen hätte und bis an den Ural vorgestoßen wäre, was nach Lage der Dinge völlig jenseits der Machbarkeit und absolut illusorisch war, so wäre Rußland mitnichten geschlagen oder gar am Ende gewesen. Und wie die Geschichte zeigte, war für die begrenzten Ressourcen der deutschen Armeen der Weg nach Moskau und Stalingrad bereits zu weit, vom Ural ganz zu schweigen.

Das europäische Mächtesystem war, wie bereits dargestellt, bis 1914 an zwei Festpunkten in Gestalt zweier Weltmächte verankert gewesen: an der Seemacht England und an der Kontinentalmacht Rußland. Mit der Revolution von 1917 war Rußland aktuell aus dieser machtpolitischen Ankerrolle ausgeschieden, potentiell blieb diese Rolle allerdings fortbestehen, da die Bolschewiki das Russische Reich nebst seinem ganzen machtpolitischen Schwergewicht zusammenhalten konnten. Mehr noch, die Stalinsche Industrialisierungspolitik der zwanziger und dreißiger Jahre machte mit äußerster Brutalität und furchtbarsten Staatsterror, der in nichts, weder an Zahl noch an Grausamkeit, dem Gemetzel in Hitlers Totenhäusern nachstand, aus der Sowjetunion eine Industriemacht, die dadurch über ein ausreichendes strategisches Potential für den modernen Krieg verfügte. Es war nur eine Frage der Zeit, bis Rußland als dominierende Macht die europäische Szene erneut betreten mußte.

An den kriegsentscheidenden strategischen Potentialen der im Zweiten Weltkrieg sich gegenüberstehenden feindlichen Koalitionen der Alliierten und der Achsenmächte hatte sich im Verhältnis zum Ersten Weltkrieg die Lage zugunsten der Alliierten spätestens mit dem Kriegseintritt Amerikas verschoben. Und Hitler hatte sich ebenso über Englands Haltung getäuscht, an dessen Widerstand er trotz des erfolgreichen Blitzkrieges gegen Frankreich einfach nicht vorbeikam. Großbritannien war sich seiner Garantenrolle für das europäische Gleichgewichtssystem völlig bewußt, und deshalb setzte es nach der Kapitulation Frankreichs im Krieg gegen Hitlerdeutschland seine nationale Existenz aufs Spiel, um die deutsche Hegemonie zu verhindern. Und so steckte Hitler, wie weiland der große Napoleon, in der Falle des europäischen Mächtesystems, eingeklemmt zwischen den beiden Flankenmächten in der Mitte Europas, die ihm den Durchbruch zur Weltherrschaft verwehrten und zugleich seine militärischen Siege in Europa gefährdeten.

Alle seine Eroberungen blieben auf Sand gebaut, solange er die tragende Verankerung dieses Systems nicht zum Einsturz bringen konnte, und das hieß England und/oder Rußland besiegen, doch beides gelang ihm nicht. Diese Aufgabe überforderte schlicht die Kräfte Deutschlands. Die »Schlacht um England« ging verloren, ebenso die Schlacht vor Moskau, darauf folgte der Untergang von Hitlers 6. Armee in Stalingrad. Der Rest war blutiger Epilog und eine Frage der sich erschöpfenden Kräfte des Reiches gegen eine gewaltige Übermacht der Allierten. Europa blieb der Alptraum eines rassistischen »Eroberungsfriedens« Hitlers Gott sei Dank erspart, und der deutsche Traum von Weltmacht und Weltherrschaft war damit endgültig ausgeträumt.

Der Krieg gegen Hitler und das Deutsche Reich zwischen 1939 und 1945 beendete das Vakuum und die Instabilitäten der europäischen Nachkriegsordnung nach 1918, denn Hitlers verbrecherische Politik und die unerschütterliche Gefolgschaft der Deutschen zu ihrem »Führer« bis zum Schluß erzwangen eine noch nie dagewesene Kraftanstrengung, einen Krieg bis zum Äußersten und bis zur letzten Kugel. Während Hitler von »Bodenpolitik«, »Lebensraum« und »Herrenrasse« phantasierte und mit der ganzen Macht des Deutschen Reiches gegen die Ergebnisse der Völkerwanderung anrannte, bereiteten die USA jenseits des Atlantiks massiv die wirkliche strategische Revolution vor, die dann mit der ersten erfolgreichen Explosion einer Atombombe am frühen Morgen des 16. Juli

1945 erfolgte. Die Deutschen können von Glück sagen, daß ihnen, anders als Japan, wenigstens die »atomare Erfahrung« erspart blieb, weil der Krieg in Europa da bereits zu Ende war.

Hitlers Politik des Verbrechens hatte einen Krieg heraufbeschworen, der wirklich und umfassend »total« geführt wurde, und dieser »totale Krieg« ließ nur noch die bedingungslose Kapitulation des Deutschen Reiches zu. Ein dritter Aufstand der Deutschen gegen die Moderne mit einem weiteren, -zig Millionen an Opfern fordernden Krieg würde es nach Hitler nicht mehr geben können, denn Hitler und sein Drittes Deutsches Reich hatte bereits die absolute Radikalisierung der deutschen Politik verwirklicht. Begrenzt wurde der Hitlersche Vernichtungswille lediglich noch durch die für ihn verfügbare Technik und Ressourcen, moralische, religiöse, sittliche oder gar rechtliche Schranken hatte Adolf Hitler für sich und sein Drittes Reich bereits alle vollständig abgeräumt.

So entstand also im Widerstand gegen Hitlers »Politik des imperialen Verbrechens« eine neue globale Ordnung der Mächte, die das überkommene europäische Gleichgewicht, beruhend auf fünf in etwa gleichstarken Großmächten, definitiv ablösen sollte. Von Westen und Osten kommend, kämpften sich die Armeen der Alliierten bis an die Elbe durch, und als am 8. Mai 1945 endgültig die Waffen im Zweiten Weltkrieg in Europa schwiegen, da waren Deutschland und Europa faktisch in zwei machtpolitische und ideologische Lager und das europäische Gleichgewichtssystem verschwunden. Die europäische Mitte wurde von den Hauptsiegermächten USA und Sowjetunion nicht mehr geräumt, der deutsche Nationalstaat diesmal besetzt und geteilt und Preußen aufgelöst. Bismarcks Reich war 74 Jahre nach seiner Gründung und nach zwei furchtbaren Kriegen endgültig in einem grauenhaften Sumpf von Blut und Verbrechen untergegangen.[319] Deutschland hatte sich zur Großmacht und zur Weltpolitik als unfähig erwiesen.

»Die preußische Keimzelle Deutschlands war über den Staat Bismarcks in dem tausendjährigen germanischen Reich als moderne totalitäre Schreckensvision der Herrschaft des Menschen über den Menschen aufgegangen«.[320] Es war dem Deutschen Reich nicht gelungen, aus der Mitte des Kontinents heraus, sich in eine neue Ordnung der europäischen Mächte einzufügen, weil es nicht als ordnende Kraft anerkannt, sondern vielmehr als gewaltätiger Usurpator gefürchtet wurde, und demnach hat das Deutsche Reich in seinem siebzigjährigen Bestehen lediglich als ein destruktiver, kriegerischer Chaosfaktor gegen den Status quo der europäischen Ordnung gewirkt. Am Ende schließlich, als alles in Trümmern lag und Europa zweimal von Deutschland in eine riesige Schädelstätte verwandelt worden war, hatte die über ein Jahrhundert verdrängte bürgerliche Revolution Deutschland 1945 schließlich doch noch politisch und militärisch erfolgreich eingeholt, wenn auch in Gestalt der siegreichen Armeen der Westalliierten und nur in seinen westlichen Landesteilen. Der deutsche Sonderweg im 19. und 20. Jahrhundert, der so viele Opfer gekostet und so viel Irrsinn hervorgebracht hatte, war damit zu Ende.

Hitler hatte keines seiner Ziele erreicht, außer der Entfesselung seines »totalen Krieges«. Am Ende war Deutschland völlig zerstört und lag am Boden, die alte preußisch-deutsche Gesellschaft war durch die Nazis und ihren Krieg völlig vernichtet worden, Amerikaner, Briten und Russen standen an der Elbe, Deutschland war wieder geteilt und seine Staatlichkeit aufgelöst, Millionen von Deutschen mußten in den östlichen Landesteilen des Reiches und aus ganz Osteuropa ihre seit Jahrhunderten angestammte Heimat verlassen. Osteuropa einschließlich der sowjetisch besetzten Zone Deutschlands und Berlins befand sich ganz in den Händen von Stalin und seiner Roten Armee, die kommunistische Sowjetunion war neben den USA zur zweiten beherrschenden Supermacht aufgestiegen, weitere siegreiche kommunistische Revolutionen in Asien waren absehbar, das endgültige Ende des europäischen Kolonialismus und seiner Weltreiche begann, und in Palästina zeichnete sich die Gründung des jüdischen Staates Israel ab.[321] »Hitler hat nichts ausgerichtet, sondern nur (aber immerhin) Ungeheuerliches angerichtet. Er hat, wie kaum ein anderer ›großer Mann‹ der bekannten Geschichte, mit staunenerregender Wucht danebengehauen.«[322]

An die Stelle des europäischen Gleichgewichtssystems traten zwei große Militärblöcke, angeführt von zwei globalen, nichteuropäischen Supermächten, den USA und der Sowjetunion, die den europäischen Machtkonflikt militärisch auf unabsehbare Zeit ruhigstellten.[323] Der neue Machtkonflikt lag in der Blockkonfrontation zweier Welt- und schließlich dann nukelaren Supermächte, führte zu einem »kalten Krieg« und in die Spirale des immerwährenden Wettrüstens. Das europäische Gleichgewichtssystem wurde durch ein »globales Gleichgewichtssystem« abgelöst, das auf der Bipolarität der beiden Supermächte und ihrer jeweiligen Militärblöcke sowie auf dem »Gleichgewicht des thermonuklearen Schreckens« beruhte. Auch die siegreichen europäischen Großmächte, wie Großbritannien und Frankreich, waren endgültig im Niedergang zu Mittelmächten begriffen. Deutschland hatte seine »Utopie des Unglücks«, von der Thomas Mann im Herbst 1914 geschrieben hatte, unter den Nazis auf grausam verbrecherische Weise verwirklicht, und als die Waffen am Ende des Zweiten Weltkriegs endlich schwiegen, war das alte Europa mit dem Deutschen Reich endgültig untergegangen.

5. Kapitel

Les Certitudes Allemandes: Deutschland und seine Zukunft als europäische Mitte

»Once again, Germany is the fulcrum of Europe. The nation that used to embody Europe's division finds itself once more *das Land in der Mitte* – both geopolitical pivot and central catalyst to the continents economic and political revival. The Bonn Republic will be transformed during this decade into the Berlin Republic, Europe's cardinal power. There is no precedent in this century for a peaceful united Germany. The Berlin Republic is the last and best chance to make it work. Europe's future hinges on its success.«

Daniel S. Hamilton[324]

Am 3. Oktober 1990 wurde Deutschland, im Einvernehmen mit allen beteiligten Mächten in Ost und West, friedlich wiedervereinigt, und damit ist Deutschland zu dem »900 Pfund Gorilla im Europa der Zukunft« geworden, wie ein US Diplomat das zukünftige deutsche Problem in plastischen Worten bezeichnete.[325] Der zweite deutsche Nationalstaat betrat nach fünfundvierzigjähriger Teilung des Landes erneut die europäische Bühne, und mit seiner Zukunft verbinden sich viele Hoffnungen und noch mehr Sorgen, ja Ängste, innerhalb und vor allem auch außerhalb Deutschlands, was angesichts der historischen Erfahrungen mit dem ersten deutschen Nationalstaat allerdings nicht weiter verwundern darf. Werden erneut die Ängstlichen recht behalten? Oder werden es diesmal die Optimisten sein? Die gesamte innen- wie außenpolitische Lage spricht prima facie für die optimistische Erwartungshaltung über die Zukunft des vereinten Deutschland, und ohne jeden Zweifel sind die historischen Bedingungen für eine friedliche, demokratische und damit erfolgreiche Entwicklung Deutschlands in Europa so günstig wie nie zuvor in der Geschichte dieses Landes.

Dennoch ist Vorsicht angebracht, da historische Entwicklungen zwar auch von subjektiven Faktoren abhängen; letztendlich werden diese Faktoren aber durch die zu Strukturen geronnenen Interessen der beteiligten Mächte im Innern und vor allem in der auswärtigen Politik bestimmt. Das Schwergewicht der machtpolitischen Realitäten dominiert das internationale Mächtesystem mehr als die subjektiven Zufälligkeiten, und diese machtpolitischen Realitäten sind in ihren institutionellen Formen und in den »Figuren« der internationalen Machtverteilung in einem hohen Maße von subjektiven Motiven und Ideologien unabhängig. So stand z. B. auch die revolutionäre Sowjetunion voll in der russischen Großmachttradition und erfüllte im europäischen Mächtesystem, trotz der Oktoberrevolution und all der radikalen inneren Veränderungen, eine ähnliche Funktion wie das russische Reich der Zaren.

Gerade auch die deutsche Geschichte der vergangenen 150 Jahre beweist dies nachdrücklich. Bismarcks politisches Genie konnte zwar die Strukturvorgaben des europäischen Mächtesystems und die normativen Vorgaben der Französischen Revolution für nahezu ein Jahrhundert voluntaristisch umgehen, allerdings nur zu einem furchtbar hohen Preis, und am Ende stand dann dennoch das Scheitern. Wenn man heute also nach der Zukunft der deutschen Entwicklung fragt, so wird man sich vor allem auf die Vermeidung jeden Bruchs in der innen- wie in der außenpolitischen Entwicklung Deutschlands mit den Imperativen des europäischen und globalen Gleichgewichts und dem westlichen Normensystem zu konzentrieren haben.

Hier, und weniger in seiner geographischen Lage und ökonomisch-politischen Stärke, liegt die eigentliche Wurzel des Übels der ersten deutschen Nationalstaatsgründung und ihrer schrecklichen Folgen. Anders gesagt: Bleibt die »Verwestlichung« der alten Bundesrepublik auch für das vereinigte Deutschland irreversibel? Wenn nein, dann werden Deutschland und Europa ein Problem bekommen, ein sehr großes Problem sogar; wenn ja, dann wird die deutsche und europäische Zukunft gewiß nicht konfliktfrei verlaufen, insgesamt aber wird Deutschland ein beachtlicher demokratischer Stabilitätsfaktor bleiben und kann sogar zum entscheidenden Integrationsfaktor hin zur endgültigen Verwirklichung der Europäischen Union werden. Die »Verwestlichung« oder »Westbindung«

Deutschlands war allerdings niemals nur eine außenpolitische Frage, sondern immer auch und vor allem eine Frage der inneren demokratischen Entwicklung. Beide Faktoren sind demnach für eine Analyse der zukünftigen deutschen Politik gleichermaßen zu betrachten.

Deutschlands Sonderweg in die europäische Moderne war 1945 an zwei zentralen Punkten gescheitert: innenpolitisch an der Unfähigkeit Deutschlands zur bürgerlichen Revolution und außenpolitisch an der Unfähigkeit Deutschlands, seinen Platz im Rahmen des europäischen Gleichgewichtssystem der Mächte friedlich zu bestimmen. Deutschland wollte seinen eigenen Weg in die Moderne gehen, was sich Kraft seiner Lage in der Mitte Europas nicht nur als unmöglich, sondern im Gegenteil sogar als hochgefährlich und selbstzerstörerisch erwiesen hat. Am Ende dieses Sonderwegs stand der Absturz in das staatlich organisierte Verbrechen – man muß sich heute nur einmal vorzustellen versuchen, wie Europa und Deutschland aussähen, wenn Hitlerdeutschland damals gesiegt hätte! –, stand die totale Niederlage, stand die endgültige Zerstörung des Deutschen Reiches als Minimum jeder zukünftigen europäischen Friedensordnung, stand die Teilung Deutschlands und Europas und stand im Westen Deutschlands die »Bonner Republik.«

Wer heute die Chancen und Risiken des seit dem 3. Oktober 1990 wiedervereinigten, voll souveränen Deutschlands – der »Berliner Republik« (David S. Hamilton) – analysieren und bewerten will, der wird genau von diesem doppelten Scheitern bei seiner Analyse auszugehen haben. Jede Politik, egal ob links oder rechts, liberal, sozialdemokratisch, grün oder konservativ, die *in* Deutschland und demnach auch, nolens volens, *für* Deutschland gemacht wird (eine Tatsache, mit der sich zahlreiche Linke der mittleren Generation in Deutschland aus nachvollziehbaren Gründen immer noch schwer tun, die aber dennoch unausweichlich ist), muß von diesen beiden zentralen Punkten des Scheiterns des deutschen Sonderweges ausgehen, deren Überwindung nach der Zäsur des 8. Mai 1945 den Erfolg der »Bonner Republik« ausgemacht haben, nämlich die innere Demokratisierung und die äußere Einbindung in das europäische (und damals noch globale) Gleichgewichtssystem der Mächte. Verzicht auf Sonderweg, Machtstaat, Hegemonie und Nationalismus

zugunsten von Demokratie, sozialer Marktwirtschaft, Bündnis und Integration lautete seitdem die Grundformel der politischen Interessendefiniton der westdeutschen Bundesrepublik, und dies beinhaltete zugleich einen radikalen Bruch mit der bisherigen modernen deutschen Geschichte und gleichzeitig eine ebenso radikale »Strategie der Verwestlichung« Westdeutschlands. Es war genau diese Verwestlichung (sprich: Demokratisierung), die aus der Bonner Republik einen beispiellosen Erfolg in der deutschen Geschichte machte, ja, wer weiß, vielleicht wird die Zeit der »Bonner Republik«, aus dem Abstand einiger Jahre betrachtet, dereinst als die glücklichste Zeit (West)Deutschlands im 19. und 20. Jahrhundert bezeichnet werden.
Voraussetzung für den Erfolg der »Strategie der Verwestlichung« war allerdings jener radikale, allein von außen durch die alliierten Armeen erzwungene Bruch mit der bisherigen Geschichte des deutschen Nationalstaats und seiner Ziele und Normen. Die tatsächliche Radikalität dieses Bruchs von 1945 kann man exakt an dieser Frage der Verwestlichung Deutschlands nachvollziehen, denn seit den Tagen der Französischen Revolution bis zum Ende des Zweiten Weltkriegs gab es für den preußisch-deutschen Konservativismus kaum etwas Schlimmeres als die Verwestlichung Deutschlands, da das nichts Geringeres hieß als den Sieg der Demokratie in Deutschland. Nur die soziale Revolution rangierte in der deutschnationalen Abscheu noch etwas höher. Gewiß gab es genügend pragmatische und aus der Zeit erklärbare Gründe für diesen radikalen Bruch im deutschnational-konservativen Denken nach 1945: Seine bodenlose moralische Kompromittierung durch das nationalkonservative Bündnis mit Hitler und seinen Verbrechen und das jede Kontinuität zerstörende Faktum Auschwitz; das Ende Preußens; die soziale Nivellierung durch Nationalsozialismus und Krieg; der Verlust der konservativ-deutschnationalen Basis im verlorenen Junkertum Ostelbiens und in der deutschen Schwer- und Rüstungsindustrie; die erzwungene Westverlagerung der geographischen und politisch-kulturellen Hauptachsen im westlichen Nachkriegsdeutschlands von Berlin an den Rhein, die Verbindung der Deutschnationalen mit dem Zentrum in einer demokratischen Volkspartei, der Christlich Demokratischen Union; der Antikommunismus und

sein entlastender Charakter für die deutsche Schuld unter Hitler, sich daraus ergebende neue Feind- und neue Freundbilder etc. Dennoch ging dieser Bruch weit über diese zahlreichen Einzelgründe hinaus und reichte auch viel tiefer, weil Bismarcks Reich 1945 eben historisch endgültig am Ende war, erschöpft, zerstört, vorbei. Das Setzen auf deutschnationale Kontinuität gegen den Westen als Programm hätte nach 1945 lediglich noch politischer Selbstmord geheißen, und das war der eigentliche Grund für die fast widerstandslose »Verwestlichung« des deutschen Konservativismus nach dem Krieg.

Die westdeutsche Nachkriegsrepublik gründete im Inneren sowohl politisch als auch normativ auf einer oktroyierten, einer »erzwungenen« und schließlich »geliehenen Revolution«, geliehen von den anglo-amerikanischen Westmächten. Die Geschichte der deutschen Nachkriegsdemokratie begann, wenn man es genau nimmt, mit den ersten Dekreten der amerikanischen und britischen Militärregierungen (an der Genese der »vierten Gewalt«, der freien Presse, in Westdeutschland nach 1945 kann man dies besonders plastisch nachvollziehen, denn alle wichtigen deutschen Zeitungen und Zeitschriften aus der damaligen Zeit beruhen auf Lizenzen der Alliierten oder sind gar alliierte Gründungen), denn es hatte während des Zweiten Weltkriegs im Deutschen Reich eben keinen Aufstand gegen Hitler und keinen Bürgerkrieg gegen das staatlich verfaßte Verbrechen im Deutschen Reich gegeben. Die Befreiung von außen traf nicht auf eine Befreiung, wie rudimentär auch immer, von innen, und deshalb gab es auch keine originär demokratische Legitimation jenseits der alliierten Besatzung. Gewiß gab es eine Tradition und Geschichte der deutschen Demokratie, die selbst die zwölf Jahre Hitler und den Zweiten Weltkrieg überdauert hatte, aber die Demokratie war in Deutschland niemals wirklich hegemonial, ja als Herrschaftsform selbstverständlich geworden. In Deutschland verfügte bis 1945 die Demokratie vielmehr nur über eine Kontinuität von Niederlagen. Es gab gewiß heldenhafte einzelne im Widerstand gegen das Dritte Reich, es gab auch tapfere organisierte Widerstandsversuche, die allesamt scheiterten, und es gab die Emigration. Zusammen bildete dieser Widerstand innerhalb und außerhalb des Reiches, von kommunistisch bis konservativ, eine Tradition des

»anständigen«, des demokratischen Deutschlands zwischen 1933 und 1945, aber diese Tradition blieb innerhalb des deutschen Volkes mehr als minoritär.
Und so führt nichts an der Tatsache vorbei, daß erst durch die westalliierten Armeen und nach der völligen Katastrophe des nationalistischen, antidemokratischen Deutschland im und durch den Nazismus in Westdeutschland innenpolitisch eine nachholende bürgerliche Revolution gelang – und exakt dies ist der Kern der »Westbindung« Deutschlands. Durch diese »geliehene Revolution« wurden, über vier Jahrzehnte hinweg und bisweilen heiß umkämpft, Demokratie, Verfassung, Parlamentsherrschaft und Rechtsstaat zu alternativlosen Selbstverständlichkeiten, angereichert durch das spezifisch deutsche Element des innerstaatlichen Föderalismus, der zu einer Vertiefung, weil Regionalisierung, der Demokratie beitrug. Die sogenannte »Westbindung« der Bundesrepublik Deutschland war demnach nicht nur eine außen- und bündnispolitische Frage, sondern sie war von Anfang an in Westdeutschland immer und ganz besonders auch eine innenpolitisch normative Frage.
Jedes soziale System funktioniert entlang allgemein akzeptierter Grundnormen und Verfahrensregeln, die zu selbstverständlichen Verhaltensmustern und zu einem daraus abgeleiteten, tagtäglich selbstverständlichen Verhalten von Millionen Menschen entlang dieser Normen führen. Zu den politischen Grundnormen, die diese Selbstverständlichkeiten des alltäglichen Zusammenlebens mehr oder weniger stumm regeln, gehören unverzichtbar die politischen Traditionsbestände einer Gesellschaft und ihres politischen Systems, deren legitimierende und verhaltensorientierende Kraft von ganz erheblicher Wirkung ist. Daraus ergibt sich aber für die westdeutsche Nachkriegsdemokratie sofort die Frage, ob es denn so etwas wie die legitimierende Kraft einer »geliehenen Revolution« geben könne oder ob es sich dabei nicht vielmehr um eine künstliche Konstruktion handeln müsse, die bei Wegfall der tragenden äußeren Kräfte und einer Veränderung der allgemeinen politischen Rahmenbedingungen sich sofort als halt- und grundlos erweisen werde.
Wenn es allein auf die legitimierende Kraft von Traditionsbeständen ankäme, so wäre dieses Argument sicherlich sehr bedenkenswert,

aber es kommen noch zwei weitere Faktoren hinzu: die soziale Gegenwart, das heißt die Prägung neuer Generationen durch die vorgefundene soziale Realität und als drittes die Interessen. Interessen, soziale Realität und normative Traditionsbestände prägen das Denken und bestimmen demnach auch das Handeln einer sozialen Großorganisation, und in diesem Dreieck vollzog sich eine mehr als ambivalente, insgesamt gesehen jedoch erfolgreiche demokratische Entwicklung der Bundesrepublik Deutschland nach dem Kriege.

Dennoch blieben die fünfziger und sechziger Jahre in Westdeutschland von einer ganz spezifischen Ambivalenz geprägt, zwischen demokratischer Gegenwart einerseits und autoritärer bis nazistischer Erinnerung andererseits. Die Demokratie war damals mehrheitlich zwar soziale Realität und entsprach zunehmend den Interessen des Landes, aber es fehlten völlig die demokratischen Traditionsbestände in einem Volk, in dem es damals wesentlich mehr Nazis als Widerstandskämpfer gab, zumal der kalte Krieg und ein militanter Antikommunismus die Widerstandstradition gegen die Nazis, die keineswegs antikommunistisch geprägt war, aus eben diesem Grunde zunehmend entwertete.

Exakt aus dieser spezifischen Lage heraus gegen Mitte der sechziger Jahre erklärt sich die nachhaltige Wirkung des »magischen« Jahres 1968 in Westdeutschland: Zum ersten Mal wurde eine tiefgreifende Veränderung der sozialen Realität des Landes von unten und im Widerstreit gegen die überkommenen, vordemokratischen Traditionsbestände durchgesetzt und diese dadurch zurückgedrängt, ja im Laufe der Zeit sogar abgelöst. Der innere »Wilhelminismus« und versteckte, untergründige Nazismus in der westdeutschen Nachkriegskultur wurde 1968 zugunsten einer Demokratisierung von unten – einer inneren Verwestlichung – endgültig historisch zu Grabe getragen. Hinzu kam mit dem Machtwechsel von 1969 die Probe auf die praktische Funktionsfähigkeit der westdeutschen Nachkriegsdemokratie: Würden die Konservativen eine Regierungsbildung ohne und gegen sie nach zwanzig Jahren ununterbrochener Machtausübung akzeptieren? Sie akzeptierten den Wechsel, wie man rückblickend weiß, wenn auch erst nach heftigsten ostpolitischen Stürmen und einer glanzvoll verlorenen Wahl, aber auf dem Hintergrund von Weimar war dieser erste Machtwechsel in der

Bonner Nachkriegsrepublik alles andere als selbstverständlich und deutsche Normalität. 1968 war gewiß voller Widersprüche und Ungereimtheiten, ja der Angriff auf die nazistischen Verbrechen der Väter und ihre massenhafte Kollaboration mit dem Verbrechen endete bei einem Teil der Bewegung selbst im Verbrechen des linksradikalen Terrorismus, der schließlich in zwanghafter Kopie mit dem Mord an Hans Martin Schleyer selbst der Genickschußmentalität der Nazis erlag. Aber das Jahr 1968 war eine historische Zäsur, denn mit diesem Jahr und seinen Folgen begann in Westdeutschland innenpolitisch das Ende der Nachkriegszeit und wurde aus jener »geliehenen Demokratie« der Westalliierten eine eigene demokratische Entwicklung Westdeutschlands, und es begann eine eigene demokratische Traditionsbildung.

Hier liegt nun der bedenkenswerte Einwand nahe, dies wäre eine Überschätzung von 1968, und die demokratische Entwicklung in den Parteien und Institutionen habe bereits vorher verändernd auf die bundesrepublikanische Gesellschaft gewirkt; wichtiger als die Studentenrevolte wäre der Machtwechsel unter Willy Brandt und Walter Scheel 1969 mit der Bildung der sozialliberalen Koalition gewesen. Ich halte dies für eine müßige Debatte, denn beides ist voneinander nicht zu trennen und fällt auch nicht zufällig zusammen. Der Vollständigkeit halber muß man noch den kulturrevolutionären Epochenwechsel in den westlichen Industriegesellschaften hinzufügen, die mit dem Durchbruch des Konsumkapitalismus Mitte der sechziger Jahre endgültig Abschied von der protestantischen Ethik nahmen, und dieser Bruch setzte sich in einer kulturrevolutionär geprägten Jugendrevolte in allen westlichen Industrienationen durch. Selbstverständlich hat 1968 auf dem zwanzigjährigen Vorlauf seit Verabschiedung des Grundgesetzes 1949 aufgebaut, und der Weg hin zu 1968 hatte, etwa mit der SPIEGEL-Affäre, weitaus früher begonnen. 1968 ist in der politischen Geschichte der Bundesrepublik Deutschland eine Chiffre für die Selbstaneignung der geliehenen Demokratie durch die Westdeutschen, sei es auf der Straße, sei es durch den Machtwechsel 1969, sei es durch den kulturellen Bruch und die zahlreichen institutionellen Veränderungen. Westdeutschland war binnen zweier Jahre durch den Aufbruch von 1968 einfach ein anderes Land geworden. Und wenn man angesichts des am 8. Juli 1994 vorzeitig und wegen der zahlreichen öffentlichen Proteste im Eklat abgebrochenen Staatsbesuches des chinesischen Ministerpräsidenten Li Peng in Deutschland – des Schlächters vom Tien An Men Platz in Peking – an den Besuch des Schahs von Persien und der Ereignisse am 2. Juli 1968 in Berlin zurückdenkt, als damals die Polizei eine Demonstration von Studenten mit beispielloser Brutalität auflöste und Benno Ohnesorg grundlos von einer Polizeikugel getötet wurde, dann begreift man, was sich in den vergangenen 25 Jahren in Deutschland, nachhaltig verstärkt noch durch die friedliche Revolution von 1989 in der ehemaligen DDR, durchaus positiv verändert hat.

Die deutsche Einheit von 1990 unterscheidet sich in nahezu allem von der deutschen Einheit 1871: Sie war friedlich, demokratisch, kam von unten, aus dem Volk, und wollte Demokratie und Marktwirtschaft und nicht nationale Größe, äußere Macht und Monarchie. Auch die wichtigsten Interessen des Landes sind innen- und außenpolitisch zwischen 1990 und 1871 grundsätzlich verschieden: Die Bundesrepublik ist heute eine demokratisierte Mittelklassengesellschaft, sozialstaatlich verfaßt, marktwirtschaftlich europäisch integriert und transnational ausgerichtet, in ihrer politischen Kultur durch und durch zivil geprägt und unangefochten demokratisch, parlamentarisch und rechtsstaatlich; das Kaiserreich hingegen war eine autoritäre Klassengesellschaft, sozial desintegriert und auf den Klassenkampf von oben gegen unten gebaut, ein Machtstaat, nationalistisch durch und durch, der nach Hegemonie und Weltmacht strebte, wirtschaftlich ebenfalls aggressiv nach deutscher Hegemonie drängte, antidemokratisch und militaristisch bis ins Mark.

Nichts spricht also angesichts dieser gravierenden Unterschiede (und zahlreiche weitere ließen sich noch hinzufügen) und einer völlig anderen politischen Lage für eine Gleichsetzung der Gefahren, die 1871 von jener Reichseinigung von oben mit »Blut und Eisen« ausgingen, mit den Folgen der friedlichen und vertraglich im Einvernehmen aller Mächte erfolgten Wiedervereinigung von unten 1990. In einer einzigen, durchaus wichtigen Frage aber besteht nach wie vor eine Kontinuität, und zwar in der anhaltenden Unsicherheit der Deutschen über sich selbst. Das Problem der »Großmacht ohne Staatsidee« (Helmuth Plessner) existiert selbst unter den ganz anderen Bedingungen der Gegenwart nach wie vor, denn noch immer wissen die Deutschen nicht zweifelsfrei, was sie von sich und ihren Möglichkeiten, Chancen und Risiken halten sollen, die sich aus ihrer Geschichte, Lage und Stärke ergeben. Gewiß wird sich die überwiegende Mehrheit der Deutschen heute als gute Europäer definieren. Die für die Zukunft sich nachdrücklich aufdrängende Frage ist nur, ob sie dies angesichts der völlig veränderten Lage des Landes nach dem Ende des kalten Krieges und der wiedergewonnen Einheit und Souveränität auch in zehn Jahren noch so sehen werden.

Gewalt ist eine Grundtatsache jeder menschlichen Existenz, und die Hegung und Bändigung dieser fast als anthropologische Konstante zu bezeichnenden Gewalt war und ist die zentrale Aufgabe von Kultur, Erziehung, Recht und Politik. Dennoch wird die menschliche Gewalt niemals überwunden, sondern im positiven Falle lediglich zivilisiert, in Kultur, Normen und Institutionen eingebunden werden können, wo sie dann durchaus segensreiche Wirkungen zu zeitigen vermag. Die Revolution als Modernisierungsprinzip der europäischen Neuzeit, die gewaltsame Durchsetzung von Volksherrschaft und nationaler Selbstbestimmung gegen die alten Mächte von Monarchie, Kirche, Schwertadel und Grundherrschaft also, hat der rechtstaatlich verfaßten Demokratie ihre Aura und auch ihre Legitimität verschafft. Barrikade, Bürgerkrieg und Königsmord sind die häßlichen und doch zugleich unerläßlichen Seiten von Demokratie, Verfassung und Parlamentsherrschaft gewesen, und es gibt kaum ein nationales Selbstbestimmungsrecht ohne nationalen Befreiungskrieg. Gewalt, die befreiende Gewalt des Volkes gegen die innere und/oder äußere Unterdrückung, dies ist der Urstoff, aus dem die modernen Demokratien ihre Legitimität bilden und mittels ihrer Traditionsbestände bewahren. In normalen Zeiten kommt es weniger auf die Härte und Belastbarkeit dieser Traditionsfundamente einer Demokratie an, wohl aber in Zeiten schwerer Niederlagen, Umbrüche und großer Krisen, und gerade für das wiedervereinigte Deutschland gilt die Feststellung von Christian Graf von Krockow mehr denn je, daß »die Reserven des Freiheitsbewußtseins, die in der Krise aufgeboten werden können, geringer (sind) als anderswo«.[326]

Der Frage nach den demokratischen Traditionsbeständen erhält gerade angesichts der jüngsten Entwicklung Deutschlands eine zentrale Bedeutung, denn dahinter verbirgt sich die weitere Frage, ob die normative Anbindung Deutschlands an die demokratische Verfassungstradition des Westens unwiderruflich und von Dauer sein und sich gegebenenfalls auch in der Krise als belastbar erweisen wird oder nicht.[327] Auf welche Traditionsbestände, und darin liegt möglicherweise die bleibende Gefahr jener »geliehenen Demokratie« Westdeutschlands von 1949, soll sich das wiedervereinigte und souverän gewordene Deutschland eigentlich beziehen? In Deutschland gibt es keine unter dem Einsatz von Eigentum, Freiheit und Leben siegreich durchgekämpfte demokratische Revolution, keine unter Opfern erkämpfte freiheitliche Bändigung der Gewaltproblematik von unten,[328] und eine sinnstiftende Rückwendung in die Vergangenheit ist Deutschland aufgrund seiner fatalen Geschichte verwehrt. Was an demokratisch belastbaren Traditionsbeständen also bleibt, sind die ambivalenten, insgesamt allerdings erfolgreichen vierzig Jahre Demokratie der Bundesrepublik West und die friedliche Wende des Jahres 1989 Ost. Die bundesrepublikanische Tradition hat, bis auf 1968 und seine Folgen, allerdings bis heute den bleibenden Nachteil, daß sie eine »geliehene« ist, d. h., ihr fehlt die legitimitätsbildende Kraft der befreienden revolutionären Gewalttat. Sie beruht auf Einsicht und auf Bildung, nicht aber auf der eigenen Revolution, und ob dieses »Bildungsfundament« der deutschen Demokratie in einer wirklich schweren Krise sich als tragfähig erweist, ist bis heute nicht gesichert.

Ganz anders verhält es sich hingegen mit der demokratischen Revolution vom Herbst 1989 in der DDR. Damals hat sich für das ganze Deutschland eine große historische Chance eröffnet, denn die Wende von 1989 war die einzige erfolgreiche demokratische Revolution auf deutschem Boden, die nicht von außen dem Land aufgezwungen wurde.[329] Es muß allerdings mehr als skeptisch machen, daß die Integration der Revolution von 1989 in die gemeinsamen demokratischen Traditionsbestände des wiedervereinigten Deutschlands bereits heute als mißlungen bezeichnet werden muß, denn die Bundesrepublik West weigerte sich schlicht, mehr als einen Beitritt der Bürger der ehemaligen DDR zuzulassen – und dies ist alles andere als in einem staatsrechtlich verengten Sinn gemeint. Es war vor allem der westdeutschen Illusion vom anhaltenden Status quo ante unter nunmehr lediglich wiedervereinigten Bedingungen zu verdanken, und andererseits wollte die Mehrheit der Menschen in der ehemaligen DDR auch nicht mehr als einen Beitritt. Die deutsche Demokratie hat dadurch auf eine wichtige, legitimierende Traditionsbildung fahrlässig verzichtet, zumal vergleichbare demokratische Traditionsbestände in der deutschen Geschichte äußersten Seltenheitswert genießen. Die friedliche Revolution von 1989 ist heute bereits verblaßte Geschichte, verschwunden einerseits hinter dem möglichst schnellen Aufbau Ost, der sich tatsächlich immer mehr als ein Nachbau West erweist, und den sanften Erinnerungen und milden Verklärungen der scheinbar gemütlichen Knechtschaftsverhältnisse der dahingegangenen DDR andererseits.

Der politische Bogen der bundesrepublikanischen Demokratie vor der Einheit spannte sich zwischen dem innen- und dem außenpolitisch zentralen Punkt der Westbindung: Die demokratische Linke setzte auf die innere Demokratieentwicklung und war gegenüber der außenpolitischen Bündniseinbindung oft kritisch bis ablehnend eingestellt[330], die demokratische Rechte hingegen hatte ihre Probleme mit der inneren Demokratieentwicklung, kaum hingegen mit der außenpolitischen West- und Bündnisorientierung. Seitens der Linken hat es immer wieder, zuletzt durch die Friedensbewegung gegen die Stationierung neuer amerikanischer Mittelstreckenraketen in Westdeutschland in der ersten Hälfte der achtziger Jahre, neutralistische Sonderwegstendenzen gegeben, die allerdings trotz bester pazifistischer Absichten gerade im westlichen Ausland immer als ein historisches Anknüpfen an der Tradition des deutschen Sonderwegs verstanden wurden.

Wir erleben in den vier Jahren seit der staatlichen Einheit Deutschlands nun eine mehr als merkwürdige Verschiebung der Fronten in der innenpolitischen Diskussion. Die Linke entdeckt die historisch überragende Bedeutung der Westintegration für die deutsche Demokratie und rückt zunehmend in Positionen ein, die die Rechte zu räumen beginnt. Das rechte demokratische Lager hingegen hat die Unverzichtbarkeit der »Nation« und damit eines mehr oder weniger aufgeladenen »Nationalismus« als Legitimitätsbildung für seine Politik nach der Einheit wiederentdeckt, und dieses Denken sucht wachsend Anschlüsse an vordemokratische und deutschnationale Traditionen aus der Zeit des deutschen Sonderweges.

So findet sich etwa eine Hymne auf die Wiedergeburt des Nationalstaats im Supplement der Zeitschrift DAS PARLAMENT von Karlheinz Weißmann über die »Wiederkehr eines Totgesagten: Der Nationalstaat am Ende des 20. Jahrhunderts«. Dort kommt Weißmann auf den völkischen Kern seines hymnisierten Anliegens in Sachen nationaler Wiedergeburt recht offen zu sprechen: »Nationen beruhen – vielleicht mit Ausnahme der Schweiz – grundsätzlich auf dem Bewußtsein ethnischer Identität... Der Prozeß des ›nation building‹ und d. h. auch der (nicht selten gewaltsamen) Einschmelzung verschiedener ethnischer Anteile liegt in West- und Mitteleuropa einige Zeit zurück. Er fand in Jahrhunderten einer relativ geringen Bevölkerungsdichte statt, und Toleranz gegenüber Einwanderern konnte von einem repressiven Staatswesen notfalls erzwungen werden... Und schließlich sollte das Beispiel der Vielvölker- und Nationalitätenstaaten eigentlich davor warnen, den ›ethnischen Faktor‹ zu ignorieren: Er ›ist ein nicht hintergehbarer ›Rest‹ des Politischen‹, der unter verschiedenen Umständen eine verschieden große Rolle spielt, der aber nicht verschwindet, auch durch Aufklärung und demokratische Verfahrensweisen nur begrenzt neutralisiert werden kann. Der Versuch, das zu übersehen zugunsten eines Menschheitsbegriffs, der grundsätzlich jedermann in die Nation aufzunehmen bereit sein muß, wird den Rassismus hervorrufen, den er vermeiden möchte.«[331] Man sieht, die Ideen einer längst überwunden geglaubten Vergangenheit erfreuen sich in den jungdeutschen Akademikerkreisen einer zweiten Jugend.

Die Gründe für diese strategische Verschiebung seit 1989 sind recht einfach zu benennen: Die ideelle Bindungswirkung des zentralen politischen Dreisatzes des westdeutschen Konservativismus der Nachkriegszeit, bestehend aus Antikommunismus, Marktwirtschaft und Westbindung, hat unter den veränderten Bedingungen Deutschlands nach der Einheit und dem Ende des kalten Krieges erheblich nachgelassen und reicht zur Legitimierung konservativer Politik nicht mehr aus. Was Wunder auch, denn wodurch soll sich der deutsche Konservativismus denn nach dem Verlust des alles überragenden antikommunistischen Feindbildes noch ideell legitimieren? Was von der deutschen Nationalfrage – und sie war und ist das Lebenselexier der deutschen Rechten – nach dem selbstverschuldeten Jahrhundertdebakel 1945 übriggeblieben ist, war auf die Überwindung der deutschen Teilung und, viel wichtiger noch, auf den Antikommunismus zusammengeschnurrt, denn erst auf dem Hintergrund des Antikommunismus konnte die »offene« deutsche Frage ihre politische und moralische Legitimation entfalten.

Die Drohung mit dem stalinistischen Kommunismus und der aggressiven Supermacht Sowjetunion war die einfachste Legitimitätsbildung, auf die man im Westen insgesamt und ganz besonders in Deutschland vierzig Jahre lang bequem zurückgreifen konnte. Der Feind stand ja bereits in der östlichen Hälfte des eigenen Hauses, und insofern ergab sich die Bindungswirkung allein aus der Abwehr der Bedrohung. Mit dem Wegfall der Bedrohung ist aber auch diese Form konservativer Legitimitätsbildung weggefallen, und nun stellt sich die Frage nach den neuen Inhalten konservativer Legitimitätsbildung. Hierzu verblieb allein die Nation und ihre nationalistische Instrumentalisierung, und insofern kann man bereits an der Fragestellung erkennen, daß die Frage nach der Kontinuität der Verwestlichung unter den grundsätzlich veränderten politischen Bedingungen Deutschlands nach der Einheit und dem Ende des kalten Krieges eben doch nicht so einfach zu beantworten ist, wie es beim ersten Nachdenken den Anschein hat. Es verwundert daher kaum, daß im rechten Lager der deutschen Politik, zuerst langsam und leise, mittlerweile kräftiger und lauter, an der Westbindung als dem Fundament der westdeutschen Nachkriegsdemokratie herumzusägen begonnen wurde.

Im konservativen politisch-intellektuellen Lager findet gegenwärtig unter dem Druck der neuen »nationalen Realitäten« Deutschlands nach dem Ende des kalten Krieges, nach der wiedergewonnenen staatlichen Einheit und nach dem Legitimationsverlust durch die historische Erledigung des Antikommunismus ein langfristig wirkender Umorientierungsprozeß statt, der faktisch auf die Revision der wichtigsten Grundpositionen des westdeutschen Nachkriegskonservativismus hinausläuft und machtpolitisch durchaus zu einer Trennung von nationaler Rechten und dem mehr christsozial orientierten Zentrum und damit mindestens zu einer inneren geistigen Spaltung führen wird, vielleicht sogar zu einer Abspaltung oder selbst Auflösung der Union in der Ära nach Kohl. Und nicht umsonst steht dabei, anknüpfend an die Debatte der frühen fünfziger Jahre, erneut die »Westbindung« Deutschlands im Mittelpunkt aller Revisionsversuche, nur daß es diesmal weniger um Außenpolitik geht als vielmehr um die innergesellschaftliche nationale Sinnsuche unter dem Einsatz der Geschichte als sinnstiftendem Instrument.[332]

Die Auseinandersetzung mit der »Westbindung« der alten Bundesrepublik zielt mitnichten auf die Außenpolitik, sondern vielmehr auf die innere Verwestlichung Deutschlands, auf dessen »Westernization«, auf die Delegitimierung jener »geliehenen Revolution« von 1945, die zur Gründung und den demokratisch erfolgreichen vierzig Jahren der Bundesrepublik (West)Deutschland geführt hat. Legt man allein rationale Erfahrungskriterien zugrunde, so kann man sich durchaus mit dem kurzbündigen Verdikt von Hans D. Barbier bescheiden, der diese ganze neuerweckte nationale Sinnsuche seit 1989 zwischen Rhein und Oder bestenfalls für völlig überflüssig, schlimmstenfalls aber für einen gefährlichen historischen Rückschritt hält:

»Was hat denn der Bonner Republik gefehlt in ihrem Verzicht auf nationale Rhetorik? Das war doch kein immerwährendes Seminar postnationaler Träumerei. Die Bonner Republik war ein kompletter Staat mit einer weltoffenen Bevölkerung, die es rasch gelernt hatte, innere Konflikte im Geist der offenen Gesellschaft zu handhaben und sich im Regelwerk einer die nationalen Grenzen überwindenden, freiheitlichen Weltwirtschaftsordnung erfolgreich zu bewegen. Die Bonner Republik hat sich in den Dienst der europäischen Integration gestellt, ihre äußere Sicherheit im atlantischen Bündnis gefunden und ihre Mitgliedschaft in den Vereinten Nationen in Bescheidenheit wahrgenommen. Die mentale Hinwendung zum Kosmopolitischen ohne eine ängstliche Infragestellung der eigenen Staatlichkeit ist eines der Charakteristika gewesen, die der

Bundesrepublik Achtung verschafft haben, weil sie jenseits der Rechtslage ruhige Souveränität ausstrahlte. Nicht der frühe wirtschaftliche Erfolg ist eigentlich das Wunder gewesen, sondern die wie selbstverständliche Handhabung der Grundsätze liberaler, westlicher Staats- und Gesellschaftsideen. Die verträgt sich im Prinzip auch mit dem – nicht zu lauten – Rekurs auf das Nationale. Den Deutschen scheint praktizierte Liberalität aber leichter zu fallen, wenn sie auf die Betonung des Nationalen verzichten. Warum sollte man aus dieser Erfahrung nicht lernen? Was also hat gefehlt in der Zeit der Bonner Republik? Die Freiheit für die Landsleute in der DDR. Aber was hat die Freude an der wiedergewonnenen Freiheit und Einheit mit der so unsouverän wirkenden Quengelei um nationale Idenität zu tun? Waren die Entbehrungen so groß? Manche müssen entsetzlich gelitten haben in einem Staat, der sich nicht als Nation beschreiben konnte und wollte. Das wird nun kuriert. Nach der Vereinigung hat manch einer im Westen schneller seinen emotionalen Bedarf an Nationalem gedeckt, als die Landsleute im Osten nach gebrauchten Mittelklassewagen gesucht haben.«[333]

Die Geschichte vollzieht sich leider nur sehr eingeschränkt und selten streitfrei oder gar kampflos nach rationalen, an der Erfahrung gewonnenen Kriterien, sondern reagiert auf sich verändernde Bedingungen bisweilen höchst emotional, ja irrational, denn sie wird allein und ausschließlich von Menschen gemacht. Die nüchterne Erfahrungspragmatik von Barbier stillt eben nicht die Sehnsucht, die in den feuchten Tagträumen der neuen Deutschnationalen von Nation und nationaler Größe zum Ausdruck kommt, und sie reicht schon gar nicht – und dies ist weitaus ernster zu nehmen –, um den Legitimationsverlust des Konservativismus in Deutschland nach dem Ende des kalten Krieges aufzufangen. Spätestens hier wird die Sache aber hochpolitisch.

Das Ende des kalten Krieges hat in Westeuropa die politischen Rollen und Funktionen entlang der tradierten Rechts-Links-Achse auf den Kopf gestellt: Im postsowjetischen Europa geht der Angriff auf den Status quo nicht mehr von der Linken aus, die sich vielmehr in dessen Verteidigung als eher »konservativ« erweist, sondern die nationale Rechte will diesen Status quo abschütteln und überwinden, will zurück in die Vergangenheit der »ewigen Wahrheiten« des europäischen Nationalstaates und des Nationalismus. Man kann darin durchaus einen leichten Anflug der zwanziger Jahre erkennen, aber ansonsten ist die heutige Lage Europas von der vor siebzig Jahren völlig verschieden. Das ganze jungdeutsche, nationale Erweckungsgetue wäre in der Tat nicht weiter von Belang, wenn in Deutschland nicht jenes Vakuum bei den Traditionsbeständen bestünde, das jene anhaltende und unbefriedigte Sehnsucht nach Sinngebung durch nationale Politik hervorbringt.

»Nicht die Überwindung nationaler Identität kann daher die Aufgabe der Gegenwart sein, sondern ihre Rekonstruktion. Wer das deutsche Kollektiv der Gegenwart hingegen durch eine einseitige Instrumentalisierung der Vergangenheit in ›Dauerscham‹ und damit letztendlich in ›Dauerschuld‹ zu halten versucht, will eine solche Normalisierung im Umgang der Deutschen mit ihrem Deutschsein verhindern.«[334] Derart abwegig und zugleich unverhohlen dröhnt der neue deutschnationale Revisionismus durch das vereinigte Deutschland. Hier wird das zu überwindende nationale Sinndefizit von Ansgar Graw offen thematisiert: Es geht um das »Deutschsein«, was immer das heutzutage auch heißen mag. Gewiß hingegen ist, worauf dieses postulierte »Deutschsein« defintiv hinaus will, nämlich auf die Entschuldung und damit Entlastung des deutschen Nationalismus von Auschwitz. Die Erinnerung stört, führt über die ›Dauerscham‹ zur ›Dauerschuld‹ und hindert das deutsche Volk am ›Deutschsein‹. Man glaubt es nicht!

Graw sieht in den hochkontroversen Positionen von Jürgen Habermas und Michael Stürmer im »Historikerstreit« lediglich eine Kontroverse unter Adenauers Enkeln, beides für ihn »gescheiterte Intellektuelle«: »Bei aller inhaltlichen Gegensätzlichkeit trafen sich aber in ihrer ideologisch-politisch bedingten Abneigung gegen die Wiederherstellung des deutschen Nationalstaats in den Personen von Stürmer und Habermas zwei konformistisch denkende Enkel Adenauers. Beide wollten, auf unterschiedliche Weise zwar, den Status Quo der deutschen Teilung bewahren, die Bundesrepublik fest in den Westen einbinden und damit auf Distanz ›zum Osten‹, zu Osteuropa halten. Beide sahen keine positiven Alternativen zum System von Jalta und Potsdam. Je nach dem Grad der Rücksichtnahme auf diese beiden gescheiterten Intellektuellen wird man sich zu entscheiden haben, ob man ihre Position als Ergebnis von Phantasielosigkeit oder von Einfallslosigkeit ansehen möchte.«[335] Und weiter fabuliert dort der wiedererwachte »Rembrandtdeutsche« Graw von einer neuen Generation, die das große Werk in Angriff nehmen wird, »Deutschland sein Selbstverständnis als Land der Mitte zurückzugeben« (was trotz aller prowestlichen Verneigungen nur Sinn in Abgrenzung von eben dieser Westbindung macht und ihre perspektivische Revision anstrebt): »Nachdem diese Konzepte des Status Quo widerlegt sind, sollten jüngere, von derartigen Irrtümern unbelastete Denker nach einer neuen Position für das wiedervereinigte Deutschland im Europa der Gegenwart suchen. Ein solches Deutschland wird ... trotz aller Probleme und Zerreißproben der Gegenwart demokratisch-parlamentarisch verfaßt bleiben und ein verläßlicher Partner des Westens sein. Eine Vorbedingung dafür ist die Aussöhnung mit der Geschichte, deren dunkle Seiten nicht vergessen werden, aber auch nicht die Tagespolitik determinieren dürfen. Zugleich wird dieses Deutschland seine Mittellage akzeptieren und sich als Scharnier zwischen Ost und West, als Brücke verstehen müssen. Die eigene geographische Lage wie die existentiellen Bedürfnisse der Staaten in Mittel- und Osteuropa legen diese Entscheidung nahe.« An all diesen Gedanken ist nichts Neues zu finden, außer der bedrückenden Tatsache, daß sie trotz schlimmster historischer Erfahrungen mit ihnen seit 1989 in Deutschland wieder ernst genommen werden müssen. Der Zeitgeist schiebt die Gegenwart Europas eben im historischen Rückwärtsgang voran.

Die neuen »Jungdeutschen« und ihr nationaler Revisionismus hauen noch nicht krachend mit der rhetorischen Faust auf den nationalen Tisch, noch nicht, sondern sie pflegen den indirekten Diskurs, wie er in rechtsnationalistischen bis rechtsradikalen Subkulturen über die vier Jahrzehnte der alten Bundesrepublik hinweg durchaus üblich war. Damals durfte man eben »noch nicht« (oder »nicht mehr«) offen von seinen »wirklichen« Überzeugungen und Absichten reden, der Schuldvorwurf »Auschwitz!« und die antikommunistische Interessenallianz mit dem Westen ließen dies nicht ratsam erscheinen. Aber selbst heute verbleibt die deutschnationale Revision vorerst im Geraune, was allerdings verwundern muß, denn angesichts der angedeuteten deutschnationalen Erweckungsambitionen erstaunt dieser taktische Kleinmut. Fürchtet man die öffentliche Reaktion? Das Ausland gar? Oder schlicht die Angreifbarkeit der eigenen Positionen bei offener und lauter Rede? Oder ist es die dann mit Sicherheit drohende Offenbarung einer höchst unrühmlichen geistigen Verwandschaft im Niemandsland des politischen Rechtsradikalismus? Nichts, so die vordergründigen Erklärungen des neuen Nationalrevisionismus, soll wirklich anders werden an den Grundpositionen des wiedervereinigten Deutschland, aber genau deshalb muß es doch hinterfragt werden dürfen! Westbindung ja, aber doch nicht als »Totalwestbindung«! Was aber ist darunter zu verstehen?

Die »Westbindung« steht in Deutschland aus den genannten historischen Gründen für die »geliehene Demokratie«, der einzig erfolgreichen Demokratie allerdings in der deutschen Nationalgeschichte, und hinter ihrer Infragestellung tauchen die alten rechten Denkmuster der Ablehnung der »Reeducation« des deutschen Volkes nach 1945 auf, der »Umerziehung durch die Sieger«. Die Relativierung von Auschwitz durch dessen Historisierung und schließliche Ausblendung als mißliches Ereignis in einer »dunklen Vergangenheit« der deutschen Geschichte folgt auf dem Fuße. Und schließlich geht es erneut um den »Primat der Außenpolitik«, wird der »Verzicht auf Machtpolitik« durch das westliche Nachkriegsdeutschland gegeißelt, ohne allerdings auch nur ein Wort darauf zu verschwenden, woran es denn Deutschland dadurch gemangelt habe, und schließlich sehnt man in fast wollüstig irrationaler Weise die Wiederkehr von deutscher »Machtpolitik« nach der Wiedervereinigung herbei.

Bevor allerdings eine neue nationalistische Legitimations- und demnach auch Traditionsbildung im vereinten Deutschland wieder möglich wird, muß durch die deutschnationale Geschichtsrevision zuerst die Legitimität der alten Bundesrepublik abgeräumt werden. 1945 und 1968 sind die beiden magischen Daten dieser neuen historischen Kampflinie des deutschnationalen Revisionismus, die es erst zu entzaubern und dann zu überwinden gilt, denn an ihnen macht sich die Legitimität der Bundesrepublik (West) fest.[336] Es gibt für diesen strategischen Umorientierungsprozeß des rechten Lagers in Deutschland noch weitere Indikatoren. So brechen etwa seit dem

Ende des kalten Krieges und der wiedergewonnenen Einheit auf der rechten Seite der deutschen Politik, bis in die CDU/CSU hinein erkennbar, zum ersten Mal massive europakritische Tendenzen auf.[337] Die Aufgabe, ja selbst nur die Relativierung des Ziels eines europäischen Bundesstaates ist für die Revisionsbestrebungen der neuen nationalen Rechten von überragender Bedeutung, und diese Schlacht wird zuerst und vor allem innerhalb der Union geschlagen: »Es scheint fast so, als sei damit die Vorstellung allgemein durchgesetzt, daß sich ›jegliche Europapolitik zwischen der Szylla eines überholten Nationalismus und der Charybdis einer nationsnegierenden Europa-Begeisterung... bewegen‹ muß. Sollte das tatsächlich der Fall sein, hätte – praktisch unbemerkt – eine der einflußreichsten politischen Positionen der Nachkriegszeit eine entscheidende Niederlage erlitten.«[338] Man merkt in diesen Worten dem Autor Karlheinz Weismann so richtig seine zitternde Erregung ob dieser sich abzeichnenden deutschnationalen Siege über die »nationsnegierende Europa-Begeisterung« an.

Angereichert wird diese wachsende Distanz zu Europa und die Aufgabe des Ziels eines europäischen Bundesstaates zugleich mit einer wachsenden, noch stark intellektualistischen Infragestellung der Westbindung der Bundesrepublik Deutschland durch die Rechte, und das alles findet in einem gesellschaftlichen Klima in Deutschland statt, das durch eine massive Mobilisierung völkischer Ressentiments in der Asyldebatte und einer rechtsradikalen Gewaltwelle gegen Fremde und Andersfarbige geprägt ist. Der deutsche Nationalkonservativismus hat sich also wieder einmal auf den Weg gemacht, eine »deutsche Identiät« jenseits der westlichen Moderne zu begründen, nachdem die Zwangsverhältnisse des kalten Krieges und der Schuld an Auschwitz ihm fünfundvierzig lange Jahre diese Mühsal erspart hat. Jetzt bricht die große Vorfreude der sich ankündigenden Wiedergeburt Deutschlands aus, denn »mit dem Ende der Nachkriegs-Konstellation geht auch Nachkriegs-Deutschland zu Ende. Auf das kurze Ende der DDR folgt die lange Agonie Westdeutschlands«,[339] und aus dieser Agonie soll die Wiedergeburt Deutschlands in seiner ganzen nationalen Pracht und Herrlichkeit entstehen, demokratisch zwar, gewiß westorientiert und europäisch, aber zuerst und vor allem doch wieder Deutsch-

land als Macht. Es bedarf allerdings keiner allzu großen prophetischen Gabe, um vorauszusehen, daß die westlichen und europäischen Verbeugungen des neuen Deutschnationalismus nicht mehr von langer Dauer sein werden und daß es ebenfalls nur eine Frage der Zeit sein wird, bis dann auch das innere Demokratieprinzip auf mehr oder weniger subtile Weise wieder angenagt werden wird.
Folgt man den zahlreichen Propheten der wiedererstehenden deutschen Macht (vorzüglich finden sich diese, was Wunder auch, in der gelehrten Zunft der Historiker, aus deren Reihen ja bereits im ersten preußisch-deutschen Nationalstaat die nationalen »Chefideologen« des deutschen Machtstaates und seiner Weltpolitik bis in den Untergang hinein gekommen sind), so war der erzwungene Verzicht Deutschlands nach 1945 auf äußere Machtpolitik, der Verlust des »Primats der Außenpolitik« also, die schlimmste Schmach und Demütigung, die Deutschland widerfahren war. Es wird ein Zerrbild gezeichnet von einer westdeutschen Republik der harmlosen und weltfremden Schafsköpfe, die in infantiler machtpolitischer Abhängigkeit von den Westmächten in pazifistischer Moral und weichem, kapitulatorischem Internationalismus versanken – Moralismus statt Machtpolitik! –, ihre Energien ausschließlich dem schnöden Mammon zuwandten und eine Gesellschaft hervorbrachten, die durch und durch zivil war, dem »Primat der Innenpolitik« huldigte, das angeblich universelle Versicherungsprinzip des Sozialstaates ausbaute und nur noch dem Eigennutz und dem kurzfristigen Vorteil frönte.[340] Als wenn die Bundesrepublik nicht Schritt für Schritt und nach Maßgabe ihrer politischen Spielräume interessenbezogene Politik gemacht hätte, nur war es eben eine zivile, sehr stark wirtschaftlich orientierte Politik gewesen. Es ist eine lachhafte Mär, aus der westdeutschen Bundesrepublik einen machtvergessenen Lämmerschwänzchenstaat verweichlichter Selbstverwirklicher zu machen, dem es an machtpolitischer Härte gefehlt habe. Man erkundige sich doch nur einmal in Paris, London oder Washington nach der Rolle der Deutschen Bundesbank in der internationalen Finanzpolitik. Dort sah man seit längerem in der Bundesrepublik das machtpolitisch als Teddybär getarnte Krokodil, und dies nicht ganz zu Unrecht. Oder man erkläre sich die wirtschaftliche Großmachtrolle Westdeutschlands auf dem Hintergrund die-

ser deutschnationalen Legendenbildung. Militärisch mußte die alte Bundesrepublik Zurückhaltung üben, und das war gut so, ja hat Deutschland sogar zum Vorteil gereicht, wie die Ergebnisse der letzten vierzig Jahre unschwer beweisen.

Ganz anders wird hingegen Deutschlands Zukunft aussehen, so die jungdeutschen Erweckungsbemühungen hinhauen werden: Nationale Größe, Verantwortung der Nation, Machtpolitik und militärische Stärke sind der normative Stoff, an dem es den Deutschen über 45 Jahre hinweg gemangelt habe, so die nationalkonservative Revision. Und genau damit sei jetzt Schluß, denn mit der Einheit gingen die Uhren auch in Deutschland wieder in machtpolitischer Echtzeit. Jalta und Potsdam wurden von der Geschichte bereits seit 1989 abgeräumt, und Versailles wird gegenwärtig in Ostmitteleuropa und auf dem Balkan von derselben Geschichte erledigt. Deutschland kann dann erneut dort beginnen, woran es in Europa durch die Niederlagen in zwei Weltkriegen gehindert wurde, nämlich bei der Durchsetzung seiner Hegemonie, denn der ganze neuerstandene deutschnationale Revisionismus macht nur dann einen Sinn, wenn er letztendlich auf die unangefochtene Hegemonie Deutschlands in Europa setzt, zu »modernen« Bedingungen gewiß, aber eben doch als deutsche Hegemonie. Dies ist schlichter Irrsinn nach all den historischen Erfahrungen, gewiß, aber dieser Irrsinn beginnt sich in den Köpfen vor allem einer jüngeren konservativen Intelligenz nach der Einheit wieder auszubreiten und ist ernstzunehmen.

Das alles riecht stark nach der Fortsetzung des alten deutschnationalen »Studienratsradikalismus« der Wilhelminischen Ära mit seinen Weltmachtsräuschen unseligen Angedenkens, und es zeigt sich daran auch, daß der eben neu erwachende Deutschnationalismus nur bedingt aus seinem Debakel von 1945 gelernt hat. Das innenpolitisch wichtigste Schlachtfeld dieses großangelegten deutschnationalen Revisionsversuches wird nicht die Frage einer multikulturellen Einwanderungsgesellschaft Deutschland (sprich: dessen innere Europäisierung) sein, sondern vielmehr die Frage der Erneuerung einer machtgestützten deutschen Außenpolitik. Gelingt hier der Durchbruch zu der neuen und zugleich alten Rolle des Primats der Außenpolitik als Machtpolitik, so ergibt sich daraus die weitergehende, innenpolitisch normative Revision fast wie von selbst. Die Bundesrepublik Deutschland wäre dann endgültig zur abgetanen Geschichte geworden, und unter Beibehaltung ihres guten Namens wäre dann die Politik des alten Deutschen Reiches und seine unselige Machtstaatstradition unter veränderten Bedingungen neu entstanden. Die politischen Folgen einer solchen Entwicklung wären außen- wie innenpolitisch verheerend, und so mancher kesse Planer in Washington, der heute in administrativer Kurzsichtigkeit zur Entlastung des eigenen Verteidigungshaushaltes nachdrücklich deutsche Truppen in aller Welt fordert, würde dann wohl merken, welche Büchse der Pandora er unter der Überschrift »strategische Partnerschaft« und »größere Verantwortung Deutschlands« zu öffnen geholfen hat.

Mit dem ansatzlosen, hurtigen Ende der Sowjetunion wurde der große Systemkonflikt der westlichen Moderne definitiv beendet. Es gibt keine sozialistisch-kommunistische Systemalternative mehr zum marktwirtschaftlich organisierten Kapitalismus, und damit endete auch jener grundlegende Ideenkonflikt zwischen Gleichheit und Freiheit, der die westliche Moderne seit der Französischen Revolution im permanenten Bürgerkrieg um die soziale und politische Emanzipation der Arbeiterklasse zu zerreißen drohte. Innerstaatlich wurde dieser Konflikt im Westen schon seit längerem durch die Sozialstaatsintegration und den demokratischen Verfassungsstaat entschärft und überwunden, aber durch die Russische Revolution 1917 war dieser ideologische Konflikt auch zu einem außen- und machtpolitischen Konflikt zwischen Staaten geworden, dessen Ende dann erst 1989/90 mit dem Zusammenbruch der Sowjetunion und ihres Imperiums kam. Die postsowjetische Welt wurde dadurch ideologisch und normativ nahezu wieder homogenisiert, zumindest in Europa, und das internationale Staatensystem deideologisiert. Was in Westeuropa von der Linken übrigblieb, ist im wesentlichen »radikale Demokratie« plus »Sozialstaat«.

Andererseits treten nach dem Ende des kalten Kriegs der Ideologien nunmehr die tatsächlichen Bruchlinien in der postsowjetischen Ära deutlich zutage. Der Revisionsversuch des europäischen Status quo durch einen wiedererwachten Nationalismus – dies ist keineswegs nur ein deutsches Problem, aber es ist in Deutschland von ganz besonderer Gefährlichkeit – läßt manche Position, manche Kontroverse und manches Bündnis aus der Ära des kalten Krieges in einem völlig anderen Licht erscheinen. Gerade in Deutschland macht der Angriff einer revisionistischen Rechten auf die Westbindung erneut die unverzichtbaren Grundlagen der zweiten deutschen Republik klar, aber ebenso klar treten dadurch auch die Versäumnisse, die Fehler, ja großen Irrtümer und bisweilen auch nur historischen Achtlosigkeiten der (west)deutschen Linken in der Vergangenheit zutage.

Wenn es richtig ist, daß die Westbindung die zentrale raison d'ètre der zweiten deutschen Demokratie ist, innen- wie außenpolitisch, dann wird es einer sehr selbstkritischen Auseinandersetzung mit nationalpazifistischen und neutralistischen »Sonderwegen« in der deutschen Linken bedürfen. Alfred Mechtersheimer, von dem man nun gewiß nicht sagen kann, daß er jemals ein Linker gewesen war und den es gleichwohl erfolgreich auf die pazifistische Linke verschlagen hat, hat diese Verbindung von Nationalismus und Pazifismus neuerdings sogar zum Programm erhoben und ist dabei kaum noch von dem deutschnationalen Revisionsversuch deutscher Politik zu unterscheiden:

»Historisch gesehen geht es darum, daß nach der politischen Bewußtwerdung des Volkes zur Nation nunmehr eine nationale Willensgemeinschaft entsteht, die nicht nur die formale Demokratie, sondern politische Wertvorstellungen wie Frieden und Entmilitarisierung durchzusetzen vermag. Das Ziel ist eine Kombination aus Nation, Demokratie und Pazifismus. Als Begriff wollen wir den ›nationalen Pazifismus‹ oder auch den ›Nationalpazifismus‹ verwenden. Damit wird ein Begriff positiv gewendet, mit dem ursprünglich die in der westdeutschen Nachkriegsgesellschaft gewachsene Zurückhaltung gegenüber einer militärischen Außenpolitik attackiert wurde. Auf der Ebene der individuellen Motivation wollen wir vom ›Friedenspatriotismus‹ sprechen. Dieser Nationalismus definiert sich nicht durch Abgrenzung, sondern durch den Wert Frieden. Der ›nationale Pazifismus‹ bewegt sich im Rahmen eines außenpolitischen Denkens, das der ›Entfeindung der Rassen, Religionen und Ideologien‹ (Walter Jens) dienen soll. Er unterscheidet sich von der herkömmlichen Theorie und Praxis durch das Prinzip der Zurückhaltung und der Eigenverantwortlichkeit. Dem ›nationalen Pazifismus‹ liegt die Annahme zugrunde, daß große Lösungen nur bausteinartig als Summe vieler kleiner Lösungen möglich sind und daß eine zu große Nähe von Rassen, Religionen und Ideologien die Menschen verfeindet [sic!, d. A.]. ... Aber der nationale Ansatz liegt parallel zu den weltweiten historischen Veränderungen, während die internationalistischen und supranationalen Theorien quer zur politischen Praxis liegen. Wer für den Fortbestand der Reiche und Vielvölkerstaaten eintritt, kann sich schnell auf der falschen Seite der Geschichte wiederfinden.«[341]

An Klarheit läßt Mechtersheimer nichts zu wünschen übrig, und dafür ist ihm zu danken, aber ebenso klar und eindeutig verdient er den massivsten Widerspruch für seine nationalpazifistischen Illusionen, denn Mechtersheimer betreibt nichts Geringeres als die Verbindung von Pazifismus und deutschem Nationalismus. Wer da, wenn es Ernst wird, auf der Strecke bleibt, ist auf dem Hintergrund der deutschen Geschichte völlig klar, nämlich der Pazifismus. Und wer, wie Alfred Mechtersheimer, glaubt, nach dem Ende des kalten Krieges den neuen zentralen Gegensatz nicht mehr zwischen Rechts und Links auszumachen, sondern zwischen Militarismus und Pazifismus (die USA selbstverständlich als Hort des Militarismus) – wo ihm gar mancher Linker in Deutschland zu folgen bereit sein wird –, die Nation und ihren Staat als unverzichtbare Handlungsebene der Zukunft erklärt und dann eine »Friedensmacht Deutschland« postuliert, die auf der Grundlage eines »neuen Patriotismus« eine Außenpolitik des »nationalen Pazifismus« betreibt, der darf sich nicht wundern, wenn er am Ende lediglich den Steigbügelhalter für die wirkliche deutschnationale Revision abgibt, die sich allerdings mit all den schönen pazifistischen Illusionen nicht lange aufhalten, sondern aus der »Friedensmacht Deutschland« kurzerhand die sattsam bekannte »Macht Deutschland« machen wird und aus dem »neuen Patriotismus« den uralten »deutschen Nationalismus«. Ich bin mir allerdings sicher, daß sich Alfred Mechtersheimer über diese Wirkung seiner nationalpazifistischen Ideen nicht allzusehr wundern wird.

Damit ich richtig verstanden werde, man konnte und kann mit sehr guten Gründen gegen die NATO-Nachrüstung gewesen sein, ohne

deshalb nationalpazifistischen oder neutralistischen Zielen anhängen zu müssen. Und ebenso kann man als »Westler« in Deutschland sehr wohl Pazifist, Kriegsdienstverweigerer und was auch immer sein, ohne sich in die Falle der deutschen Sonderwege zu verlaufen. Dies gilt auch und gerade für ein Land, von dem man ja nicht sagen kann, daß es durch pazifistische Traditionen in die Katastrophe und ins Unglück geführt worden wäre. Ganz im Gegenteil, die »Machtvergessenheit« der Deutschen ist ihnen selbst und Europa sehr gut bekommen, was sich so von der vorangegangenen Epoche deutscher »Machtbesessenheit« wohl nicht sagen läßt. Dennoch kommt man in Deutschland an der Tatsache nicht vorbei, daß sich auch und gerade eine pazifistische und linke Tradition zu der Frage der Westbindung und der Integration Deutschlands in Europa eindeutig verhalten und erklären muß. Eine deutsche demokratische Linke, die diese beiden historischen Grundbedingungen der bundesrepublikanischen Politik nicht mit Klauen und Zähnen verteidigt, muß von Sinnen sein, denn sie würde nicht nur das Land, sondern auch sich selbst erneut in eine schlimme Gefahrenlage bringen.
Offensichtlich haben viele Linke in der alten Bundesrepublik, angelehnt an die hermetisch abgeschlossene Blockgrenze des Eisernen Vorhangs und behütet von der US Army, die demokratischen Grundtatsachen des Gelingens der (west)deutschen Demokratie vergessen – und wie sehr der Erfolg dieser Demokratie vom Sieg des Westens über Hitler abhängig war. Das Ende des kalten Krieges und das erneute Auftauchen der nationalistischen Kräfte und Konstellationen der Zeit vor dem kalten Krieg tragen hier nachdrücklich zur Klärung bei. Eine antiwestliche deutsche Linke gibt sich als Kraft des Fortschritts, der Demokratie und der Solidarität in diesem Land tatsächlich selbst auf, denn ein deutscher Nationalpazifismus ist ein schlichtes Unding, weil er letztlich nichts anderes als den sattsam bekannten deutschen Nationalismus in pazifistisch verkleideter Terminologie bedeutet. Und deshalb macht sich an der Frage der Aufrechterhaltung von Deutschlands Westbindung und europäischer Integration auch die Frage von Fortschritt oder Reaktion, von Links und Rechts hierzulande fest.
Wie wird die außenpolitische Zukunft Deutschlands in der Welt nach dem kalten Krieg aussehen? Um dies beantworten zu können,

stellt sich vor allem eine zweite Frage: Was sind die Interessen des vereinigten Deutschland?
Noch schärfer formuliert: Setzt Deutschland nach seiner wiedergewonnenen staatlichen Einheit als potentiell stärkste Macht zwischen den USA und Rußland seine oberste Priorität weiter auf seine europäische Zukunft und damit auf die Zukunft der Europäischen Union, oder wird es verstärkt wieder auf seine nationale Zukunft setzen? Beides gemeinsam wird nicht zu haben sein, sowohl innenpolitisch als auch außenpolitisch nicht, denn ein renationalisiertes Deutschland wird eben nicht gleichzeitig der Motor der europäischen Einigung bleiben können.
Die deutsche Einheit wirft darüber hinaus ein sehr ernsthaftes Problem auf, denn historisch gesehen fand 1990 die »falsche Einheit«, nämlich die nationalstaatliche des 19. Jahrhunderts und nicht die europäische Einheit des 21. Jahrhunderts statt. Mit dem Fall der Mauer hat sich gezeigt, daß die DDR als freiheitliche Demokratie keine Zukunft hatte, denn das eigene Volk wollte diese Republik neben der Bundesrepublik nicht, und insofern gab es zur Wiedervereinigung keine Alternative. Dennoch stellt sich die bedrückende Frage, ob die deutsche Einheit von 1990 nicht »gegen die Zeit gebaut« wurde (besser: gebaut werden mußte!) – hierin scheint ja auch der eigentliche, durchaus recht sympathische Grund für den übereilten Vertrag von Maastricht zu liegen –, und wieweit diese nationalstaatliche Wiedervereinigung Deutschlands den europäischen Einigungsprozeß nicht wesentlich verlangsamt, ja zurückwirft oder am Ende gar blockiert, da das neue nationale Schwergewicht der deutschen Macht in der europäischen Mitte notwendigerweise gegenläufige Interessen hervorbringen wird. Hier liegt ein echtes Risiko aller zukünftigen deutschen Politik, das wohl nur durch härteste innenpolitische Kämpfe und stärkstes Durchhaltevermögen positiv aufzulösen sein wird, denn die Begeisterung für Europa hält sich in nahezu allen europäischen Nationen doch sehr in Grenzen und ist mehr eine elitäre Angelegenheit der politisch-ökonomischen Klasse denn die Sache der Völker.
Betrachtet man sich die Lage und die Interessen des vereinigten Deutschland, so mutet die innenpolitische Revisionsdebatte, festgemacht an der Rückkehr Deutschlands in die auswärtige Machtpoli-

tik, nachgerade bizarr an. Die eigentliche Frage an die zukünftige Entwicklung Deutschlands wird eher im benachbarten europäischen Ausland gestellt: Bekommt Deutschland jetzt, nachdem es friedlich und zivil geworden ist und mit dem Ende des kalten Krieges seine Einheit im internationalen Einvernehmen zurückerhalten hat, all das, was ihm Europa, ja die Welt, in zwei großen Kriegen erfolgreich verwehrt hat, nämlich eine Art »sanfter Hegemonie« über Europa, Ergebnis seiner Größe, seiner wirtschaftlichen Stärke und seiner Lage und nicht mehr seines militärstrategischen Potentials?

Dies ist die eigentliche Herausforderung an die deutsche Politik nach der Wiedervereinigung, und nicht eine verschwiemelte, rückwärtsgewandte »Normalisierung« deutscher Politik unter nationalen Auspizien. Anders gesagt, gerade weil zukünftig viel weiterreichende Herausforderungen, Ansprüche und Ängste auf die deutsche Politik national und international zukommen werden, wäre es fatal, wenn diese neuen außenpolitischen Herausforderungen und die notwendige neue Rollendefinition Deutschlands in Europa mit einer auch nur ansatzweise erfolgreichen deutschnationalen Revision im Innern einhergingen. Eine »Germanisierung« Europas wird es mit Sicherheit nicht geben, ein solcher Versuch Deutschlands würde nur zu erklärten oder nichterklärten antideutschen Koalitionen seiner Nachbarn führen. Das genaue Gegenteil liegt vielmehr im obersten deutschen Interesse, nämlich eine »Europäisierung« Deutschlands herbeizuführen, um so den Gefahren der Mittellage und der latenten Hegemonie zu entgehen, und dies hieße alles andere als die Überwindung oder gar Auflösung der deutschen Nation, genausowenig wie die der französischen, polnischen, niederländischen, luxemburgischen und all der anderen großen und kleinen europäischen Nationen, sondern vielmehr ihre dauerhafte europäische Verankerung und Einbindung in Frieden und Freiheit.

Die letzten 150 Jahre deutscher Geschichte zeigen doch jedem vorurteilslosen Beobachter, daß Deutschland gut beraten ist, machtpolitischen Herausforderungen nicht offensiv und auftrumpfend, sondern mit äußerster Zurückhaltung, Skepsis und Defensivität zu begegnen. Voraussetzung dazu ist eine starke innere Demokratie, und diese Erfolgsbedingung ist jetzt zum ersten Mal in der deutschen Nationalgeschichte wirklich gegeben. Die Selbstbegrenzung deutscher Politik ist einfach ein Gebot der Staatsklugheit und der historischen Erfahrung, da Deutschland nach der Wiedervereinigung nolens volens erneut in die Rolle einer latenten Hegemonie in Europa gedrängt wurde, Ergebnis seiner Mittellage, Bevölkerungsgröße und wirtschaftlichen Stärke, die mehr Befürchtungen, Ängste und Mißtrauen als zustimmende Freude und arglose Sympathie bei unseren Nachbarn auslöst. Daraus ergibt sich vor allem eine hohe Bündnisabhängigkeit, die mit der wachsenden Stärke Deutschlands gewissermaßen exponentiell wachsen wird, und d. h. jenes von den neuen Jungdeutschen so verklärte »Land der Mitte« braucht das genaue Gegenteil von nationaler Wiedererweckung, sondern ist vielmehr existentiell auf eine sich verstärkende Bündnisstruktur angewiesen, wenn es sich nicht erneut in der selbstgestellten Falle der »cauchemar de coalitions« und bekannter Einkreisungsängste verfangen will.

Hat also ein deutschnationaler Revisionsversuch, sei er nun pazifistisch drapiert oder machtpolitisch unverhüllt ehrlich in seinem nationalistischen Anspruch, allen Ernstes eine echte Chance angesichts der scheinbar übermächtigen europäischen Interessen der jeweiligen nationalen Wirtschaften? Gilt hier nicht vielmehr der gute alte Satz von Marx, daß das Sein das Bewußtsein bestimmt und die wirtschaftliche Basis den politischen Überbau? Hat der neue Nationalismus in der politisch-wirtschaftlichen Alltagspraxis denn überhaupt eine Chance, oder handelt es sich bei ihm nicht vielmehr um ein bloßes Seminar- und Feuilletonereignis, Ausdruck des Feindbildverlustes des Konservativismus nach dem Ende des Kommunismus und der Sowjetunion? Sind die harten Fakten an der ökonomischen Basis nicht schon längst irreversibel europäisch geordnet, und gibt es nicht schon eine transnationale europäische Wirtschaft, die durch die Imperative ihrer Entwicklung und durch den Zwang zur globalen Konkurrenz auf den Weltmärkten notwendigerweise transnational und nicht mehr national organisiert ist? Kann es demnach überhaupt noch ein politisches Zurück zu den Nationalstaaten in Europa geben, und sind all diese nationalistischen Wiedergeburten nichts weiter als intellektuell historische Reminiszensen angesichts einer Anpassungskrise der europäischen Nationalstaaten an ihre neue transnationale Organisationsform?

Vieles spricht für eine positive Beantwortung dieser Fragen, aber der Ausgang dieser Auseinandersetzung in Deutschland ist dennoch offen und wird nicht unerheblich auch von dem Verhalten der europäischen und transatlantischen Partner gegenüber der vollen europäischen Integration bestimmt werden. Es wird vor allem die Frage, ob es eine konkrete europäische Perspektive hin zur endgültigen Union geben wird oder nicht für die weitere innere deutsche Entwicklung von nicht unerheblicher Bedeutung sein. Nur – und hierin liegt eine nicht zu unterschätzende gewaltige Hürde –, dieses Europa als verwirklichte politische Union wird es nicht mehr gegen die bisher nicht beteiligten Völker und auf dem Verordnungswege von oben geben können, sondern nur noch demokratisch von unten, gewollt und getragen von den daran beteiligten Völkern.
Letztendlich haben sich auf mittlere Sicht in der Geschichte immer die »harten Fakten« in den Beziehungen der Mächte durchgesetzt und diese zielsicher bestimmt: Europa hat im Grunde nur drei »theoretische« und zwei »praktische« Alternativen zur Auswahl, um seine Angelegenheiten in der Zeit nach dem kalten Krieg zu ordnen. Erstens seine Spaltung und Aufteilung unter zwei nichteuropäische Supermächte, die gleichwohl prioritäre Interessen auf dem europäischen Kontinent verfechten. Dieses Modell der europäischen Fremdbestimmung und gewaltsamen Ruhigstellung des europäischen Hegemonialkonflikts hatte im gerade erst überwundenen System von Jalta seinen Ausdruck gefunden und war zugleich das Ergebnis des Scheiterns des zweiten Modells, nämlich des europäischen Gleichgewichtssystems und seiner ihm immanenten kriegerischen Hegemonilakonflikte. Beide Modelle sind als gescheitert zu betrachten. Als drittes Modell bleibt das Unionsmodell, d. h. die schrittweise sich vollziehende Integration der europäischen Nationalstaaten in eine gemeinsame wirtschaftliche und politische Organisation mit staatlichem Charakter, die damit aus den uralten außenpolitischen Machtrivalitäten der europäischen Nationalstaaten quasi wirtschaftliche Standortkonkurrenzen machen wird, die machtpolitische Kooperationskompromisse eingehen, wie es sich innerhalb der EU bereits heute in weiten Teilen durchgesetzt hat. Und da die Rückkehr zum System von Jalta gegenwärtig niemand in Ost und West auch nur theoretisch für realistisch hält, wird die

strategische Schlacht um die zukünftige außenpolitische Ordnung Europas zwischen der Rückkehr zu dem fragilen, instabilen und potentiell gewaltsamen europäischen Gleichgewichtssystem geschlagen, das zudem Europas Energien im hohen Maße nach innen lenken und die innereuropäischen Konkurrenzen fördern wird, und zwischen dem endgültigen Durchbruch zu einer supranationalen europäischen Ordnung, die auf der vollen wirtschaftlichen und politischen Integration der europäischen Staaten beruhen wird. Ein Drittes wird es nicht geben.

Die entscheidende Grundfrage der deutschen Außenpolitik nach der Beibehaltung des absoluten Vorrangs ihrer europäischen Zielpriorität wird allerdings nicht nur von Deutschland allein zu beantworten sein, sondern stellt sich als Frage ebenso an die europäischen Nachbarn Deutschlands. Innerhalb des nächsten Jahrzehnts muß die Entscheidung hin zur völligen Integration der Außen-, der Sicherheits-, der Wirtschafts- und der Währungspolitik erfolgen oder aber, diese Prophezeiung sei gewagt, es werden in Deutschland die Kräfte des nationalen Alleingangs mehr und mehr die Oberhand gewinnen, und zwar weniger aus deutschnationalen Revisionsgründen denn aus scheinbar nachvollziehbareren, rationaleren oder interessegebundenen Argumenten heraus. Ein solcher Prozeß wird sich nicht in dramatischen Schritten vollziehen, sondern Deutschland wird selbstverständlich seinen europäischen Verpflichtungen voll nachkommen, aber es wird, angelehnt an und eingebunden in Europa, mehr und mehr seine eigenen Interessen verfolgen und seine europäischen Einigungsanstrengungen zunehmend hintanstellen, wenn die vollintegrierte Union nicht in realistischen Zeiträumen in Sicht ist. Ein solcher Entfremdungsprozeß wird mit den Argumenten begründet werden, daß es sich Deutschland aufgrund seiner hohen Außenwirtschaftsabhängigkeit und daraus sich ergebender, recht eigener außenpolitischer Interessen nicht erlauben könne, noch länger auf die Fiktion Europa zu warten. Die multilaterale Grundorientierung der deutschen Außenpolitik würde in der Folge zunehmend einer wachsenden bilateralen Orientierung weichen.

Die deutsche Demokratie gründet auf der erfolgreichen Sozialstaatsintegration ihrer Bevölkerung, und diese muß mittels einer hocheffizienten Wirtschaft auf den Weltmärkten, in der harten Konkurrenz mit den USA und Japan vor allem, verdient werden, und deshalb, so dann vielleicht zukünftige Politiker, werde Deutschland zwar einerseits im langsamen europäischen Geleitzug weiter mitfahren, könne aber mit Rücksicht auf seine nationalen Interessen auf eine eigenständige, schnellere Gangart, parallel dazu und bilateral organisiert, nicht länger verzichten. Hinzu kommt ein absehbarer Generationenwechsel, dessen Wirkung auf die sich abzeichnende Alternative einer europäisch integrierten oder aber einer sich national zunehmend verselbständigenden deutschen Politik nicht zu unterschätzen ist. Damit würde Europa aber exakt dort landen, wo es die Politik der britischen Konservativen schon heute gerne hinmanövriert hätte, es wäre nämlich faktisch denaturiert zu einer Freihandelszone europäischer Nationalstaaten. Dies hätte dann aber die machtpolitische Konsequenz, daß ein zerklüftetes, gespaltenes Europa erneut seine Energien in der Suche nach dem Gleichgewicht der Mächte und der Abwehr von gefährlichen Hegemonialbestrebungen vergeuden würde. Deutschland befände sich dann erneut in einer hochriskanten Mittellage, und also ginge das Drama des deutschen Nationalstaates in seinen dritten Akt über.

Es werden aber nicht nur ökonomische Argumente sein, die von deutscher Seite bei einer Verzögerung oder Blockade der weiteren europäischen Integration vorgebracht werden, sondern die Ökonomie kann ebenfalls durch machtpolitische Konflikte traditioneller Prägung aufgeladen werden, wie sie der Jugoslawienkrieg zwischen den europäischen Mächten hat wieder aufscheinen lassen. In der »Anerkennungsfrage« der neuen Republiken Slowenien, Kroatien, Bosnien und Makedonien und in der kontroversen, historisch bedingten Unterstützungspräferenz für die jeweiligen Kombattanten wurde plötzlich das gegenseitige, bisher versteckt unter der Decke gehaltene Mißtrauen zwischen Deutschland und seinen westlichen Partnern virulent. Der offene Dissens ließ sich nur noch mühselig in diplomatisch korrekten Formen begrenzen, und man konnte den Eindruck gewinnen, daß sich Europa um die Jahreswende 1991/92 wieder in das Jahr 1914 zurückbewegt hätte und als ob die europäische Integration kaum noch einen Pfifferling wert wäre. Frankreich und Großbritannien hielten zu Serbien, Deutschland und Österreich zu Kroatien,[342] und somit schien die Konfrontation zwischen den europäischen Mächten mit einer Neuauflage der »Balkanfrage« ein weiteres Mal von Sarajevo aus entlang der Frontlinien von 1914 auszugehen.

»Die im Umfeld der ›orientalischen Frage‹ des 19. Jahrhunderts gebildete Mächtekonstellation, Koalitionen und Gegnerschaften im Ersten Weltkrieg, die deutsch-französische Rivalität um die Hegemonie in Südosteuropa während der Zwischenkriegszeit, nicht zuletzt deutsche Mitteleuropa-Pläne und die nationalsozialistische Expansion während des Zweiten Weltkriegs traten in Erinnerung... Schwerer wog, daß diejenigen europäischen Staaten, die (wie Frankreich, Großbritannien und Spanien) selbst mit starken ethnonationalistischen und regionalistischen Bewegungen konfrontiert sind, die Auflösung des jugoslawischen Bundesstaates zwangsläufig anders interpretierten als die in dieser Hinsicht unbelasteten Deutschen.«[343] Die jugoslawischen Sezessionskriege wirkten fast als Sprengsatz der europäischen Integration, und spätestens dieser Konflikt muß jedem Europäer, der noch seine fünf Sinne beisammen hat, klarmachen, wie emminent gefährlich ein Rückfall in das tradierte europäische Gleichgewichtssystem souveräner Mächte in Europa auch unter modernen Bedingungen nach wie vor ist und bleibt.

Der Jugoslawienkrieg hat noch ein weiteres gezeigt: Die Unfähigkeit Deutschlands zu einer traditionellen, nicht multilateral verankerten machtgestützten Außenpolitik.[344] Die diplomatischen Fehler, die zu der grausamen Katastrophe der ethnischen Säuberungen, der Vertreibungspolitik, der Massenvergewaltigungen und Massenmorde vor allem in Bosnien geführt haben, waren gewiß nicht nur in Bonn, sondern in nahezu allen wichtigen europäischen Hauptstädten gleichermaßen gemacht worden. Nirgendwo hat die westliche Jugoslawienpolitik eine Politik der geregelten, gewaltfreien Trennung, der allseits anerkannten Grenzen und des garantierten Minderheitenschutzes und der internationalen Garantien für diesen Prozeß verfolgt. Der eigentliche Fehler bestand jedoch darin, daß es überhaupt keine »westliche« Jugoslawienpolitik gab,[345] sondern unterschiedliche »nationale« Jugoslawienpolitiken der westlichen Nationen, die sich zudem in wesentlichen Zielsetzungen diametral widersprachen. Schlimmer noch, zum ersten Mal seit dem 8. Mai 1945 stand das erst vor kurzem wiedervereinigte Deutschland mit seiner Außenpolitik in einem massiven Widerspruch gegen den Westen, vor allem gegen Frankreich und Großbritannien, aber auch gegen die USA. Als der offene Sezessionskrieg zuerst in Slowenien und dann in Kroatien ausgebrochen war, wurde in Deutschland entlang der historischen Vorgaben und der öffentlichen Berichterstattung einseitig unter dem Banner des nationalen Selbstbestimmungsrechts für die Sezession Partei ergriffen,[346] und mit der Politik der forcierten Anerkennung der neuen Republiken sollte gleichzeitg die neue außenpolitische Kompetenz des wiedervereingten Deutschlands nach außen und vor allem auch nach innen demonstriert werden. Daß durch die Anerkennung der neuen Republiken und vor allem Bosniens, was gewissermaßen ein »kleines Jugoslawien« als Vielvölkerstaat war und ist, die Frage der territorialen Aufteilung und damit eines blutigen Krieges um das Territorium und seiner ethnischen Säuberung massiv gefördert wurde, interessierte damals nicht allzusehr in Bonn. Dort dominierte vielmehr die Innenpolitik die Außenpolitik.[347]

Die ganze Jugoslawienpolitik Bonns erwies sich als ein einziges Fiasko, und dies nicht nur wegen der Brutalität und der zahlreichen Opfer des Krieges, sondern auch wegen der hoffnungslosen Isolation, in die sich die deutsche Jugoslawienpolitik manövriert hatte:[348] »Die Konstellation Allein gegen Alle – neben der Europäischen Gemeinschaft auch die USA und die Sowjetunion – konnte die Bundesrepublik nicht durchhalten.«[349] Das besonders gefährliche an der deutschen Jugoslawienpolitik war, daß damit die Außenpolitik der »Berliner Republik« ein Jahr nach ihrer Gründung in die alten, fünfundvierzig Jahre lang verlassenen Bahnen der Mitteleuropapolitik des Deutschen Reiches zurückzukehren drohte – ebenso wie Frankreich und Großbritannien in den alten Eindämmungsreflex gegenüber deutschen Expansionsbestrebungen in Mitteleuropa zurückfielen: »In der veröffentlichten deutschen Meinung macht sich ein Überlegenheitstopos breit, der sich aus der angeblichen Unfähigkeit der westlichen Staaten speist, mit den Veränderungen in Europa Schritt zu halten. Das ›saturierte Westeuropa‹ – hier schimmert die deutsche Häme gegenüber den Architekten und Garanten von

Jalta-Ordnung und deutscher Zweistaatlichkeit durch, die nun, vom Zusammenbruch ihrer Konstruktion eingeholt, zu *verspäteten Nationen* werden. Hier scheint sich tatsächlich das, was Dan Diner den ›affektive(n) Distanzierungsstau dem Westen gegenüber‹ genannt hat, zu entladen. Deutschland als Opfer und Gegner des Status quo ante, geriert sich als im Unterschied zu den westlichen Ländern dynamische Macht, die sich nach langer Abstinenz bei ihrem Comeback auf der weltpolitischen Bühne auf gleicher Wellenlänge mit den aufbrechenden, nach Unabhängigkeit strebenden Völker Mittelost- und Südosteuropas bewegt, als deren natürlicher Verbündeter, auch gegenüber westlichen Bremsversuchen ...«[350]

Der Weg in die völlige Isolierung Deutschlands durch seine Jugoslawienpolitik, das sofort wieder auftauchende Gespenst der »cauchemar des coalitions«, aber vor allem auch die europäische Handlungsunfähigkeit und, mit durch diese Unfähigkeit des Westens bedingt, der sich ausbreitende irrsinnige Krieg in Bosnien beweisen in blutiger Eindeutigkeit, daß es im Europa des 21. Jahrhunderts keinen Platz mehr für nationale Machtpolitik und nationale Hegemonialkonflikte der europäischen Mächte gibt und geben darf. Der Preis für einen solchen Rückfall in der Geschichte wäre furchtbar für alle europäischen Völker, dies zeigt die Tragödie in Bosnien in aller Klarheit. »An Europas Horizont kichert der Wahnsinn«[351] schrieb der ungarische Schriftsteller und politische Publizist György Konrád angesichts des jugoslawischen Gemetzels und der ethnischen Säuberungen, und dieser Wahnsinn heißt Nationalismus. Das Grauen in Bosnien erhellt die aktuelle europäische Situation wie ein Blitz, denn Bosnien ist keineswegs nur eine Angelegenheit einer atavistischen europäischen Region auf dem Balkan, sondern diese nationalistische und ethnisch motivierte Lust am Säubern und Töten ist potentiell überall in Europa vorhanden. Der Virus des Nationalismus bleibt auf diesem Kontinent virulent und kann überall und jederzeit politisch zu einem gewaltsamen Ausbruch kommen, dies zeigen gerade auch die schrecklichen Brand- und Mordanschläge auf Fremde in Deutschland seit 1992, einem der reichsten Länder dieser Erde. Auf diesem Hintergrund erscheint der deutschnationale Revisionsversuch mit seinem Verlangen, die Uhren der Geschichte zurückzustellen, noch mehr als eine gefährliche Politgroteske. Der Krieg in Bosnien zeigt schonungslos, daß nach dem Ende des Kommunismus der Hauptfeind Europas der Nationalismus ist, und zu seiner Überwindung – sie wird eine der Hauptaufgaben der europäischen Politik des kommenden Jahrzehnts sein – wird es aller Energien und Kräfte bedürfen, damit er endlich historisch ad acta gelegt werden kann.

Die Grundbedingungen deutscher Außenpolitik sind durch die vierzig Jahre Bundesrepublik (West)Deutschland vorgegeben. Sie haben sich mit dem Ende des kalten Krieges zwar verändert, dennoch liegen keine zwingenden Gründe zu einer Generalrevision vor, im Gegenteil. Die Außenpolitik der alten Bundesrepublik gründete seit 1969 auf vier Säulen: einer starken inneren Demokratie und einer Wirtschaft, die marktwirtschaftlich und sozialstaatlich verfaßt war; auf der atlantischen Partnerschaft mit den USA; der europäischen Integration in der EU mit ihrer zentralen deutsch-französischen Achse. Alle drei Faktoren zusammen machten die Westintegration der Bundesrepublik Deutschland aus. Als vierte Säule kam dann die Öffnung nach Osteuropa und der Sowjetunion durch die Ostpolitik, um nicht zuletzt aus innerdeutschen Gründen sich zusätzliche Optionen Richtung Osten zu ermöglichen, fest eingebunden allerdings in den Westen. Die Deutsche Einheit war entrücktes Fernziel oder aufgegeben worden, die Erleichterung der Bedingungen für die Menschen in der DDR operatives Ziel der Deutschlandpolitik. Westdeutschland war niemals Nuklearmacht (und dies war bis zur Unterzeichnung des Atomwaffensperrvertrags durch die sozialliberale Bundesregierung im Oktober 1969 und seine parlamentarische Ratifizierung gerade in konservativen Kreisen eine äußerst heiß diskutierte Kontroverse. Dieser vertragliche Verzicht auf die »nukleare Souveränität« kann bei der deutschen Rechten in durchaus nicht allzuferner Zukunft wieder zum zentralen Thema werden) und stand sicherheitspolitisch immer in einem Klientelverhältnis zu den USA, da nur diese im Rahmen der NATO das Sicherheitsbedürfnis Westdeutschlands gegenüber der feindlichen Supermacht Sowjetunion befriedigen konnten.

Mit dem Ende des kalten Krieges und der deutschen Wiedervereinigung hat sich die Grundstruktur der deutschen Außenpolitik verändert, auch wenn die Kontinuität der Interessen überwiegt.

Worin bestehen nun die wichtigsten Interessen Deutschlands im kommenden Jahrzehnt? Sie ruhen fortan auf fünf Säulen, nämlich erstens auf der nachdrücklichen Absage an jede deutsche Renationalisierung und Sonderwegstradition und dem Festhalten an der inneren und äußeren Westintegration Deutschlands; zweitens auf der Kontinuität des Atlantismus; drittens auf der Vertiefung der europäischen Integration im Westen, gründend auf der engen deutsch-französischen Freundschaft; viertens auf der Erweiterung der europäischen Integration nach Osten; und fünftens auf der Unterstützung Rußlands auf seinem Weg in eine friedliche, demokratische, marktwirtschaftliche Zukunft.
Gegenwärtig wird im rechten Lager der deutschen Politik sehr viel von »nationalen Interessen« geredet, ohne daß allerdings so recht klar wird, was man dort mehr will als eine außenpolitische Revision hin zu einer erneuten nationalen Machtstaatspolitik – gewissermaßen ein »Neowilhelminismus« oder gar Schlimmeres unter postmodernen Bedingungen. Daß die Linke den Begriff des »nationalen Interesses« tabuisiert und meidet, ist allerdings ein Fehler, da es selbstverständlich solche Interessen gab und gibt (was man gerade in solchen Fällen historisch sehr schön studieren kann, wo die Linke in einem Land politisch hegemonial geworden ist). Entscheidend wird vielmehr deren Formulierung sein und welche Definition der jeweiligen Interessen sich die Mehrheit der Deutschen zueigen macht. Die demokratische Linke sollte hier nicht noch einmal denselben Fehler wie bei der deutschen Einheit 1989 machen und freiwillig das Terrain räumen. Dafür geht es mittlerweile um viel zu viel im vereinigten Deutschland.
Hier sei nun erneut und gleich vorab der bleibende Satz von Bismarck über die Grundkonstante aller Außenpolitik eines deutschen Nationalstaats in die Erinnerung gerufen, daß Deutschlands Landkarte von Afrika in Europa läge, zwischen Frankreich und Rußland. Übersetzt heißt diese Grundkonstante: Deutschland taugt nicht zur Weltpolitik und taugt nicht zur Großmachtpolitik, dazu ist seine europäische Lage viel zu verletzlich, sein Gewicht in und für Europa zu groß und – dies muß man aus heutiger Sicht hinzufügen – seine Traditionen viel zu prekär. Der Platz Deutschlands in der Mitte Europas begrenzt es von seinen Interessen her auf die euro-

päische Politik, hier liegt seine eigentliche Aufgabe, und diese erfolgreich auszufüllen, wird alle seine Kräfte erfordern. Allein die Europäische Union wird globale Interessen vertreten können, nicht aber der deutsche Nationalstaat.

Versuchen wir also eine deutsche Interessendefinition, gründend auf den historischen Vorgaben und den Selbsterhaltungs- und Entwicklungsimperativen von Demokratie, Rechtsstaat, Sozialstaat, Marktwirtschaft und Frieden in einem europäischen Rahmen mit der Europäischen Union als Ziel.

Es bleibt erstens das oberste nationale Interesse Deutschlands auch in der Ära nach dem Ende des kalten Krieges die innen- und außenpolitische Westintegration und eine klare Absage an jeden deutschnationalen Revisionsversuch.

Daraus folgt zweitens die atlantisch-europäische Bündniseinbindung Deutschlands. Deutschland bleibt nicht nur aus Sicherheitsgründen bis zu einer europäischen Lösung des Sicherheitsproblems in einer gesamteuropäischen Friedensordnung auf das enge Verhältnis zu den USA angewiesen, sondern auch aus innenpolitisch-historischen Gründen seiner »geliehenen Demokratie«, die noch lange einen Teil ihrer historischen Legitimation aus dem deutsch-amerikanischen Verhältnis gewinnen wird. Die spezifischen Entstehungsbedingungen der deutschen Demokratie begründen dieses enge Verhältnis. Dies gilt auch und gerade für militärische Strukturen, denn solange es deutsches Militär gibt, ist dessen Einbindung in das westliche Bündnis mit entsprechenden transnationalen Kommandostrukturen allemal einer renationalisierten Verteidigungspolitik mit deutschen Truppen unter alleinigem deutschem Oberbefehl vorzuziehen.

Drittens gilt nach wie vor und mit wachsender Bedeutung das Festhalten an der Vertiefung der europäischen Integration. »Europa zuerst!« muß der Basissatz aller deutschen Außenpolitik bleiben. Der Durchbruch zu irreversiblen politischen Integrations- und Entscheidungsstrukturen in der Außen-, der Sicherheits-, der Wirtschafts- und Währungspolitik in der EU liegt im obersten deutschen Interesse. Nur so wird Deutschland die Überwindung seiner verfluchten Mittellage gelingen, und nur so wird die Pest dieses Kontinents, der europäische Hegemonialkonflikt, dauerhaft überwunden werden können. Deutschland muß seine Zukunft alternativlos auf die europäische Integration setzen, denn erst wenn die europäischen Nationen innerhalb der Europäischen Union Eigentum und Sicherheit so unauflösbar teilen, als wenn sie eine Nation wären, wird der europäische Hegemonialkonflikt endgültig der Vergangenheit angehören.

Der europäische Integrationsprozeß wird sich in seiner gouvermental-bürokratischen Form allerdings zusehends selbst zum schlimmsten Feind. Spätestens die Volksabstimmungen in Dänemark und Frankreich über den Vertrag von Maastricht haben gezeigt, daß eine volle Integration ohne oder gar gegen die demokratischen Mehrheiten der beteiligten europäischen Völker nicht mehr zu machen ist. Die vollendete Europäische Union wird es nicht als ein bürokratisches Projekt geben, sondern nur als ein demokratisches. Die gegenwärtigen demokratischen Institutionen der EU – Europaparlament, EU-Regionalausschuß und die nationale Kontrolle durch die jeweiligen Nationalparlamente – haben sich gegenüber den Exekutivorganen der EU-Kommission, dem Ministerrat und der europäischen und nationalen Bürokratie als mehr oder weniger unzureichend oder gar als völlig untauglich erwiesen.

Im Mittelpunkt der Vollendung der Union steht das Souveränitäts- und Demokratieproblem, und dieses muß in einem europäischen Verfassungsprozeß demokratisch, d. h. von den Nationalparlamenten und dem Europaparlament angegangen werden. Dieses Souveränitätsproblem steckt hinter der Angst der Dänen vor der allmächtigen Bürokratie im fernen Brüssel, hinter der Angst der Deutschen um ihre D-Mark, hinter der Angst der Franzosen um ihre militärische Souveränität und hinter der Angst der Briten um ihre parlamentarische Souveränität. Und diese Angst ist von bester demokratischer Herkunft, in der gegenwärtigen europäischen Verfassung besteht sie gegenüber einem gouvermental-bürokratischen Exekutivsystem zu Recht.

Die europäische Lösung der Souveränitäts- und Demokratiefrage wird das Schwierigste, was es bisher in Europa zu lösen gab, denn sie wird nur in einem komplizierten Geflecht, bestehend aus europäischen, nationalen und föderalen Verfassungselementen herzustellen sein. Allein schon die parlamentarische Ebene einer europäischen Union wird schwierigste Probleme aufwerfen, da die Vorstellung, daß das europäische Parlament jemals nach den Gesetzen der nationalen Parlamente funktionieren könnte, völlig irrig ist. Die nationalen, regionalen und historisch gewachsenen Interessen und Besonderheiten werden dort immer eine wesentlich größere Rolle spielen. Ebenso wird die Frage von Mehrheitsentscheidungen und Minderheitenschutz eine ganz andere Bedeutung als in den nationalen Parlamenten haben, und zudem wird es um eine schwierige Eingrenzung der »europäischen Souveränität« gehen und um ihre eindeutige Abgrenzung zu den »nationalen Souveränitäten« und der regionalen Ebene. Eine schematische Souveränitätsübertragung von den nationalen Parlamenten auf das europäische Parlament wird es kaum geben, und so stellt sich die Frage, ob das heutige Europaparlament in seiner jetztigen Form tatsächlich eine Zukunft haben kann oder ob es nicht zu einer zweiten Kammer der Nationalstaaten fortentwickelt werden sollte, während die erste Kammer in enger Verzahnung mit den jeweiligen Nationalparlamenten aus diesen heraus besetzt wird. Die nationalen Eliten müssen in die europäische Politik, allerdings ohne zugleich ihre nationale Anbindung aufzugeben, europäische und nationale Politik müssen zusammenfinden, denn sonst wird sich das Kernproblem der Europäischen Union, das Souveränitäts- und Demokratieproblem niemals lösen lassen. Eine realisierte Europäische Union wird demnach Elemente einer bundesstaatlichen wie einer staatenbündischen Verfassung mit Teilen einer »europäischen UNO« umfassen müssen. Das alles wird nicht einfach werden, aber billiger wird es die realisierte Europäische Union nicht geben. Auf sie zu verzichten wird für Europa allerdings die teuerste Lösung werden.

Mit dem Fall des Eisernen Vorhangs 1989 und dem darauf erfolgenden Kollaps der Sowjetunion ist der östliche Teil Europas in voller Freiheit und Souveränität mit seinen Ansprüchen auf Teilhabe, Integration und Sicherheit auf die europäische Bühne zurückgekehrt. Eine Abwehr der Integrations- und Sicherheitsansprüche der neuen mittelosteuropäischen Demokratien durch Westeuropa wäre politisch eminent gefährlich und auch moralisch und historisch nicht zu vertreten. Ein alleingelassenes Mittelosteuropa würde sich zu einer instabilen Zone zwischen Rußland und Westeuropa entwickeln, wäre möglicher Spielball irrationaler, nationalistischer Kräfte und eine permanente Einladung zu Minderheitenkonflikten bis hin zum Krieg, damit einhergehenden Versuchen von Grenzrevisionen, externen Hegemonialansprüchen, Interventionen gar und außenpolitischen Abenteuern mit unkalkulierbarem Ausgang. Der heutige Jugoslawienkrieg würde sich angesichts dieser Risiken noch als ein leidlich rationaler und begrenzbarer Konflikt erweisen.

Aus all diesen Gründen liegt es viertens demnach im zentralen deutschen Interesse, daß es nicht zu einer solchen Entwicklung kommt, sondern daß die mittelosteuropäischen Demokratien eine konkrete Integrationsperspektive (selbstverständlich nur, so sie dies wünschen) in die EU erhalten, die dann auch nach Realisierung der Eintrittsbedingungen zu einem erfolgreichen Abschluß kommen muß. Die Zögerlichkeit von manchen westlichen Partnern Deutschlands gegenüber einer Öffnung der EU nach Osten, da durch diese Öffnung eine Stärkung Deutschlands in Ostmitteleuropa und insgesamt eine Art »Germanisierung« befürchtet wird, ist durch eine kluge Politik Deutschlands zu entkräften, die alle Anklänge an die vergangene »Mitteleuropapolitik« des Deutschen Reiches und deutsche Hegemoniebestrebungen vermeiden muß. Zudem sind Tschechien und Polen die besten Garanten gegen jegliche »Germanisierungstendenz«. Die wirtschaftliche Kooperation auf europäischer Ebene gewinnt deshalb hier eine besonders große Bedeutung. Dennoch kann Deutschland aus seinen ureigensten Interessen heraus nicht auf eine Öffnung der EU nach Ostmitteleuropa verzichten, da eine Zone anhaltender Instabilität östlich von Deutschland nicht nur das Vertun einer einmaligen historischen Chance für eine dauerhafte europäische Friedensordnung wäre, sondern eine solche Entwicklung hätte vermutlich auch neben dem äußeren Sicherheitsproblem für Deutschland eine fatale innenpolitische, chauvinistisch-nationalistische Rückwirkung im Land selbst.

Weitaus schwieriger als die zivile Öffnung der EU nach Ostmitteleuropa wird fünftens die Schaffung eines gesamteuropäischen Sicherheitssystems, das die unterschiedlichen Sicherheitsbedürfnisse der beteiligten europäischen und nichteuropäischen Mächte ausgleicht und zu einem dauerhaft den europäischen Frieden, die Selbstbestimmung und die Demokratie der beteiligten Völker bewahrenden System fortentwickelt. Ziel dieses Systems muß es sein, eine umfassende Sicherheitsstruktur für ganz Europa zu schaffen, in dem die nationalen Konflikte zu innenpolitischen Konkurrenzen transformiert und demnach entmachtet, entmilitarisiert und pazifiziert werden, so wie es bereits heute innerhalb der EU, etwa zwischen Frankreich und Deutschland, der Fall ist.[352] Um dieses große Ziel, es ist, wie bereits gesagt, eine einmalige historische Chance, zu erreichen, werden sich die beteiligten Mächte sowohl über dieses Ziel zu verständigen haben, als auch über die notwendigen Schritte einer sich verfestigten Sicherheitskooperation, die Ostmitteleuropa nachdrücklich einschließt und seine Entscheidungsfreiheit garantiert.

Eines allerdings wird von westlicher Seite niemals in Frage gestellt werden dürfen, nämlich das historisch und politisch völlig legitime Bedürfnis der mittelosteuropäischen Demokratien, ohne Angst vor einem mächtigen hegemonialen Nachbarn innerhalb ihrer anerkannten und garantierten Grenzen über ihr Schicksal in freier Selbstbestimmung demokratisch selbst entscheiden zu können. Und gerade in Deutschland wird die Linke diesem Sicherheitsbedürfnis etwa des demokratischen Polen oder des demokratischen Tschechien allen Ernstes nicht widersprechen können, und ebenso gilt dies für Ungarn. Diese Länder haben in den vergangenen Jahrzehnten, ja Jahrhunderten das Trauma russischer und/oder deutscher Hegemonie, ja Besatzung mehrmals erlebt und durchlitten, und dem Begehren dieser Länder nach garantierter Sicherheit, nationaler Unabhängigkeit und Demokratie kann demnach weder von der deutschen noch von der europäischen Politik ignoriert werden. Sie verdienen darin die nachdrücklichste Unterstützung.

Dies setzt allerdings eine enge Verflechtung der europäisch-atlantischen mit den russischen Sicherheitsinteressen voraus, und der mögliche Umfang und die Intensität dieser Verflechtung wird vor allem durch die weitere innere Entwicklung Rußlands bestimmt werden. Für Westeuropa und Amerika gibt es gegenwärtig kaum ein wichtigeres außenpolitisches Thema als die friedliche Entwicklung Rußlands hin zu Demokratie und Marktwirtschaft. Gelingt diese, so ist ein kooperativer, friedlicher Interessenausgleich zwischen Nordamerika, Europa und Rußland möglich, was zu einer nachhaltigen Pazifizierung und Demilitarisierung in den internationalen Beziehungen auf der nördlichen Halbkugel der Erde führen könnte, wie es sie vergleichbar in der Geschichte noch nicht gegeben hat. Mißlingt diese friedliche russische Entwicklung allerdings und setzt Rußland erneut, nur diesmal unter nationalistischen, panslawischen und großrussischen Vorzeichen, auf eine weitere -zig Jahre dauernde Auszeit von der Moderne, dann wird ein neuer kalter Krieg oder schlimmeres drohen und sich das politische Klima Europas völlig verändern. Es wäre allerdings eine grausame Groteske der Geschichte und würde die Unfähigkeit der Europäer zu vernünftiger Selbstbestimmung nachhaltig demonstrieren, wenn erst die dann wieder ausbrechende Angst nach einer erfolgreichen nationalistischen Konterrevolution in Rußland (und unter dem Einfluß eines wiedergewonnenen Feindbildes) den europäischen Integrationsprozeß weiter voranbringen würde. Genau dies gilt es durch eine großzügige, in den Grundsätzen zugleich feste Kooperationspolitik mit dem demokratischen Rußland aber zu verhindern.

Der kalte Krieg endete mit der Niederlage Rußlands, und es stellt sich jetzt die Frage nach den Friedensbedingungen. Gerade die deutsche Niederlagenerfahrung nach dem 1. Weltkrieg zeigte, daß nichts so töricht und gefährlich sein kann wie ein schlechter Friede. Rußland muß seitens des Westens das Angebot eines echten Versöhnungsfriedens erhalten, das sowohl seine materiellen Interessen, seine Sicherheitsinteressen, seine demokratische Entwicklung und sein Prestige als ehemalige Supermacht und immer noch mit Abstand zweitstärkste Nuklearmacht berücksichtigt. Allerdings wird der Westen dabei in zwei Punkten seine Festigkeit unzweideutig klarmachen müssen: Der Umgang Rußlands mit seinen kleineren und schwächeren Nachbarn muß durch gegenseitige Anerkennung der Souveränität, des Selbstbestimmungsrechts und des Gewaltverzichts geprägt sein; und Rußland verfügt über kein Vetorecht in Ostmitteleuropa. Beruhend auf diesen beiden äußerst wichtigen Grundsätzen gebieten es allerdings die Klugheit und die Grundsätze eines ernstgemeinten Versöhnungsfriedens, ein gesamteuropäisches Sicherheitssystem nicht gegen, sondern in enger Kooperation mit Rußland und seinen Interessen zu erreichen. Angesichts der geopolitischen Lage Deutschlands versteht sich dessen überragendes Interesse an einer erfolgreichen friedlichen Entwicklung

Rußlands und an einem gesamteuropäischen Sicherheitssystem wie von selbst. Deutschland wäre dessen größter Gewinner, denn in einem weitgehend abgerüsteten, integrierten Europa befreundeter Demokratien wäre die deutsche Mittellage nicht mehr Fluch, sondern Segen. Wovon ganze Generationen von Pazifisten geträumt haben, nämlich die Überwindung des Krieges und des Militärs wenigstens innerhalb eines vereinten und integrierten Europas würde dann Wirklichkeit werden.

Sechstens liegt es überhaupt nicht im deutschen Interesse, den überwiegend zivilen Charakter der deutschen Politik nach dem Zweiten Weltkrieg jetzt, nach der wiedergewonnenen Einheit, aufzugeben. Deutschland und Europa ging es wesentlich besser, als nach 1945 erzwungenermaßen der preußische Generalstab in Berlin durch die Bundesbank in Frankfurt/M. abgelöst wurde, als Preußens militärischer Glanz und Gloria durch die nüchterne Kultur der D-Mark ersetzt wurde. Die erzwungene Konzentration auf die zivile Entwicklung hat die beiden Verlierer des 2. Weltkriegs, Deutschland und Japan, zu den führenden wirtschaftlichen Mächten nach den USA werden lassen. Es ist zwar nachvollziehbar, daß im Sinne eines »burden sharing« vor allem die USA eine stärkere Beteiligung Deutschlands und Japans in der internationalen Politik auch mit militärischen Mitteln verlangen, aber dies muß auf dem Hintergrund der deutschen Geschichte und Lage, jenseits der vorhandenen internationalen Verpflichtungen, auf größte Zurückhaltung stoßen. Deutschland taugt nicht zur Weltpolitik, und in Washington wird in innenpolitischer Verengung der Sicht umgekehrt die innenpolitische Wirkung einer solchen Umorientierung Deutschlands hin zu einer verstärkten Rolle in einer militärisch gestützten Weltpolitik auf mittlere Sicht unterschätzt. Es wird gerade auch im westlichen Interesse liegen, wenn der zivile Charakter der deutschen Gesellschaft und der deutschen Politik auch in Zukunft nicht in Frage gestellt wird. Nichts spricht gegen ein verstärktes »burden sharing« im zivilen Bereich, nichts gegen eine verstärkte außenpolitische Rolle Deutschlands in zivilen Fragen, aber von militärisch gestützter Weltpolitik sollte sich Deutschland fernhalten. Denn Deutschland verfügt, im Gegensatz zu den alten europäischen Großmächten Frankreich und Großbritannien, über keine weltpolitische

Tradition, und die ersten Gehversuche der souveränen »Berliner Republik« in der Jugoslawienkrise gemahnen zur größten Vorsicht und Zurückhaltung.
Dies hat überhaupt nichts mit einem »pazifistischen Sonderweg« zu tun, im Gegenteil, aber aus der besonderen deutschen Geschichte heraus ist dieses Land nun einmal gut beraten, keine Rückkehr zu einer militärisch gestützten Außenpolitik zu betreiben. Deutschland war auch ohne Weltpolitik und »out of aera«-Einsätze über Jahrzehnte hinweg voll bündnisfähig und ein allseits geachtetes Mitglied der westlichen Staatengemeinschaft und wird dies auch unter einer Mehrheit bleiben, die Deutschlands Rückweg in eine militärisch gestützte Weltpolitik aus guten Gründen ablehnt. Eine erneute »Vermachtung« der deutschen Politik, wie sie gegenwärtig allenthalben gefordert wird, liegt nicht im Interesse Deutschlands. Sehenden Auges würde man eine der größten Errungenschaften der Nachkriegszeit aufgeben, nämlich den Bruch mit der preußisch-deutschen Machtstaatstradition und die Konzentration des demokratischen Deutschlands auf die zivile Politik.
Die weitere Entwicklung ist unschwer abzusehen: Es fängt heute mit der Parole »Mehr Verantwortung übernehmen!« an, dann werden die ersten Kriegseinsätze stattfinden, die ersten Toten wird es geben, die ersten vaterländischen Rituale werden folgen, die Generalität wird mehr Freiheiten wollen, Kriegshelden werden wieder heroisiert, längst überwunden geglaubte Traditionen werden exhumiert werden, und die von den Deutschnationalen heißersehnte Wiederkehr des »Primats der Außenpolitik« wird dann »gefeiert« werden dürfen; parallel dazu wird Deutschland einen ständigen Sitz im Sicherheitsrat der Vereinten Nationen erhalten, in dem als ständige Mitglieder heute nur lauter Nuklearmächte sitzen. Folglich wird auch in Deutschland dann die Debatte beginnen um die »vollständige« Souveränität, und dies ist in der heutigen Welt nun einmal die nukleare Souveränität. Und so wird eines zum anderen kommen, und die wirtschaftliche Großmacht Deutschland wird sich auch auf den Weg zur politischen Großmacht begeben, die Hegemonie des Machtstaates Deutschland unter modernen Bedingungen – dieses große Ziel der deutschnationalen Revisionsversuche der Gegenwart – wird dann in greifbare Nähe rücken, und das wird

bei unseren europäischen Nachbarn alles anderes als Entzückensschreie auslösen, sondern Furcht, Mißtrauen und mehr oder weniger verdeckte Eindämmungsbemühungen.

Deutschland sollte siebtens auch nicht von seiner erprobten Politik des Multilateralismus lassen. Der Bilateralismus mit einer großen Macht mag dem Ego deutscher Politiker schmeicheln, ebenso das Angebot der Seemacht USA, Deutschland möge in einer »strategischen Partnerschaft« den »Festlandsdegen« der transatlantischen Seemacht abgeben, aber dies wird die deutsche Interessenlage zwischen Atlantismus und Europäismus überfordern. Deutschland sollte sich weder zu einer weltpolitischen Rolle überreden noch gar zwingen lassen, denn seine Interessen sind europäisch begrenzt. Dabei gibt es nur eine Ausnahme, und das ist Israel, mit dessen Existenzrecht das demokratische Deutschland noch über Generationen hinaus untrennbar verbunden bleibt, bedingt durch die historische Schuld des millionenfachen Mordes am europäischen Judentum durch das Deutsche Reich. Kurz: Europa hat weltpolitische Interessen, nicht Deutschland. In einer europäisch integrierten Sicherheits- und Außenpolitik wird Deutschland ohne Einschränkungen auf allen Sektoren seinen Anteil zu leisten und zu tragen haben, eine europäische Außenpolitik bietet auf Grund der unterschiedlichen nationalen Interessen die sichere Garantie dafür, daß eine globale Interessenpolitik der Europäischen Union strukturell defensiv ist und immer sein wird. Statt einem eigenständigen Sitz im UN-Sicherheitsrat sollte Deutschland deshalb eine Europäisierung der britischen und französischen Sitze anstreben, dies läge in der Logik einer deutschen Politik des »Europa zuerst«.

Achtens und letztens gebietet es ein Blick auf die Entwicklung der internationalen Beziehungen, daß man Deutschland nicht erneut »gegen die Zeit baut«. Die Währung der Macht ist dabei zu wechseln. Territorium, Bevölkerung und militärische Macht werden zunehmend durch die Globalisierung von Wirtschaft, Kommunikation und Politik überholt. An ihre Stelle treten Technik, Wissen und Entwicklung. Das Ende des kalten Krieges hat definitiv die Tür zu einem neuen Zeitalter aufgestoßen, dem Zeitalter des Globalismus. Mit der Erkenntnis der Grenzen des Wachstums der Industriegesellschaften, bedingt durch die Endlichkeit des Ökosystems Erde

bei einer gleichzeitig dynamisch wachsenden Weltbevölkerung, werden ganz andere als militärische Aufgaben auf das internationale Staatensystem zukommen. Während die Wirtschaft die Herausforderung des Zeitalters des Globalismus bereits voll angenommen hat, leistet sich die Politik noch den Luxus des Nationalstaates und des nationalstaatlichen Denkens. Hier liegt auch der bedeutendste Grund für die Unverzichtbarkeit der europäischen Integration: Nur vereint werden die Europäer global jene tragende Rolle auch in Zukunft spielen können, die sie zur Finanzierung ihrer Sozialstaaten unverzichtbar brauchen. Denn man vergesse eines nicht – und hier unterscheidet sich jener Kontinent der vielen Nationen, Sprachen und historisch offenen Rechnungen Europa fundamental von der großen Insel zwischen Pazifik und Atlantik namens Nordamerika –, wenn in Kontinentaleuropa die Sozialstaatsintegration für die breite Masse der abhängig Beschäftigten ernsthaft gefährdet wird, dann droht in zahlreichen europäischen Ländern die Gefahr der Wiederkehr – gewiß nicht in allen, aber ganz gewiß in Deutschland! – nicht nur eines militanten Nationalismus und Rassismus, sondern am Ende gar eines neuen Faschismus. Der käme vermutlich nicht wieder mit einem Hitler daher und hätte mit dem Nationalsozialismus wenig gemein, dennoch würde er ein ethnisch bis völkisch autoritäres Regime unter modernen Bedingungen mit starken äußeren Expansionstendenzen zu errichten versuchen.
Während sich die Märkte globalisieren, renationalisiert sich die europäische Politik, darin liegt die große Gefahr. Etwa 2 Milliarden Menschen drängen jetzt kurzfristig in Ost- und Südostasien zusätzlich in den Weltmarkt – ein direktes Ergebnis des Endes des kalten Krieges –, und niemand wird sie daran hindern können und dürfen. Weitere Weltregionen mit großen Bevölkerungen werden folgen. Dies führt zu einer Revolution der Weltwirtschaft, und innerhalb weniger Jahre wird dies auch zu einer völligen Überforderung regionaler Ökosysteme und schließlich des globalen Ökosystems führen. Wenn die Politik in den reichen Industrieländern diese Herausforderungen des Zeitalters des Globalismus nicht endlich annimmt, national und international die wichtigsten Volkswirtschaften nicht umweltverträglich umbaut – vor allem die Energie-, die Verkehrssysteme und den Ressourcenverbrauch – und internatio-

nale Strukturen schafft, die regulierend und sozial ausgleichend in diese wildwüchsige Globalisierung eingreifen können, dann wird diese chaotische Entwicklung innerhalb weniger Jahre erhebliche negative Rückschläge auf die jeweiligen Innenpolitiken haben.

Gewiß, die Nationalstaaten werden ihre Rolle auch im Zeitalter des Globalismus spielen, so wie es noch Jahrzehnte nach der Französischen Revolution allenthalben noch Monarchien gegeben hat. Aber sie werden nur noch in ihrer Chaoskompetenz souverän sein, in ihrer Lösungskompetenz werden sie zukünftig mehr und mehr auf transnationale und supranationale Strukturen angewiesen sein. Deutschlands Interesse gebietet es also, daß es die nach 1945 unter dem Zwang der Vergangenheit vollzogene zivile Zukunftsorientierung jetzt nicht aufgibt, sondern an dieser festhält und sie ausbaut. Der Egoismus und die Klugheit Deutschlands, und dies ist die schlechteste Mischung nicht in der Politik, gebieten es, an der Fortentwicklung seiner in den vergangenen vier Jahrzehnten neugewonnenen zivilen Stärken festzuhalten und nicht in die alten nationalistischen Schwächen und Fehler der Machtpolitik zurückzufallen.

Wie bereits gesagt, die Chancen für einen erfolgreichen Weg des wiedervereinigten Deutschland in eine europäische Zukunft sind besser als jemals zuvor in der Geschichte der Moderne. Diese durch die deutsche Politik nicht zu nutzen, wäre politisch eine so bodenlose Dummheit, daß sie an ein Verbrechen an den kommenden Generationen grenzen würde. Die Entscheidungen, um diese sich so unverhofft bietenden Chancen zu nutzen, hängen von der heute politisch handelnden Generation in Deutschland ab und von der Antwort auf die Frage, ob sie dieser historischen Herausforderung gerecht werden wird. Das demokratische Deutschland ist nach der Einheit von seiner Lage und seinem Potential her eine der wichtigsten Mächte in Europa westlich von Rußland geworden und hat jetzt die Chance, sich in einem demokratisch vereinigten Europa so zu verankern, daß es endgültig und ein für allemal der Falle seiner Mittellage und der Verführung seiner latenten Hegemonie entkommen kann. Was die deutsche Politik jetzt braucht, den Leser mag dies erstaunen, ist die Kraft zu einem historisch denkenden »Konservativismus« der Bundesrepublik Deutschland, der die Kraft hat, die positiven Traditionen und Strukturen der alten Bundesrepublik und der revolutionären Wendezeit der DDR gegen die Herausforderungen eines reaktionären Angriffs deutschnationaler Revisionsversuche zu verteidigen.

Die national Ängstlichen und die Anhänglichen ans geliebte deutsche Vaterland seien getröstet, denn Europa wird politisch immer nur ein Rahmen sein, verbindlich zwar und irreversibel, aber eben Rahmen. Die Nationen machen Europa aus, ihre Kultur, ihre Sprache, ihre Unterschiede und ihre Gemeinsamkeiten, und diese Nationen sind viel älter als die Nationalstaaten. Das älteste europäische Volk, die Basken, haben nicht einmal einen Staat, seit alters her nicht. Europa wird immer der Kontinent der Unterschiede bleiben, und das macht den Reichtum, aber auch die Gefährlichkeit dieses Kontinents aus. Und Europa war immer auch der Kontinent der Wanderung, der Ein- und Auswanderung von Millionen von Menschen. Die heutigen europäischen Nationen sind das Ergebnis historischer Prozesse, und sie werden sich in geschichtlicher Zeit weiter verändern, nicht konfliktfrei, gewiß, aber dieser Prozeß wird weder durch ethnische Abschottung noch durch einen bezopften Nationalismus aufzuhalten sein. Das moderne, demokratisch-republikanische Deutschland hatte sich über die vierzig Jahre seiner Teilstaatsexistenz hinweg auf diese Herausforderungen einer europäischen Zukunft eingelassen und war dabei beispiellos erfolgreich. Warum, zum Teufel, sollte diese Vernunft nicht auch das vereinigte Deutschland in die Zukunft führen nach all den Schrecken, den Kriegen, den Verbrechen und dem deutschnationalen und nazistischen Irrsinn in der ersten, der »deutschen« Hälfte des 20. Jahrhunderts in Europa? Die Antwort darauf hängt allein von uns Deutschen ab.

Anmerkungen

1 John Lukacs – Die Geschichte geht weiter. Das Ende des 20. Jahrhunderts und die Wiederkehr des Nationalismus, München 1994, S. 19

2 Michael Mann – Geschichte der Macht. Von den Anfängen bis zur griechischen Antike, Frankfurt/M. 1990, S. 142ff.

3 Friedrich Engels – Einleitung zu Sigismund Borkheims Broschüre »Zur Erinnerung für die deutschen Mordspatrioten. 1806–1807«; aus: MEW Bd. 21, Berlin (Ost) 1969, S. 351

4 Elsaß-Lothringen etwa blieb nach 1945 endgültig, was es war, nämlich französisch, während das »Saargebiet« einvernehmlich und ebenso endgültig nach einer Volksabstimmung zur Bundesrepublik Deutschland zurückkehrte. Die französische Rheingrenze, jener jahrhundertealte Zankapfel der beiden Erbfeinde, wurde vom besiegten und geteilten Deutschland nach 1945 nicht mehr in Frage gestellt, und damit wurde die uralte Feindschaft dieser beiden Nachbarvölker überwunden. Die »Wacht am Rhein« wurde von Deutschland für immer geräumt. Das alles schreibt sich heute so lapidar aufs Papier, aber um diese Territorien wurden mehrmals blutige Kriege geführt und Millionen junger Männer auf jenem berüchtigten »Altar des Vaterlandes« rücksichtslos geopfert!

5 DER SPIEGEL zitiert den Moskauer Philosophen Alexander Zipko: »...was mit uns geschieht: Wir stürzen, wir zerfallen, wir stecken bis über die Ohren im Dreck.« Nr. 2 vom 10. 1. 1994, S. 107

6 Robert B. Reich formuliert am Ende seines Buches diese Frage für die USA: »Die zentrale Frage für Amerika in der postsowjetischen Welt lautet also: Werden wir imstande sein, unsere Identität und das Gefühl gegenseitiger Verantwortung zurückzugewinnen, ohne uns ein neues Feindbild schaffen zu müssen? Die Antwort ist alles andere als klar.« Robert B. Reich – Die neue Weltwirtschaft. Das Ende der nationalen Ökonomie, Frankfurt/M. 1993, S. 363

7 Alain Minc – Die Wiedergeburt des Nationalismus in Europa, Hamburg 1992, S. 19

8 »Im europäischen Rahmen wird es [Frankreich] mit einer imperialen Demokratie in vollem Aufschwung (Deutschland), einem schwarzen Loch an der Stelle einer Großmacht (Rußland) und der Rückkehr zum Stammes-

denken und Balkanisierung (in Zentraleuropa) konfrontiert sein.« Ebd., S. 32

9 Bismarcks »Aufsehen erregende Äußerung in der Budgetkomission des Preußischen Landtags ..., die zwar nicht stenographiert, aber in den Zeitungen ziemlich getreu wiedergegeben war«, sollte das Motto für jene sich zur Tragödie hin entwickelnde Epoche der deutschen Geschichte unter Preußens Vorherrschaft werden, die am 8. Mai 1945 mit der bedingungslosen Kapitulation des Deutschen Reiches abgeschlossen war. Otto von Bismarck – Gedanken und Erinnerungen, Berlin 1928, S. 259

10 »Und so versackte der Kalte Krieg, als die Gratulationsrunde nach dem Zusammenbruch der Berliner Mauer vorüber war, in einem Kalten Frieden.« Jeffrey E. Garten – Der kalte Frieden. Amerika, Japan und Deutschland im Wettstreit um die Hegemonie, Frankfurt/M. 1992, S. 37

11 Arnulf Baring – Deutschland, was nun?, Berlin 1991, S. 24

12 »Bis zum Dreißigjährigen Krieg war Deutschland unter allen europäischen Ländern am wenigsten Staat und am wenigsten Nation: es war immer mehr und weniger zugleich. Im Frieden von Münster und Osnabrück wurde der deutsche Zustand vollends europäisiert. Das Ergebnis war eine deutsche Friedens- inmitten einer europäischen Gleichgewichtsordnung. Das eine konnte nicht sein ohne das andere.« Michael Stürmer – Die Grenzen der Macht. Begegnungen der Deutschen mit der Geschichte, Berlin 1992, S. 26

13 Ebd., S. 19

14 »In nur zwei Jahrzehnten eines rasanten wirtschaftlichen Aufschwungs hatte sich das deutsche Kaiserreich zur führenden Industrienation des Kontinents entwickelt. Immer nachdrücklicher hatte es seit den neunziger Jahren des 19. Jahrhunderts seinen Anspruch auf einen ›Platz an der Sonne‹ neben den arrivierten Kolonialmächten – vor allem England und Frankreich – angemeldet. Zum Symbol und Instrument der weitausgreifenden weltpolitischen Ambitionen wurde der Bau einer großen deutschen Schlachtflotte.« Volker Ullrich – Als der Thron ins Wanken kam, a. a. O., S. 90

15 Sebastian Haffner – Von Bismarck zu Hitler, München 1989, S. 16/17

16 »Die Weltgeschichte mit ihren großen Ereignissen ... kommt nicht dahergefahren wie ein Eisenbahnzug mit gleichmäßiger Geschwindigkeit. Nein, es geht ruckweis vorwärts, aber dann mit unwiderstehlicher Gewalt. Man soll nur immer darauf achten, ob man den Herrgott durch die Weltgeschichte schreiten sieht, dann zuspringen und sich an seines Mantel Zipfel klammern, daß man mit fortgerissen wird, so weit es gehen soll. Es ist unredliche Torheit und abgelebte Staatsklugheit, als käme es darauf an, Ge-

legenheiten zu schürzen und Trübungen herbeizuführen, um dann darin zu fischen.« Otto von Bismarck; zitiert nach: Lothar Gall – Bismarck. Der weiße Revolutionär, Frankfurt/M. 1980, S. 56

17 Die klassische Definition der politischen Revolution der Neuzeit wurde, so die Überlieferung stimmt, zu nachtschlafener Zeit im königlichen Schlafgemach des Schlosses zu Versailles in der Nacht vom 14. auf den 15. Juli 1789 im Zwiegespräch des Königs von Frankreich und des Herzogs von Liancourt gefunden: »Da die Berichte sich widersprachen, so erteilte der König keine Befehle, sondern ging, seiner Gewohnheit treu, frühzeitig zu Bett. Der Herzog von Liancourt, der kraft seines Amtes immer, sogar in der Nacht, Zutritt hatte, konnte es nicht mit ansehen, wie der König aus Gleichgültigkeit und Unwissenheit ins Verderben rannnte. Er trat ein und weckte ihn. Er liebte den König und wollte ihn retten. Er klärte ihn auf über die Gefahr, über die Größe der Bewegung und ihre unwiderstehliche Kraft; ... Ludwig XVI., der nur halb wach war (er wurde niemals ganz wach), meinte: ›Wie? das ist also eine Revolte?‹ –›Sire, das ist eine Revolution.‹« Jules Michelet – Geschichte der Französischen Revolution, Frankfurt/M. 1988, Bd. 1, S. 148

18 Helmuth Plessner – Die verspätete Nation, Frankfurt/M. 1992

19 »Der ›Schaden‹ der Bismarckschen Epoche, so zog der Althistoriker Theodor Mommsen am Ende seines langen Lebens aus der Sicht des Zeitgenossen resignierend Bilanz, sei ›unendlich viel größer‹ gewesen ›als ihr Nutzen‹: ›Die Gewinne an Macht waren Werte, die beim nächsten Sturme der Weltgeschichte wieder verlorengehen; aber die Knechtung der deutschen Persönlichkeit, des deutschen Geistes, war ein Verhängnis, das nicht mehr gutgemacht werden kann.« Lothar Gall, a. a. O., S. 707. Siehe auch Franz Herre – Bismarck. Der preußische Deutsche, Köln 1991, S. 435

20 Hagen Schulze – Gibt es überhaupt eine deutsche Geschichte?, Berlin 1989, S. 19/20. Wie wichtig die Grenzen für die politische Definiton eines Staates sind, zeigt ein von Hagen Schulze angeführtes Zitat des französischen Historikers Fernand Braudel: »Zuerst stößt man immer auf die Frage nach den Grenzen, ... davon leitet sich alles andere ab. Um etwas eine Grenze zu ziehen heißt, es zu definieren, zu verstehen und zu rekonstruieren; darüber hinaus bedeutet es, sich eine bestimmte historische Sichtweise anzueignen.« F. Braudel – La Méditerranée et le monde méditerranéen à l'époque de Philippe II, Paris 1949, Bd. I, S. 18; zitiert nach: Hagen Schulze, a. a. O., S. 20

21 »Als sich der König am heiligen Weihnachtstage während der Messe vor dem Grab des heiligen Apostels Petrus gerade vom Gebet erhob, setzte ihm Papst Leo eine Krone aufs Haupt, und das ganze römische Volk brach

in den Ruf aus: Dem erhabenen Karl, dem von Gott gekrönten großen und friedensstiftenden Kaiser der Römer Leben und Sieg! Und nach diesen Lobpreisungen wurde er vom Papst nach der Sitte der alten Kaiser durch die Proskynese verehrt und unter Verzicht auf den Titel eines Patrizius nunmehr Kaiser und Augustus genannt.« Reichsannalen zu 801; zitiert nach: Hans K. Schulze – Vom Reich der Franken zum Land der Deutschen. Merowinger und Karolinger, Berlin 1987, S. 188

22 Heinrich von Treitschke – Deutsche Geschichte im 19. Jahrhundert, Bd. I, Leipzig 1886, S. 235

23 Ebd. S. 236

24 »Während der Beschießung von Paris war das deutsche Armeehauptquartier in Versailles untergebracht. ... Bismarck verkündete, sein Ziel sei die Schaffung eines neuen Deutschen Reiches, mit Preußen als Zentrum und dem preußischen König als dem neuen Kaiser. Die Fürsten der deutschen Staaten, bereits in Versailles versammelt, waren einverstanden. Das Hindernis war König Wilhelm. ... Wenn er einen neuen Titel annehmen sollte, dann, so wünschte er, mußte es ein bedeutender Titel sein: ›Kaiser von Deutschland‹ oder ›Kaiser der Deutschen‹. Bismarck wußte, daß die Süddeutschen solch einem umfassenden Titel nicht zustimmen würden, und bot nur ›deutscher Kaiser‹ an, was praktisch eine bloße Präsidentschaft des Reiches darstellte. Die Lösung kam in einer dramatischen Szene im Spiegelsaal des Schlosses von Versailles am 18. Januar 1871, während die Fensterscheiben im Kanonendonner der Beschießung von Paris klirrten. Wilhelm, der Bismarcks Plan während der Zeremonie zu durchkreuzen hoffte, bat den Großherzog von Baden, ein Hoch auf den ›Kaiser von Deutschland‹ auszubringen. Bismarck fing den Großherzog auf den Stufen ab und überredete ihn, sich mit ›Kaiser Wilhelm‹ zufriedenzugeben. Als das Hoch ausgebracht wurde, war der soeben zum Kaiser proklamierte Wilhelm I. so indigniert, daß er, als er das Podium verließ, um seinen Fürsten und Generälen die Hände zu schütteln, an Bismarck vorbeiging, ihn nicht ansehen wollte und seine ausgestreckte Hand ignorierte.« Robert K. Massie – Die Schalen des Zorns. Großbritannien, Deutschland und das Heraufziehen des Ersten Weltkrieges, Frankfurt/M. 1993, S. 90/91

25 Hagen Schulze, a. a. O., S. 20

26 Karl Griewank – Der neuzeitliche Revolutionsbegriff. Entstehung und Entwicklung, Frankfurt/M. 1969, S. 94

27 Michael Stürmer – Die Grenzen der Macht, a. a. O. S. 25

28 Vieles an dem gegenwärtigen Balkankrieg um das ehemalige Jugoslawien, nicht zuletzt die völlige Zerstörung der beteiligten Länder, der Haß und die Grausamkeit, aber auch die Unfähigkeit zu einer definitiven politi-

schen oder militärischen Lösung seitens einer der Kriegsparteien, die absehbar nicht einen weiteren Krieg mit sich bringen wird, und die zunehmende Internationalisierung des Krieges, erinnert manchen Beobachter im Europa des späten 20. Jahrhunderts an den Dreißigjährigen Krieg in Deutschland vor 350 Jahren! Am Ende wird es im ehemaligen Jugoslawien wie damals in Deutschland nur Verlierer auf einer riesigen Schädelstätte geben. Siehe dazu: Christoph Bertram – »Die Soldateska zieht weiter. Einunddreißig Monate dauert nun schon der Krieg auf dem Balkan: Zwischenbilanz eines Dramas, das immer mehr an die Greuel des Dreißigjährigen Krieges erinnert«. DIE ZEIT Nr. 7, 11. Februar 1994, S. 10

29 Michael Stürmer – Die Grenzen der Macht, a. a. O., S. 65

30 Die dynastischen Konkurrenzen und persönlichen Eitelkeiten der Fürsten spielten bei der Auslösung der Katastrophe des Dreißigjährigen Krieges eine bedeutende Rolle. So hatte etwa der Herzog Maximilian I. von Bayern am Erwerb der Kurwürde von seinem kurpfälzischen Vetter ein überragendes persönliches Interesse: »Seit 1356 durften die Wittelsbacher in Heidelberg allein die Kurwürde tragen, während der Münchner Zweig mit der geringeren Herzogwürde vorlieb nehmen mußte. Dieses ›Unrecht‹ ließ Maximilian wie ein Feuer des Neids in sich brennen, bis sich jetzt die einzigartige Gelegenheit bot, die Bitterkeit in eine Belohnung für ›Kaisertreue‹ umschlagen zu lassen. Denn während eines Besuches von Ferdinand II. in München entwickelte ihm Maximilian einen Plan zum Erwerb der pfälzischen Kurwürde. Die Rechtsnatur des Erblehens machte dieses Projekt möglich, wenn Friedrich V. mit der Reichsacht belegt würde. Der neue Kaiser fand an diesem Unternehmen Gefallen, zumal er dringend Hilfe gegen die erstarkenden Böhmen brauchte.« Günter Barudio – Der Teutsche Krieg. 1618–1648, Frankfurt/M. 1985, S. 140

31 Friedrich Schiller – Geschichte des Dreißigjährigen Krieges. Vollständiger Nachdruck der Erstfassung aus dem »Historischen Calender für Damen für die Jahre 1791–1793«, Zürich 1985, S. 36

32 »›Wenn Frankreich‹, so hatte Kardinal Mazarin, der Nachfolger Richelieus als Premierminister, 1646 in einer Instruktion für den französischen Unterhändler über wünschenswerte Gewinne räsoniert, ›irgend etwas vom Hause Österreich zu befürchten hat, dann nur von der Seite Flanderns und Deutschlands her; einerseits wegen der Möglichkeit ihre Kräfte zu vereinigen ..., andererseits weil ... ein einziger Erfolg in dem nahe gelegenen Paris ... Panik hervorrufen könnte. – Der Erwerb der Niederlande schafft uns für immer Sicherheit gegen diese beiden Gefahrenquellen ..., weil Spanien auf jener Seite nichts mehr besitzen würde, und wenn wir uns unsere Grenzen in allen Richtungen bis zum Rhein hin ausge-

dehnt hätten, wären wir in der Lage, von Seiten des Kaisers kein Übel mehr fürchten zu müssen ... [Er wäre gezwungen,] auf gutes Einvernehmen mit Frankreich bedacht zu sein, was wiederum nicht wenig zu der für Frankreich mit gutem Grund so erwünschten Trennung der spanischen und deutschen Linie des Hauses Habsburg beitragen würde.« Heinz Schilling – Höfe und Allianzen. Deutschland 1648–1763, Berlin 1989, S. 59/60

33 »... neben Zonen mit erheblichen Kriegseinwirkungen und Bevölkerungsverlusten zwischen einem Drittel und der Hälfte, wie Brandenburg, Magdeburg, Hessen, Franken, Bayern, Schwaben und im Elsaß oder gar von bis zu zwei Dritteln, wie in Pommern, Mecklenburg, Kurtrier, der Pfalz und Württemberg, gab es im Norden, Nordwesten und in den Alpen Gebiete mit geringen Verlusten. So fanden sich in Westfalen, Niedersachsen und am Niederrhein sogar blühende Städte und Landstriche, die von Bevölkerungsverlusten gänzlich verschont geblieben waren; auch Gebiete wie Salzburg und die österreichischen Erblande, Schleswig-Holstein und weite Teile der Nordseeküste waren unversehrt. Hamburg erreichte jetzt einen ersten Höhepunkt seiner Wirtschafts- und Bevölkerungsentwicklung.« Ebd., S. 72
Siehe auch die Gesamtzahlen der damaligen Bevölkerungsentwicklung: »Infolge der Kriegseinwirkungen war die Bewegung in Deutschland besonders extrem. Dem Anstieg von 12 auf 15 Millionen während des 16. Jahrhunderts folgte ein Zusammenbruch auf 12 bis 10 Millionen. Der Krieg hatte fast ein Drittel der Bevölkerung gekostet. Erst seit dem letzten Drittel des 17. Jahrhunderts vermehrte sich die Bevölkerung wieder kontinuierlich, und zwar auf 15 Millionen um 1700 und 17 Millionen um 1750, wobei allerdings auch innerhalb des Reiches deutliche regionale Unterschiede zu beobachten sind.« Heinz Schilling – Reformation und altes Reich; in: Mitten in Europa. Deutsche Geschichte, Berlin 1992, S. 166

34 Hagen Schulze, a. a. O., S. 20/21

35 »Mitteleuropa nach dem Siebenjährigen Krieg, im letzten Drittel des 18. Jahrhunderts: ein Flickenteppich wie eh und je, eine ungestalte Fläche ohne Mitte und klare Grenzen, mehr denn je mit den Worten des großen Staatsdenkers Pufendorf ›unregelmäßig und einem Monstrum ähnlich‹. Dreihundertvierzehn größere und kleinere Territorien, zudem anderthalbtausend freie Rittersitze, eine Fülle von ›Deutschländern‹ – les Allemagnes, wie die Franzosen sagten – zwischen Maas und Memel, Etsch und Belt, europäisches Niemandsland. Eine Welt geradezu zoologischer Vielfalt von Königreichen, Kurfürstentümern, Herzogtümern, Fürstentümern, Bistümern, Grafschaften, Reichsstädten, Abteien und Balleien, meist in Fetzen

auseinanderhängend und von Enklaven durchlöchert, aber allesamt eifersüchtig auf ihre verbriefte Souveränität bedacht... Und das Reich? Ein verblassender Mythos eher denn Staatswirklichkeit, ein juristisches Konstrukt, gegenwärtig allenfalls in einigen Einrichtungen wie dem Reichshofrat in Wien, dem Reichskammergericht in Wetzlar oder dem ›Immerwährenden Reichstag‹ zu Regensburg.« Hagen Schulze – Die Geburt der deutschen Nation; in: Mitten in Europa, a. a. O., S. 208

36 James Mac Kinnon – Eine Geschichte der modernen Freiheit, Halle a.S. 1913, Bd. I, S. 148

37 »Der Particularismus des weltlichen Fürstenthums blieb doch die lebendigste politische Kraft im Reiche. Das heilige Reich war in der That, wie Friedrich der Große es nannte, die erlauchte Republik deutscher Fürsten. Seine Stände besaßen seit dem Westphälischen Frieden das Recht der Bündnisse und die Landeshoheit in geistlichen wie weltlichen Dingen, eine unabhängige Staatsgewalt, die nur noch des Namens der Souveränität entbehrte. Sie trotzte der Reichsgewalt, wie das Leben dem Tode trotzt. Keiner der auf den Trümmern der alten Stammesherzogthümern emporgewachsenen Staaten umfaßte ein abgerundetes Gebiet, keiner einen selbstständigen deutschen Stamm; sie dankten allesamt ihr Dasein einer dynastischen Staatskunst, die durch Krieg und Heirath, durch Kauf und Tausch, durch Verdienst und Verrath einzelne Fetzen des zerrissenen Reiches zusammenzuraffen und festzuhalten verstand.« Heinrich von Treitschke – Deutsche Geschichte im 19. Jahrhundert, Bd. 1, a. a. O., S. 17

38 Michael Stürmer, a. a. O., S. 35

39 Heinz Schilling – Aufbruch und Krise. Deutschland 1517–1648, Berlin 1988, S. 435. Siehe auch ebd., S. 436/37: »Wie ein Staat die mit den riesigen Söldnerheeren und dem kostspieligen Festungs- und Belagerungskrieg verbundenen Organisations- und Finanzierungsprobleme zu lösen vermochte, war politisch entscheidend geworden. ... Es waren gewaltige Aufgaben, die von den Fürsten und ihren frühmodernen Bürokraten gelöst werden mußten und die ihre Institutionen wie ihr Selbstbewußtsein enorm ausweiteten. Der Entwicklungszusammenhang zwischen Krieg, Rüstung und Absolutismus brachte sich in diesem Jahrhundert allenthalben in Europa zur Geltung. ... Da Deutschland besonders lange und besonders verheerend vom Krieg heimgesucht wurde, waren hier die Veränderungen besonders radikal. All das kam den Fürsten zugute, die die Organisationsanforderungen zusammen mit dem Notstand des Krieges – die ›necessitas‹-Situation, wie es in der zeitgenössischen Staatslehre heißt – zur Fundamentalrevision der politisch-gesellschaftlichen Ordnung in ihrem Sinne nutzten. Die Kronjuristen erklärten die Fürsten für befugt, zur Abwendung der

dem Land drohenden Gefahr die Untertanen auch ohne oder nur mit formaler Zustimmung der Landstände zu besteuern. ... Die von den Steuern bezahlten Söldnerheere entwickelten sich im Verlauf des 17. Jahrhunderts zu stehenden Heeren, für die der Westfälische Friede die reichsrechtlichen Grundlagen schuf. Damit hielten die armierten Fürsten innerhalb ihrer Territorien ein bis dahin nicht gekanntes Machtinstrument in Händen, mit dem sie jeden ständischen Widerstand im Keim ersticken konnten.«

40 Michael Stürmer, a. a. O., S. 36. »Vielleicht wird es einmal Zeit, Preußens Geschichte neu zu überdenken unter der Frage, ob je eine lebensfähige und konsensheischende Alternative bestand zu jenem militanten Machtstreben, das dem Staat des Großen Kurfürsten am Anfang zum Glück und am Ende zum Unglück geriet. Das Schicksal Polens, im 16. Jahrhundert Großmacht und vor Wien 1683 noch Retter des Abendlandes und doch seit 1772 geteilt zwischen den Mächten, mußte jeden schrecken, der zwischen Elbe und Weichsel lebte, ob Bauer oder Offizier, Kaufmann oder Beamter.«

41 »Sicherlich, man muß sich gerade im Falle Preußen vor mystischen Vorstellungen von historischer Gesetzmäßigkeit und Vorbestimmtheit hüten: An diesem Staat war nie etwas historisch gesetzmäßig vorbestimmt, seine Bestandteile hatte der Zufall zusammengeführt, er war nicht gewachsen, er wurde gemacht. Aber daß er gemacht werden mußte, wenn dieses Zufallsprodukt nicht wieder zerfallen sollte, und daß er sich ausdehnen mußte, um auch nur bestehen zu können: Das lag so sichtlich auf der Hand, für den König wie für den einfachsten Untertanen, daß dagegen nicht anzukommen war.« Sebastian Haffner – Preußen ohne Legende, München 1992, S. 81

42 G. W. F. Hegel – Vorlesungen über die Philosophie der Geschichte, Werke, Frankfurt/M. 1970, Bd. 12, S. 66

43 Sebastian Haffner – Preußen ohne Legende, a. a. O., S. 92. Anknüpfend an die beiden großen preußischen Könige des 18. Jahrhunderts, an Friedrich Wilhelm I., den Soldatenkönig, und seinen Sohn Friedrich II. den man später den Großen nannte, schreibt Haffner auf S. 79/80: »Und doch trifft es den Kern der Sache nicht, wenn man das klassische Preußen des 18. Jahrhunderts, das da plötzlich wie aus dem Nichts ins Leben trat und sich dann auf der Landkarte ausbreitete wie ein Ölfleck, einfach als das persönliche Werk dieser beiden Könige darstellt. Der Zeitgeist hat da mitgewirkt – der Geist der Staatsvernunft, der Staatsraison, der damals in ganz Europa herrschend wurde und einen solchen künstlichen Vernunftstaat wie Preußen begünstigte, ja, geradezu nach einem solchen Musterstaat verlangte. Preußen segelte damals vor einem starken Wind. Es war nicht nur neu, es war modern, beinahe könnte man sagen: Es war schick. Und noch

etwas hat mitgewirkt, vielleicht sogar entscheidend: Die schiere Notwendigkeit, der Selbsterhaltungstrieb, der jedem Staatswesen eingeboren ist wie jedem Menschen und der im Fall eines so unorganischen, so zufällig zusammengewürfelten Gebildes, wie es das 1701 proklamierte Königreich Preußen immer noch war, zur Arrondierung und Gebietserweiterung, also zur Eroberung, einfach zwang; und das wiederum zwang zur äußersten Straffung und Zusammenfassung aller Kräfte.«

44 »Dieses Preußen war – wenn man zunächst die allgemeinen Voraussetzungen nimmt – das Ergebnis von Geographie und Willen seiner Herrscher. Die Geburt des Habsburgerstaates war in der Spannung zwischen Reichs- und Erblandpolitik erfolgt, zwischen Habsburgs Traum vom Reichsstaat und der Realität des Partikularstaates. In Preußen waren es die Zwänge der geographischen Lage, die eine Reihe hervorragender Hohenzollernfürsten den modernen Einheits- und Machtstaat aufbauen ließen. Denn aus der teils ererbten, teils erfochtenen Ansammlung von Ländern und Herrschaftstiteln quer über den Norden Mitteleuropas ließ sich nur auf diesem Weg eine politische Kraft formen, die im deutschen und europäischen Mächtekonzert mehr Gehör finden würde als etwa Braunschweig oder Mecklenburg.« Heinz Schilling – Höfe und Allianzen, a. a. O., S. 368

45 »Der Staat Friedrichs des Großen ist nun aber nicht bloß der natürliche Rivale Österreichs gewesen, mit dem er den Kampf um die Vorherrschaft in Deutschland begann. Der friderizianische Staat verkörperte auch geistig ein neues Prinzip, indem er in Übertragung der westlichen Staatsraison auf Deutschland eine Politik der Macht eingeleitet hat, wie sie das Reich bis dahin nicht gekannt hat. Preußen war ein unfertiges ›Königreich der Grenzen‹, das nur wachsen konnte oder wieder vergehen.« Heinz Joachim Schoeps – Preußen. Geschichte eines Staates, Frankfurt/M. 1992, S. 97

46 Sebastian Haffner – Preußen ohne Legende, a. a. O., S. 95

47 Heinrich von Treitschke – Deutsche Geschichte im 19. Jahrhundert, Bd. 1, a. a. O., S. 39

48 »Der gut kalkulierte Griff Friedrichs des Großen nach dem österreichischen Schlesien im Jahr 1740, als Habsburg durch das drohende Aussterben in der männlichen Erbfolge und die Nachfolgeprobleme geschwächt war, bedeutete dem jungen König vor allem ein Rendevous mit dem Ruhm, war daneben aber auch Konsequenz einer bereits von seinen Vorfahren betriebenen Ausdehnungspolitik – der schlesische Feldzug beruhte auf einem Plan, den schon der Große Kurfürst siebzig Jahre zuvor ausgearbeitet hatte.« Hagen Schulze – Die Geburt der deutschen Nation, a. a. O., S. 208/9

49 Ebd., S. 209/10

50 »Am 25. Oktober 1760 starb König Georg II. von England. Sein Sohn und Nachfolger Georg III. (1760–1820) warf das Ruder herum... Die Regierung kam in die Hände profranzösischer Kräfte, die im Sommer 1762 die britischen Subsidienzahlungen an Preußen einstellten und Paris die Bereitschaft signalisierten, Friedrich den Großen zu opfern und einen Sonderfrieden zu schließen. Dieser Meinungsumschwung war unumstößlich, weil er fest im englischen Staatsinteresse verwurzelt war. Denn in Übersee standen die Auseinandersetzungen mit dem Rivalen Frankreich sehr günstig für Britannien... Als sich diese Wende im Winter 1761/62 abzeichnete, gab es für den Hohenzollernstaat nach menschlichem Ermessen keine Hoffnung mehr. Die nächste Kampagne konnte nur noch den glorreichen Untergang bedeuten. Da brachte ein erneuter Todesfall die Rettung: am 5. Januar 1762 starb in Petersburg die Zarin Elisabeth, die erbittertste der erbitterten Feinde des Preußenkönigs. An ihre Stelle trat Zar Peter III..., ein glühender Verehrer Friedrichs und zugleich ein auf die Konsolidierung der Finanzen bedachter Realpolitiker, der sogleich Frieden und am 19. Juni sogar ein Bündnis mit dem Hohenzollern schloß.« Heinz Schilling – Höfe und Allianzen, S. 466–468

51 Friedrich der Große spielte in den Schlußtagen Hitlers eine zentrale Rolle in dessen Selbststilisierung. In Hitlers letztem Wohnraum im Bunker hing ein Bild des großen Friedrich, und »in diesen hoffnungslosen Tagen, so hat Goebbels berichtet, habe er dem niedergeschlagenen Führer, um ihn zu trösten, aus Carlyles ›Geschichte Friedrichs des Großen‹ vorgelesen und dabei jenes Kapitel ausgewählt, das die Schwierigkeiten schildert, denen der König im Winter 1761/62 gegenübergestanden habe: ›... und Carlyle schreibt: „Tapferer König, warte noch eine kleine Weile, dann sind die Tage deines Leidens vorbei, schon steht hinter den Wolken die Sonne deines Glücks und wird sich dir bald zeigen." Am 12. Februar starb die Zarin, das Wunder des Hauses Brandenburg war eingetreten. Der Führer, sagte Goebbels, hatte Tränen in den Augen.‹

... Goebbels (erfuhr) am 13. April, ... daß der amerikanische Präsident Roosevelt gestorben sei. ›Er war in Ekstase‹, hat einer der Miterlebenden geschildert und ließ sich augenblicklich mit dem Führerbunker verbinden. ›Mein Führer, ich gratuliere Ihnen‹, rief er in den Apparat. ›Es steht in den Sternen geschrieben, daß die zweite Aprilhälfte für uns den Wendepunkt bringen wird. Heute ist Freitag, der 13. April. Es ist der Wendepunkt!‹ Im Bunker selber hatte Hitler inzwischen Minister, Generale und Funktionäre zusammengerufen ... und ihnen überstürzt, in leicht entrückter Greisenerregtheit, die Meldung vorgehalten: ›Hier! Sie wollten es nie glauben...‹

Noch einmal schien die Vorsehung ihre Verläßlichkeit zu demonstrieren und die vielen wunderbaren Fügungen seines Lebens in einem letzten überwältigenden Eingriff zu beglaubigen. Einige Stunden herrschte im Bunker eine lärmende Hochstimmung ...« Joachim Fest – Hitler, Frankfurt 1973, S. 1000–1003.

Der Friedrichmythos war vor allem während des Ersten Weltkrieges Allgemeingut des konservativen Bürgertums in Deutschland geworden, den die Nazis, wie so vieles andere auch, lediglich zu übernehmen hatten. Siehe dazu den jungen Thomas Mann: »Unbesorgt! Wir stehen am Anfang, wir werden um keine Prüfung betrogen sein. Friedrich, nach allen Heldentaten, war im Begriff unterzugehen, als ein gutes Glück, der russische Thronwechsel, ihn rettete. Und Deutschland ist heute Friedrich der Große. Die Koalition hat sich ein wenig verändert, aber es ist sein Europa, das im Haß verbündete Europa, das uns nicht dulden, das ihn, den König, noch immer nicht dulden will ...« Thomas Mann – Gedanken im Kriege (November 1914); aus: Thomas Mann – Von deutscher Republik. Politische Schriften und Reden in Deutschland, Frankfurt/M. 1984, S. 13; siehe ebd. S. 28 ff.

52 Joachim Fest – Hitler, o. a. O., S. 1003

53 »Die Singularität des preußischen Absolutismus seit dem Großen Kurfürsten (1640–1688 Friedrich Wilhelm) bestand aus vier Elementen: 1. der rigorosen Vorherrschaft der Aristokratie in einer vom Monarchen beherrschten Ministerregierung, 2. dem Vermischen von ziviler und militärischer Verwaltung, 3. der Militarisierung des gesamten Lebens, 4. dem ›preußischen Puritanismus‹, dem verabsolutierten Prinzip vermeintlicher Berufung und selbstloser Pflichterfüllung. Der Aufstieg Preußens zur stärksten Militärmacht war weitgehend das Werk dreier vom Machtwillen besessener Dynasten, die bei der Verwirklichung ihrer Ziele von einem Machtvakuum, einer Folge des 30jährigen Krieges, ausgingen und durch wechselnde Bündnisse in den Kreis der Großmächte emporhoben. Beim Tode Friedrichs des Großen (1786) hatte sich die Bevölkerung seit dem Regierungsantritt des Großen Kurfürsten (1640) mit zehn Millionen verzehnfacht. Mit einem stehenden Heer von 250 000 Mann galt Preußen ausländischen Beobachtern nicht als ein Staat mit einer Armee, sondern als eine Armee, der alle staatlichen Belange untertan waren« (Mirabeau). Bernd Martin – Weltmacht oder Niedergang? Deutsche Großmachtpolitik im 20. Jahrhundert, Darmstadt 1989, S. 3

54 »Es stimmt natürlich, daß der Zeitraum vom Sommer 1789 bis zum neunten Thermidor des Jahres II (27. April 1792) ein rasch fortschreitendes, aber klar unterscheidbares revolutionäres System darstellt, das von der ab-

soluten Monarchie über die konstitutionelle zur parlamentarischen Republik und schließlich zur Diktatur eines parlamentarischen Komitees führt. Es schließt die Abschaffung des wirtschaftlichen Feudalismus und des Gildenwesens wie die vollständige Reorganisation des französischen Verwaltungsapparates in sich; grundsätzlich ist damit auch die Einführung der allgemeinen Dienstpflicht sowie eine umfassende und neue Rechtskodifizierung, ja praktisch sogar die Einführung einer neuen Rechtsordnung verbunden. Darüber hinaus beinhaltet das System auch die Enteignung der Kirche und ihre Unterordnung unter den Staat und letzten Endes die Abschaffung des Christentums und die Aufrichtung einer neuen Religion der Vernunft. Alle diese ungeheuren innerpolitischen Wandlungen sind Teil des machtvollen Aufschwunges der revolutionären Bewegung von 1789 bis 1794.« Robert A. Kann – Die Restauration als Phänomen in der Geschichte, Graz 1974, S. 311

55 »Die Vernichtung des Königtums in Frankreich hat für ganz Europa zunächst *eine* inhaltsschwere Folge gehabt. Sie hat das Königtum, das sich in der Mitte des 18. Jahrhunderts an die Spitze der Reformen stellt, allen *Reformen der Gesellschaft auf Dauer entfremdet.* Der Tod des Königs Ludwig warf die übrigen Könige offen in die Arme der Aristokratie, und dadurch ist vielleicht mehr als durch alles andere der Weg der ruhigen Entwicklung abgeschnitten ...« Lorenz von Stein – Die Geschichte der sozialen Bewegung in Frankreich, Bd. I, Hildesheim 1959, S. 274

56 Horst Möller – Fürstenstaat und Bürgernation, a. a. O., S. 548. Weiter heißt es da: »Die von Carnot organisierten Armeen bewiesen schnell ihre Überlegenheit. Aber es handelte sich nicht allein um eine zahlenmäßige Überlegenheit, sondern zunehmend um eine qualitative, denn die von revolutionärer Begeisterung beflügelten Massenheere ermöglichten den Angriffskrieg in einer zuvor unbekannten Form. Mit ihrer Hilfe ließ sich eine flexible Strategie verfolgen, die der alten hinhaltenden Lineartaktik weit überlegen war: diese mußte auf vergleichsweise schwierig zu rekrutierende, teure Söldner Rücksicht nehmen, sich an Magazinverpflegung orientieren und Kriege als Stellungskriege führen, um Verluste möglichst gering zu halten. Unter der Führung einer beeindruckenden Zahl vorzüglicher junger Generäle, zu denen bald auch Napoleon gehören sollte, überrannten die Massenheere der Revolution in den nächsten eineinhalb Jahrzehnten das alte Europa, das mehr als zehn Jahre benötigte, um sich den Schlaf des Ancien régime aus den Augen zu reiben.«

57 Jochen Köhler – Das Gewitter der Freiheit. Bedeutung und Wirkung der französischen Revolution heute, Frankfurt/M. 1989, S. 220/221. Siehe auch Albert Soboul – Die Große Französische Revolution, Frankfurt/M.

1988, S. 235/36: »Valmy war weniger eine Schlacht als ein einfaches Kanonengefecht; die Auswirkungen aber waren weittragend. Der Herzog von Braunschweig wollte die Franzosen nach einem kunstgerechten Schlachtplan einschließen; der ungeduldige König von Preußen gab ihm den Befehl, sofort anzugreifen. Am 20. September entfaltete sich die preußische Armee nach einem heftigen Kanonenfeuer in südliche Richtung und baute sich wie im Manöver vor den von Kellermann besetzten Höhen von Valmy auf. Der König von Preußen hatte mit einer überstürzten Flucht gerechnet; die Sanscoulotten hielten stand und verdoppelten ihr Feuer. Kellermann schwenkte seinen Hut auf der Degenspitze und rief: *›Es lebe die Nation!‹* Die Truppen gaben sein revolutionäres Losungswort von Bataillon zu Batallion weiter; unter dem Feuer der geordneten Truppen, der berühmtesten Europas, wich nicht ein Mann zurück. Die preußische Infantrie stand still, Braunschweig wagte nicht den Befehl zum Angriff. Die Kanonade dauerte noch einige Zeit an. Gegen sechs Uhr ging ein Platzregen nieder. Die Armeen verbrachten die Nacht in ihren Stellungen.... Valmy bedeutete nicht einen strategischen, aber einen moralischen Sieg. Die Armee der Sanscoulotten hat vor der ersten Armee Europas standgehalten. Die Revolution offenbarte ihre Kraft. Gegenüber der auf passive Disziplin gedrillten Berufsarmee behauptete sich die neue, nationale, aus dem Volk gebildete Armee.«
Siehe dazu auch Heinrich von Treitschke – Deutsche Geschichte im 19. Jahrhundert, a. a. O., S. 129: »Den ungeheuren Massen, welche der Convent in's Feld führte, konnten die friderizianischen Generale wohl auf dem Schlachtfelde den Sieg entreißen, doch eine solche Volkserhebung völlig niederzuwerfen war für die kleinen Heere der alten Zeit völlig unmöglich.... Also kündigte sich hier eine neue Kriegsweise an und eine neue Staatskunst, welche die Ländergier der alten Cabinetspolitik mit einer unerhörten Mißachtung aller überlieferten Formen des Völkerrechts verband.«

58 »Es waren nicht die Vorstöße der Revolution, sondern die Eroberungszüge und militärischen Triumphe des Ersten Konsuls, die das alte Reich zerschlugen. 1797 rückte nach den Friedensschlüssen von Rastatt und Campo Formio die französische Republik an den Rhein, um dort zu bleiben. Köln wurde ›bonne ville‹, das linke Rheinufer großenteils Teil des ›Departements de la Roer‹. ...›Am Anfang war Napoleon‹, so hat Thomas Nipperdey in seiner magistralen ›Deutschen Geschichte‹ die Goethesche Idee der Epochenwende um 1800 modifiziert. Am Ende war aber auch Napoleon, am Ende des Alten Reiches.« Michael Stürmer – Die Grenzen der Macht, a. a. O., S. 38

59 »...Deutschlands erste Rußlandkatastrophe war der Zug der Grande Armée, von deren 600 000 Mann nicht weniger als die Hälfte deutsch sprachen – und stärkte auf diese Weise nicht das französische Empire, sondern rief den deutschen Nationalismus ins Leben. ›Das soll uns nie wieder passieren!‹ und: ›Das können wir auch!‹ – so lautete, in den Worten Sebastian Haffners, die Schlußfolgerungen, welche die Deutschen aus den Dissonanzen der napoleonischen Erfahrung zogen. Das Alte Reich, das sie nicht hatte schützen können, lernten sie fortan verachten. Nation und Machtstaat wurden die Gottheiten des 19. Jahrhunderts, 1848 noch in der liberal-demokratischen Variante, zwanzig Jahre später in der agrarisch-industriellen.« Michael Stürmer – Die Grenzen der Macht, a. a. O., S. 39/40

60 Sebastian Haffner – Von Bismarck zu Hitler, a. a. O., S. 24

61 »Immer wieder hat man darauf verwiesen, daß sich die preußischen Reformen gegen Napoleon richteten und es sich deshalb um eine ›defensive Modernisierung‹ gehandelt habe. Mit Napoleon konnte sich Preußen natürlich nicht reformieren. Reform war aber auch die Voraussetzung der Befreiung von Napoleonischer Herrschaft, die schließlich Preußen auf den Status einer kleinen Macht reduziert hatte ... Die preußischen Reformen betrafen sehr verschiedene Sektoren:
1. erfolgte eine Reorganisation und Neustrukturierung der obersten Staatsverwaltung;
2. eine Verwaltungsreform auf provinzialer und kommunaler Ebene;
3. eine Finanzreform;
4. eine Agrarreform;
5. eine Gewerbereform;
6. eine Heeresreform;
7. eine Reform des Bildungswesens;
8. gab es sektoral begrenzte Rechtsreformen; beispielsweise in der rechtlichen Besserstellung der Juden.

Die umfassende Verfassungsreform blieb indes Programm und wurde erst im Gefolge der Revolution von 1848/49 begonnen.« Horst Möller – Fürstenstaat und Bürgernation, a. a. O., S. 616.

Siehe dazu auch über die preußische Militärreform und die Einführung der allgemeinen Wehrpflicht in Preußen unter der Überschrift »Volk in Waffen« bei Heinrich von Treitschke – Deutsche Geschichte des 19. Jahrhunderts, a. a. O., S. 295: Scharnhorst »erinnerte den König daran, sein Ahnherr Friedrich Wilhelm I. habe zuerst unter allen Fürsten Europas die allgemeine Conscription eingeführt; dieser Grundsatz habe Preußen einst groß gemacht und sei in Österreich und Frankreich nur nachgeahmt worden; jetzt erscheine es geboten, zu dem altpreußischen Systeme zurückzukehren... Fast genau mit den Worten des alten Soldatenkönigs begann Scharnhorst seinen Entwurf für die Bildung einer Reserve-Armee also: 1. Alle Bewohner des Staates sind geborene Vertheidiger desselben.«

62 »Die Armee war vernichtet. Durch den Fall von Stettin und Küstrin ward auch die Oderlinie unhaltbar, und völlig aussichtslos schien der Gedanke, mit den ostpreußischen Regimentern jenseits der Weichsel noch einen letzten Widerstand zu versuchen. Napoleon schrieb dem Sultan befriedigt: ›Preußen ist verschwunden‹; und selbst Gentz meinte: ›es wäre mehr als lächerlich, an die Wiederauferstehung Preußens auch nur zu denken.‹ Wie viele Stürme waren über diesen Staat dahin gegangen, seit seine Herscher ihm den steilen Weg zur Größe wiesen; schon oft hatte die Hauptstadt den Landesfeind in ihren Mauern gesehen; doch jetzt zum ersten Male in Preußens ehrenreicher Geschichte gesellte sich dem Unglück die Schande.« Ebd., S. 250

63 »König Friedrich Wilhelm III. erließ in seiner Breslauer Residenz am 17. März 1813 den berühmten, durch Theodor Gottlieb von Hippel verfaßten Aufruf ›An mein Volk!‹ ... Ein solcher Aufruf des Königs an sein Volk, die Verbindung des alten, auf den eigenen Staat und seinen Monarchen bezogenen Patriotismus mit dem Appell an die Zugehörigkeit zur deutschen Nation, wäre noch wenige Jahre vorher undenkbar gewesen: Was das alte Reich, der deutsche Kaiser über Jahrhunderte nicht vermocht hatten, der Erbe der Revolution und Kaiser der Franzosen schaffte es in kürzester Frist: Napoleons Herrschaft schmiedete nach Jahrzehnten der Vorbereitung die Deutschen zur politischen Nation oder fachte doch wenigstens das seit längerem schwelende nationale Feuer an, in dem sich erheblich divergierende soziale und ideelle Strömungen zur Forderung nach Freiheit, oder besser nach Befreiung, mischten.« Ebd. S. 639/640

64 »Was ist des Deutschen Vaterland?
Ist's Preußenland, ist's Schwabenland?
Ist's, wo am Rhein die Rebe blüht?
Ist's wo am Belt die Möwe zieht?
o nein! nein! nein!
Sein Vaterland muß größer sein....

Was ist des Deutschen Vaterland?
So nenne mir das große Land!
So weit die deutsche Zunge klingt
Und Gott im Himmel Lieder singt,

Das soll es sein!
Das, wackrer Deutscher, nenne dein!«

Ernst Moritz Arndt – »Des Deutschen Vaterland«; aus: Deutsche über die Deutschen. Auch ein deutsches Lesebuch, München 1974, S. 174/175

65 Heinrich Lutz – Zwischen Habsburg und Preußen. Deutschland 1815–1866, Berlin 1985, S. 32. Siehe auch S. 33: »Die Entscheidung zwischen ›Volksheer‹ und ›Königsarmee‹ – um es vereinfacht auszudrücken – fiel endgültig erst unter Bismarck. Aber sie war langfristig vorbereitet durch das Scheitern wesentlicher Teile des militärpolitischen Reformkonzeptes; es blieben nur jene Teile, die der Steigerung der technischen und disziplinären Leistung dienten. Als besonders wichtig erwies sich dabei die gesellschaftspolitische und militärische Disponibilität des Adels.«

66 »Die Siegermächte von 1815 – Rußland, England, Österreich und Preußen – hatten auf dem Wiener Kongreß in mühsamen Kompromissen die Neuordnung des europäischen Staatensystems vorgenommen. Man hatte schließlich zu einer ›Quadruple-Allianz‹ gefunden, einem Bündnissystem, das bis in die zwanziger Jahre hinein wirksam funktionierte. Frankreich, der besiegte Gegner, dessen Wiederaufstieg zur beherrschenden Macht in Europa die vier Siegermächte verhindern wollten, wurde erst 1818 auf dem Aachener Kongreß als fünfte europäische Großmacht in das ›Konzert der Mächte‹ aufgenommen. Für den Weg der deutschen Geschichte im 19. Jahrhundert blieb ausschlaggebend, daß die beiden ›deutschen Mächte‹, Österreich und Preußen, in der Stufenleiter der realen Machtverhältnisse erst hinter England, Frankreich und Rußland rangierten; dies galt auch, wenn man ihren Rückhalt am Deutschen Bund in Rechnung setzte.« Ebd., S. 14/15

67 »Aktive deutsche Außenpolitik in diesen Jahrzehnten war, da Preußen, der schwächste der europäischen Großstaaten, sich im großen und ganzen an Österreich anschloß, die Sache Österreichs, war die Politik Metternichs. Seine Politik war von drei Grundsätzen geleitet. Sie war 1. ideologisch, sie wollte die konservative Ordnung Europas bewahren, sie setzte auf die Solidarität der Mächte, die gegen jede Revolution gemeinsam intervenieren sollten. Sie war 2. an Stabilität und Gleichgewicht orientiert, sie wollte die Machtambitionen durch eine Ordnung der kollektiven Sicherheit bändigen. Metternich liebte es, sich als Arzt der Revolution und als Garant der europäischen Ordnung zu stilisieren. Und diese Politik folgte natürlich 3. der österreichischen Staatsräson: jede Revolution bedrohte die Existenz dieses übernational dynastischen Reiches, und

jede Veränderung der Machtlage mußte die Position Österreichs, das gerade als Balancefaktor, trotz seiner strukturellen Schwäche, eine überproportionale Machtposition behauptete und zudem gänzlich saturiert war, schwächen.« Thomas Nipperdey – Deutsche Geschichte, München 1983, S. 364

68 Leopold v. Ranke; zitiert nach Michael Stürmer – Das ruhelose Reich. Deutschland 1866–1918, Berlin (West) 1983, S. 365

69 Michael Stürmer – Die Grenzen der Macht, a. a. O., S. 46

70 »Die ›halykonischen Tage‹ (Leopold von Ranke) nach dem Wiener Kongreß endeten in Massenelend und Angst. Beides wurde in den vierziger Jahren aber noch einmal gesteigert: auf der einen Seite dramatische Kapitalknappheit, die den Realzins auf sieben bis acht Prozent trieb, auf der anderen Seite Mißernten, Hunger und Nahrungslosigkeit. Die letzte klassische Krise alten Typs – schlechte Ernte, hoher Brotpreis, Arbeitsmangel und Zusammenbruch der gewerblichen Märkte – verband sich seit Mitte der vierziger Jahre mit der ersten vorindustriellen Wachstumskrise. 1846 war eine Mißernte, die Kartoffelpest verdarb das Hauptnahrungsmittel der kleinen Leute. 1847 stiegen die Preise noch einmal auf das Doppelte, Dreifache, Vierfache. Die Armen nagten an ihrem sprichwörtlichen Hungertuch.« Ebd., S. 48. Siehe auch Heinrich Lutz – Zwischen Habsburg und Preußen, a. a. O., S. 244ff.

71 »In Paris siegte nach dreitägigen Barrikadenkämpfen am 24. Februar 1848 die Revolution. Der König Louis Philippe floh, die Monarchie wurde abgeschafft, die Republik ausgerufen. Die Gesamtzahl der Toten und Verwundeten auf beiden Seiten betrug etwa 1200 bis 1300. Die Wirkung der Februarrevolution auf Europa war ungeheuer. Das Feuer der revolutionären Begeisterung griff sofort auf Italien und Ungarn über, wo es um äußere Freiheit gegen die österreichische Herrschaft ging. So war Deutschland schon wenige Tage nach dem Umschwung in Paris auf drei Seiten von einer mächtigen Freiheitsbewegung umgeben. Diese Situation, nicht nur die rasch gelungene Revolution in Frankreich, hat viel dazu beigetragen, daß die in der deutschen Öffentlichkeit vorhandene Unruhe sich so rasch zum politischen Umsturz steigerte.« Ebd., S. 246

72 Ebd., S. 246/247

73 »Eine große Volksmenge vor dem Schloß ... dankt dem König mit lauten Ovationen, aber die Bajonette irritieren, es ertönen einzelne Rufe nach dem Abzug der Soldaten. Darauf ergeht Befehl an die Truppen, den Platz zu räumen, einzelne ungezielte Schüsse lösen sich, der Ruf ›Verrat‹ und ›Zu den Waffen‹ ist die Antwort – die Kämpfe beginnen von neuem. Das war freilich mehr als ein unglücklicher Zufall, Mißverständnis oder

Kopflosigkeit. Das war der Grundkonflikt der Berliner Revolution, der Konflikt zwischen Zivil und Militär. Die Frage Abzug oder Verbleib der Truppen war die Frage nach Substanz und Seele der preußischen Monarchie, nach der unantastbaren Autorität des Königs, gegründet auf das königliche Heer. Der Ruf ›Militär weg‹ bedeutete: der König sollte dem Militärstaat abschwören, sollte Bürgerkönig werden – das revolutionierte die Grundlage des preußischen Staates.« Thomas Nipperdey – Deutsche Geschichte, a. a. O., S. 598/599

74 Heinrich Lutz – Zwischen Habsburg und Preußen, a. a. O., S. 266

75 »... der Bundestag demonstrierte antirevolutionäre Legalität, indem er seine Kompetenz an den eben gewählten Reichsverweser übertrug. Am 13. Juli nominierte dieser den Fürsten Karl Leiningen, Halbbruder der Königin Viktoria und einer der führenden deutschen ›Whigs‹, zum Ministerpräsidenten; im Kabinett saßen vor allem rechte, aber auch linke Zentrumsleute, der Österreicher Anton von Scherling war Innenminister und wurde der starke Mann der Regierung.... Die neue Reichsgewalt konnte sich auf die Autorität der Paulskirche und auf den Konsens der Deutschen stützen, aber sie hatte keine reale Macht: kein Geld und wenig Kredit, keine Büros, kein Papier, keine Sekretäre und erst recht keine nachgeordneten Behörden im Land. Und sie hatte natürlich kein Heer – nur eine durch und durch revolutionäre Regierung hätte versuchen können, das zu schaffen, mit wenig Aussicht auf Erfolg; allein in Ungarn ist das damals gelungen.« Thomas Nipperdey – Deutsche Geschichte, a. a. O., S. 614

76 »In einer Revolution siegt, wer die Machtfrage zu seinen Gunsten beantwortet, und die Paulskirche war völlig machtlos.« Hagen Schulze – Die Geburt der Deutschen Nation, a. a. O., S. 270

77 Ebd., S. 271. Und weiter heißt es da: »Der König von Preußen hatte viele Gründe, die Krone nicht entgegenzunehmen, und nicht alle Gründe waren unvernünftig: neben dem Haß auf die Revolution, die ihn gedemütigt hatte, neben dem Glauben, daß das Recht der Krone nicht auf parlamentarischen Mehrheitsentscheidungen, sondern auf göttlicher Legitimität ruhe, war da die wohlbegründete Befürchtung, daß ein solcher Schritt zum Krieg mit Österreich führen mußte. Ein neuer Siebenjähriger Krieg war aber Sache des friedfertigen und konfliktscheuen Königs nicht.«

78 Heinrich Lutz – Zwischen Habsburg und Preußen, a. a. O., S. 313

79 »Das spätere Scheitern der deutschen Revolution war also sehr eng mit den raschen und wenig kostspieligen Anfangserfolgen in den Einzelstaaten und in Frankfurt verbunden. Die Liberalen schätzten von Anfang an die Kosten einer dauerhaften Durchsetzung der Märzprogrammatik

auch gegenüber Österreich zu niedrig ein. Die Demokraten überwanden ihre inneren Gegensätze – Föderalisten und Zentralisten, radikale Sozialrevolutionäre und Reformisten – zu keinem Zeitpunkt. Die ausbleibende Partnerschaft mit der europäischen Revolution, vor allem mit Frankreich, verminderte die Chancen einer radikaldemokratischen Umgestaltung und verstärkte die Tendenzen zu einem nationalistischen Machtutopismus. Die traditionelle deutsche Vielstaaterei behinderte das Entstehen einheitlicher Willensbildung und zentraler Machtausübung. Das Verfassungsproblem war infolge der Existenz Österreichs und der sonstigen Grenzfragen so ungewöhnlich schwierig wie in keinem anderen europäischen Vergleichsfall. Die monatelange sorgfältige Verfassungsarbeit und die Politik der Paulskirche erreichten jene Ebene nicht, wo der freiheitliche Rechtsgedanke, das Machtproblem und die Durchsetzung neuer, revolutionärer Legitimität verknüpft werden konnten. So wurde die Reichsverfassung ein totgeborenes Kind.« Ebd., S. 322

80 Michael Stürmer – Die Grenzen der Macht, a. a. O., S. 76. Und weiter heißt es da: »Das Scheitern der 48er Revolution hat man erst ein Jahrhundert später angefangen zu beklagen: ›Das Gift einer unausgetragenen, verschleppten Krise kreist von 1850 an im Körper des deutschen Volkes‹, schrieb Rudolf Stadelmann 1948, als das Grundgesetz für die Bundesrepublik Deutschland beraten wurde. ... Nach 1848/49 jedenfalls war nichts mehr, wie es vordem gewesen: Ein machtvoller Schlußstrich war gezogen unter alle mittelalterlichen Lebensformen. Der politische Massenmarkt der Zeitungen, Parlamente und Parteien war entstanden. Das allgemeine Wahlrecht war wie der Geist aus der Flasche entwichen, niemals wieder einzufangen. Verfassungen begrenzten die Macht des alten Herrschaftsdreiecks von Krone, Kirche und Kaserne. Der Staat war nicht mehr absolutistische Machtmaschine, sondern Organisationsform gesellschaftlicher Kräfte. Seit 1848/1849 war alle Restauration nur scheinbar, alle Reaktion auf Termin gestellt, das Ancien régime nur noch Fassade, die schon einmal zusammengebrochen war. Etwas Neues war im Werden, und wer Deutschland zusammenfügen würde, der würde es auch auf lange Zeit prägen und beherrschen.«

81 »1848/49 war viel Abschied und noch viel mehr Aufbruch. Es war der große Wendepunkt der deutschen Geschichte, aber es unterblieb die Wendung.« Ebd., S. 53

82 »Das Volk als Staat ist der Geist in seiner substantiellen Vernünftigkeit und unmittelbaren Wirklichkeit, daher die absolute Macht auf Erden; ein Staat ist folglich gegen den anderen in souveräner Selbstständigkeit.« G. W. F. Hegel – Grundlinien der Philosophie des Rechts. Werke Bd. 7,

Frankfurt/M. 1970, S. 498. Und auf S. 500 heißt es weiter: »Der Streit der Staaten kann deswegen, insofern die besonderen Willen keine Übereinkunft finden, nur durch Krieg entschieden werden.«

83 »Damit sind wir sogleich bei der anderen Hauptfrage, der Frage nach den Grenzen. Wer sollte zur Nation gehören – alle, die deutsch sprachen, und nur die? Alle, die historisch bisher zu den als deutsch geltenden Ländern gehörten? Was sollte mit Minderheiten – mit eigenen wie fremden – geschehen? Man wollte einen Nationalstaat gründen. Aber Deutschland war kein Nationalstaat; ethnische und historische Grenzen deckten sich nicht, und es gab so viele breite Zonen der Durchmischung. Mit dem Auftritt der deutschen Nationalbewegung entstanden sofort die ersten nationalpolitischen Konflikte. Diese Konflikte waren Teil der europäischen Machtsituation, und sie beeinflußten den latenten Streit um die Führung in Deutschland, die Stellung Preußens, aber vor allem Österreichs in Deutschland. Darum sind sie für die Revolution so eminent wichtig gewesen – und nicht nur für das jetzt anhebende Jahrhundert des Nationalismus.« Thomas Nipperdey – Deutsche Geschichte, a. a. O., S. 624

84 »Die Paulskirche wollte ein Doppeltes. Sie wollte kein altes Reichs- und Bundesgebiet preisgeben, nicht nur nicht, wenn es national durchmischt war, sondern auch, wenn es nicht deutsch war. Den Antrag der italienischen Abgeordneten aus dem Trentino (Welschtirol), ihr Land aus dem Bund zu entlassen – und also Tirol zu teilen – lehnte die große Mehrheit ab, auch die Demokraten plädierten nur für einen autonomen Status; und alle haben an der Zugehörigkeit des eigentlich niederländischen, aber zum Bund gehörenden Herzogtum Limburg zu Deutschland festgehalten. Und die Paulskirche wollte im Norden und Osten deutsche und nicht-deutsche Gebiete, die historisch zu deutschen oder deutsch dominierten Gebieten gehörten – Schleswig und wenigstens den größeren Teil von Posen – eingliedern. Auf andere Deutsche – im Elsaß und im Baltikum – freilich hat man, von Randstimmen abgesehen, keinen Anspruch erhoben; so expansiv war der Nationalismus nun wieder doch nicht.« Ebd., S. 629

85 »Zum Problem Deutschland und Europa gehören auch die Ideen und Träume von imperialer Macht, die hinter den Vorstellungen vom Umfang des deutschen Nationalstaates aufscheinen. Man dachte an ein großes deutsches Reich, dem sich Randvölker und Randstaaten anschlossen, von der Schweiz, den Niederlanden oder gar Skandinavien bis zu den Ländern Südosteuropas, eine Hegemonie von der Nord- und Ostsee bis zur Adria und zum Schwarzen Meer, an See- und Handelsmacht auch. Es gab ein nahezu

emphatisches Verlangen nach Macht und Großmacht. ... Alle redeten von der deutschen Schmach und der deutschen Ehre; ›Freiheit und Recht Deutschlands über jede andere Rücksicht‹, das war die Parole des völkerrechtlichen (außenpolitischen) Ausschusses. Kein ›Kanonenschuß‹ dürfe, so der Demokrat Vogt, auf der Welt erschallen, ohne daß Deutschland dabei sei; Deutschland werde die erste Macht der Welt sein, wenn es einig sei; die ›unsinnigen Forderungen‹ der Altgermanen beklagte der preußische Gesandte Bunsen. Zu den beliebten Redensarten gehörte auch die von der ›Kraft des deutschen Schwertes‹, an die man appellierte; sie allein könne den Frieden sichern. Sehr allgemein war die Meinung, daß der Kampf zwischen Germanen und Slawen im Osten und Südosten ein ›welthistorischer Tatbestand‹ sei, das hat die Möglichkeiten der Koexistenz nicht eben erleichtert. Der Krieg stand als Möglichkeit durchaus im Blick. ... Die Rethorik, die 50 Jahre später ›rechts‹ war, war damals noch eher links. Denn auch der Nationalismus war ja im Grunde noch ein linkes Phänomen.« Ebd., S. 629/630

86 Ebd., S. 624ff.

87 Ebd., S. 623

88 »Anders gewendet: die deutsche, die magyarische, die slawische, erst die tschechische, dann die kroatische, Revolution hatten gegensätzliche nationale Ziele: einen deutsch geführten und gebundenen Gesamtstaat, die Separation eines magyarischen Großungarn, Erhaltung eines von Deutschland unabhängigen Gesamtstaates mit Autonomie der slawischen Völker und ihrer Mitwirkung an der Führung. An diesen Gegensätzen scheiterte sowohl eine liberal-föderale neue Gesamtorganisation des Staates wie seine Auflösung. ... Aber die nationalen Konflikte und die slawischen Interessen zumal führten dazu, die Funktion des alten Kaiserstaates neu zu legitimieren, ja zu vitalisieren; das mußte die Kräfte stärken, die in der Tradition, der Selbstverständlichkeit und Notwendigkeit des Gesamtstaates lebten. In der Unlösbarkeit der nationalen Konflikte war der Gesamtstaat so etwas wie das Parallelogramm der Kräfte; das war die Interessenbasis, die ihn trug.« Ebd., S. 644

89 Karl Marx – Zur Kritik der Hegelschen Rechtsphilosophie. Einleitung; MEW Bd. 1, Berlin (Ost) 1964, S. 391. Marx hat damals bereits das entscheidende Problem der späteren Revolution von 1848 sehr hellsichtig anhand der deutschen Verhältnisse analysiert: »Es fehlt aber jeder besonderen Klasse in Deutschland nicht nur die Konsequenz, die Schärfe, der Mut, die Rücksichtslosigkeit, die sie zum negativen Repräsentanten der Gesellschaft stempeln könnte. Es fehlt ebenso sehr jedem Stand jene Breite der Seele, die sich mit der Volksseele, wenn auch nur momentan, identifiziert,

jene Genialität, welche die materielle Macht zur politischen Gewalt begeistert, jene revolutionäre Kühnheit, welche dem Gegner die trotzige Parole zuschleudert: Ich bin nichts und ich müßte alles sein. ... Daher befindet sich das Fürstentum im Kampf gegen das Königtum, der Bürokrat im Kampf gegen den Adel, der Bourgeois im Kampf gegen sie alle, während der Proletarier schon beginnt, sich im Kampf gegen den Bourgeois zu befinden. Die Mittelklasse wagt kaum von ihrem Standpunkt aus den Gedanken der Emanzipation zu fassen, und schon erklärt die Entwicklung der sozialen Zustände wie der Fortschritt der politischen Theorie diesen Standpunkt selbst für antiquiert oder wenigstens für problematisch.« Ebd., S. 389

90 Karl Marx, Friedrich Engels – Manifest der Kommunistischen Partei; MEW Bd. 4, Berlin (Ost) 1964, S. 461

91 Ebd., S. 493

92 Ebd., S. 468

93 »Das Gouvernement provisoire ... hatte vor allem dem Proletariat das Recht auf Arbeit gesetzlich garantiert, und das Gesetz war unangegriffen erhalten, erhalten mit allen seinen Konsequenzen. Es hatte weiter die Ateliers nationaux eingerichtet, und diese bestanden nicht bloß, sondern vermehrten sich in einer furchtbaren Weise. ... Durch alles dieses hatte jene Regierung mehr oder weniger direkt das Proletariat als eine zugleich gesellschaftliche und politische Macht konstituiert. Es war selber der Ausdruck der Konstituierung dieser Macht. Solange jene Grundlagen beibehalten wurden, solange blieb das Proletariat eine Macht, die der Macht der Besitzenden ebenbürtig war.« Lorenz von Stein – Geschichte der sozialen Bewegung in Frankreich, Bd. III, Darmstadt 1959, S. 321

94 Ebd., S. 319/320. Und Lorenz von Stein fährt fort: »So endete der 15. Mai ... Es war die zweite große Niederlage des Proletariats. An sich ein unsinniges Unternehmen, bot es nunmehr eine feste Handhabe dar, um die Führer desselben zu vernichten, und damit den Sieg der besitzenden Klassen zu sichern. Von da an ist ein wahrer Friede, eine Versöhnung nicht mehr möglich. Es ist noch kein eigentlicher Bürgerkampf; aber jetzt war jede Klasse überzeugt, daß eine ernstliche Verständigung nicht möglich sei, ehe es sich gezeigt haben werde, wer denn eigentlich die wirkliche Macht definitiv in den Händen habe.«

95 »Die Februarrevolution war die *schöne Revolution*, die Revolution der allgemeinen Sympathie, weil die Gegensätze, die in ihr gegen das Königtum eklatierten, unentwickelt, einträchtig nebeneinander schlummerten, weil der soziale Kampf, der ihren Hintergrund bildete, nur eine luftige Existenz gewonnen hatte, die Existenz der Phrase, des Worts. Die Junire-

volution ist die *häßliche Revolution*, die abstoßende Revolution, weil an die Stelle der Phrase die Sache getreten ist, weil die Republik das Haupt des Ungeheuers selbst entblößte, indem sie ihm die schirmende und versteckende Krone abschlug. – Ordnung! war der Schlachtruf Guizots. Ordnung! schrie Sébastiani, der Guizotin, als Warschau russisch wurde. Ordnung! schreit Cavaignac, das brutale Echo der französischen Nationalversammlung und der republikanischen Bourgeoisie. Ordnung! donnerten seine Kartätschen, als sie den Leib des Proletariats zerrissen.« Karl Marx – Die Klassenkämpfe in Frankreich, 1848 bis 1850; MEW Bd. 7, Berlin (Ost) 1964, S. 32

96 »Als der Juli kam, war die Ruhe in Paris so fest gesichert, wie nur je in Frankreich. ... Die Vorstädte waren bewegungslos; die Hauptstadt selber still. Der Sieg des Bürgerstandes hatte fürchterliche Opfer gekostet. Man hat nie genau die Zahl derselben erfahren; sie ward auf 10 000 Menschen angeschlagen.« Lorenz von Stein – Geschichte der sozialen Bewegung in Frankreich, Bd. III, a. a. O., S. 334

97 Thomas Nipperdey – Deutsche Geschichte, a. a. O., S. 663 ff. Siehe auch Hagen Schulze – Die Geburt der deutschen Nation, a. a. O., S. 270: »Republik und Volkssouveränität, Einheitsstaat und egalitäre Demokratie: Das waren die Forderungen der zweiten Revolution, getragen von den liberalen Linken, aber auch von Intellektuellen und Handwerkern, die bereits nach der sozialen, der roten Revolution riefen. Der Ruf nach direkter Aktion wurde laut, die Parole vom Parlament als liberaler Schwatzbude machte das erste Mal in der deutschen Geschichte die Runde. Am 18. September versuchten radikale Demokraten, die Paulskirche zu besetzen; zwei konservative Abgeordnete wurden von der randalierenden Menge umgebracht, und die verängstigten Volksvertreter mußten von deutschen und österreichischen Truppen herausgehauen werden.«

98 Thomas Nipperdey – Deutsche Geschichte, a. a. O., S. 670

99 »Der Geist der ›verspäteten Nation‹ entlud sich in der nationalbürgerlichen Revolution von 1848. Nach deren Scheitern konnte er, erschöpft und resigniert, von Bismarck in der Pose des nationalen Steuermanns, angetan mit demokratischen Handschuhen, in den Einigungskriegen neu mobilisiert und als Zerrbild seiner ursprünglichen Freiheitsideen den Belangen des kleindeutschen Nationalismus dienstbar gemacht werden. ... Eine bürgerliche Revolution, die nicht nur innenpolitisch vor den Thronen haltmachte, sondern sich auch außenpolitisch hinter dem Thron des preußischen Absolutismus verschanzte, mußte scheitern und ihren Frieden mit den Dynasten schließen.« Bernd Martin – Weltmacht oder Niedergang?, a. a. O., S. 7/8

100 Thomas Nipperdey – Deutsche Geschichte, a. a. O., S. 652ff.

101 » ›Die phantastische Professorenzeit‹, wie der preußische Thronfolger Prinz Wilhelm die Revolutionsjahre nannte, war zu Ende, und Wilhelm, der künftige preußische König, war es auch, der an General von Natzmer schrieb: ›Wer Deutschland regieren will, muß es sich erobern; à la Gagern geht es nun einmal nicht. Ob die Zeit zu dieser Einheit schon gekommen ist, weiß Gott allein! Aber daß Preußen bestimmt ist, an die Spitze Deutschlands zu kommen, liegt in unserer ganzen Geschichte – aber das wann und wie? darauf kommt es an.‹« Hagen Schulze – Die Geburt der deutschen Nation, a. a. O., S. 272

102 »Die Zeit war jedenfalls reif für Bismarcks listenreichen Ausweg aus der preußischen Weglosigkeit. Ein kluger Beobachter hat das schon im November 1862, also wenige Wochen nach dem Dienstantritt des neuen Ministerpräsidenten notiert: ›Wenn Herr von Bismarck der Regierung, an deren Spitze er steht, den Impuls zu einer kühnen, fortwirkenden, unwiderruflichen Tat in der deutschen Frage geben kann, so wird in wenigen Tagen vergessen sein, was er noch heute und gestern gesprochen, getan und zugelassen hat. Dann ist es mit der Reaktion zu Ende, aber auch mit der Opposition. Unter anfänglichem Widerstreben wird lawinenartig durch die deutschen Provinzen der Ruf einer Nation sich fortpflanzen, welche durch die Reden zur Verzweiflung gebracht ist... Die deutsche Nation wird jubelnd rufen: Eine Diktatur für einen Mann!‹« Christian Graf von Krockow – Warnung vor Preußen, Berlin 1993, S. 47. Von Krockow zitierte Konstantin Rössler.

103 Heinrich Lutz – Zwischen Habsburg und Preußen, a. a. O., S. 330. Und weiter heißt es dort: »Werner Sombart hat diese Zeit nach der gescheiterten politischen Revolution als die entscheidende Phase für die Stabilisierung des Kapitalimus bezeichnet, eine Zeit, ›in der die Lust zu erwerben die weitesten Bevölkerungskreise erfaßte, in der die Spekulation mit einer früher nie gekannten Mächtigkeit die deutsche Geschäftswelt ergriff und nun erst recht eigentlich mit dem echten und unverfälschten kapitalistischen Geiste nicht vorübergehend, sondern für alle künftige Zeit erfüllte. In diese politisch ruhigen Jahre fällt die Geburtsstunde des neuen Deutschlands‹. ...Das Bild ist insofern unvollständig, als Sombart hier die Lage der Unterschichten nicht berücksichtigt hat.«

Siehe dazu auch Hagen Schulze – Die Geburt der deutschen Nation, a. a. O., S. 273: »Es traf sich glücklich, daß zugleich mit der politischen Krise auch der Konjunktureinbruch der End-Vierziger zu Ende gegangen war. In ganz Europa, nicht nur in Deutschland, garantierte die politische Beruhigung ungestörte langfristige Anlagen, und da zudem, unterstützt durch die kalifornischen und australischen Goldfunde, die Kapitalmenge enorm stieg, Kredite infolge dessen billig waren, während die Preise anzogen und die Nachfrage zunahm, brachen für das Wirtschaftsbürgertum goldene Zeiten an. Allenthalben entstanden neue Banken; zwischen 1851 und 1857 stiegen Notenumlauf, Bank-Depositenbestände und einbezahltes Kapital um fast das Dreifache, und auch an Anlagemöglichkeiten bestand kein Mangel. Da war vor allem der Eisenbahnbau, der jetzt eigentlich sich auszuzahlen begann, denn nun wurden die überregionalen Verbindungen häufiger und die Netze dichter, ihre Länge verdoppelte sich zwischen 1850 und 1860.«

104 Heinrich Lutz – Zwischen Habsburg und Preußen, a. a. O., S. 331

105 Ebd., S. 326

106 »Bismarck verdankte seine Berufung zum preußischen Ministerpräsidenten im September 1862 einem schweren Verfassungskonflikt, der zwischen König und Parlament über die ... vom König persönlich in Gang gesetzte Heeresreform ausgebrochen war. Es war eine Situation wie die, die zwei Jahrhunderte früher in England den großen Bürgerkrieg verursacht und schließlich König Karl I. den Kopf gekostet hatte: König und Parlament stritten um die oberste Verfügungsgewalt über die bewaffnete Macht. Keine Seite wollte nachgeben. Wilhelm I., von seinen Ministern im Stich gelassen, von seiner Familie mit Schreckbildern von der Enthauptung Karls. I. von England geängstigt, war im Begriff abzudanken, als ihm Bismarck, der sich durch frühere Reden einen Ruf als rücksichtsloser Reaktionär erworben hatte, als letzter Nothelfer angedient wurde.« Sebastian Haffner – Preußen ohne Legende, a. a. O., S. 361

107 »Der König löste aber zunächst im März das Abgeordnetenhaus auf ... Der eindrucksvollste Beweis für die wahre Stimmung der Bevölkerung war das Ergebnis der Wahlen vom Mai 1862. Die Opposition gewann über 230 Mandate, das heißt zwei Drittel aller Sitze. Die Mandate für die Konservativen schmolzen auf 10 zusammen.« Ernst Engelberg – Bismarck. Urpreuße und Reichsgründer, Berlin 1985, S. 512

108 Lothar Gall – Bismarck, a. a. O., S. 180. Siehe dazu das gesamte Kapitel »Vom Heeres zum Verfassungskonflikt« S. 198 ff.

109 »Bismarck empfahl sich dem König als sein treuer Schildhalter, der das königliche Regiment gegen die Parlamentsherrschaft bis zum Schafott aufrechterhalten werde. Er machte sich dem König damit bis auf weiteres unentbehrlich. Aber er machte keinen Staatsstreich. Vielmehr hielt er den Verfassungskonflikt fünf Jahre lang in der Schwebe, bis er schließlich in einer gänzlich veränderten Lage durch ein Nachgeben des Parlaments in

der Sache, des Königs in der Form, beigelegt werden konnte.« Sebastian Haffner – Preußen ohne Legende, a. a. O., S. 364

110 Michael Stürmer – Die Grenzen der Macht, a. a. O., S. 83

111 »Die deutsche Innenpolitik war, soweit sie nicht Währungs-, Wirtschafts- und Rechtseinheit zusammenzimmerte, vorwiegend Kampfpolitik.« Ebd., S. 90

112 »Erst die Reichstagswahlen von 1890 schufen eine neue Situation: Die sozialistische Stimmenzahl stieg mit einem Ruck von dreiviertel Millionen auf anderthalb Millionen. Damit war das System Bismarcks in seiner Grundlage erschüttert. Zu der Millionenbewegung des Zentrums, die Bismarck nach wie vor als seinem System feindlich betrachtete, kam nun noch das Millionenheer der Sozialdemokraten. Wenn man dazu die Oppositionsgruppen der Polen, Welfen, Elsässer und Dänen rechnete, so hatten sich mitten im Frieden, bei der ausgezeichneten außenpolitischen und wirtschaftlichen Lage des Reichs, vierzig Prozent der Bevölkerung gegen das Reich Bismarcks erklärt. Was sollte dann erst bei einer ernsten Krise werden? Damit war die Reichsschöpfung von 1871 in Frage gestellt, und es begann ein Kampf auf Leben und Tod. ... Wer die Situation von 1890 in allen ihren Konsequenzen durchdenkt, hat damit die historische Notwendigkeit der Revolution von 1918 schon begriffen.« Arthur Rosenberg – Entstehung und Geschichte der Weimarer Republik, Frankfurt/M. 1955, S. 30/31

113 »Die Frage der inneren Selbstbestimmung aber war nach den Bitternissen von 1848/49 und den Triumphen von 1864, 1866 und 1870 anders gestellt. Die Deutschen zahlten nun noch einmal den Preis des Dreißigjährigen Krieges und der alten Neutralisierung der europäischen Mitte: der bürgerlichen Kultur fehlten Substanz und die Fähigkeit, politisch zu werden. Die Nation war fasziniert vom Machtstaat, richtete sich ein in ›machtgeschützter Innerlichkeit‹ (Th. Mann) und fand in den Maßstäben des europäischen Imperialismus die Basis des Konsensus. Wie hoch der Preis sein würde, das war anfangs nur zu ahnen: die Kassandrarufe Jacob Burkhardts, Friedrich Nietzsches, Theodor Mommsens warnten, später auch die Zeitkritik Max Webers, Friedrich Naumanns und August Bebels. ... Aber es bleibt zu konstatieren, daß die Entstehung des deutschen Nationalstaats, ohne doch das Ende unausweichlich zu machen, auch die Bedingungen seines Scheiterns schon umfaßte.« Michael Stürmer – Das ruhelose Reich, a. a. O., S. 408

114 »›Man wird überhaupt mit der Zeit darüber klarwerden‹, prophezeite Jacob Burkhardt, der große Baseler Historiker, bereits im Herbst 1871, ›bis zu welchem Grade die drei Kriege aus Gründen der inneren Poli-

tik sind unternommen worden. Man genoß und benutzte sieben Jahre lang die Avantage, daß alle Welt glaubte, nur Louis Napoléon führe Krieg aus inneren Gründen. Rein vom Gesichtspunkt der Selbsterhaltung aus‹, fuhr er fort, ›war es die höchste Zeit, daß man die drei Kriege führte. Aber freilich über die weiteren inneren Entwicklungen, die das alles noch mit sich führen wird, dürften uns noch öfter die Augen übergehen.‹« Lothar Gall – Bismarck, a. a. O., S. 249

115 Christian Graf von Krockow – Warnung vor Preußen, a. a. O., S. 6/7. Und weiter heißt es dort auf S. 7: »Aber jede Größe birgt zugleich die Gefahr der Erstarrung. Mit den Machtmitteln seiner Leistungstüchtigkeit gerüstet, war und blieb Preußen der vormundschaftliche Staat, der sich auch dann behauptete und eine freiheitliche Entwicklung blockierte, als seine Zeit abgelaufen war. Es entstand jener Widerspruch zwischen organisatorischer und wirtschaftlich-technischer Modernität auf der einen Seite, politischer Verspätung auf der anderen Seite, der die neuere deutsche Geschichte so spannungsreich und am Ende katastrophal gekennzeichnet hat.«

116 »Bismarck balancierte in einer für den Bonapartismus typischen Mischung traditionale mit modernen Elementen aus; z. B. verband er absolutistische Militärpolitik mit interventionsstaatlicher, plebiszitär unterbauter Interessenpolitik, er suchte durch die Kriegspolitik bis 1871, später durch den Sozial- und Wirtschaftsimperialismus der 80er Jahre innere Probleme durch Ablenkung von außen zum Schweigen zu bringen. Bei alledem zehrte er von einem unleugbaren, durch Reichsgründung, Außenpolitik und lange erfolgreiche Vermittlung zwischen den beiden herrschenden Klassen gesteigerten Charisma.« Hans-Ulrich Wehler – Das Deutsche Kaiserreich 1871–1918, Göttingen 1983, S. 66

117 Arthur Rosenberg sah in Bismarcks Bonapartismus eine der Hauptursachen für das Scheitern seines Werkes: »Das deutsche Kaisertum war nicht lebensunfähig, weil es auf dem Kompromiß zwischen dem deutschen Bürgertum und dem preußischen Militäradel beruhte, sondern weil es den Kompromiß in der Form des bonapartistischen Selbstherrschertums verwirklichte. Dabei sollte der König von Preußen berufsmäßig und erblich der Bonaparte sein, wenn er es nicht vorzog, seine Gewalt dem Reichskanzler zu übertragen.« Arthur Rosenberg – Entstehung und Geschichte der Weimarer Republik, a. a. O., S. 13

118 Ernst Ludwig von Gerlach »warnte ... in einer Rede im Abgeordnetenhaus davor, daß die Allmacht eines Machtstaates ohne höhere Bindung schließlich zur Staatszerstörung führen müsse: ›Die Staatsomnipotenz ist ein Leugnen Gottes, also auch des Eides. Damit fällt der Zeugeneid, der

Fahneneid, der Amtseid, der Krönungseid.‹ Der stenographische Bericht verzeichnete daraufhin ›stürmische Heiterkeit‹. Aber wer, außer diesem preußischen Cato, hätte denn im Jahre 1873 an Verhältnisse denken können, wie sie sechs Jahrzehnte später – *nur* sechs Jahrzehnte später – in Deutschland sich entwickeln sollten!« Christian Graf von Krockow – Warnung vor Preußen, a. a. O., S. 32

119 Von Krockow zitiert ausführlich jene in mehreren Briefen ausgetragene innerkonservative Kontroverse zwischen dem damaligen preußischen Gesandten beim Deutschen Bundestag in Frankfurt, Otto von Bismarck, mit dem General Leopold von Gerlach, dem Adjudanten des Königs Friedrich Wilhelm IV. und zugleich dessen enger Berater. Bismarck schrieb damals am 11. Mai: »Berliner Nachrichten sagen mir, daß man mich am Hofe als Bonapartisten bezeichnet.« (S. 26) Und weiter heißt es bei von Krokkow: »In einer erneuten Entgegnung versucht Gerlach noch einmal deutlich zu machen, warum er den Bonapartismus für schlechthin verderblich hält und den Kampf gegen ihn zum Prinzip erhebt. Es handelt sich, wie er an anderer Stelle mit besonderer Klarheit ausgedrückt hatte, um eine ›Tyrannei der ärgsten Art, indem der Caesar völlig schrankenlos regiert; denn Gott gegenüber hat er keine Verantwortung, er verdankt ja seine Herrschaft dem Volke, also seinem anerkannten Verdienste, aber nicht seinem Gott; dem Volk gegenüber hat er auch keine Verantwortung, er hat ja alle Rechte des Volkes absorbiert und in sich aufgenommen. In dieser Duplizität liegt eben das Diabolische dieses Caesarism oder Bonpartism.‹« Ebd., S. 30

120 Ebd., S. 58

121 Helmuth Plessner – Die verspätete Nation, a. a. O., S. 43 ff. Auf S. 47 schreibt Plessner: »In den Kompromissen der Reformation, in den Zweideutigkeiten des Verhältnisses von Landeshoheit und Reich ist das Verhängnis begründet, daß sich Deutschland als Staat nicht entwickeln konnte und dem modernen Rechtsgedanken innerlich fremd blieb. Die einzige Macht im Reich, die in den für die Formung des modernen Bewußtseins entscheidenden Jahrhunderten aufsteigt, Preußen, bildet sich zwar als Staat, aber nur in Form und Funktion, in den Attributen des politischen Lebens, nicht in seiner Substanz. Konfessionelle Gegenstellung zum Kaiser, territoriale Begrenztheit und Landesherrentum verhindern, daß der preußische Staat eine eigene Staatsidee entwickelt. Preußen aber wird schließlich im Zuge der Nationalisierung ›das Reich‹, national ein Fragment, und so entsteht im europäischen Raum eine Großmacht ohne Staatsidee.«

122 Christian Graf von Krockow – Warnung vor Preußen, a. a. O., S. 60

123 Hagen Schulze – Gibt es überhaupt eine deutsche Geschichte?, a. a. O., S. 44

124 Ebd., S. 46. Siehe auch S. 47/48: »... Wilhelm II. nahm sich ein Beispiel an der Weltpolitik Ottos des Großen und glaubte, daß die mittelalterliche Universalität des Reichs den deutschen Imperialismus des beginnenden 20. Jahrhunderts legitimiere. Das Selbstbildnis des Deutschen Reichs von 1871, das zur führenden industriellen Macht Europas aufstieg, das an wirtschaftlicher und wissenschaftlicher Modernität kaum seinesgleichen hatte, war eine große Totenbeschwörung. ... Historische Gegenwartslegitimation in diesem Stil war eigentlich keine deutsche Besonderheit, sondern europäisches Gemeingut des 19. Jahrhunderts; französische, italienische, polnische, tschechische, griechische Historiker taten nichts anderes, wenn es darum ging, die Zukunft ihrer nationalen Ambitionen durch die Konstruktion unmittelbarer Traditionslinien ins Mittelalter oder in die Antike zu untermauern, und in manchen Fällen, wie im Fall der Griechen oder der slawischen Nationen, war die Künstlichkeit und Unwirklichkeit dieser Versuche mit den Händen zu greifen. Aber anderswo, so in Frankreich und England, war die historische Kontinuität zurück bis ins frühe Mittelalter gesicherte Wirklichkeit... Für Deutschland traf das alles nicht oder in weit geringerem Maße zu. Daraus ergab sich eine Maßlosigkeit der historischen Selbstreflexion, die die Maßlosigkeit politischer Zukunftsprogramme unterstützte und förderte; wenn die mittelalterlichen Kaiser ... über die anderen Völker geboten, weshalb sollte der Kaiser des neuen deutschen Reichs dies nicht ebenfalls tun?«

125 Christian Graf von Krockow – Warnung vor Preußen, a. a. O., S. 50/51

126 »Damit die moderne politische Entwicklung eines europäischen Kollektivs harmonisch und geradlinig verläuft, ist im wesentlichen eine Voraussetzung unerläßlich: *die Sache des Kollektivs muß mit der Sache der Freiheit zusammenfallen.* Anders gesagt: Im revolutionären Moment der Befreiung des Individuums vom psychologischen Druck der sozialen Kräfte, die aus Gottes Gnaden über ihn verfügt hatten, muß eindeutig und greifbar sein, daß die Befreiung des *Individuums* gleichzeitig die Befreiung, Erweiterung und innere sowie äußere Bereicherung des *ganzen Kollektivs* bedeutet. Demokratie und Nationalismus haben identische, miteinander zusammenhängende Wurzeln, zerbricht aber dieser Zusammenhang, kann dies zu schweren Störungen führen. Dies ist in Mittel- und Osteuropa geschehen, wo *die Besitznahme eines nationalen Kollektivs und die Befreiung der Menschen in keinem Zusammenhang zueinander standen.* ... Aus diesen Erschütterungen entstand das schrecklichste Ungeheuer der modernen

politischen Entwicklung Europas: *der antidemokratische Nationalismus.*« István Bibó – Die Misere der europäischen Kleinstaaterei, Frankfurt/M. 1992, S. 50/51

127 »... in den ›klassischen‹ westlichen Fällen schließen patriotisches Selbstbewußtsein und der Anspruch auf Realisierung der guten, gerechten, menschheitlich vorbildlichen Gesellschaft einander nicht aus, sondern sie stützen, ja sie bedingen sich. So entsteht zugleich Tradition. Auch Revolution oder Unabhängigkeitskampf und Tradition schließen sich nicht aus. Im Gegenteil: Für die Modernität tragfähige Traditionen entstehen offenbar gerade damit, daß überkommene Gewalt abgeschüttelt, alter Autorität der Gehorsam aufgekündigt wird, daß man symbolträchtig den Herrscher, den König tötet oder vertreibt und den Bann seiner Macht zerbricht.« Christian Graf von Krockow – Warnung vor Preußen, a. a. O., S. 55

128 »Man idealisiert die deutsche Nationalbewegung gern ein bißchen, auch heute noch. Die deutschen Frühnationalisten, besonders der Freiherr von Stein, der bedeutendste von ihnen, gelten immer noch als vorbildliche deutsche Staatsmänner. Doch da empfiehlt sich Vorsicht. ... Es fehlt nämlich dieser Frühnationalbewegung keineswegs an Vorklängen des Nationalsozialismus: zum Beispiel die ungeheure Selbstüberhebung und Selbstanbetung; die Deutschen das Urvolk, das eigentliche Volk, das wirkliche und wahre und beste Volk – und dann gleichzeitig dieser furchtbare Haß, etwa bei Kleist: ›Schlagt sie tot! Das Weltgericht / fragt euch nach den Gründen nicht.‹« Sebastian Haffner – Von Bismarck zu Hitler. Ein Rückblick, München 1989, S. 25

129 »Wie zu zeigen war, beruhte die Einigung des alten Obrigkeitsstaates mit der bürgerlichen Bewegung auf dem beiderseitigen ›realistischen‹ Verzicht darauf, noch weiterhin ›Ideenpolitik‹ zu betreiben. Damit blieb aber als Inhalt des Nationalbewußtseins einerseits nur der *Machtgedanke,* das Bild vom starken Staat im Glanz seiner schimmernden Wehr: eines Staates, der dann in der wilhelminischen Epoche sich unklar und ziellos genug seinem ›Weltmacht-Streben‹ anheimgab. Andererseits blieb der Gedanke an deutsche Eigenart, die im Grunde ganz unpolitische Vorstellung von der *Kulturnation.*« Christian Graf von Krockow – Warnung vor Preußen, a. a. O., S. 69

130 Siehe auch Arthur Rosenberg – Entstehung und Geschichte der Weimarer Republik, a. a. O., S. 12: »Unter diesen Umständen lag für einen sozial-konservativen Realpolitiker wie Bismarck der Gedanke nah, das Bürgertum durch ein vernünftiges Kompromiß mit den alten Gewalten zu versöhnen, durch das gemeinsame Wirken beider Kräfte die nationale Eini-

gung zu schaffen, und so zugleich dem ›roten‹ Umsturz ein festes Bollwerk entgegenzusetzen. Wer so 1871 in Bismarcks Position kalkulierte, schätzte die vorhandenen Kräfte Deutschlands gar nicht so falsch ein.«
»Ungefähr seit 1880 war politisch dem deutschen Bürgertum das Rückgrat gebrochen. Aber die historische Wahrheit zwingt festzustellen, daß diese Wandlung nicht durch Gewalt und Furcht entstanden ist. Unter welchem polizeilichen Druck stand das deutsche Bürgertum von 1815 bis 1848, und doch blieb es oppositionell und selbstbewußt! Nach 1871 war der Druck der Regierung auf das Bürgertum minimal. Was bedeuten die paar Majestäts- und Bismarck-Beleidigungsprozesse gegenüber den Demagogenverfolgungen des Vormärz! Aber jetzt sah man sich einer ungeheuren politischen Leistung gegenüber, die trotz mancher Schönheitsfehler die nationalen Forderungen des deutschen Bürgertums erfüllte. Vor dieser Leistung brach der Oppositionswille des Bürgertums zusammen.« Ebd., S. 27

131 »Der preußische Monarch kontrollierte nicht nur den Hegemonialstaat, der zwei Drittel des Reiches ausmachte, die drei Säulen des absolutistischen Staates: Heer, Bürokratie und Diplomatie, sondern auch als Reichsmonarch den Verwaltungsapparat der neuen Reichsbehörden, das Militär und die Außenpolitik. In diese Arcana Imperii gelang es dem Reichstag niemals einzudringen. Institutionell blieb damit, verfassungsrechtlich abgeschirmt, das Machtgefüge des absolutistischen Staates im wesentlichen erhalten. ... die absolutistischen Kräfte blieben, anders gesagt, von ›verfassungsbestimmender Macht‹. Da mithin die Machtfaktoren des alten Obrigkeitsstaates weiter vom Monarchen (und seinen Beratern!) kontrolliert wurden, hing einmal Entscheidendes von der autoritären Spitze ab. Zum zweiten blieb, obwohl die Verfassung als Konzession an die liberalen Forderungen der bürgerlichen Zeit unvermeidbar geworden war, der harte Kern des traditionellen Herrschaftssystems erhalten. ...Es handelte sich um einen autokratischen, halbabsolutistischen Scheinkonstitutionalismus, da die realen Machtverhältnisse nicht entscheidend verändert worden waren. ... Die umstrittene Formulierung vom ›zeitwidrigen monarchischen Semiabsolutismus‹ trifft mithin ins Schwarze.« Hans-Ulrich Wehler – Das Deutsche Kaiserreich 1871–1918, a. a. O., S. 62/63

132 Arthur Rosenberg – Entstehung und Geschichte der Weimarer Republik, a. a. O., S. 15

133 Christian Graf von Krockow – Warnung vor Preußen, a. a. O., S. 53

134 Ebd., S. 80. Von Krockow zitiert zuvor eine Gedicht von Heinrich

Leuthold aus dem Jahre 1872 mit dem Titel ›Das Eisen‹, das stimmungsvoll Weltkriegsahnung und Nibelungenlegende mit der gelungenen Reichseinigung poetisch verbindet.

135 Sebastian Haffner weist zu Recht auf diesen Widerspruch zwischen den Interessen Preußens und Deutschlands in der Politik Bismarcks nach der Reichsgründung hin: »›Wir sind ein saturierter Staat.‹ Und wenn er ›wir‹ sagte, meinte Bismarck aber unausgesprochen immer ›Preußen‹... Preußen nämlich war nach 1871 wirklich ein saturierter und mehr als saturierter Staat, für Preußen gab es tatsächlich nichts mehr mit dem Schwert zu erobern. Es hatte schon mehr geschluckt, als es verdauen konnte, es war satt und übersatt, und sein Interesse war jetzt nichts weiter als Ruhe und Frieden. Für Preußen war jetzt, wieder mit Bismarck zu sprechen, ›die deutsche Uhr auf hundert Jahre richtig gestellt‹; die Reichsgründung war, noch ein Bismarckzitat – ›das äußerste, was „wir" Europa zumuten konnten.‹ Das preußische Interesse, für Bismarck zeitlebens der eigentliche Leitstern seiner Politik, wirkte daher, solange Bismarck als Reichskanzler amtierte, in der Außenpolitik des Reiches als Bremse. Da Preußen saturiert war, mußte auch das Reich sich als saturierter Staat aufführen – was es in Wirklichkeit nicht war. Nach Bismarcks Abgang hat sich das ja alsbald gezeigt. Als Nationalstaat war das Deutsche Reich nicht saturiert, weil immer noch Millionen von Deutschen draußen geblieben waren; und als Reich nun gar – also als frischgebackene Großmacht und heimliche Vormacht Europas – war gar nicht abzusehen, wo es die Grenzen seines Ehrgeizes finden würde; ›Weltmacht‹ und ›Weltpolitik‹ klopften schon an die Tür, ›Lebensraum‹ war nur zwei Generationen entfernt.« Sebastian Haffner – Preußen ohne Legende, a. a. O., S. 454

136 »Trotzdem war das Bismarcksche Reich von Anfang an todkrank. Der Glanz der militärischen Siege und der wirtschaftliche Aufschwung konnten nur notdürftig über die politische Dauerkrise hinwegtäuschen, die vom Kulturkampf bis zur Regierung Max von Baden reichte, eine Krise, die niemals gelöst wurde, die immer neue Formen und Gestalten annahm und die am Ende das ganze Werk Bismarcks vernichtete. Wo liegt die Ursache dieser Dauerkrise des deutschen Hohenzollernkaisertums? Es ist Bismarck nicht gelungen, die verschiedenen Kräfte, die im deutschen Volke vorhanden waren, organisch miteinander zu verbinden. Er hat nicht einmal einen ernsten Versuch gemacht. Sondern die auseinanderstrebenden Klassen und Gewalten Deutschlands sollten durch die Übergewalt des Kaisertums zusammengehalten werden. Bis 1890 waren Bismarcks Gewalt und die Kaisergewalt identisch. Die persönliche Diktatur lebt und stirbt mit dem Diktator selbst. Als 1890 der alte Diktator abtreten mußte, als er seinen

Donnerkeil in den schwächlichen und hilflosen Händen Wilhelms II. sah, da war die Katastrophe besiegelt. Ihr Eintreten war nur noch eine Frage der Zeit und der Umstände. ... Man sagt vielfach, daß die Epigonen Bismarcks die Schöpfung des Meisters verdorben hätten. Das ist so weit richtig, als die Bismarcksche Verfassung ohne einen Bismarck nicht bestehen konnte. Aber so gesehen liegt darin auch die schärfste Kritik an Bismarck selbst.« Arthur Rosenberg – Entstehung und Geschichte der Weimarer Republik, a. a. O., S. 13

137 »Doch er (Bismarck) hat zunächst ganz offensichtlich die Befürchtungen unterschätzt, die die neue Machtbildung in Mitteleuropa auch bei nüchternen Diplomaten und kühl kalkulierenden Politikern erregte. ... Ihren wohl dramatischsten Ausdruck hatten jene Befürchtungen bereits wenige Tage nach dem deutsch-französischen Waffenstillstand in einer Rede im englischen Unterhaus gefunden, in welcher der Führer der konservativen Opposition, Benjamin Disraeli, am 9. Februar 1871 das sich abzeichnende endgültige Ergebnis der Entwicklung auf dem Kontinent kommentierte. ›Dieser Krieg‹, so Disraeli, ›bedeutet die deutsche Revolution, ein größeres politisches Ereignis als die Französische Revolution des vergangenen Jahrhunderts.‹ Es gebe ›keine überkommene Auffassung der Diplomatie‹ mehr, ›welche nicht fortgeschwemmt wäre‹: ›Das Gleichgewicht der Macht ist völlig zerstört ...‹« Lothar Gall – Bismarck, a. a. O., S. 504

138 »Die Hauptaufgabe deutscher Politik bestand nach Bismarck darin, zu verhindern, daß Deutschland isoliert in einen Krieg mit mehreren Großmächten geriet. Das Deutsche Reich war militärisch einem einzelnen Gegner durchaus gewachsen. Aber ein Krieg mit zwei oder gar noch mehr Großmächten mußte eine verzweifelte Lage heraufbeschwören.« Arthur Rosenberg – Entstehung und Geschichte der Weimarer Republik, a. a. O., S. 32

139 »Aufgeklärtes deutsches Selbstinteresse mußte, wie es unter Bismarck geschehen war, zu einer Definition von Staatsräson führen, die auf Hegemonie in Europa verzichtete, schon dem Anspruch auswich und jene militanten Gesten mied, die so imponierend aussahen und so verführerisch waren, die so gefährlich blieben und so nutzlos waren für die deutsche Sicherheit. Die Lage Deutschlands erlaubte die waffenrasselnde Rhetorik nicht. Die Deutschen hätten tatsächlich, so paradox war ihre Lage, sich kleiner machen müssen, als sie waren, um das europäische Gleichgewicht nicht aus den Angeln zu heben. Aber was war ihnen das Gleichgewicht? Und warum sollten sie es bewahren? Und welche Kosten mochten innenpolitisch aus solcher Vernunft erwachsen? Deutsche Staatsräson, auf Stabilität der Industriegesellschaft gerichtet und auf Sicherung des Machtstaats

in Europas Mitte, verlangte, wie immer man es wendet, das Undenkbare zu denken: Selbstbeschränkung des souveränen Machtstaats, Verzicht auf politische Ausbeutung des industriellen Vorrangs, Disziplin der Realpolitik. ... So lag das deutsche Verhängnis jener Entscheidungsjahre weniger darin, wie viele Historiker meinen, daß die Deutschen in der Politik aggressiver, böser, maßloser gewesen wären als ihre Nachbarn. Daß sie so waren, kann mit Gründen bestritten werden. ... Das Unheil lag wohl eher darin, daß den Erben Bismarcks die alten Lektionen von Staatsräson und Zwang der Mittellage nichts mehr sagten und daß das Kapitel Bismarck unter allgemeinem Aufatmen abgeschlossen war. Unlösbar aber war endlich der Widerspruch, daß die Deutschen in einem Wettlauf mithalten mußten, der ihnen – und ihnen allein – auf die Chance des Sieges die Strafe des Untergangs setzte.« Michael Stürmer – Das ruhelose Reich, a. a. O., S. 315/316

140 »Nicht zufällig taucht erst gegen Ende der Bismarck-Zeit der Ausdruck ›Primat der Außenpolitik‹ als kämpferische Losung in der tagespolitischen Publizistik und wissenschaftlichen Literatur auf. An der Schwelle des Übergangs der Bismarckschen Politik der Saturiertheit zur wilhelminischen ›Allerweltspolitik‹ entstanden, wurde dieser Primat als zu selbstverständlich, zu geläufig empfunden, als daß ihn eine Person hätte prägen oder theoretisch fundieren müssen. ... Aufgrund ihrer preußisch-friderizianischen Verwurzelung mußte die wilhelminische Politik zwangsläufig nach außen orientiert sein. In der internationalen Umwelt des klassischen Imperialismus wurde schließlich Außenpolitik für das Reich zur Politik schlechthin und somit das von Hitler und den Nationalsozialisten aufgegriffene Schlagwort vom ›Primat der Politik‹ begrifflich und bis zu einem bestimmten Grade auch inhaltlich im Kaiserreich vorweggenommen.« Bernd Martin – Weltmacht oder Niedergang?, a. a. O., S. 1/2

141 »So hat Deutschland eigentlich von 1890 bis 1916 überhaupt keine Regierung gehabt, sondern es wurden zufällig und prinzipienlos die laufenden Geschäfte erledigt.« Arthur Rosenberg – Entstehung und Geschichte der Weimarer Republik, a. a. O., S. 37

142 Ebd., S. 13

143 Volker Ullrich – Als die Throne ins Wanken kamen, a. a. O., S. 37

144 Max Weber – Der Nationalstaat und die Volkswirtschaftspolitik. Akademische Antrittsrede, Freiburg, Mai 1895; aus: Gesammelte Politische Schriften, Tübingen 1988, S. 23/24

145 Zitiert nach: Lothar Gall – Bismarck, a. a. O., S. 637/638

146 Nachdem der Drei-Kaiser-Bund (Rußland, Österreich-Ungarn und das Deutsche Reich) 1887 ausgelaufen war und aufgrund der wachsenden Spannungen zwischen Rußland und Habsburg auf dem Balkan nicht mehr

zu erneuern war, »handelte Bismarck sein letztes diplomatisches Meisterstück aus: einen geheimen Vertrag mit Rußland gegen seinen Verbündeten Österreich-Ungarn. Dieser sogenannte Rückversicherungs-Vertrag war defensiv und versprach nur Neutralität, nicht militärischen Beistand, wenn eine der vertragsschließenden Parteien angegriffen würde (deutsche Neutralität, wenn Österreich Rußland angriff, russische Neutralität, wenn Frankreich Deutschland angriff). Trotz dieser Einschränkung verletzte der Vertrag, wie Bismarck sehr wohl wußte, den Geist, wenn nicht den Wortlaut des Zweibundvertrages mit Österreich. Offensichtlich bestand Bismarck aus diesem Grund auf Geheimhaltung. ... Das Bündnissystem Bismarcks war nun vollendet, ein Netz ineinandergreifender Allianzen, sorgfältig ausbalanciert und in Ordnung gehalten von dem Meisterdiplomaten in Berlin. Holstein verglich Bismarck mit einem virtuosen Rangiermeister: ›Unsere Politik mit ihren durcheinander laufenden Engagements... ähnelt dem Schienengewirr auf einem großen Bahnhof‹, schrieb er 1887. Bismarck ›glaubt alles richtig schieben zu können und hofft namentlich auch, um so unersetzlicher zu sein, je bunter die Dinge liegen‹. Großbritannien, die fünfte der europäischen Großmächte, stand außerhalb des Bismarckschen kontinentalen Systems. Das störte den Kanzler nicht; er hatte keine Befürchtungen, daß England sich an einem kontinentalen Bündnis beteiligen würde, das sein Vertragssystem à trois ins Wanken bringen könnte. Er war überzeugt, daß Großbritannien niemals ein Bündnis mit Rußland eingehen würde, und die Wahrscheinlichkeit, daß es sich mit Frankreich zusammenschließen würde, war fast ebenso gering.« Robert K. Massie – Die Schalen des Zorns, a. a. O., S. 111/112

147 Arthur Rosenberg hat die Verantwortlichkeiten für das Debakel der Wilhelminischen Ära zu Recht klargestellt: »So schuf das System Wilhelms II. ein politisches Chaos. Nur der Zufall, daß Deutschland bis 1914 ein ernsthafter Krieg erspart blieb, hat den Zusammenbruch so lange hinausgeschoben. Daß die Regierung Wilhelms II. ein solches Unheil über Deutschland brachte, ist aber weniger die persönliche Schuld des Kaisers als die Folge der Verfassung von 1871. ... Das Bismarcksche Deutschland war weder ein konstitutioneller Staat noch eine absolute Monarchie mit fester Tradition. Die Kräfte, auf denen das Reich beruhte, hatten keine organische Verbindung. Bismarcks Prinzipien waren nicht im entferntesten den herrschenden Schichten in Fleisch und Blut übergegangen. Der Ausgleich zwischen dem preußischen Militäradel und den übrigen im Reich wirksamen Kräften lag ausschließlich in der Hand des Regenten. In diesem Sinn war das Reich Bismarcks eine bonapartistische Schöpfung, und sein Wohl und Wehe hing in weitem Umfang von der Person des Herrschers ab,

mochte dies nun der regierende Kaiser oder ein regierender Reichskanzler sein. Bismarck hat nach seinem Sturz die Fehler Wilhelms II. rücksichtslos kritisiert. Aber er trägt dennoch für sie die Mitverantwortung. Denn die Verfassung, die das Schicksal Deutschlands in die Hand Wilhelms II. legte, war Bismarcks Werk.« Arthur Rosenberg – Entstehung und Geschichte der Weimarer Republik, a. a. O., S. 37–39

148 »Schon im ersten Jahr seiner Herrschaft war der Würfel gefallen. Wilhelm II. zeigte an, daß er den Rubikon zu überschreiten gedenke, die von Bismarck gezogene und von Wilhelm I. respektierte Grenze zwischen Reichsbewahrung und Reichserweiterung. Ein Imperator war im Anzug, der sich auf das Beispiel des römischen Cäsarismus bezog. Und ein König und Herr war im Anmarsch, der sich für einen Neo-Absolutismus nicht allein das auf Militär und Bürokratie gestützte Königtum Friedrichs des Großen als Vorbild erkor. Vor Augen stand ihm auch die nicht als Staatsdienertum, sondern als Staatsherrentum aufgefaßte, in Glanz und Glorie erstrahlende Alleinherrschaft Ludwigs XIV., des Sonnenkönigs. Ein Sonnenkaiser wäre Wilhelm II. gerne gewesen.« Franz Herre – Wilhelm II. Monarch zwischen den Zeiten, Köln 1993, S. 90

149 »Auf lange Sicht hätte die Entlassung Bismarcks nur dann positive Wirkungen haben können, wenn sie mit dem Versuch einhergegangen wäre, die schweren Versäumnisse seiner Innenpolitik zu korrigieren, das heißt, wenn sie zu einer Umgestaltung des ganz auf ihn zugeschnittenen Herrschaftssystems zugunsten demokratischer Reformen geführt hätte. Dies hat schon Johannes Ziekursch, einer der wenigen liberalen Historiker der Weimarer Republik, in seiner ›Politischen Geschichte des neuen deutschen Kaiserreichs (1927) hervorgehoben: ›Der Sturz Bismarcks konnte nur durch einen Bruch mit Bismarcks Staatsform gerechtfertigt werden; der 18. März 1890 mußte zur Revolution wie der 18. März 1848 werden. Wie damals der bürokratische Absolutismus fiel, hätte mit Bismarck der konstitutionell verbrämte Absolutismus fallen müssen.‹ Doch Wilhelm II. dachte nicht im entferntesten an eine so einschneidende Kurskorrektur. ›Der Kurs bleibt der alte, Volldampf voraus!‹ lautete vielmehr seine Parole. An die Stelle der autoritären Bismarck-Herrschaft trat das ›Persönliche Regiment‹ des Kaisers.« Volker Ullrich – Als der Thron ins Wanken kam, a. a. O., S. 35/36

150 Sebastian Haffner – Von Bismarck zu Hitler, a. a. O., S. 15

151 Lothar Gall – Bismarck, a. a. O., S. 623

152 »Die deutsche Weltpolitik der Jahrhundertwende war alles andere als ein in sich geschlossenes Konzept. Keine große, umfassende Strategie lag dahinter, kein ›grand dessin‹ im Stile Richelieus. Ziele und Mittel, Ko-

sten und Gefahren wurden niemals in eine umfassende Bilanz der deutschen Interessen eingebracht. Und wo hätte auch in dem jungen Deutschland die Weisheit herkommen sollen, aus solcher Bilanz künftige Gefährdung abzulesen? Noch schlimmer: welche Regierung hätte denn bremsen, mäßigen und Verständigung suchen dürfen, ohne durch den Vorwurf der Schlappheit vernichtet zu werden? Preußen war durch die Reichsgründung aus der Spur seines außenpolitischen Herkommens geworfen, mit den Weltmächten es nicht zu verderben und, ohne sich die Rolle des Vermittlers anzumaßen, doch zwischen Rußland und England eigene Staatsräson zu sichern. ... Weltpolitik zielte nicht schon im Ansatz auf Weltmachtstellung. Sie hielt aber einen solchen Anspruch offen. Weltpolitik war nach der Rangordnung der Mächte an der Jahrhundertwende ein Element jeder Großmachtpolitik. Sie entzog sich für die Protagonisten moralischen Gesichtspunkten. Für Deutschland aber enthielt Weltpolitik die Versuchung, aus der mitteleuropäischen Zwangslage noch einmal auszubrechen, spät, aber nicht zu spät, und von der scheinbar gesicherten europäischen Großmachtstellung zur Weltmacht aufzusteigen und den Rang zu erreichen, den Großbritannien zu Wasser und Rußland zu Lande seit dem Ende des Napoleonischen Imperiums unangefochten behaupteten: in allen großen Fragen der europäischen und außereuropäischen Machtverteilung ein Anspruch auf die Schiedsrichterrolle und notfalls eine Chance des Veto. Was aber damals den Machteliten legitim dünkte, Geburtsrecht der aufsteigenden Großmacht zur Weltmacht durchzustoßen, erschien wenige Jahrzehnte später als Herausforderung und Hybris.« Michael Stürmer – Das ruhelose Reich, a. a. O., S. 285

153 Robert K. Massie – Die Schalen des Zorns, a. a. O., S. 260 ff.

154 Die treibende Kraft für eine Aufgabe der Politik der »Splendid Isolation« war der damalige Kolonialminister Joseph Chamberlain gewesen, der starke Mann der konservativen Regierung Salisbury, der zudem ursprünglich ein deutsch-britisches Bündnis favorisierte: »Am 13. Mai 1898 sagte er (Chamberlain) im Rathaus von Birmingham: ›Seit den Tagen des Krimkrieges vor annähernd fünfzig Jahren ist die Politik dieses Landes eine Politik strikter Isolation gewesen. Wir haben keine Verbündeten gehabt. Ich fürchte, wir haben keine Freunde gehabt... Wir stehen allein.‹« Ebd., S. 259

155 Siehe ebd., S. 410. Die dort beobachtend gemachten Erfahrungen der britischen Seeoffiziere in der Seeschlacht von Tsushima sollten für die britische Seerüstung und den Bau von modernen Schlachtschiffen der *Dreadnought* Klasse große Bedeutung haben und somit den deutsch-britischen Wettlauf im Schlachtflottenbau und dadurch den Verlauf des kommenden Weltkrieges wesentlich mitentscheiden.

156 »Am 1. August erließ der Kaiser den Befehl zur Mobilmachung. Der

Weltkrieg war entbrannt. Wie ein Mann erhob sich Deutschland an der Seite seines Bundesgenossen gegen eine Welt von Feinden. An der Notwendigkeit und Unvermeidlichkeit des Kampfes gab es keinen Zweifel, und die Gerechtigkeit der deutschen Sache erfüllte vom ersten Augenblick an jeden einzelnen mit Zuversicht.« Deutsche Reden in schwerer Zeit, gehalten von den Professoren der Universität Berlin, Bd. 1, Berlin 1915, S. VI

157 »Ohne Bismarck an der Spitze glich das wilhelminische Deutschland einer ›autoritären Polykratie ohne Koordination‹. Die ihm folgenden Reichskanzler waren blasse Figuren: Caprivi, Hohenlohe-Schillingsfürst, Bernhard von Bülow... Befangen im machtpolitischen Denken vom Primat der Außenpolitik, dilettierten sie auf der Bühne der Weltpolitik in einem Zickzackkurs und förderten Neben-Machtzentren wie die Tirpitzsche Flottenbaupolitik. Die ›Risikoflotte‹, wie sie wörtlich genannt wurde, vermochten sie nicht politisch zu kontrollieren, die Entstehung einer gegen Deutschland gerichteten Koalition nicht zu verhindern. Die angebliche Einkreisung Deutschlands läßt sich treffender mit dem Begriff der planmäßigen selbstverschuldeten deutschen ›Auskreisung‹ aus dem Kreis der Mächte charakterisieren.« Bernd Martin – Weltmacht oder Niedergang?, a. a. O., S. 29

158 »... schon in den 80er Jahren wurde die Annexionskritik auch von hohen deutschen Militärs geteilt. Sie beklagten die ›europäische Zwickmühle‹, in welche wir durch die Eroberung von Elsaß-Lothringen geraten seien, diese habe ›den permanenten Kriegszustand zwischen Deutschland und Frankreich‹ festgelegt. Moltke befürchtete den Zweifrontenkrieg bereits seit 1871, und fünf Jahre vor dem Abschluß der russisch-französischen Militärkonvention von 1892 räumte auch Bismarck dem preußischen Kriegsminister gegenüber ein, ›daß wir in nicht zu ferner Zeit den Krieg gegen Frankreich und Rußland gleichzeitig zu bestehen haben werden‹. Dann aber werde es sich um den ›Ausbruch des Existenzkrieges‹ handeln. Siebzehn Jahre nach der Annexion und siebenundzwanzig Jahre vor Ausbruch des Weltkrieges beschrieb Bismarck damit fatale Fernwirkungen des Entschlusses von 1870. ... Dennoch entwickelte 1905, nach dem Höhepunkt der ersten Marokkokrise, Generalstabschef v. Schlieffen ganz nüchtern die Alternative, entweder gegen Frankreich einen Präventivkrieg zu führen oder endlich eine Neuregelung hinsichtlich Elsaß-Lothringens zu finden – anderes bliebe der Reichspolitik nicht mehr übrig! Da diese einen neuen Modus vivendi mit Frankreich jedoch nicht ernsthaft erstrebte, verengte sich im kritischen Augenblick die Alternative zur Einbahnstraße.« Hans-Ulrich Wehler – Vom Kaiserreich zur Republik, a. a. O., S. 186/187

159 »Seit den Tagen des Mittelalters war Frankreich Englands Haupt-

feind gewesen. Die Kriege der Plantagenets, der Hundertjährige Krieg, die Kriege gegen Ludwig XIV., Ludwig XV. und Napoleon hatten dies immer wieder bestätigt. ›Frankreich ist und wird immer Großbritanniens größte Gefahr bleiben‹, hatte Lord Salisbury 1867 erklärt, und dieser Ansicht blieb er während seiner drei Amtszeiten als Premierminister treu. Frankreich stellte eine mehrfache Bedrohung dar: für die Britischen Inseln durch seine geographisch benachbarte Lage jenseits des Kanals, für die britische Hauptverbindungslinie im westlichen Mittelmeer und an einem Dutzend Reibungspunkten in aller Welt, wo britische und französische Kolonialinteressen einander überschnitten. Großbritanniens zweiter traditioneller Feind war Rußland. Obwohl die beiden Nationen nur einmal – im Krimkrieg, und dort eher stümperhaft – gegeneinander gefochten hatten, vermittelten die Größe und die expansiven Tendenzen des Russischen Reiches den Eindruck einer Bedrohung. Rußland mochte die britischen Inseln nicht erreichen können, aber seine beständigen Bestrebungen durch den Gewinn der Dardanellen freien Zugang zum Mittelmeer zu erhalten, die Befürchtung, daß es durch das Bergland von Afghanistan über den Khaiber-Paß in die Ebenen Indiens oder durch die Mandschurei gegen das Jangste-Tal und Südchina vorstoßen und dort das britische Handelsmonopol gefährden könnte, ließen die russische Politik für bedrohlich erscheinen. Der Leiter des britischen Militärgeheimdienstes warnte 1887: ›Die Länder, gegen die wir mit der größten Wahrscheinlichkeit in den Krieg ziehen müssen, sind Frankreich und Rußland, und die schlimmste Kombination, die zu fürchten wir jeden Grund haben, ist ein Bündnis von Frankreich und Rußland.‹ 1894 wurde ein solches Bündnis unterzeichnet und die Befürchtungen wurden Realität.« Ebd., S. 19

160 »Bülows Ziele, als er regierte, waren die Ziele der deutschen Eliten, seine Illusionen waren die ihren. Unter Bülow, als der Burenkrieg im südlichen Afrika die Schlüsselstellung Englands scheinbar außer Kraft gesetzt hatte und den Deutschen die Schiedsrichterrolle über Europa verhieß, wurde die Straße der Selbstzerstörung des Reiches, die so glänzend verlief und so begeistert beschritten wurde, Weg ohne Wiederkehr.« Michael Stürmer – Das ruhelose Reich, a. a. O., S. 324

161 »Als v. Bülow 1897 die Auswärtige Politik übernahm, wurde wenig später Tirpitz Chef des Reichsmarineamtes... Von Außenpolitik im Bismarckschen Sinne verstand Tirpitz, als er 1898 Staatsminister wurde und das Reichsmarineamt übernahm, wenig oder nichts. Er hatte Darwin gelesen und übertrug, wie es damals viele taten, dessen Lehre von der Unerbittlichkeit der Auslese auf die europäischen Groß- und Weltmächte. Er glaubte an Kampf und Krieg, und daß die kraftvolle deutsche Nation der

altgewordenen britischen Zivilisation überlegen sei und dazu ausersehen, ihr Erbe in der Welt anzutreten. ... Tirpitz, als Seeoffizier hochqualifiziert, als Organisator eines militärischen Riesenprogramms imponierend und in der Beeinflussung der Öffentlichkeit und der Sympathiewerbung im Reichstag durchaus virtuos – Tirpitz' rascher Aufstieg in die außenpolitische Schlüsselrolle bezeichnete den Punkt, an dem deutsche Weltpolitik Hybris wurde. Dabei hatte sein Kalkül eine gewisse, abgründig überspannte Logik. Deutschland war im Zangengriff der Franzosen und der Russen, und auf den Zweibund war nicht viel Verlaß. Diese Gefährdung galt es aufzubrechen. Den Schlüssel des Weltgleichgewichts hielt England. Ob England sich dem deutschen Bündnis fügte, ob die Inselmacht niedergekämpft werden mußte, die Weltmachtstellung Englands bildete den Riegel vor dem deutschen Ausbruch aus der verzweifelten, unaufhebbaren kontinentalen Mittellage, so wie sie vor bald einem Jahrhundert den Riegel vor der Weltherrschaft des französischen Imperators gebildet hatte und wie sie ein halbes Jahrhundert später den Riegel bilden würde vor der Weltreichskonzeption Hitlers. Dieser Riegel mußte, das wurde zum deutschen strategischen Axiom der Jahrhundertwende, biegen oder brechen.« Ebd., S. 293/294

162 Ebd., S. 291. Siehe dazu auch: Hans-Ulrich Wehler – Das Deutsche Kaiserreich, a. a. O., S. 189: »In den 90er Jahren nahm dann nicht nur die kommerzielle Rivalität auf dem Weltmarkt sprungartig zu, sondern mit dem Aufbau der Schlachtflotte entschied sich die deutsche Politik für eine Stoßrichtung gegen vitale englische Interessen. ... Vergegenwärtigt man sich noch einmal ... die deutsche Entscheidung, nicht nur dem internationalen Trend zum Schlachtflottenbau nachzugeben, sondern ohne Nötigung durch die Londoner Politik derart forciert und in derartigem Umfang gegen England zu rüsten, dann sieht man, wie auch auf diesem Schachbrett deutsche Züge die Spielbedingungen bis 1914 festlegten.«

163 Michael Stürmer – Die Grenzen der Macht, a. a. O., S. 94

164 Hans-Ulrich Wehler – Das Deutsche Kaiserreich, a. a. O., S. 167

165 »Spätestens seit 1905 orientierte sich die Admirality bei der Festlegung des Two-Power-Standard nicht mehr an den kombinierten Flottenstärken Rußlands und Frankreichs. Deutschland war Gegner Nummer eins geworden. Unter Lord Fisher als erstem Seelord wurde die deutsche Herausforderung angenommen. Das Wettrüsten gewann an Dynamik. ... Die deutsche Flotte? Sie konnte nicht mithalten. ... Seit 1905 war die deutsche Seestrategie ausmanövriert. Dem politischen Schach folgte das seestrategische Matt. Dazu kamen die überlegenen Truppenmassen der Entente: Wehrpflichtarmeen in Frankreich und Rußland und die britische Berufsar-

mee. Sollte Deutschland sich zu Tode rüsten?... Warum aber war die Anpassung an veränderte weltpolitische Daten undenkbar? Weil jeder Schritt zurück nach soviel Glanz und Glorienschein die Frage aufwarf nach der Rationalität der Führung, der Verantwortlichkeit der Militärs und der Effizienz der Monarchie. Die deutsche Strategie war so stark innenpolitisch bestimmt, daß sie außenpolitisch nicht mehr korrigierbar war. Und gab es nicht auch die Versuchung – der Kaiser und seine Umgebung spekulierten auf die disziplinierende Wirkung von Rüstung und Kriegsangst auf Parlament und Öffentlichkeit –, den Ernstfall als Zuchtmittel der Innenpolitik aktiv zu halten?« Michael Stürmer – Das ruhelose Reich, a. a. O., S. 333/334

166 Siehe dazu Hans-Ulrich Wehler – Das Deutsche Kaiserreich, a. a. O., S. 176ff. Auf S. 177 schreibt Wehler: »Der wilhelminischen ›Weltpolitik‹ kann man offenbar nur unter der Perspektive des Sozialimperialismus ihren eigentlichen Sinn abgewinnen. Ihr sprungartiger Charakter darf nicht darüber hinwegtäuschen, daß ihr durchaus eine kühl kalkulierte Instrumentalisierung der Außenpolitik zu innenpolitischen Zwecken zugrunde lag. ... Freilich ging es nicht nur um die Überbrückung ökonomischer Konflikte..., sondern mindestens ebensosehr um die politischen Partizipationsrechte und um die soziale Gleichberechtigung der Industriearbeiterschaft, gegen deren politische Repräsentanten ein ›reichsfreundlicher‹ Imperialismus seit 1884 leicht mobilisiert werden konnte. Angesichts der inneren Zerrissenheit der ›Reichsnation‹ in eine Klassengesellschaft und der vehementen Spannungen zwischen Obrigkeitsstaat, landadliger Führungsschicht, feudalisiertem Bürgertum einerseits, den voranrückenden Kräften der Parlamentarisierung und Demokratisierung andererseits, scheint es im Erfahrungshorizont der Berliner Politiker, die aus ihrer Defensive heraus die Modernisierung von politischer und sozialer Verfassung weder im notwendigen Ausmaß wollten noch durchführen konnten, zur sozialimperialistischen Zähmung keine ähnlich erfolgversprechende Alternative gegeben zu haben. Das blieb das Entscheidende, aber auch das Fatale...«

167 »Am 26. März 1898 wurde das Gesetz mit 212 gegen 139 Stimmen verabschiedet. Tirpitz und Bülow unterrichteten Wilhelm II. vom Ausgang der Abstimmung, und Bülow fügte seiner Botschaft die Worte: ›Lang lebe der Kaiser!‹ hinzu. Aus Hongkong, wo er beim deutschen Ostasiengeschwader diente, telegrafierte Prinz Heinrich, Wilhelms Bruder: ›DEUTSCHER KAISER, BERLIN. HURRA! HEINRICH.‹« Robert K. Masie – Die Schalen des Zorns, a. a. O., S. 205

168 Ebd., a. a. O., S. 198/199

169 »Die Überlegenheit der britischen Kriegsmarine wurde an einem einzigen schrecklichen Nachmittag im Oktober 1805 unauslöschlich in die Geschichte des 19. Jahrhunderts eingegraben. Am 21. Oktober vernichtete eine Flotte von siebenundzwanzig Segel-Linienschiffen unter Admiral Lord Horatio Nelson zwischen Mittag und halb fünf Uhr nachmittags bei leichtem Wind und atlantischer Dünung vor der spanischen Küste eine vereinigte französische und spanische Flotte von dreiunddreißig Linienschiffen unter dem französischen Admiral Pierre Villeneuve. ... Nelsons Sieg an diesem Herbstnachmittag begründete eine Seeherrschaft, die ein Jahrhundert dauerte und den meisten großen Nationen eine Periode relativer Ruhe schenkte, die als Pax Britannica bekannt wurde. ... Die Schlacht von Trafalgar wurde ausgefochten, weil ein mächtiger Kontinentalstaat, beherrscht von einem Eroberer, Napoleon Bonaparte, die Sicherheit und die Interessen Englands bedrohte.« Ebd., a. a. O., S. 9

170 dtv-Atlas zur Weltgeschichte Bd. 2, München 1991, S. 387

171 »Dem Parlament und der Öffentlichkeit indes hat Tirpitz wohlweislich vorenthalten, daß die Flotte mehr leisten sollte als Handelsschutz und Küstenverteidigung mit der schmalen Chance, gegen England als ›Ausfallflotte‹ einmal aktiv zu werden. Tatsächlich hat Tirpitz von Anfang an, seit 1897, eine ›Flotte gegen England‹ geplant. ... Für Tirpitz war ›Krieg die Fortsetzung der Politik‹. Seine Hochseestrategie war von Anfang an durchgeplant, wurde aber stufenweise durch die späteren Flottenvorlagen entwickelt und durch die These der ›Risikoflotte‹ verschleiert. Die Flotte war für den Ernstfall gedacht ... Auf die Dauer, so glaubte Tirpitz, und er stand damit nicht allein unter den Machteliten des industriellen Deutschland, sei der Entscheidungskampf mit England unvermeidlich, weil eine seeabhängige deutsche Industrieentwicklung sonst durch die Briten abgeblockt werden konnte. Sein seestrategisches Konzept mit schwergepanzerten Schlachtschiffen kurzer Reichweite konzentrierte alle Mittel auf die Entscheidungsschlacht zwischen Helgoland und Themse. Damit aber war ›unmittelbar die englische Insularität‹ bedroht. Alles spitzte sich auf die ›durchgeschlagene rangierte Hochseeschlacht‹. Aus dem Dogma der Vernichtungsschlacht folgte, daß am Ende Sieg oder Niederlage stand, Weltmacht oder Untergang. ... Und Alternativen, die das Zugeständnis des Irrtums enthielten, hätten auch in unübersehbare innenpolitische Niederlagen geführt, wenn am Ende die ganze teure Seerüstung für nichts gewesen war oder nur der Weg der Deutschen ins Verderben. Tirpitz, das war Technokratie und Glaubensstärke, das war Machtatavismus mit den Mitteln der Großindustrie und der modernen Waffentechnik. Tirpitz bedeutete die Abdankung der Politik vor der Faszination des Machbaren und der Logik

der Macht. Tirpitz ging es wie dem Lyderkönig Kroisos, dem das Delphische Orakel kundgab, wenn er den Halys überschreite, werde er ein großes Reich zerstören. Tirpitz tat es, und es war das deutsche.« Michael Stürmer – Das ruhelose Reich, S. 296/297

172 Michael Stürmer – Die Grenzen der Macht, a. a. O., S. 96

173 »Die Flottenvorlage von 1900 verdoppelte die künftige deutsche Schlachtflotte von zwei auf vier Geschwader, das dritte Geschwader sollte sofort begonnen werden, das vierte zunächst aus alten Küstenpanzerschiffen zusammengestellt, nach 1912 systematisch erneuert werden. Das war zuviel, um noch verharmlost zu werden. Die Novelle mußte die Londoner Admirality alarmieren. Zugleich fand jetzt in Deutschland die Verschleierungsformel der Risikoflotte amtlichen Ausdruck. In der Begründung der Novelle von 1900 hieß es, die deutsche Flotte müsse so stark sein, ›daß ein Krieg auch für den seemächtigsten Gegner mit derartigen Gefahren verbunden ist, daß seine eigene Machtstellung in Frage gestellt wird‹. ... England aber mußte seine Kräfte streuen, um die Schlagadern des Empire zu schützen. Das Reich konnte in der Nordsee die Entscheidung suchen, und nach dem Stand der Planungen von 1900 war absehbar, wann in dem kalten Krieg zwischen dem Reich und England der Punkt erreicht war, da England Symptome der Unterlegenheit zeigen würde. Die Formel der Risikoflotte war Verschleierung (Tirpitz: ›Mundhalten und Schiffebauen‹). Seestrategisch glaubten die Deutschen, im Spurt an den Briten vorbeiziehen und ihre Lage im ›Nassen Dreieck‹ zum entscheidenden Vorteil umdrehen zu können. Es war ein Plan, wie Bülow später vermerkte, der ›große, sehr große und weite Horizonte eröffnete‹. Und es war eine Strategie, die die Seelords an der Themse als tödliche Bedrohung begriffen und, waren sie nicht von Blindheit geschlagen, begreifen mußten.« Michael Stürmer – Das ruhelose Reich, a. a. O., S. 324

174 »Die Lieblingsschöpfung Wilhelms II., die gerade als Sicherung der deutschen Welthandelsstellung gedachte Schlachtflotte Tirpitzscher Prägung, hat sich ... als eine Fehlkonzeption erwiesen, die weder vermochte, den Transport des englischen Heeres nach Frankreich jemals ernsthaft zu stören, noch es wagen konnte, nach der Leitidee des Großadmirals sich in der Nordsee der englischen Flotte in einer wirklich entscheidenden Begegnung zu stellen.« Hans Herzfeld – Der Erste Weltkrieg, München 1968, S. 164

175 Siehe dazu die zusammenfassende Darstellung bei Herzfeld, ebd., S. 166 ff.

176 »Innenpolitisch erfüllte die Flotte zwar nicht die euphorischen Hoffnungen, die um die Jahrhundertwende in sie gesetzt worden waren, sie

stützte jedoch die Sammlungspolitik ab, ohne den Klassenantagonismus entscheidend mildern zu können. Dieses Versagen aber bedeutete ›den Bankrott des wilhelminischen Sozialimperialismus mit friedlichen Mitteln‹. Außenpolitisch kann ihre Wirkung nur als fatal bezeichnet werden: Die Beziehungen zu Großbritannien, der einzigen Großmacht, mit der diejenige Verständigung möglich gewesen wäre, die mit Frankreich und Rußland nicht mehr zu erreichen war, wurden schließlich heillos belastet. Abgesehen vom Schlieffenplan mußte die militant vertretene Flottenpolitik mit ihrer antienglischen Spitze London aufs höchste skeptisch stimmen und seine vitalen Interessen bedrohen. Militärisch erwies sich die Schlachtflotte als grandioser Fehlschlag, denn sie konnte den Kriegsverlauf zu keiner Zeit maßgeblich beeinflussen, geschweige denn zugunsten der Mittelmächte wenden. Während sich die Flotte nach dem unentschiedenen Duell der Skagerakschlacht eine Stimmung aufstaute, die sich im November 1918 entlud, tat der Großadmiral v. Tirpitz, militärisch ein gescheiterter Mann, nach dem Rücktritt im März 1916 einen innerhalb seiner gesellschaftspolitischen Konzeption konsequenten Schritt, indem er 1917 die frühfaschistische ›Deutsche Vaterlandspartei‹ gründete.« Hans-Ulrich Wehler – Das Deutsche Kaiserreich, a. a. O., S. 170

177 Jehuda L. Wallach – Das Dogma der Vernichtungsschlacht, München 1970, S. 96f. Siehe auch Hans-Ulrich Wehler – Das Deutsche Kaiserreich, a. a. O., S. 154ff.: »Eben diese Bändigung durch ein abwägendes gesamtpolitisches Urteil, das dank Bismarcks langjähriger Sonderstellung den Ausschlag gab, entfiel seit 1890, während sich im Generalstab die seit Moltke ausgebildete Neigung zum reinen militärischen Effizienz- und Opportunitätsdenken verstärkte. Diese Anstrengungen der preußisch-deutschen Militärs, dem zukünftigen Krieg in einer Epoche rapiden Waffenwandels durch umfassende Vorausplanung zu begegnen, verkörperte geradezu der langjährige Chef des Generalstabs Alfred v. Schlieffen (1891–1905). Die nach ihm benannten Operationspläne stellten das Ergebnis eines ganz technizistischen Perfektionsstrebens dar, das sich über den Clausewitzschen Primat der Politik stillschweigend hinwegsetzte. Der Schlieffenplan, der in mehreren Fassungen zwischen 1895 und 1906 ausgearbeitet wurde, sollte gewissermaßen die Wunderlösung für den bevorstehenden Zweifrontenkrieg bieten. Als erstes Hauptziel galt die Niederwerfung Frankreichs.«

178 »Am 1. August 1914 überbrachte der deutsche Reichskanzler dem Kaiser eine Note des Fürsten Lichnowsky (1860–1928), des deutschen Botschafters am Hof von St. James, in der mitgeteilt wurde, daß Sir Edward Grey (1862–1933), der britische Außenminister, angeboten habe, die fran-

zösische Mobilmachung gegen Deutschland zu verhindern, vorausgesetzt die Deutschen würden davon Abstand nehmen, im Westen aufzumarschieren. Moltke wurde sofort dringend in das kaiserliche Schloß befohlen, und der Kaiser machte den Vorschlag: ›Also wir marschieren einfach mit der ganzen Armee im Osten auf!‹ Der entsetzte Chef des Stabes erklärte seinem kaiserlichen Herrn, daß es gegenwärtig nur einen Kriegsplan gäbe und daß jeder Versuch, ihn jetzt noch zu ändern, die sichere Katastrophe zur Folge haben würde. ›... Der Aufmarsch eines Millionenheeres lasse sich nicht improvisieren, er sei das Ergebnis einer vollen, mühsamen Jahresarbeit und könne, einmal festgelegt, nicht geändert werden. Wenn Se. Majestät darauf bestehen, das gesamte Heer nach dem Osten zu führen, so würden dieselben kein schlagfertiges Heer, sondern einen wüsten Haufen ungeordneter bewaffneter Menschen ohne Verpflegung haben‹. Wilhelm II. brummte daraufhin mißvergnügt: ›Ihr Onkel würde mir eine andere Antwort gegeben haben.‹ Moltke konnte den Kaiser wenigstens dazu bringen, den komplizierten Zeitplan für den Aufmarsch nicht zu verwirren und ihn planmäßig ablaufen zu lassen.« Jehuda L. Wallach – Das Dogma der Vernichtungsschlacht, a. a. O., S. 151.
Siehe auch S. 68/69: »Das politische Handeln wurde in feste Formen gezwungen, ob die Politiker und Soldaten das wünschten oder nicht, und die Strategie paßte sich nicht der tatsächlichen politischen Lage an. Anstelle dessen war die Politik gezwungen, im Einklang mit einem starren und unveränderlichen Kriegsplan zu handeln. Der Generalstab trug über die Diplomatie den Sieg davon. Natürlich war das nicht allein der Fehler der Soldaten, sondern in gleicher Weise oder sogar noch mehr der Politiker. Gerhard Ritter sagt darüber: ›Der Kriegsausbruch von 1914 ist das erschütterndste Beispiel hilfloser Abhängigkeit der politischen Staatsleitung von den Planungen der Militärtechniker, das die Geschichte kennt. Darin, daß sie sich in diese Abhängigkeit hineinziehen ließen, daß sie die Kriegsplanung ohne Vorbehalt als Sache des militärischen Fachmannes betrachteten, liegt die historische Schuld der Nachfolger Bismarcks.‹«

179 »Schlieffen gründete seinen Plan auf die Cannae-Vorstellung. ›Was der große Punier bei Cannae in Zehntausenden, Moltke in Hunderttausenden dachte: Schlieffen hat es in Millionen weiter gedacht...‹, sagte ein begeisterter Biograph. Die Grundidee bestand darin, daß große Armeen an ihren Flanken verwundbar sind und daß daher der Hauptschlag gegen diese geführt werden müsse.« Ebd., S. 97/98

180 »Gelegentlich der Generalstabsreise im Osten 1901 hat Schlieffen erklärt: ›Deutschland hat den Vorteil, daß es in der Mitte zwischen Frankreich und Rußland liegt und diese Bundesgenossen voneinander

trennt. Es würde sich aber dieses Vorteils begeben, sobald es sein Heer teilen und hierdurch jedem einzelnen Gegner an Zahl unterlegen sein würde. Deutschland muß daher bestrebt sein, zuerst den einen niederzuwerfen, während der andere nur beschäftigt wird; dann aber, wenn der eine Gegner besiegt ist, muß es unter Ausnutzung der Eisenbahn auch auf dem anderen Kriegsschauplatze eine Überlegenheit an Zahl heranführen, die auch dem anderen Feinde verderblich wird. Der erste Schlag muß mit voller Kraft geführt werden, und es muß eine wirkliche Entscheidungsschlacht stattfinden; ein Solferino könnte uns nichts nützen; es muß ein Sedan, mindestens ein Königgrätz geschlagen werden.‹ Trotzdem sollte man die erste Entscheidung im Westen suchen.« Ebd., S. 98

181 Michael Stürmer – Das ruhelose Reich, a. a. O., S. 334

182 Fritz Fischer – Hitler war kein Betriebsunfall, München 1992, S. 181

183 Egon Friedell – Kulturgeschichte der Neuzeit, Bd. 1–3, München 1927–31, ungekürzte Sonderausgabe in einem Band o. J., S. 1480/81

184 Thomas Mann – Gedanken im Kriege, a. a. O., S. 11/12

185 »Die durch eine lange Friedenszeit verwöhnten Völker Europas sind in das ›Armageddon‹ des Ersten Weltkrieges in einem an ekstatische Erregung grenzenden Zustand eingetreten, der heute nur zu leicht psychologisch wie sachlich unbegreiflich erscheint. Er gehört aber so sehr zu den grundlegenden Tatsachen dieses Wendepunktes der Geschichte, daß ohne das Verständnis dieser Welle von Enthusiasmus und Opferbereitschaft das geschichtliche Wesen der Katastrophe schlechthin unbegreiflich wird.« Hans Herzfeld – Der Erste Weltkrieg, a. a. O., S. 45

186 Modris Eksteins – Tanz über Gräben. Die Geburt der Moderne und der Erste Weltkrieg, Reinbek 1990, S. 95. Siehe auch S. 102/103: »In den ersten Augusttagen schwelgen die Deutschen im Bewußtsein einer ihrer Ansicht nach echten Synthese von Vergangenheit und Zukunft, einer im Augenblick verkörperten Ewigkeit und der Aufhebung allen innerstaatlichen Zwists; Partei gegen Partei, Sekte gegen Sekte, die Kirche im Konflikt mit dem Staat, all das ist jetzt vergessen. Das Alltagsleben ist jetzt transzendiert. Es ist zum ästhetischen Phänomen geworden. Das Leben ist zu einem Gesamtkunstwerk im Sinne Wagners geworden, in dem materielle Sorgen, ja überhaupt alle prosaischen Belange von einer geistigen Lebenskraft überwunden sind. Überall in Deutschland, sei es in Frankfurt am Main, in Frankfurt an der Oder, in München, Breslau oder Karlsruhe, spielen sich ähnliche Szenen ab. Die Mitglieder der kaiserlichen Familie sehen sich vom Volk bestürmt. Das Militär wird zum Abgott. Die Kirchen können die

Menschen kaum noch fassen. Vom Standpunkt der Emotionen her gesehen, hat Deutschland den Krieg spätestens am Freitag, dem 31. Juli, erklärt – auf alle Fälle was Rußland und Frankreich anbelangt. Angesichts einer solchen Zurschaustellung des Volksgefühls ist es unvorstellbar, daß der Kaiser an diesem Punkt noch hätte umkehren können. Wie selbstverständlich folgen in den Tagen darauf die wesentlichen Entscheidungen und die Kriegserklärungen: zuerst gegen Rußland, dann gegen Frankreich und schließlich noch gegen England.«

187 Ebd., S. 97. Siehe auch S. 147: »Gerade Künstler und Intellektuelle gehörten zu jenen, die das Kriegsfieber besonders stark gepackt hatte. Klassenzimmer und Vorlesungssäle leerten sich, als Schüler und Studenten, buchstäblich, zu den Fahnen eilten. Am 3. August richteten die Rektoren und Senate der bayrischen Universitäten einen Appell an die akademische Jugend: ›Kommilitonen! Die Musen schweigen, es gilt den Kampf, den aufgezwungenen Kampf um deutsche Kultur, die die Barbaren vom Osten bedrohen, um deutsche Werte, die der Feind im Westen uns neidet. So entbrennt aufs neue der Furor Teutonicus. Die Begeisterung der Befreiungskämpfe lodert auf, der heilige Krieg bricht an.‹ Nach einem ähnlichen Aufruf des Rektors der Kieler Universität meldete sich fast die gesamte Kieler Studentenschaft als Kriegsfreiwillige.«

188 Ebd., S. 105. Diese romantische Kriegsbegeisterung spiegelt sich auch im Langemarck-Mythos oder dem sogenannten »Kindermassaker« wieder. Als die deutsche Militärführung nach der verlorenen Marneschlacht im September 1914 und dem Übergang zum Stellungskrieg im Westen zwischen dem 20. Oktober und 22. November 1914 in der Schlacht von Ypern noch einmal den Durchbruch an der Nordflanke in Flandern versuchte, wurde dabei ein Reservekorps nur notdürftig ausgebildeter junger Kriegsfreiwilliger bei dem flandrischen Dorf Langemarck eingesetzt und sinnlos im britischen Maschinengewehrfeuer verheizt: »Den Deutschen war die Initiative vorerst verloren, die Chance des Blitzkriegs vorbei, der Rückzug aus der überdehnten Sichelstellung begann. Der Versuch der Führung unter Falkenhayn, nahe der Kanalküste bei Ypern in zwei Offensivstößen doch noch die Entscheidung im Bewegungskrieg zu suchen, endete mit achtzigtausend Gefallenen. Beim Dorf Langemarck brach am 10. November 1914 der Sturm junger kriegsfreiwilliger Regimenter im Maschinengewehrfeuer zusammen. Sie hätten das Deutschlandlied beim Angriff gesungen, war der Trost für die Überlebenden und Heldenlegende für die Zukunft. Das Maschinengewehr zerfetzte die Angriffstruppen und machte den heroischen Sturmlauf des neunzehnten Jahrhunderts zum blutigen Anachronismus.« Michael Stürmer – Das ruhelose Reich, a. a. O.,

S. 373/374; siehe auch Hans Herzfeld – Der Erste Weltkrieg, a. a. O., S. 64 ff. und Modris Eksteins – Tanz über Gräben, a. a. O., S. 157

189 Ebd., S. 93. Siehe dazu auch S. 146: »Für Deutschland war der Krieg demnach eine innere Notwendigkeit. Er war eine Suche nach Authentizität, Wahrheit, Selbsterfüllung, jenen Werten also, die kurz vor dem Krieg die Avantgarde im Kampf gegen die verhaßten bourgeoisen Charakteristika – Materialismus, Banalität, Heuchelei, Tyrannei – heraufbeschworen hatte. Gerade letztere wurden ausdrücklich mit England assoziiert, und es versteht sich von selbst, daß England, nachdem es am 4. August in den Krieg eingetreten war, zum meistgehaßten Feind der Deutschen wurde.«

190 Otto Dann – Nation und Nationalismus in Deutschland. 1770–1990, München 1994, S. 211. Siehe auch S. 209 ff.: »Für alle Schichten der deutschen Bevölkerung bedeutete das Durchleben der vier Kriegsjahre eine Erfahrung, die ihr nationalpolitisches Verhalten grundlegend veränderte. Am stärksten in Erinnerung ist das Erlebnis des Kriegsbeginns, das als ›*Wunder des August 1914*‹ beschrieben wird. Es bestand im wesentlichen in der freudigen Verwunderung der bürgerlichen Nation darüber, daß die Arbeiterschaft sich zum Kriegsdienst bereitfand. Noch in den letzten Tagen des Juli 1914 hatten sozialdemokratische Massenversammlungen gegen den Krieg in vielen deutschen Städten stattgefunden. Nun aber strömten seit dem 1. August – in der Meinung, in einen Verteidigungskrieg zu ziehen – auch die Arbeiter zu den Waffen, und im Reichstag stimmte die Fraktion der SPD einstimmig dem Kriegs-Ermächtigungsgesetz und der Bewilligung der Kriegskredite zu. Das Protokoll dieser denkwürdigen Sitzung vom 4. August vermerkt: Erklärung des Reichskanzlers Bethmann Hollweg: ›Unsere Armee steht im Felde, unsere Flotte ist kampfbereit – hinter ihr das ganze deutsche Volk! (Andauernder lebhafter Beifall auf allen Seiten des Hauses und auf den Tribünen. Der Reichstag erhebt sich.) Das ganze deutsche Volk (zu den Sozialdemokraten) einig bis auf den letzten Mann! (erneuter minutenlanger jubelnder Beifall).‹ ... Erstmals seit dem Bestehen des Reiches wurde die Nation als eine einheitliche Willensgemeinschaft erlebt, einig in dem Willen zur Verteidigung des Vaterlandes. Es war die Einheit eines Burgfriedens: dieser zeitgenössische Begriff brachte die Stimmung auf den Punkt: Deutschland schien sich in der Situation einer von allen Seiten eingekreisten, umlagerten Burg zu befinden; da war gemeinsames, einheitliches Handeln im Innern das Gebot der Stunde.«

191 Ebd., S. 147

192 »Ganz allgemein war man in Deutschland vor 1914 also ganz und gar auf die Zukunft ausgerichtet. Wo immer Unzufriedenheit oder Angst herrschten, sollten sie vom Wandel überwunden werden. Die gesamte

deutsche Situation um das Fin de siècle charakterisiert sich durch die ›Flucht nach vorn‹. Das erste, was den Besuchern der Hauptstadt – die in erster Linie Hauptstadt Preußens und erst dann Hauptstadt des jungen Reichs war – auffiel, war ihre Neuheit und die schier greifbare Vitalität. Auf mannigfache Weise stand Berlin für den Wandel, den Deutschland als Ganzes damals durchzumachen im Begriff war. Im Vergleich zu anderen europäischen Hauptstädten war Berlin mit seinen in der zweiten Hälfte des 19. Jahrhunderts im Wildwuchs sich ausbreitenden Stadtgrenzen freilich ein Parvenü und glich damit eher Städten wie New York oder Chicago als seinen Gegenstücken in der Alten Welt. Walther Rathenau nannte es sogar einmal das ›Chicago an der Spree.‹« Ebd., S. 118/119. Zur fast avantgardistischen kulturellen und sozialen Modernität des wilhelminischen Deutschlands siehe S. 129 ff.

193 »Nichtsdestoweniger sahen sich natürlich ausnahmslos alle Gruppen der deutschen Gesellschaft vom Schwung und den zentrifugalen Tendenzen des Zeitalters mit fortgerissen. Während auf der Ebene von Bevölkerung, Industrie und Staatskultur eine Konsolidierung stattfand, ließen Gesellschaft, Politik und der psychische Zustand der Nation eine zunehmende Desintegration erkennen. Das Ergebnis war eine übermäßige Konzentration auf die Verwaltung des Lebens durch Methode und Technik, und das bis zu einem Punkt, an dem Methode und Technik, anstatt nur Mittel zum Zweck zu sein, zum eigenständigen Wert und ästhetischen Ziel wurden. Der Technikkult, die Betonung der Wissenschaftlichkeit, Effizienz und Verwaltung, erreichte in Deutschland im späten 19. Jahrhundert einen Höhepunkt. Durch die materiellen Entwicklungen und Anliegen einer Epoche der Industrialisierung zwar forciert, fußte dieser Kult nichtsdestoweniger in althergebrachten und tief eingewurzelten kulturellen und politischen Traditionen: zum einen in dem Bewußtsein der eigenen Schwäche und politischen Zergliedertheit, zum anderen in der Erkenntnis, daß ein Überleben nur unter der Voraussetzung einer effizienten Verwaltung sowohl der natürlichen als auch der menschlichen Ressourcen zu garantieren war.« Ebd., S. 113/114

194 Egon Friedell – Kulturgeschichte der Neuzeit, a. a. O., S. 1490

195 »Diese Führungsrolle trat auf wirtschaftlicher Ebene noch deutlicher hervor, da Großbritannien als Bankier und Vermittler auf den Kreditmärkten der Welt fungierte. Es beanspruchte nicht nur Gelder für sich selbst, sondern garantierte auch für das Kapital, das Rußland, Italien und Frankreich aufnahmen – denn keiner der Allierten konnte aus seinen eigenen Goldreserven oder ausländischen Investitionen genügend Geld aufbringen, um die gewaltige Menge importierter Rüstungsgüter und Rohma-

terialien aus Übersee zu bezahlen. ... Obwohl dies wie eine Wiederholung der britischen Rolle als ›Bankier der Koalition‹ im 18. Jahrhundert aussah, gab es jetzt einen entscheidenden Unterschied: die schiere Größe des Handelsdefizits mit den Vereinigten Staaten, die den Allierten (wegen der Seeblockade jedoch nicht den Mittelmächten) Waffen, Munition und Nahrungsmittel im Wert von Milliarden Dollar lieferten, aber im Gegenzug weniger Güter brauchten. Weder der Goldtransfer noch der Verkauf gewaltiger Mengen an Dollarwertpapieren konnten diese Lücke schließen; das Kunststück konnte nur vollbracht werden, indem man an den Geldmärkten New Yorks und Chicagos Kredite aufnahm, um die amerikanischen Lieferanten in Dollar bezahlen zu können. Dies bedeutete wiederum, daß die Allierten immer mehr von der finanziellen Hilfe der Vereinigten Staaten abhängig wurden, um ihre Kriegsanstrengungen aufrechtzuerhalten. Im Oktober 1916 warnte der britische Finanzminister, daß ›im nächsten Juni oder früher der Präsident der amerikanischen Republik in der Lage sein wird, uns seine Bedingungen zu diktieren, so er dies wünscht‹. Dies war für eine ›unabhängige‹ Großmacht eine alarmierende Lage.« Paul Kennedy – Aufstieg und Fall der großen Mächte. Ökonomischer Wandel und militärischer Konflikt von 1500 bis 2000, Frankfurt/M. 1989, S. 406/407

196 Michael Stürmer – Das industrielle Deutschland; in: Mitten in Europa, a. a. O., S. 317

197 »Warum der Handlungszwang in Wien? ›Es müsse einmal gründlich mit den Serben abgerechnet werden‹, so beschrieb der deutsche Botschafter in Wien zwei Tage nach dem Attentat die Stimmung der österreichischen Diplomaten und Generäle. Wilhelm II. setzte, wie gewohnt, eine forsche Randglosse dazu: ›Jetzt oder nie!› War das die Entscheidung? Auch wenn Wilhelm II. ein weiserer Mann gewesen wäre: die Rechnung des Reichskanzlers v. Bethmann blieb dieselbe. Unverkennbar, daß die gegenwärtige Gesamtlage Europas noch eine Chance bot, auf dem Balkan Österreich zu stabilisieren, ohne lebenswichtige Interessen Rußlands zu verletzen. Nahmen die Österreicher eine schnelle chirurgische Operation vor, wurde die Entscheidung, auf die militärische Strafaktion mit dem Weltkrieg zu antworten, Rußland zugeschoben. Das war wichtig für die Haltung der deutschen Sozialisten zum Krieg, für die Neutralen, wichtig vor allem, um England vielleicht herauszuhalten. Aus diesem Kalkül erging der deutsche Blankoscheck an Östereich am 5./6. Juli 1914. Er gab den Österreichern, auch wenn sie angriffen, deutsche Unterstützung.« Michael Stürmer – Das ruhelose Reich, a. a. O., S. 369

198 »Ungelöste soziale Konflikte in Rußland, augenfällig in der Revolution von 1905, das starke Anwachsen der SPD in Deutschland und die na-

tionalisierte Klassenfrage in Österreich-Ungarn ließen diese Führungen schneller zum Mittel der sekundären Integration, zum sozialimperialistisch-außenpolitischen Abenteuer greifen als die Regierungen in Paris und London. Nach der Ermordung des österreichisch-ungarischen Thronfolgers Franz Ferdinand am 28. Juni 1914 in Sarajevo waren es nicht zuletzt die aufgrund unterschiedlicher Sozialstrukturen eingeschränkten politischen Freiräume des Handelns, die die Politiker in den sozial rückständigen Staaten dazu verleiteten, in einem von Lethargie getragenen Fatalismus sich den ›Sachzwängen‹ der Militärs zu beugen. In Deutschland war der bewußte Wille zu einem großen Krieg, d. h. der Auseinandersetzung mit den europäischen Großmächten, nicht bei der zivilen Reichsleitung um Bethmann Hollweg vorhanden, wohl aber in Militär- und Wirtschaftskreisen, die sich politisch in der Alldeutschen Bewegung artikulierten (Staatsstreichpläne).« Bernd Martin – Weltmacht oder Niedergang?, a. a. O., S. 36

199 Michael Stürmer – Das ruhelose Reich, a. a. O., S. 368

200 Michael Stürmer – Das industrielle Deutschland, a. a. O., S. 319

201 »Der Balkankrieg 1912/13 blieb begrenzt. Und doch hat er ... Europa ein Stück näher an den großen Krieg geführt. Denn der Großmachtstatus der Donaumonarchie stand, von Rußland provoziert, auf dem Spiel, damit aber die Existenz des letzten deutschen Bündnispartners, der zählte. Wenn Österreich zusammenstürzte, das an seinen ungelösten und unlösbaren Nationalitätenfragen dahinsiechende ›Kakanien‹, dann war die Lage Deutschlands auf dem Kontinent bedrängt. Also mußte die Donaumonarchie im Kampf um das Erbe der Osmanen gestützt werden, um Prestige zu sammeln und ihre Großmachtrolle weiterhin zu spielen. ... Statt Optionen zu öffnen für den Ernstfall, und sei es die von Bismarck als Ultima ratio durchdachte Komplizenschaft mit Rußland zur Aufteilung der Donaumonarchie, wurde die Existenz des Reiches militärisch und diplomatisch an ein Bündelreich gekettet, das der Mehrzahl seiner Bewohner verhaßt war, das dem modernen Nationalismus hilflos gegenüberstand und das von der russischen Weltmacht als sichere Beute betrachtet wurde. Der allgemeine Menschenjammer nehme, so schrieb damals Karl Kraus mitleidlos und böse, ›in der österreichischen Versuchsstation des Weltuntergangs die Fratze des gemütlichen Siechtums‹ an.« Michael Stürmer – Das ruhelose Reich, a. a. O., S. 361

202 »Bismarck war tot, seine Gedanken waren tot, sein System lag in der Agonie. Mit dem Chef des Auswärtigen Amtes v. Jagow hatte im Mai 1914 der Generalstabschef v. Moltke die üble Lage besprochen und begründet, warum ihm der frühere Krieg der bessere war: ›In 2–3 Jahren würde Rußland seine Rüstungen beendet haben. Die militärische Übermacht unserer

Feinde wäre dann so groß, daß er nicht wüßte, wie wir ihrer Herr werden könnten. Jetzt wären wir ihnen noch einigermaßen gewachsen. Es bliebe seiner Ansicht nichts übrig, als einen Präventivkrieg zu führen, um den Gegner zu schlagen, solange wir den Kampf noch einigermaßen bestehen könnten.‹ Ebd., S. 368. Siehe dazu auch Bernd Martin – Weltmacht oder Untergang?, a. a. O., S. 37

203 Stefan Zweig – Die Welt von Gestern; zitiert nach: Michael Stürmer – Die Grenzen der Macht, a. a. O., S. 97

204 »Was die Diskussion über die Ziele der deutschen Expansion von 1914 angeht, so muß man zuerst einmal den Wunsch nach formellem und informellem Einfluß säuberlich auseinanderhalten. Das Engagement deutscher Firmen und Banken in der französischen Industrie z. B. bedingte zwar eine bestimmte Interessenkonstellation, hatte aber mit Annexionsabsichten unmittelbar nichts zu tun. Gewiß wurde hier und da über den Erwerb der französischen Erzlager, besonders bei Longwy-Brie, sanguinisch geredet, der Antwerpener Hafen für notwendig gehalten, die Angliederung des flämischen Teils von Belgien von pangermanistischen Stimmen verlangt, aber daß dafür zielbewußt der Krieg gefordert und vom Entscheidungszentrum deshalb herbeigeführt worden sei, ist eine Legende. Gewiß wurde vor 1914 ständig über eine Aufteilung des Osmanischen Reiches geschrieben – eine cause célèbre übrigens spätestens seit dem Krimkrieg –, aber auch Berlin wollte sich nicht als erster an diesem heißen Eisen die Finger verbrennen. Gewiß gab es vage oder genauere Konzeptionen einer mitteleuropäischen Zollunion seit dem Ende der 70 Jahre, aber die Hoffnungen auf einen wettbewerbsfähigen europäischen Großmarkt unter deutscher Dominanz wurde noch von der Furcht übertroffen, in nationaler Isolierung der agrarischen und industriellen Konkurrenz der Giganten, der Vereinigten Staaten, des Britischen Empire, des Zarenreiches, zu unterliegen. Gewiß spekulierten die Fanatiker des ›Ostmarkenvereins‹ auf Ausbreitung und Germanisierung im Osten, aber eine solche ›Lunatic Fringe‹ besaß nicht nur das Wilhelminische Deutschland. Kurzum, wo immer man die Kontinuität der Ziele prüft, muß man sich klarmachen, daß es vor 1914 unleugbar eine Fülle bereits konkreter, teils bizarrer Erwägungen gab, eine gerade Linie zum Entscheidungshandeln im Sommer 1914 aber nicht gezogen werden kann. Die fraglos beabsichtigte Ausdehnung des wirtschaftlichen Einflusses darf keineswegs mit territorialen Annexionszielen gleichgesetzt werden. ... Auf der anderen Seite darf jedoch heute als gesichert gelten, daß die reichsdeutsche Politik, als sie die Julikrise wissentlich verschärfte und Wien in eine unheilsschwangere Konfrontation trieb, unleugbar das Risiko eines nicht mehr lokalisierbaren kontinentaleuropäischen

Krieges akzeptierte.« Hans-Ulrich Wehler – Das Deutsche Kaiserreich 1870–1918, a. a. O., S. 193/194

205 Michael Stürmer – Die Grenzen der Macht, a. a. O., S. 99. Und weiter heißt es dort: »Es müsse aber doch hinter einem so großen Desaster auch ein ebenso großer Plan gestanden haben: Wer so denkt, verkennt den Charakter des Ersten Weltkriegs. Er war nicht geplant, er war sogar schlecht vorbereitet. Daß er so lange durchgehalten werden konnte, beruhte auf den Ressourcen der Industrieländer, ihrer Anpassungs- und Mobilisierungsfähigkeit, ihrer lange geübten Sozialdisziplin. Dazu kam die unbegrenzte Bereitschaft, Leiden heute durch Hoffnung morgen auszuhalten. ... Dazu kam, daß der Krieg in den Staaten höchste Ordnung schuf, wie er zwischen ihnen zu höchster Anarchie führte.«

206 Zur kurzen, zusammenfassenden Darstellung der sogenannten »Fischer-Kontroverse«, die im Anschluß an die Veröffentlichung des Buches »Griff nach der Weltmacht« des Hamburger Historikers Fritz Fischer im Herbst 1961 bis heute entstanden ist, siehe Volker Ullrich – Als der Thron ins Wanken kam, a. a. O., 100ff.; zur »Fischer-Kontroverse« und den deutschen Kriegszielen siehe besonders S. 103: »Fritz Fischers große Leistung ist, die Frage nach den ökonomischen und gesellschaftlichen Antriebskräften des deutschen Hegemonialstrebens und damit auch die nach den Kontinuitätslinien zwischen Kaiserreich und ›Drittem Reich‹ scharf markiert zu haben. Für seine Deutung der Julikrise 1914 scheint zunächst der Umstand zu sprechen, daß schon kurz nach Kriegsausbruch sehr weitreichende Kriegsziele formuliert wurden, die dann im berühmten ›Septemberprogramm‹ Bethmann Hollwegs ihren vorläufigen Niederschlag fanden. Und in seinem zweiten großen Werk ›Krieg der Illusionen‹ (1969) hat der Hamburger Historiker dokumentiert, daß in diesen Kriegszielprogrammen nichts auftaucht, was nicht schon vor 1914 von einflußreichen wirtschaftlichen Interessengruppen und rechten Agitationsvereinen gefordert worden wäre. Doch ein entscheidendes Glied in seiner Beweiskette hat Fischer bis heute nicht schließen können: Es ist ihm nicht gelungen nachzuweisen, daß die aus ökonomischen Interessen abgeleiteten Ziele tatsächlich die Entscheidungen der maßgeblichen politischen Instanzen in Berlin schon während der kritischen Julitage bestimmten und nicht erst als Reaktion auf den Kriegsausbruch und in Überschätzung der ersten militärischen Erfolge Eingang in die politischen Überlegungen gefunden haben.« Siehe auch Hans-Ulrich Wehler – Das Deutsche Kaiserreich 1871–1918, a. a. O., S. 192ff.; und Bernd Martin – Weltmacht oder Niedergang?, S. 38ff.

207 Volker Ullrich – Als der Thron ins Wanken kam, a. a. O., S. 108/109

208 »Als Bethmann Hollweg dann am 29./30. Juli doch noch überstürzt

eine Kurskorrektur vorzunehmen versuchte, war die Risikoschwelle zum Weltkrieg bereits überschritten. Am 30. Juli mußte der Kanzler vor dem preußischen Staatsministerium eingestehen, daß ›die Direktion verloren (gegangen) und der Stein ins Rollen geraten‹ sei. Die deutsche Politik des kalkulierten Risikos war gescheitert, weil sie von vornherein mit unkalkulierten Risiken belastet war.« Ebd., S. 127

209 Ebd., S. 110/111. Ullrich schreibt weiter: »Für Bethmann Hollweg selbst war die Entscheidung von Anfang Juli 1914 ...›ein Sprung ins Dunkle‹. Erklärbar wird die Bereitschaft zur Übernahme eines so extrem hohen Risikos nur vor dem Hintergrund einer Überschätzung der realen Gefahren, die dem Deutschen Reich als Großmacht drohten. ... Peter Graf Kielmannsegg hat es auf die einprägsame Formel gebracht: ›Um einer fiktiven Existenzgefahr zu entgehen, lief die deutsche Politik in reale Existenzgefahr hinein.‹«

210 Ebd., S. 116/117

211 »Die äußerst bescheidenen Chancen, doch noch mit der eigenen politischen Strategie durchzudringen, lösten sich in ein Nichts auf, als am Morgen des 31. Juli erste Nachrichten über die russische Generalmobilmachung in Berlin eintrafen. ... Militärstrategische Gesichtspunkte trieben auch in Rußland die Entwicklung über die kritische Schwelle hinaus, hinter jener der Automatismus der Mobilmachungen die Politiker beiseite schob und die Diplomatie paralysierte.
Zwar hatte die russische Regierung erklärt, sie werde einstweilen keinerlei Kriegshandlungen vornehmen und sei bereit, gemäß dem Prinzip der ›bewaffneten Diplomatie‹ die Verhandlungen über eine diplomatische Lösung der Krise weiterzuführen. Jedoch wurde dies in Berlin brüsk zurückgewiesen. Für die Militärs war die Mobilmachung gleichbedeutend mit Krieg; sie wollten Rußland auf keinen Fall eine zusätzliche Vorbereitungszeit für die Mobilmachung einräumen und dergestalt den taktischen Vorteil einer raschen Mobilmachung deutscherseits aufs Spiel setzen. In Berlin wurde, nachdem an der Tatsache der russischen Generalmobilmachung kein Zweifel mehr möglich war, sogleich der ›Zustand drohender Kriegsgefahr‹, die unmittelbare Vorstufe der Mobilmachung, verkündet und der Beginn der Mobilmachung auf den 1. August 1914 festgesetzt. Damit waren die Würfel gefallen, die deutsche Kriegsmaschinerie setzte sich mit zäher, aber unaufhaltsamer Kraft in Bewegung ...
Österreich-Ungarn hingegen, dessen militärische Aktion gegen Serbien der Stein des Anstoßes gewesen war beziehungsweise hatte sein sollen, geriet gleichsam in den Hintergrund; erst am 6. August, fast eine Woche später als das Deutsche Reich, erklärte es den Ententemächten schließlich seinerseits

den Krieg. Dieser Umstand zeigt einmal mehr, daß die eigentliche Verantwortung für den Ablauf der Dinge während der Julikrise in Berlin und nicht in Wien gelegen hatte, auch wenn der Ballhausplatz in der Spätphase der diplomatischen Auseinandersetzung eigensinnig auf dem Krieg mit Serbien bestanden und damit die ohnehin geringen Aussichten auf eine friedliche Lösung vollends zunichte gemacht hatte...
Die ursprüngliche deutsche Strategie war vollkommen gescheitert. ... Spätestens seit dem 29. Juli war die deutsche Regierung zum Gefangenen ihrer eigenen, mit einem kräftigen Einschlag machiavellistischen Kalküls ausgearbeiteten Strategie geworden. Bethmann Hollwegs bekanntes Wort in der Sitzung des preußischen Staatsministeriums vom 30. Juli 1914, wonach ›alle Regierungen – einschließlich Rußlands – und die große Mehrheit der Völker an sich friedfertig seien, aber [...] die Direktion verloren und der Stein ins Rollen geraten‹ sei, enthüllte eigentlich nur das Debakel einer Politik, die unter dem Einfluß einer strukturellen Führungskrise des Reichs einen Ausweg gesucht hatte, der sich zwar anfänglich als besonders ausgeklügelt dargestellt hatte, aber im Grunde bereits mit dem Blankoscheck an Österreich-Ungarn die Entscheidung über Krieg oder Frieden weitgehend aus der Hand gegeben hatte. Wiederholt hatte die Möglichkeit bestanden, das Ruder radikal herumzuwerfen, insbesondere am 28. Juli, unter Rückgriff auf Wilhelms II. Vorschlag eines ›Halt in Belgrad‹. Aber der Druck seitens der Militärs und die Furcht, hinfort im eigenen Lande als ›Flaumacher‹ zu gelten, bestimmten die politische Führungselite, ihr Heil darin zu suchen, unbeirrt an dem einmal gewählten Kurs festzuhalten, obschon die Zögerlichkeit der österreichisch-ungarischen Politik die Prämissen des eigenen Kalküls längst untergraben hatten.« Wolfgang Mommsen – Großmachtstellung und Weltpolitik 1870–1914. Die Außenpolitik des Deutschen Reiches, Frankfurt/M. 1993, S. 316ff. Zur Gesamtdarstellung der Politik der deutschen Reichsleitung in der Julikrise 1914 und des Weges in den Krieg siehe auch das ganze Kapitel »Der ›Sprung ins Dunkle‹«, S. 293ff.

212 »Ins Außenministerium zurückgekehrt, empfing er [der britische Außenminister Sir Edward Grey] den amerikanischen Botschafter. Ob Großbritannien erwarte, daß Deutschland sich seinem Ultimatum beugen werde? Grey schüttelte den Kopf. ›Nein, natürlich weiß jeder, daß es Krieg geben wird.‹ Er hielt einen Augenblick inne und suchte nach Worten. Als er fortfuhr, waren seine Augen naß. ›So erweisen sich die Anstrengungen eines ganzen Lebens als vergebens. Ich komme mir vor wie ein Mann, der sein Leben vergeudet hat.‹ In der Abenddämmerung stand Grey mit einem Freund am Fenster seines Amtszimmers im Außen-

ministerium und blickte hinunter in den St. James Park, wo die Lampen angezündet wurden. Dann sprach der unpoetische Sir Edward Grey die denkwürdigen Worte aus, die den Beginn des Ersten Weltkriegs anzeigten. ›In ganz Europa gehen die Lichter aus‹, sagte er. ›Wir werden es nicht mehr erleben, daß sie angezündet werden.‹ Zu dieser Stunde erklärte Deutschland Frankreich den Krieg.« Robert K. Massie – Die Schalen des Zorns, a. a. O., S. 782

213 »Man kann sich heute [1953] eines Lächelns nicht erwehren, wenn man die französischen Generalstabspläne liest, die für den Krieg im Jahre 1914 zur Hand waren. Man rechnete mit einem Tagesbedarf von 13 600 Geschossen für das 7,5 cm-Geschütz, mit 465 Schuß für die 15,5 cm-Kanone, mit 2 470 000 Schuß Gewehrmunition und mit 24 Tonnen Pulver. All das sollte von 50 000 Arbeitern in insgesamt 30 Munitionsfabriken erzeugt werden. Am einundachtzigsten Tag nach der allgemeinen Mobilmachung sollte die Fabrikation in vollem Schwung sein. Bereits am 19. September 1914 wollte der Generalstab vom Kriegsministerium täglich 50 000 Granaten an Stelle der vorgesehenen 13 600 geliefert haben. Diese Lieferung konnte im März 1915 erfolgen. Die Anforderung war inzwischen bereits im Januar 1915 auf 80 000 gestiegen. Letztere erhielt die Armee im September 1915, zu einem Zeitpunkt, als sie bereits 150 000 Schuß, also mehr als das Zehnfache dessen forderte, was man bei Kriegsbeginn vorausgesehen hatte. Diese Steigerung des Munitionsbedarfs der Artillerie ist symbolisch für die Steigerung aller Ansprüche der kämpfenden Truppe.
In Frankreich wie in Deutschland war man der Meinung, der Krieg könne in wenigen Wochen zu einem siegreichen Ende gebracht werden. Die Vorräte an Ausrüstung, Waffen und Munition, die man im Frieden angelegt hatte, würden, so dachte man, ausreichen, um die entscheidende Schlacht zu schlagen und den Krieg zu gewinnen. Dieser seltsame Optimismus hatte zur Folge, daß am 15. September 1914 in den französischen Munitionslagern nur noch 120 000 Granaten für die Feldartillerie lagerten. Binnen dreißig Tagen war die Hälfte der Munitionsreserven verbraucht worden. Wenn nicht im Oktober 1914 auf beiden Seiten die Friedensreserven an Muniton fast gleichzeitig verbraucht gewesen wären, dann hätte vielleicht der Munitionsmangel der einen Seite der anderen den Sieg gebracht, den sie durch militärische Operationen nicht hätte erreichen können ... Erst im Jahre 1917 deckte die Munitionsproduktion ungefähr die Ansprüche der Front, die im übrigen täglich weiterstiegen. Zu dieser Zeit waren in den französischen Munitionsfabriken 1 600 000 Männer und Frauen für die Verteidigung des Vaterlandes eingesetzt. Dazu kamen die vielen Tausend, die in

den Vereinigten Staaten für den Kriegsbedarf der Allierten arbeiteten. Die Minister und ihre Berater waren der Meinung, der Krieg, der 1914 ausbrach, sei nicht anders als seine Vorgänger, und die Entscheidung werde wiederum in einigen wenigen Vernichtungsschlachten erzwungen werden. In Wirklichkeit stand den Völkern ein langer Abnützungskrieg bevor. Zwischen Plan und Wirklichkeit stand ... die Schlagwirkung der Technik...« Raymond Aron – Der permanente Krieg, Frankfurt/M. 1953, S. 35/36

214 »In der langen Friedenszeit, deren sich Europa von 1871 bis zu den Balkankriegen erfreute, machte die Technik der Waffenrüstung gewaltige Fortschritte. Die Seemine, das Torpedo, das Unterseeboot revolutionierten die Taktik der Seekriegsführung. Bei den Landtruppen kamen das Gewehr mit automatischer Ladevorrichtung und kleinem Kaliber, ein verbessertes Maschinengewehr und die Schnellfeuerkanone überall in Gebrauch und gaben den Millionenheeren, die jetzt ins Feld geführt wurden, eine bisher nie geahnte Feuerkraft.« Ebd., S. 37

215 »Dieser totale Krieg nahm, vor allem an der Westfront, infolge des zufälligen und vorübergehenden Standes der Waffentechnik für vier Jahre die Form des Schützengrabenkrieges an. Die Verteidigungswaffen waren stärker als die Angriffswaffen. Durch eine Anhäufung von Feuerwaffen in einem bestimmten Abschnitt konnte die erste Linie des Feindes zermalmt werden. Aber das so eroberte Gebiet war so zerwühlt, daß es selbst den Vormarsch der siegreichen Partei hinderte. Verstärkungen, die der Feind in aller Eile heranführte, improvisierten neue Verteidigungslinien und hielten den Angreifer auf, dem nunmehr die Unterstützung seiner Artillerie fehlte, da diese nicht beweglich genug war, um durch das von ihrem eigenen Feuer verwüstete Gelände nachrücken zu können. ... Diese Offensiven blieben nach anfänglichen Erfolgen immer wieder hängen. Sogar in den letzten Monaten des Jahres 1918, als die alliierten Heere an Menschen und Material weit überlegen waren, fügten sie den Deutschen schwere Schläge zu, es gelang ihnen aber nicht, eine Vernichtungsschlacht gegen sie zu führen.« Ebd., S. 40/41

216 »Sowohl die deutschen als die französischen Verluste waren schwindelerregend gewesen. Bereits in den ersten fünf Monaten hatten die Deutschen eine Million Ausfälle. Frankreich verlor allein in der ›Grenzschlacht‹ in der zweiten Augusthälfte innerhalb von zwei Wochen 300 000 Mann. Die gesamten französischen Verluste gegen Ende Dezember ließen sich in etwa mit denen der Deutschen vergleichen: um die 300 000 Gefallene und 600 000 Verwundete oder Vermißte. Bis Jahresende hatte praktisch jede deutsche und französische Familie den einen oder anderen schmerz-

lichen Verlust zu beklagen. Wegen der erschreckend hohen Opfer im Frühstadium des Kampfgeschehens war der größte Teil der deutsch-französischen Front bis zum Ende des Jahres mit Reservisten besetzt. Bei Mons, La Cateau und schließlich vor allem bei Ypern war der größte Teil der 160 000 Mann des ursprünglichen britischen Expeditionscorps zu Tode gekommen. Allein bei Ypern beliefen sich die Verluste auf 54 105.« Modris Eksteins – Tanz über Gräben, a. a. O., S. 158; zu der Gesamtzahl der Opfer des Ersten Weltkrieges siehe Michael Stürmer – Das ruhelose Reich, a. a. O., S. 378; und Paul Kennedy – Aufstieg und Fall der großen Mächte, a. a. O., S. 420: »Ungefähr acht Millionen Mann waren im Gefecht gefallen, weitere sieben Millionen blieben kriegsversehrt, 15 Millionen waren ›mehr oder weniger schwer verwundet‹ – und die große Mehrheit dieser Menschen stand auf dem Höhepunkt ihres produktiven Lebens. Zusätzlich hatte Europa, Rußland *ausgenommen,* wahrscheinlich den Tod von mehr als fünf Millionen Zivilisten zu beklagen, hervorgerufen durch das, was man ›kriegsbedingte Ursachen‹ nannte – ›Krankheiten, Hunger und Not als Folgen des Krieges und des militärischen Konflikts‹. Die russischen Verluste, nimmt man die des Bürgerkrieges hinzu, lagen noch höher... Schließlich gab es, selbst als die großen Schlachten zum Erliegen kamen, durch die Grenzkonflikte, beispielsweise in Osteuropa, Armenien und Polen, noch immer Kämpfe und Massaker; und keine dieser vom Krieg geschwächten Regionen entging der schrecklichen Grippeepidemie der Jahre 1918–1919, die weitere Millionen Menschenleben forderte. So mögen die endgültigen Verluste dieser langen Periode bei etwa 60 Millionen Menschen gelegen haben, wobei Rußland fast die Hälfte dieser Verluste zu beklagen hatte. Aber auch Frankreich, Deutschland und Italien waren stark betroffen.«

217 »Da der Sieg nicht länger an den Schnellsten fiel, würde der Stärkste ihn erringen; und die industriellen Indices waren [für Frankreich und Rußland] nicht ermutigend. Wären die Franzosen und die Russen in diesem langen ›totalen‹ Krieg gegen die Mittelmächte allein geblieben, hätte man sich ihren Sieg kaum vorstellen können. Aber die deutsche Entscheidung, einen Präventivschlag durch Belgien zu führen, hatte den britischen Befürwortern einer Intervention die Oberhand gegeben. Ob er nun aus traditionellen Gründen der ›balance of power‹ oder zur Verteidigung des ›armen kleinen Belgien‹ erfolgte, der britische Entschluß, Deutschland den Krieg zu erklären, war von entscheidender Bedeutung...« Paul Kennedy – Aufstieg und Fall der großen Mächte, a. a. O., S. 390ff. Siehe vor allem auch S. 392 (Tabelle 22: »Industrieller/technologischer Vergleich der Bündnisse von 1914«) und S. 414 (Tabelle 25: »Kriegsausgaben und gesamte mobilisierte Truppen 1914–1919«): Berechnet in Preisen des Jahres 1914 gaben die Mit-

telmächte 24,7 Mrd. US Dollar für den Weltkrieg aus gegenüber 57,7 Mrd. US Dollar der Alliierten. Die Gesamtzahl mobilisierter Truppen betrug bei den Mittelmächten 25,10 Mio., bei den Allierten 40,7 Mio.

218 Ebd., S. 414/415

219 »Die Marneschlacht des 6. bis 9. September ist objektiv gesehen zweifellos der als einzelne Entscheidung wichtigste Wendepunkt der militärischen Kriegführung zu Beginn des Krieges gewesen. Das Scheitern des Schlieffenplanes hat nicht nur zur Folge gehabt, daß die deutsche Führung bis zum Frühjahr 1918 auf eine Kette von Improvisationen beschränkt blieb und auf die Dauer die Niederlage eines nun wirklich ›eingekreisten Reiches‹ und seines österreichischen Verbündeten unvermeidlich gemacht hat. Es ist fraglich, ob diese Wendung bei der Begrenztheit der deutschen, durch den Schlieffenplan überforderten Kräfte überhaupt hätte verhindert werden können. Auch ein so bedeutender Bewunderer Schlieffens wie Wilhelm Groener ist doch zu dem Schluß gekommen, daß die Kräfte der bereits in einem Zustand weitgehender Erschöpfung an der Marne eintreffenden deutschen Armeen die Offensive höchstens bis an die Linie der Loire hätten tragen können, ohne auch in diesem Falle für einen kriegsentscheidenden und den Krieg beendenden Sieg auszureichen. Die ganze Lage des Jahres 1914 erlaubt es auch nicht, wenige Wochen nach Kriegsbeginn und ohne die Belastung eines in der gleichen Generation vorhergegangenen früheren Weltkrieges wenigstens hypothetisch mit einem psychologischen Zusammenbruch Frankreichs im Ausmaß des Jahres 1940 zu rechnen.« Hans Herzfeld – Der Erste Weltkrieg, a. a. O., S. 60

220 »Die Marneschlacht begann ... Inzwischen saß der kranke General von Moltke in Luxemburg ahnungs- und hilflos, und Wilhelm II. verließ sich auf seinen Generalstabschef. Moltke ahnte, daß ein Verhängnis über das deutsche Westheer heraufzog. Er fühlte aber nicht die Kraft, selbst an die Front zu gehen und den Oberbefehl wieder in die Hand zu nehmen. So schickte er einen jüngeren Generalstabsoffizier, den Oberstleutnant Hentsch, an die Front mit unbeschränkten Vollmachten. Hentsch ... erkannte die gefährliche Lücke, in die sich feindliche Truppen hineinschieben konnten, und befahl den Abbruch der Schlacht. Das deutsche Heer ging hinter die Aisne zurück. Die Westoffensive war gescheitert ... Ein deutscher Sieg an der Marne hätte einen weiteren französischen Rückzug nach Süden gebracht. Aber das deutsche Heer wäre nach wie vor aus Paris im Rücken bedroht gewesen, und die französische Armee hätte weitergekämpft. Was Deutschland im Westen brauchte, war kein gewöhnlicher taktischer Sieg und kein Raumgewinn, sondern ein ungeheures Sedan, eine Ausschaltung des feindlichen Heeres, um die Truppen für den Osten frei-

zubekommen. Die Hoffnung darauf war mit dem Scheitern des Schlieffenschen Plans begraben. Durch die Fehler der Führung behielt das deutsche Heer an der Marne nicht einmal den so wohlverdienten taktischen Sieg. In der Marneschlacht war das deutsche Heer seinen Gegnern mindestens gewachsen, aber die Entscheidung kam durch die geistige Überlegenheit der französischen Obersten Heeresleitung. Als General von Moltke die Größe der Niederlage übersah, brach er zusammen und mußte vom Oberkommando entbunden werden. Die Bismarcksche Verfassung fand darin ihre Rechtfertigung, daß das deutsche Volk, um sich in der Welt behaupten zu können, den König von Preußen und sein Heer brauchte. Die moralische Existenzberechtigung des alten Systems ging in den Luxemburger Tagen des September 1914 endgültig verloren. Der König von Preußen hatte nicht nur durch die Fehler seiner Außenpolitik dazu beigetragen, daß das deutsche Volk in einen hoffnungslosen Krieg geriet. Er hatte auch dem deutschen Heere, das so opferwillig ins Feld zog, die denkbar unfähigste Führung gegeben. Einen ›Dolchstoß‹ gab es im September 1914 wahrlich nicht. Die deutschen Granaten, die an der Marne verschossen wurden, hatte der gesamte Reichstag bewilligt, einschließlich der späteren Unabhängigen, einschließlich Liebknechts. Niemals hat ein Volk seinen Regenten so gutwillig den Blankowechsel vollsten Vertrauens ausgegestellt wie das deutsche Volk seinem Kaiser am 4. August. Die Folge davon war das Hauptquartier in Luxemburg und die Niederlage an der Marne.« Arthur Rosenberg – Entstehung und Geschichte der Weimarer Republik, a. a. O., S. 76/77. Siehe dazu auch Hans Herzfeld – Der erste Weltkrieg, a. a. O., S. 61/62: »(Es bleibt) entscheidend, daß diese Episode, in der die letzte Verantwortung an einem Entschluß ersten Ranges für den Verlauf des Krieges auf die Schultern eines doch nur als Hilfsorgan wirkenden Offiziers abgewälzt wurde – weil der Generalstabschef selbst letzten Endes bereits krank und verbraucht war –, nicht Zufall gewesen ist, sondern ein echter Ausdruck der Unsicherheit der deutschen Führung während dieses Feldzuges, an dessen Ergebnis sie selbst das Schicksal des Reiches gebunden hatte.«

221 Modris Eksteins – Der Tanz über Gräben, a. a. O., S. 142

222 Arthur Rosenberg – Entstehung und Geschichte der Weimarer Republik, a. a. O., S. 91

223 »›Dem Geist der Zeit entgegen wurde die stolze Burg des neuen deutschen Kaiserreiches erbaut‹, urteilte der liberale Historiker Ziekursch einige Jahre nach dessen Untergang, ›durch List und Gewalt, in schwerem Ringen mit seinen Gegnern im Ausland wie im Inland, unter Verfassungsbruch und Bürgerkrieg, über den Kopf seines widerstrebenden Königs hin-

weg und gegen den Willen eines großen Teils des deutschen Volkes, der Bismarcks Weg nicht wandern wollte.‹« Hans-Ulrich Wehler – Das Deutsche Kaiserreich 1871–1918, a.a.O., S 227

224 »Das deutsche Heer führte bis April 1915 einen Zweifrontenkrieg gegen große Übermacht, wobei eigentlich täglich eine Katastrophe möglich war. In der Heimat wußte man aber von der wirklichen Kriegslage so wenig, daß in denselben Monaten das deutsche Volk den Streit begann, wie viel oder wie wenig man beim Frieden annektieren sollte. ... Deutschland hatte zwar Schlachten gewonnen und Land erobert, war aber der Entscheidung keinen Schritt näher gerückt. Im Jahre 1916 war ein neues Millionenheer zur Offensive bereit. Die Franzosen waren nicht besiegt. Inzwischen ging England zur allgemeinen Wehrpflicht über und stellte ebenfalls ein Millionenheer an der Westfront auf. So war die militärische Lage für Deutschland im Jahre 1916 noch schlechter als 1915. Deutschland sollte im wesentlichen aus eigener Kraft gegen drei feindliche Millionenheere kämpfen. Niemals hatte der Berliner Generalstab vor 1914 eine solche verzweifelte Lage in seinen Plänen für möglich gehalten. Eigentlich war jeder Monat, in dem die deutschen Fronten weiter standen, militärisch ein Wunder. Aber in der Heimat ging der Streit um die Annexionen weiter.« Arthur Rosenberg – Entstehung und Geschichte der Weimarer Republik, a.a.O., S. 78/79

225 »... die politisch denkenden Männer des preußischen Adels und der Industrie empfanden, daß auf jeden Fall der Ausgang des Krieges ihre Machtstellung, und damit das alte Regierungssystem Deutschlands, aufs schwerste bedrohen würde. Ging der Krieg unglücklich aus, so war ein furchtbarer Zusammenbruch zu erwarten. Wenn der Krieg mit einem Status-quo-Frieden ende, dann müsse das deutsche Volk, ohne einen Vorteil errungen zu haben, Kriegsschulden von vielen Milliarden abtragen. Dies würde ohne ganz schwere Steuer nicht möglich sein. Wenn die Kriegsteilnehmer nach Hause kämen, würden sie nach so vielen Opfern ein verarmtes Vaterland vorfinden, und die Regierung würde von ihnen riesige Steuern verlangen. Das würde sich die Volksmasse nicht gefallen lassen, und so käme auch die Revolution. Das alte System Deutschlands war also nach Meinung der ›Annexionisten‹ nur dann zu halten, wenn der Staat dem Volke nach dem Krieg etwas bieten konnte, sei es eine angemessene Kriegsentschädigung oder Siedlungsland oder eine in ihrer Leistungsfähigkeit erheblich gesteigerte Industrie oder möglichst all dies zugleich. So wird für die Konservativen und den größten Teil der Nationalliberalen der Siegfriede der letzte politische Rettungsanker.« Ebd., S. 94

226 Ebd., S. 91

227 »Am 26. Mai 1916, d. h. drei Monate nach Beginn der Schlacht um Verdun, hat Falkenhayn ... bei einer Besprechung der Stabschefs der Armeen bei Méziers gesagt: ›... die oberste Heeresleitung hat nie die Absicht gehabt, Verdun zu nehmen ...‹« Jehuda L. Wallach – Das Dogma der Vernichtungsschlacht, a. a. O., S. 253

228 Ebd., S. 263

229 »Um den größtmöglichen Gewinn aus Aktionen zu ziehen, die mit beschränkten Kräften gegen begrenzte Ziele durchgeführt wurden, schien es notwendig, solche Ziele auszuwählen, die durch ihre bloße Existenz den Feind zwangen, ›jeden Mann hineinzuwerfen, über den er verfügte‹. Das bedeutete, daß es sich bei der ganzen Sache um eine moralische Frage handelte, denn würde Frankreich das Ziel aufgeben müssen oder verlieren, wäre ›die moralische Wirkung in Frankreich ungeheuer‹. ... Die Schlacht um Verdun war Beweis genug für die Richtigkeit von Falkenhayns Vermutung, daß der Nationalstolz das Hindernis sein würde, das ebenso oder besser als irgendein geographisches wirkte. Daraus hat sich ein grausiger Gedanke entwickelt: wenn die Franzosen die Herausforderung annehmen würden, ›werden sich die französischen Streitkräfte ausbluten‹. Das war in der Kriegsgeschichte ein völlig neuer Gedanke. Bisher hatten die Feldherren sich darum bemüht, den Gegner durch einen klar entschiedenen Sieg in der Schlacht oder in einer Reihe von Schlachten zu schlagen. ... Falkenhayn ist von dieser Methode der Kriegführung abgewichen. Seine Theorie vom ›Ausbluten‹ gründete sich auf die Annahme, daß der Angreifer dem Gegner in einem lange dauernden Ringen immer mehr Verluste beibringen würde, als er selbst in der gleichen Zeit hinzunehmen habe. Es ist nicht sein Ziel gewesen, zu beweglichen Operationen oder zu einem Durchbruch im konventionellen Sinne zu kommen, sondern er wollte eine gigantische ›Saugpumpe‹ konstruieren, um den Franzosen das Blut abzusaugen. Später pflegte Falkenhayn das Schlachtfeld von Verdun die ›Maasmühle‹ zu nennen. Es scheint mehr als zweifelhaft, ob er je erkannt hat, daß seine Truppen in dieser Mühle ebenso zermahlen werden sollten wie die des Feindes. Während Falkenhayn zunächst erwartet hatte, das Verhältnis der französischen zu den deutschen Verlusten würde 5 : 2 betragen, war es dann in Wirklichkeit 362 000 : 336 000.« Ebd., S. 251/252

230 Arthur Rosenberg – Entstehung und Geschichte der Weimarer Republik, a. a. O., S. 129

231 »Das deutsche Heer von 1916 war politisch lange nicht mehr dasselbe wie das Friedensheer ... Das Friedensheer war die unerschütterliche Hochburg der Hohenzollern gewesen. Das Feldheer von 1916 war eine Milizarmee von vier Millionen Mann, in der alle Strömungen des Volkes sich

widerspiegelten. Das Offizierskorps setzte sich nur noch zum kleinsten Teil aus der altpreußischen Aristokratie zusammen ... Die adligen Leutnants lagen tot in den Massengräbern an der Marne oder zerschossen in irgendeinem Lazarett. Der preußische Militäradel ist nicht erst im November 1918 gestürzt worden. Die furchtbaren Blutopfer des preußischen Adels bei der Westoffensive 1914 haben zugleich seine Machtstellung im Heer und im Reich vernichtet. Die Art, wie das aktive preußische Offizierskorps 1914 in den Tod ging, muß auch seinen politischen Gegnern die höchste Achtung abzwingen. Aber man soll dann offen zugeben, daß das alte Bismarcksche Deutschland in der Marneschlacht physisch und moralisch zugrunde gegangen ist, und man soll die Toten ruhen lassen.« Ebd., S. 103

232 Michael Stürmer – Das ruhelose Reich, a. a. O., S. 377

233 Siehe Fußnote 217

234 »Nichts mehr durfte über dem Krieg und dem Ziel der Niederwerfung des Gegners stehen. Krieg wurde Daseinsgrund des Lebens und Sinngebung des Todes. Er rechtfertigte die äußerste Steigerung und zugleich Umkehrung aller sittlichen Normen, die bis dahin galten. Verrat am totalen Krieg lag schon in dem Gedanken, daß die Nationen und Staaten nach dem Krieg, wenn alles ausgeblutet und verbrannt war, wieder miteinander würden leben müssen. So nahm der Krieg, wie nie zuvor, die Gestalt einer Endzeit-Utopie an, welche sich alles unterwarf. Die Maschine der Technokratie, der totalen Erfassung aller Kräfte, der inneren Mobilmachung walzte nieder, was sich ihr in den Weg stellte. ... Zu Wasser, zu Lande und in der Luft wurde der Krieg geführt und ebenso in den Fabrikhallen, die auf Rüstungsproduktion umgestellt wurden, in den Kontoren, in den Labors, die Ersatzstoffe entwickelten, und in den Versuchswerkstätten, die kriegswichtige Entwicklungen vorantrieben, in rasch aufgeblähten Verwaltungsbehörden, die Nahrungsmittel, Rohstoffe und Arbeitskräfte verwalteten, Lebensmittelkarten ausgaben, Bezugsscheine erteilten, in den Zeitungs- und Zensurstuben, wo die Nachrichten produziert und Briefe überprüft wurden.« Michael Stürmer – Das ruhelose Reich, a. a. O., S. 377

235 Die Entwicklung hin zur OHL-Dikatatur »entbehrte nicht einer gewissen Folgerichtigkeit. Das Machtvakuum an der Spitze des großpreußischen Kaiserreiches war seit den 1890er Jahren nicht mehr voll ausgefüllt worden. Der Kaiser hatte das nicht vermocht, Parlament und Parteien waren ferngehalten worden, die zivile Gewalt zeigte sich den Leitungsanforderungen nicht gewachsen. Und da das Militär die Staatsgründung von 1870/71 erst ermöglicht und seine Sonderstellung fortab zäh verteidigt hatte, machtbesitzende Rivalen sie ihm nach 1914 bis zum Herbst 1918

überdies kaum streitig machen konnten, trat im Augenblick der inneren und äußeren Krise das Grundgesetz hervor, unter dem das Reich angetreten war: Der Militarismus zeigte sein wahres Gesicht, die ›Militärdiktatur‹ Ludendorffs eröffnete die Schlußphase des kaiserlichen Deutschlands, so wie Moltkes Armeen seinen Anfang bestimmt hatten, der Kreis begann sich zu schließen.« Hans-Ulrich Wehler – Das Deutsche Kaiserreich, a. a. O., S. 213. Siehe dazu auch das gesamte Kapitel 8.4 – Die letzte ›Revolution von oben‹, S. 212ff.

236 Michael Stürmer – Das ruhelose Reich, a. a. O., S. 380. Siehe auch S. 378: »Das Parlament dankte ab, ja es tat so, als sei es nicht vorhanden. Das bedeutete, daß ein parlamentarischer Druck auf die Regierung, den Krieg nicht nur militärisch zu führen, sondern auch politisch zu bewältigen, nahezu nicht vorhanden war. Propaganda trat an die Stelle von Politik, die Selbstentmündigung aller Parteien folgte, Politik wurde Geheimabsprache zwischen der Obersten Heeresleitung, die über die Stellvertretenden Generalkommandos tief in den Alltag hineinwirkte und mehr und mehr eine unerklärte Militärdikatur beanspruchte, und einer Regierung, deren Vertreter in ihrer Mehrheit innerlich vor den militärischen Halbgöttern strammstanden.«

237 »Das Offizierskorps von 1916 war durchaus nicht demokratisch. Es fühlte sich als gesellschaftlich führende und befehlende Schicht und hätte den Gedanken an eine deutsche Republik weit von sich gewiesen. Aber es erwartete die Rettung Deutschlands von Hindenburg und Ludendorff und nicht von Wilhelm II. und dem Kronprinzen. Diese Tatsache stand fest, und sie genügte, die Stellung des Königs von Preußen zum Heer von Grund auf zu verändern. Die oberen Schichten Deutschlands und das Heer waren im Sommer 1916 für die Diktatur reif.« Arthur Rosenberg – Entstehung und Geschichte der Weimarer Republik, a. a. O., S. 104

238 »Die Militärs kämpften nicht nur um den Sieg an der Front, es ging auch um die Erhaltung des preußischen Dreiklassenwahlrechts und der alten Sozialordnung. Der Sieg sollte nicht nur den äußeren Feind überwältigen, sondern auch den inneren.« Michael Stürmer – Die Grenzen der Macht, a. a. O., S. 100

239 »Wie er Oberst Nicolai mitteilte, fürchtete Ludendorff die Revolution. In der Tat fürchtete er diese manchmal mehr als die katastrophalen militärischen Verhältnisse. Er meinte, einen ›Zweifrontenkrieg gegen den äußeren und den inneren Feind‹ zu kämpfen.« Gerald D. Feldmann – Armee, Industrie und Arbeiterschaft in Deutschland 1914 bis 1918, Berlin/Bonn 1985, S. 408

240 »Es ist in der Tat eine Ironie, daß gerade Ludendorff, der immer

wieder behauptet hatte, es sei die gedrückte Volksstimmung in der Heimat, die die Kampfbereitschaft des Heeres untergrabe, sich jetzt besorgt zeigte über die Auswirkung der Stimmung bei den Truppen auf die Heimat. Am 1. Oktober erläuterte er seinem Generalstab, daß ›unsere eigene Armee [...] leider schon schwer verseucht [sei] durch das Gift spartakistisch-sozialistischer Ideen. Auf die Truppen sei *kein* Verlaß mehr. (...) *Er* könne nicht mit Divisionen operieren, auf die kein Verlaß mehr sei. So sei vorauszusehen, daß dem Feinde schon in nächster Zeit mit Hilfe der kampffreudigen Amerikaner ein *großer Sieg*, ein *Durchbruch im ganz großen Stile*, gelingen werde, dann werde dieses Westheer den letzten Halt verlieren und in voller Auflösung zurückfluten über den Rhein und werde die Revolution nach Deutschland tragen. Diese Katastrophe *müsse* unbedingt vermieden werden.‹ Gleichzeitig jedoch erkannte Ludendorff, daß die plötzliche Herbeiführung des Waffenstillstandes zum ›Signal der allgemeinen Rebellion‹ in der Heimat werden könne.« Ebd., S. 410

241 »Der bayrische Verbindungsoffizier in Prinz Rupprechts Hauptquartier berichtete am 7. Oktober, wie sich ›die preußischen Herrn‹ die Einführung einer parlamentarischen Regierung vorstellten: ›Sie sehen fast alle in der Demokratisierung das größte Unglück, das uns überhaupt hätte treffen können. Ein demokratisches Preußen ist für sie überhaupt kein Preußen mehr. Manche scheinen zu hoffen, daß sich doch noch einmal die Möglichkeit bieten könnte, den bisherigen Zustand durch einen Gewaltakt wiederherzustellen. Nach ihrer Anschauung hat uns nur die Ablehnung der Militärforderungen durch die Linksparteien des Reichstags und die Haltung dieser Parteien während des Krieges ins Unglück gestürzt.‹« Ebd., S. 411

242 Es war dann Hindenburg gewesen, der die Dolchstoßlegende im November 1919 mit äußerster Wirksamkeit in der deutschen Öffentlichkeit plazierte:« Immerhin hatte es die Mehrheit der Nationalversammlung fertiggebracht, einen Untersuchungsausschuß einzusetzen, der die Ursachen des Zusammenbruchs ergründen sollte. Aber dieser Untersuchungsausschuß, der eigentlich als Anklageforum gegen die kaiserliche Reichsregierung und die Oberste Heeresleitung gedacht war, wandelte sich dank des Ungeschicks der untersuchenden Abgeordneten zur triumphalen Propagandaplattform der Angeklagten. Am 18. November 1919 trat Hindenburg vor dem Ausschuß auf. ›Der Feldmarschall war in Uniform, einer wuchtigen Bildsäule gleichend‹, so beschrieb einer der anwesenden Sachverständigen die Szene. ›Grau im Gesicht und an Gestalt, hätte er das in Stein gehauene, menschgewordene Götzenbild irgendeines heidnischen Preußenstamms sein können ... Er schien ein Überrest aus einem früheren

Erdzeitalter zu sein, als alle Geschöpfe in riesigeren Ausmaßen und nach einem einfacheren Aufriß geschaffen waren ... Eintönig leierte der Feldmarschall sein Pensum herunter. Es klang so langweilig wie eine abgespielte Grammophonplatte – und war doch mit Dynamit geladen.‹ Was Hindenburg vor dem Ausschuß monoton vom Blatt ablas – formuliert hatte es der ehemalige Vizekanzler und jetztige DNVP-Reichstagsabgeordnete Helferich – schlug wie eine Bombe ein: Die Parteien hätten den Widerstandswillen der Heimat erschüttert, hinzugekommen sei ›die heimliche, planmäßige Zersetzung von Flotte und Heer‹ und ›revolutionäre Zermürbung‹ der Front: ›So mußten unsere Operationen mißlingen, es mußte der Zusammenbruch kommen; die Revolution bildete nur den Schlußstein. Ein englischer General sagte zu Recht: „Die deutsche Armee ist von hinten erdolcht worden."‹ Damit war ein genial konzipierter Mythos in die Welt gesetzt, der die Kriegsniederlage auch dem einfachsten Verstand einleuchtend zu erklären schien: Verrat, das war's! Die deutsche Rechtsopposition besaß von jetzt an ein Schlüsselwort, mit dem sie ihre Ängste und ihre Wut benennen konnte: mit der tatkräftigen Hilfe Hindenburgs, des Mitverantwortlichen für das deutsche Waffenstillstandsangebot und späteren Präsidenten der deutschen Republik, war die Dolchstoßlegende geboren.« Hagen Schulze – Weimar, a. a. O., S. 206/207

243 »... daß die Flucht der Militärs aus der Veranwortung der jungen Weimarer Demokratie den Todeskeim einpflanzte.« Michael Stürmer – Die Grenzen der Macht, a. a. O., S. 101

244 »Das Ganze war ein heimtückischer Plan: Die Parteien der Reichstagsmehrheit, allen voran die Sozialdemokraten, sollten mit dem Odium der Niederlage und des Friedensschlusses belastet werden. Diejenigen aber, die das Kaiserreich in den Abgrund geführt hatten, wollten sich aus der Verantwortung stehlen, wollten mit den Folgen des von ihnen angerichteten Desasters nicht mehr behelligt werden ... Während die Oberste Heeresleitung ihren Anschlag aus dem Hinterhalt auf die noch nicht einmal gebildete parlamentarische Regierung vorbereitete, stilisierte sie sich (und das deutsche Heer insgesamt) zugleich in die Rolle des Opfers, das durch einen hinterrücks aus der Heimat geführten Dolchstoß um die Früchte des Sieges geprellt worden sei. Ludendorffs Auftritt vor den Generalstabsoffizieren am Abend des 29. September diente bereits der Inszenierung dieser Geschichtsfälschung. ›Als wir versammelt waren‹, so hatte Oberst von Thaer die Szene beschrieben, ›trat Ludendorff in unsere Mitte, sein Gesicht von tiefstem Kummer erfüllt, bleich, aber mit erhobenem Haupt. Eine wahrhaft schöne germanische Heldengestalt! Ich mußte an Siegfried denken mit der tödlichen Wunde im Rücken von Hagens Speer.‹ Alle Elemente

der Dolchstoß-Legende sind hier versammelt. Sie hat – ebenso wie die Mär von der ›Kriegsschuldlüge‹ – nach 1918 weite Kreise gezogen und das innenpolitische Klima der Weimarer Republik dauerhaft belastet«. Volker Ullrich – Als der Thron ins Wanken kam, a. a. O., S. 186/187

245 Gerald D. Feldmann – Armee, Industrie und Arbeiterschaft, a. a. O., S. 410. Siehe auch die detaillierte Darstellung bei Bernd Ulrich – Als der Thron ins Wanken kam, a. a. O., S. 179ff.; und Hans-Ulrich Wehler – Das Deutsche Kaiserreich 1817–1918, a. a. O., S. 215/216: »Seit 1917 war in der OHL über den ›Dolchstoß‹ gesprochen worden, den vor allem die Linke von der Heimat aus der Front in den Rücken versetzt habe. Im Juli 1918 – längst vor der Revolution! – wurde die Dolchstoßlegende explizit entwickelt. Am 1. Oktober erklärte Ludendorff zynisch, die Politiker sollten ›die Suppe jetzt essen, die sie uns eingebrockt haben‹, da es ihnen ›in der Hauptsache zu danken‹ sei, daß ›wir soweit gekommen sind‹. ›Die Heeresleitung stellte sich‹ fortab, so faßte Groener seine Eindrücke zusammen, auf den Standpunkt, ›die Verantwortung für den Waffenstillstand und alle späteren Schritte von sich zu weisen‹. Und tatsächlich ließ sich die politische Reichsleitung, die sich formell zu Recht einschalten mußte, das Odium aufbürden, das mit diesem überstürzten Vorgehen verbunden war. ... Während die Militärs sich schmählich aus der bislang beanspruchten Verantwortung entließen, veränderte sich ruckartig die politische Szenerie. Die OHL entwickelte als Strategie der Ausflucht die Forderung nach Palamentarisierung der Reichsregierung, um den Mehrheitsparteien Zusammenbruch und Nachkriegsprobleme anlasten zu können. Admiral v. Hintze, neuerdings Staatssekretär des Auswärtigen Amts und im engsten Kontakt mit der OHL stehend, bezeichnete diese Verfassungsänderung als ›letzte Revolution von oben‹, als das einzige ›Mittel, der Revolution von unten vorzubeugen‹. Von der OHL ›in Szene gesetzt, sollte sie einen Übergang bilden; die Umstellung von Sieg auf Niederlage tragbar zu machen ... das sollte ihre palliative Wirkung sein‹. Ein so vertrauter Kenner wie Groener sprach daher auch unverbrämt von der ›von Hintze durchgeführten Parlamentarisierung‹. Freilich sollte hinter der Fassade dieses neuen Systems, das gegen den Umsturz und für die Alliierten gedacht war, soviel wie möglich von den Bastionen der Krone und der Streitkräfte erhalten bleiben, bis – wie Ludendorff es am 7. Oktober ausdrückte – man sich wieder in den Sattel schwingen und nach den alten Methoden regieren könne.«

246 Arthur Rosenberg – Entstehung und Geschichte der Weimarer Republik, a. a. O., S. 212

247 Am Vormittag des 2. Oktober gab Major von dem Bussche, der Abgesandte Ludendorffs, den Parteiführern im Reichstag einen ungeschmink-

ten Bericht. Die Wirkung war ungeheuer: ›Die Abgeordneten waren ganz gebrochen; Ebert wurde totenblaß und konnte kein Wort herausbringen; der Abgeordnete Stresemann sah aus, als ob ihm etwas zustoßen würde...‹ Mit manchem hatten die sozialdemokratischen Parteiführer gerechnet, aber nicht damit, daß es so schlimm um das Kaiserreich stand. Scheidemann sprach sich in der Fraktionssitzung vom 3. Oktober dagegen aus, in ›ein bankrottes Unternehmen‹ einzusteigen – in der richtigen Vorahnung, daß die Sozialdemokraten andernfalls zu Prügelknaben für etwas gemacht würden, was sie gar nicht zu verantworten hatten. Doch Ebert zog aus den Mitteilungen von dem Bussches den umgekehrten Schluß: Nun, wo alles zusammenbreche, dürfe die SPD sich nicht verweigern, müsse sich vielmehr ›in die Bresche werfen‹, um zu retten, was noch zu retten sei. Mit großer Mehrheit schloß sich die Fraktion dieser Auffassung an. Ein mißverstandener Patriotismus führte zur folgenschwersten Fehlentscheidung in der Geschichte der SPD: Sie lief, törichterweise, in die Falle hinein, die Ludendorff ihr gestellt hatte.« Volker Ullrich – Als der Thron ins Wanken kam, a. a. O., S. 190

248 Ebd., S. 213. Und weiter heißt es da: »In der Nacht vom 29. auf den 30. Oktober kam es auf den vor Wilhelmshaven ankernden Schlachtschiffen zu Befehlsverweigerungen. Der geplante Flottenvorstoß mußte abgeblasen werden; die ›Rädelsführer‹ der Revolte wurden festgenommen... Am 31. Oktober lief das 3. Geschwader in Kiel ein. Die Matrosen forderten in Versammlungen die Freilassung ihrer inhaftierten Kameraden; Kieler Werftarbeiter solidarisierten sich mit ihnen. Als am 3. November ein gemeinsamer Demonstrationszug sich zur Marinearrestanstalt bewegte, eröffnete eine Militärpatrouille das Feuer; neun Tote und zahlreiche Verletzte blieben auf dem Pflaster zurück. Das war das Signal zum Aufstand. In der Nacht vom 3. auf den 4. November wurden überall auf den Schiffen Offiziere entwaffnet und rote Fahnen gehißt... Fast widerstandslos brach die alte Ordnung zusammen.«

249 Hagen Schulze – Weimar. Deutschland 1917–1933, Berlin (West) 1982, S. 154. Siehe auch S. 111: »Mit Wilhelm II. ist das Offzierskorps fertig; das monarchische Prinzip wird weiter hochgehalten ... Jetzt geht es um die Zukunft, und da kann es für die Armeeführung nur eins geben: Rückzug aus der Politik, soweit es um die Liquidation des Krieges geht. ›Die Heeresleitung‹, schreibt später Groener für seine Memoiren, streicht dann aber diese Sätze, ›stellte sich bewußt auf den Standpunkt, die Verantwortung für den Waffenstillstand und alle späteren Schritte von sich zu weisen. Sie tat dies, streng juristisch gesehen, nur mit bedingtem Recht, aber es kam mir und meinen Mitarbeitern darauf an, die Waffe blank und den Generalstab

für die Zukunft unbelastet zu halten.‹ Es klingt wie der Ausdruck des zynischsten Partikularegoismus einer kleinen Elite, die das Volk ins Unglück geritten hat und jetzt nichts Eiligeres zu tun weiß, als sich der Folgen zu entledigen. Aber so ist es nicht gemeint; Groener geht vielmehr von dem alten Armeedogma aus, daß der Staat ohne das Heer verloren sei. Nur wenn die Armee über Niederlage und Revolution hinaus erhalten bleibt und ihre Handlungsfreiheit auch in Zukunft nicht verliert, so ist Groeners Überlegung, nur dann ist der Fortbestand des Staats gesichert; wird die Armee in die Verantwortung für Waffenstillstand und Friedensvertrag genommen, dann wird sie mitverantwortlich für die künftige Friedensordnung sein und damit in die absehbaren Parteikämpfe verwickelt werden – und das darf nicht sein, denn die Armee würde zerreißen, und damit wäre der Staat verloren. Die Maxime des Offizierskorps für die kommenden Jahre lautet: ›Das Heer dient dem Staat, nur dem Staat; denn es ist der Staat.‹ «

250 »Das sang- und klanglose Verschwinden Wilhelms II. in den trüben Novembernebeln des Jahres 1918 gehörte zu den seltsamsten Geschehnissen der deutschen Geschichte ... Das Unglaubliche, was sich ereignete, war die Auflösung der preußischen Monarchie. Sie ging einfach unter, ohne Gegenwehr, ohne Kampf, ohne Blutvergießen und große Gesten. Ohne die Hohenzollern war Preußen bis dahin nicht denkbar gewesen ... Die preußischen Garderegimenter lösten sich binnen weniger Tage auf. Das preußische Offizierskorps, das den Eid auf den König geschworen hatte, paßte sich schweren Herzens, aber entschlossen den veränderten Gegebenheiten an und stellte sich den neuen Machthabern in Berlin zur Verfügung. Kein Aufschrei, keine spontane Gegenrevolution: Man war einfach mit Wichtigerem beschäftigt. Die Katastrophe der Kriegsniederlage, die Furcht vor einer Reprise der russischen Revolution überlagerte alles andere. Der Fall der Monarchie war kaum noch eine Schlagzeile wert.... Zwei Tage später, am 11. November 1918, unterschrieb Matthias Erzberger im Namen einer nicht mehr existenten kaiserlichen Reichsregierung im Wald von Compiègne den Waffenstillstand. An der Front schwiegen nach vierjährigem mörderischem Krieg die Waffen – im Reich dagegen wurde gekämpft.« Ebd., S. 154/155

251 Volker Ullrich – Als der Thron ins Wanken kam, a. a. O., S. 220

252 Ebd., S. 216

253 »Im Angesicht der äußeren Niederlage öffneten 1918 die Türhüter des Kaiserreichs den sozialdemokratischen Führern selbst das lange versperrte Außentor und ließen sie, nicht ohne Hintergedanken, in den Vorhof der Macht; und nun sprengten die sozialdemokratischen Massen, von draußen hereinstürmend und ihre Führer überrennend und mit sich rei-

ßend, die letzten Tore zum Machtinnersten. Nach einem halben Jahrhundert des Wartens schien die deutsche Sozialdemokratie im November 1918 endlich an ihrem Ziel. Und dann geschah das Unglaubliche. Die sozialdemokratischen Führer, widerwillig von den sozialdemokratischen Massen auf den leeren Thron gehoben, mobilisierten unverzüglich die alten, herrenlos gewordenen Palastwachen und ließen ihre eigenen Anhänger wieder hinaustreiben. Ein Jahr später saßen sie selber wieder draußen vor der Tür – für immer. Die deutsche Revolution von 1918 war eine sozialdemokratische Revolution, die von den sozialdemokratischen Führern niedergeschlagen wurde: ein Vorgang, der in der Weltgeschichte kaum seinesgleichen hat.« Sebastian Haffner – Der Verrat. 1918/19 – Als Deutschland wurde, wie es ist, Berlin 1993, S. 5/6

254 »Das politische Ziel, das Ebert am 9. November 1918 im Auge behielt, war dasselbe, das ihn und seine Parteifreunde anderthalb Jahre zuvor das Bündnis des interfraktionellen Ausschusses hatte eingehen lassen, und das er seitdem ununterbrochen angestrebt hatte: der Fall des alten Obrigkeitsstaates, die Errichtung einer klassischen Demokratie westlichen Musters, das Bündnis von Arbeiterschaft und Bürgertum. Für die nähere Zukunft hieß das unter den gegebenen Umständen: Stabilisierung der sozialdemokratischen Machtposition, Einberufung einer verfassungsgebenden Nationalversammlung nach klassischen revolutionären Vorbildern. Für Friedrich Ebert und seine Parteifreunde war die Revolution am 9. November 1918 beendet. ... gegen 14 Uhr verbreitete sich die Nachricht, Karl Liebknecht gedenke die Initiative an sich zu reißen und die Sowjetrepublik Deutschland auszurufen. Daraufhin trat Phillip Scheidemann auf den Balkon des Reichstages hinaus und wurde von der draußen wogenden Menge zum Reden aufgefordert. Er hielt eine improvisierte, zündende Ansprache und beendete sie, teils von seiner Beredsamkeit hingerissen, teils um Liebknecht zuvorzukommen, mit dem Ruf: ›Das Alte und Morsche, die Monarchie, ist zusammengebrochen. Es lebe das Neue! Es lebe die Deutsche Republik!‹ ... Ebert allerdings soll Scheidemann ›zornrot‹ angefahren haben: ›Du hast kein Recht, die Republik auszurufen! Was aus Deutschland wird, ob Republik oder was sonst, das entscheidet die Konstituante!‹ Auch hier mag Ebert die künftige Zusammenarbeit mit bürgerlichen Parteien im Auge gehabt haben – daß Deutschland indessen nach der Demission des Kaisers tatsächlich eine Republik war, ist ohne Zweifel.« Hagen Schulze – Weimar, a. a. O., S. 161/162. Siehe auch Sebastian Haffner – Der Verrat. 1918/19 – Als Deutschland wurde wie es ist, a. a. O., S. 68 ff.; dort findet sich die Szene Ebert/Scheidemann im Reichstagsrestaurant nebst Kartoffelsuppe ausführlich beschrieben.

255 »In den frühen Morgenstunden des 9. November wurde klar, daß

der Zeitpunkt zum Handeln gekommen war; ... um die Mittagsstunde, während sich riesige Demonstrationszüge aus den Arbeitervierteln Berlins zur Innenstadt bewegten, erschien eine fünfköpfige sozialdemokratische Delegation, geführt von Ebert und Scheidemann, beim Reichskanzler, um ihn zum Rücktritt aufzufordern. Prinz Max suchte Zeit zu gewinnen und schlug vor, man möge zunächst die Ersetzung des Kaisers durch einen Regenten erörtern, aber Ebert wehrte ab: ›Es ist zu spät‹: Darauf der Reichskanzler: ›Da wir nicht die Macht in Händen haben, die Situation so ist und die Truppen versagt haben, so schlage ich vor, daß der Abgeordnete Ebert den Posten des Reichskanzlers annimmt.‹ Damit hatte Ebert nicht gerechnet; er zögerte, von Legalitätsskrupeln überwältigt, aber Scheidemann flüsterte ihm zu: ›Ach was, sag einfach ja.‹ Welch eine seltsame Verkehrung der Prinzipien: der prinzliche Reichskanzler, noch halb von Kaisers Gnaden, handelte im eigentlichen Sinne revolutionär, indem er sein Amt gegen Verfassung und Gesetz, ohne Zustimmung der Volksvertretung und gegen den Willen des noch einige Stunden amtierenden Kaisers dem Führer der deutschen Sozialdemokratie übertrug; Friedrich Ebert ... ließ sich nur widerstrebend die Macht aufbürden, und das nur, um die Kontinuität der Oktoberverfassung zu sichern, die Staatsgewalt zu stabilisieren und den Abschluß des Waffenstillstands zu ermöglichen.« Hagen Schulze – Weimar, a. a. O., S. 160/161

256 Siehe dazu ausführlich ebd., S. 167ff. Dort heißt es unter anderem: »Als Ebert am späten Abend des 10. November 1918 im Arbeitszimmer des Reichskanzlers am Schreibtisch Bismarcks saß, war ihm seine Lage überdeutlich: seine Macht reichte kaum über diese vier Wände hinaus. Mit taktischer Geschicklichkeit war mehr nicht zu erreichen, er brauchte Hilfe. Das Telephon klingelte, Hilfe kündigte sich an in Gestalt eines Anrufes aus Spa, dem Sitz der Obersten Heeresleitung: Der Erste Generalquartiermeister war am Apparat. Die Oberste Heeresleitung stand zu diesem Zeitpunkt vor der schwersten Krise der preußisch-deutschen Armee seit der Niederlage von Jena und Auerstädt im Jahre 1806. Seit Generationen hatte die Armee sich als obersten und letzten Garanten des Staates begriffen, eines Staates, der seinerseits über den Parteien, Gruppen und Partikularinteressen und selbst über der Staatsform, der Verfassungsordnung, stand. Ohne Armee, das war das seit 1848 gewachsene und im Offizierskorps tiefverwurzelte Dogma, war der Staat verloren. Daraus ergab sich für die Generalität, vor allem für die OHL, mit zwingender Konsequenz die Notwendigkeit, die intakte Armee über die Niederlage und Revolution hinweg zu retten; der Kaiser hatte gehen müssen, weil unter seinem Kommando die Armee auseinanderzufallen drohte, und aus demselben Grunde hatte der Erste Ge-

neralquartiermeister Groener allen Erörterungen im Großen Hauptquartier die Spitze abgebrochen, die auf eine gewaltsame Niederwerfung der Revolution in der Heimat durch Fronttruppen und die Restauration der Hohenzollernmonarchie hinausliefen: daß dies zu einem gewaltigen Desaster führen mußte, erkannte Groener sehr klar. So stellte sich die Oberste Heeresleitung die Frage, welche Macht für sie jetzt bündnisfähig sei.«

257 »An der politischen Einstellung der weitaus meisten dieser Freikorpsführer und ihrer Leute konnte nämlich vom ersten Augenblick an kein Zweifel bestehen ... Der Oberst Reinhard zum Beispiel, späterer Kommandeur dieser Division und je nachdem als ›Befreier‹ oder ›Schlächter‹ von Berlin bekannt, sprach bereits Weihnachten 1918 vom ›sozialdemokratischen Hexenkessel‹ und bezeichnete später in einer Ansprache an seine Truppe die Regierung, der sie diente, als ›Lumpengesindel‹. Der Führer der ›Eisernen Schar‹, ein Hauptmann Gengler, schrieb in sein Tagebuch über die Regierung Ebert: ›Der Tag wird kommen, wo ich mit dieser Regierung abrechne und dem ganzen erbärmlichen, jämmerlichen Pack die Maske herunterreiße.‹ Oberstleutnant Heinz, ein anderer bekannter Freikorpsführer ...: ›Dieser Staat, aus dem Aufruhr geboren, wird immer unser Feind sein, ganz gleich, was für eine Verfassung er sich gibt und wer an seiner Spitze steht ... Für das Reich! Für das Volk! Kampf der Regierung! Tod der demokratischen Republik!‹ Und Herr von Heydebreck, damals Führer des Freikorps ›Werwolf‹, später hoher SA Führer und schließlich am 30. Juni 1934 zusammen mit seinem Chef Röhm von Hitler erschossen: ›Krieg dem Staat von Weimar und Versailles. Krieg jeden Tag und mit jedem Mittel! So wie ich Deutschland liebe, so hasse ich die Republik des 9. November!‹ So dachten die Führer jener vierhunderttausend Mann, die Ebert und Noske jetzt bewaffneten und auf die Arbeiter losließen und denen sie den Schutz der bürgerlichen Republik ebenso wie ihr eigenes Schicksal anvertrauten ... Was Ebert vorschwebte, war ja kein SS-Staat, sondern die bürgerlich-parlamentarische Demokratie, gemeinsame Regierung der Sozialdemokraten und der bürgerlichen Mitte, Ruhe, Ordnung und Wohlanständigkeit, ein Mittelstandsstaat, in dem es auch die Arbeiter gut haben sollten. Und um das zu schaffen, ließ er jetzt eine reißende Meute auf sie los, die bereits fast alle Züge der künftigen SA und SS aufwies, Männer, von denen manche später noch eine persönliche Rolle bei Hitlers Machtergreifung zu spielen hatten.« Sebastian Haffner – Der Verrat, a. a. O., S. 157/158

258 »Als die Wahlen zur Nationalversammlung begannen, zeichnete sich schon klar ab, daß ›der ganze Herrschafts- und Geistesapparat des Kaiserreichs erhalten‹ blieb: ›Verwaltung, Justiz, Universitäten, Kirchen, Wirtschaft, Generalität‹ ... Zwei Monate nach Revolutionsbeginn hatten sich

die alten Machteliten, als nirgendwo schnell und effektiv gegen sie gehandelt wurde, ›von der Willenslähmung der Umsturztage‹ politisch und militärisch zu erholen begonnen. Die Wahlen und die Weimarer Koalition (von SPD, Zentrum und als DDP auftretenden Liberalen) bedeuteten dann eigentlich eine Rückkehr zur Regierung Max v. Badens. Die Revolution war dafür überflüssig, störendes Zwischenspiel. Bald wurde allgemein geleugnet, daß sie überhaupt eine echte Revolution gewesen sei. Die Weimarer Republik, die sich bezeichnenderweise weiter Deutsches Reich nannte, verkörperte, so konnte Troeltsch dann konstatieren, ›im Grunde ein antirevolutionäres, ordnungsstiftendes ... Prinzip‹. Nur Kurzsichtige konnten triumphieren und meinen, das Ziel von 1848 sei jetzt erreicht. Nein, was 1848 ein kühnes Fortschrittsunternehmen war, das war jetzt eine konservative Retardierung und Bewältigung der Revolution, das Mittel, den Gegnern der Revolution legale Betätigung und steigenden Einfluß zu sichern. Mit dieser erdrückenden Bürde eines Verzichts auf radikale personelle und institutionelle Änderung begann die kurze Geschichte der ersten Deutschen Republik.« Hans-Ulrich Wehler – Das Deutsche Kaiserreich 1871–1918, a. a. O., S. 224

259 »Das politische Resultat des Bürgerkrieges, der in der ersten Hälfte des Jahres 1919 im Namen Noskes geführt wurde, war die vollständige Vernichtung jeder politischen Macht der Räte. Wo noch Arbeiterräte fortbestanden, waren sie völlig einflußlos. So war der Versuch, im Anschluß an die Revolution eine volkstümliche aktive Demokratie zu begründen, gescheitert. Im Zusammenhang damit erfolgte an allen Orten eine systematische Entwaffnung der Arbeiterschaft, die von den Offizieren mit größter Energie durchgeführt wurde. Auf der anderen Seite nahm die von den alten Generälen geführte Freiwilligenarmee einen immer größeren Aufschwung. Schon um die Mitte des Jahres lag die reale Macht in Deutschland bei den Freikorps und nicht bei der Nationalversammlung. Hand in Hand damit ging eine systematische Bewaffnung des besitzenden Bürgertums, der Gutsbesitzer, Studenten und so weiter, die sich in Zeitfreiwilligenregimentern und Einwohnerwehren zusammenschlossen. Dieser ganze mächtige Ausbau, wenn nicht der monarchistischen, so doch mindestens der bürgerlich-kapitalistischen Gegenrevolution geschah unter der Parole: Für Ruhe und Ordnung und gegen Spartakus. Die mehrheitssozialistischen Minister konnten oder wollten diese Gefahr nicht sehen. In der Blindheit gegenüber den Tatsachen wetteiferte mit Ebert und Noske der preußische Innenminister Heine.« Arthur Rosenberg – Entstehung und Geschichte der Weimarer Republik, Teil II, a. a. O., S, 64/65

260 Sebastian Haffner – Der Verrat, a. a. O., S. 159; und weiter heißt es

da: »Man mag ihr [der Gegenrevolution] zugute halten, daß sie zu kämpfen hatte, was die Revolution nicht nötig gehabt hatte, und daß auch von der anderen Seite gelegentlich Grausamkeiten und Rohheitsakte verübt wurden, wie sie in jedem Bürgerkrieg vorkommen. Aber zweierlei ist nicht zu übersehen: Fast ausnahmslos waren die straff geführten und gutbewaffneten Regierungstruppen den hastig zusammengestellten, nur mit Handfeuerwaffen kämpfenden Arbeitertrupps der örtlichen Rätemacht von Anfang an weit überlegen, so daß schon im Kampf die blutigen Verluste sehr ungleich verteilt waren. Und fast immer begann der wirkliche Schrecken, die Standgerichte, die willkürlichen Massenerschießungen, die Prügel- und Folterszenen, erst nach dem Sieg der Regierungstruppen, wenn sie nichts mehr zu fürchten hatten und sich ungehindert austoben konnten. Es hat sich damals in vielen deutschen Städten Furchtbares abgespielt, wovon kein Geschichtsbuch berichtet.«

261 »Die Demokratiegründung von Weimar war mit den schwersten außen- und innenpolitischen Hypotheken belastet. Das in den Grundzügen im vorparlamentarischen Raum festgelegte Verfassungswerk hatte in erster Linie die Funktion, der Doppelgefahr einer ›Bolschewisierung‹ und einer Auflösung des Reiches zu begegnen. Es diente dazu, eine umfassende gesellschaftliche Umwälzung zu verhindern. Hierin lag der schmale Konsens zwischen den Bürokratien in Reich und Ländern und den Parteien der Weimarer Koalition begründet. Er begann abzubröckeln, als die Illusion des Wilson-Friedens, den der Verfassungswandel ermöglichen sollte, an der Realität der alliierten Vertragsbedingungen zerbrach. Die Entstehung der Republik erfolgte in dem Zwielicht eines psychologisch nicht beendeten Kriegszustandes. Der Kampf gegen soziale Revolution und gegen Versailles zwang die junge Demokratie noch stärker in die Kontinuität zum Kaiserreich, als es die Verfassungsschöpfer angestrebt hatten. Unter der Devise des Kampfes gegen den Kriegsschuldartikel und den Versailler ›Schmachfrieden‹ blieb die notwendige politisch-moralische Distanzierung aus, ja sie wurde von den Exponenten des Kaiserreiches in ihr Gegenteil verkehrt. Patriotische Haltung schien es zur Pflicht zu machen, die Bestrebungen zur inneren und äußeren Wehrhaftmachung des deutschen Volkes zu unterstützen, auch wenn sie sich unter gegenrevolutionären oder zumindest antirepublikanischen Vorzeichen vollzogen. Unabhängig davon, daß während der Revolution ernsthafte Anstrengungen unterlassen worden waren, die erforderliche Republikanisierung von Verwaltung und Armee einzuleiten, besaß die Demokratie von Weimar in der bewußt vermiedenen psychologischen Abkehr vom Kaiserreich eine offene Flanke, in die gegenrevolutionäre Kräfte ungehindert hineinstoßen konnten ... Die Ten-

denz zur autoritären Umbildung der Verfassung zeichnete sich schon ab, als sie noch nicht verabschiedet war.« Hans Mommsen – Die verspielte Freiheit, 1918–1933, Frankfurt/M.–Berlin 1989, S. 101

262 »Letztlich war der wichtigste Grund für die Instabilität der Nachkriegswelt die unangenehme Tatsache, daß die ›deutsche Frage‹ nicht geregelt worden war und jetzt noch unlösbarer schien als je zuvor. Der rasche Zusammenbruch Deutschlands im Oktober 1918, als seine Armeen noch ganz Europa von Belgien bis zur Ukraine beherrschten, war ein Schock für die nationalistischen Kräfte des rechten Flügels, die dazu neigten, ›Vaterlandsverräter‹ für die erniedrigende Kapitulation verantwortlich zu machen. Als die Bedingungen des Pariser Friedensvertrages weitere demütigende Bedingungen mit sich brachten, prangerten viele Deutsche den ›Schandvertrag‹ und die Politiker der Weimarer Republik, die solchen Bedingungen zugestimmt hatten, öffentlich an. Die Frage der Reparationen und die damit verbundene Hyperinflation des Jahres 1923 füllten das Faß der deutschen Unzufriedenheit. Nur wenige waren so extrem wie die Nationalsozialisten, die für einen großen Teil der 20er Jahre als eine wunderliche, demagogische Bewegung am äußersten rechten Rand erschienen; aber sehr wenige Deutsche waren *nicht* in der einen oder anderen Form revisionistisch. Die Reparationen, der polnische Korridor, die Truppenbegrenzungen, die Trennung deutschsprachiger Gebiete vom Vaterland würden nicht für immer geduldet werden. Die einzige Frage war, wie bald diese Einschränkungen beseitigt werden konnten und in welchem Ausmaß man die Diplomatie der Gewalt vorziehen sollte, um den Status quo zu ändern. In dieser Beziehung intensivierte Hitlers Machtergreifung im Jahre 1933 lediglich den deutschen Drang zum Revisionismus. Das Problem, Deutschland einen ›angemessenen‹ Platz in Europa zu verschaffen, wurde durch die merkwürdige und unausgewogene Verteilung der internationalen Macht nach dem Ersten Weltkrieg kompliziert. Trotz der Gebietsverluste, der militärischen Beschränkungen und der wirtschaftlichen Instabilität war Deutschland nach 1919 immer noch eine *potentiell* enorm starke Großmacht.« Paul Kennedy – Aufstieg und Fall der großen Mächte, a. a. O., S. 434/435

263 »Nun gaben zwar die alliierten Militärs und Politiker der Versuchung nur zu leicht nach, den geschlagenen Feind auch moralisch zu vernichten, waren aber zu schwach, daraus die einzig sinnvolle Konsequenz im Sinne Machiavellis zu ziehen: ›Demütige niemanden, den du nicht vernichten kannst.‹ Als karthagischer Friede war aber Versailles zu weich: der Vertrag nahm Deutschland für den Augenblick die Großmachtstellung, beließ ihm aber die Möglichkeit, sie künftig wiederzuerlangen.« Hagen Schulze – Weimar, a. a. O., S. 202

264 »Mit dem Eindruck, daß das neue Regime lächerlich sei, verband sich für das national gesinnte Bürgertum ein Gefühl tiefer Entwürdigung. Alles, was einst axiomatische Gültigkeit besessen hatte, war erschüttert: der Glaube an die zivilisatorische Mission des deutschen Volkes, an die Notwendigkeit, Deutschland einen Platz an der Sonne zu sichern, an die militärische Überlegenheit der Deutschen. Das in der wilhelminischen Epoche hypertrophierte nationale Selbstbewußtsein hatte sich bis weit in den Krieg hinein bestätigt sehen können; fast bis zuletzt waren ›gegen eine Welt von Feinden‹ erstaunliche Siege erfochten worden; daß die letzte und entscheidende Schlacht im Westen verloren worden war, blieb unverständlich. Die Kriegsniederlage, das wirtschaftliche Elend, die grenzenlose Demütigung durch das ›Diktat‹ von Versailles, alles das konnte nur ertragen werden, wenn das tief erschütterte kollektive Selbstbewußtsein die erlittenen Kränkungen auf einen Sündenbock abladen konnte. ..Die Französische Revolution hatte einst nicht nur die Vertreter des Ancien Régime, sondern auch die eigenen Feldherren, die keine Siege erfochten, aufs Schafott gebracht; die deutsche Revolution, das zeigte sich auch in diesem Punkte wieder, war eben kaum mehr als ein Zusammenbruch gewesen. Anstatt die Verantwortung der Militärs für die Kriegsniederlage und den anschließenden Frieden vor aller Welt zu demonstrieren, hatten sich die neuen Machthaber dazu drängen lassen, ihre eigenen Namen unter Waffenstillstands- und Friedensvertrag zu setzen, und damit hatten sie in den Augen der großen Bevölkerungsmehrheit die Verantwortung und somit die Sündenbockrolle übernommen.« Ebd., S. 206

265 »›Die alliierten und assoziierten Regierungen erklären, und Deutschland erkennt an, daß Deutschland und seine Verbündeten als Urheber für alle Verluste und Schäden verantwortlich sind, die die alliierten und assoziierten Regierungen und ihre Staatsangehörigen infolge des ihnen durch den Angriff Deutschlands und seiner Verbündeten aufgezwungenen Krieges erlitten haben‹ (§ 231). In einem Nebensatz wurde aus der Tatsache der von Deutschland ausgegangenen Kriegserklärungen an Frankreich und Rußland die Verantwortung des Reiches am Ausbruch des Krieges gefolgert. Schon die Formulierung, die den eindeutigen Begriff der Kriegsschuld vermeidet, zeigt, daß kein moralisches Verdikt gemeint war, sondern allein die materiellen Ansprüche der Sieger begründet werden sollten. Es ist weitgehend die Schuld der deutschen Seite, insbesondere von Außenminister Brockdoff-Rantzau gewesen, durch Hochspielen dieser Frage, durch Insistieren auf weiterer Präzisierung, daß aus diesen Bestimmungen der folgenreiche sogenannte Kriegsschuldartikel wurde. ...Nunmehr erhoben jedoch die Alliierten, durch Brockdorffs Insistieren ...in die Defensive

gedrängt, die ursprünglich nur als moralischen Anspruch gedachte Formulierung über die deutsche Kriegsschuld zu einer Rechtsgrundlage. Die Koppelung Kriegsschuldfrage – Reparationen war damit erreicht und entfachte stärker als alle anderen Bestimmungen des Versailler Vertrages eine nationalistische Welle in Deutschland ... Der schließlich doch unterzeichnete Frieden wurde dank dieser Taktik in der deutschen Öffentlichkeit als noch schmachvoller empfunden und bildete den Ursprung der konservativen Revisionismus-Hetze zur inneren und äußeren Wiederentfaltung preußisch-deutscher Macht.« Bernd Martin – Weltmacht oder Untergang?, a. a. O., S. 54ff.

266 »Er [Lenin] empfand Genugtuung, daß der Versailler Friede ›hundertmal erniedrigender, gewaltsamer und räuberischer‹ sei als der Brester. Die Alliierten würden ihren eigenen Verderb vorbereiten, prophezeite er in richtiger, historisch fundierter Sicht und ohne Rücksicht auf eine nach Rache lüsterne öffentliche Meinung: ›Denn das spielt sich ja nicht in Zentralafrika ab, sondern im 20. Jahrhundert in den zivilisierten Ländern.‹ Ebenso weitsichtig prophezeite der englische Wirtschaftsexperte Keynes, die Deutschland aufgebürdeten finanziellen Lasten würden die wirtschaftliche Solidarität Europas zerstören und die Wohlfahrt der Alliierten letztendlich untergraben.« Ebd., a. a. O., S. 51. Siehe auch Hans Mommsen – Die verspielte Freiheit, a. a. O., S. 109: »Da es hinsichtlich der astronomischen finanziellen Forderungen Frankreichs unter den Alliierten zu keiner Verständigung über die Deutschland aufzuerlegende Reparationsschuld kam, wurde die Festlegung der endgültigen Summe, vorbehaltlich befriedigender deutscher Vorschläge, der von den Siegermächten eingesetzten Reparationskommission übertragen, die bis zum 1. Mai 1921 darüber entscheiden sollte. Gleichzeitig wurde das Deutsche Reich verpflichtet, vorläufige Sach- und Barleistungen im Umfang von zwanzig Milliarden Goldmark zu erbringen. Die Wirtschaftsfachleute wiesen die Reichsregierung darauf hin, daß die Aufrechterhaltung des deutschen ökonomischen Potentials Vorrang haben müßte vor den Abrüstungsverpflichtungen und selbst den territorialen Einbußen, so sehr man hoffte, diese in Grenzen halten zu können. Sie stimmten in dieser Einschätzung mit dem Urteil amerikanischer und britischer Experten überein. John Maynard Keynes, dessen vernichtende Kritik an den wirtschaftlichen Folgen des Versailler Vertrags ihm größte Sympathien in Deutschland eintrug, bemerkte schon 1919: ›Die Gefahren der Zukunft liegen nicht in Grenz- und Gebiets-, sondern in Lebensmittel-, Kohlen- und Verkehrsfragen.‹ Er brachte damit zum Ausdruck, daß das wirtschaftliche Gewicht der Staaten, nicht ihre territoriale Ausdehnung die künftige Mächtekonstellation bestimmen werden.«

267 Siehe dazu die zusammenfassende Darstellung bei Paul Kennedy – Aufstieg und Fall der großen Mächte, a. a. O., S. 420ff.; und besonders S. 421: »Auch die materiellen Kosten des Krieges waren beispiellos ... Wenn man die Verluste an Schiffen, die direkten und indirekten Kosten der Mobilisierung und die von den kämpfenden Parteien aufgebrachten Gelder dieser Liste hinzufügt, wird die Gesamtsumme so groß, daß sie im Grunde unfaßbar ist: tatsächlich handelt es sich um ungefähr 260 Milliarden Dollar, die einer Berechnung zufolge ›ungefähr der sechseinhalbfachen Summe der gesamten Staatsschulden der ganzen Welt vom Ende des 18. Jahrhunderts bis zum Beginn des Ersten Weltkriegs entsprach‹. Nach Jahrzehnten des Wachstums stürzte das Produktionsvolumen der Welt plötzlich rapide ab. 1920 lag es immer noch um sieben Prozent unter dem von 1913, die Agrarproduktion lag ungefähr ein Drittel unter dem Normalstand, und das Exportvolumen war nur etwa halb so groß wie in der Vorkriegszeit. Das Wachstum der europäischen Wirtschaft im Ganzen war um ungefähr acht Jahre zurückgeworfen worden, einzelne Länder waren aber noch viel stärker betroffen. Erwartungsgemäß hatte Rußland im Chaos des Jahres 1920 die niedrigste Industrieproduktion, nur 13 Prozent der Produktion von 1913. Aber auch in Deutschland, Frankreich, Belgien und in großen Teilen Osteuropas war die Produktion um mindestens 30 Prozent niedriger als vor dem großen Konflikt.«

268 »Die Pariser Friedensordnung mündete folgerichtig in einen verdeckten wirtschaftlichen Machtkampf, der einen Abgesang der nicht zuletzt durch den Ersten Weltkrieg verspielten weltökonomischen Führungsrolle Europas darstellte. Er entsprach weder der technologischen Entwicklung noch den realen volkswirtschaftlichen Interessen der beteiligten Länder und knüpfte an die kriegswirtschaftliche Verschränkung von Schwerindustrie und Staatsapparat an, die der Interessenlage des sowohl in Deutschland als auch in Frankreich zunehmend selbstbewußter auftretenden Unternehmertums kaum mehr entsprach. In der breiten Öffentlichkeit sind die ökonomischen Probleme gegenüber der territorialen Neugliederung in den Hintergrund getreten, obwohl die beteiligten Regierungen sich ihrer voll bewußt waren. Das Denken in den Kategorien nationalstaatlicher Autarkie stellte ein entscheidendes Hindernis auf dem Weg zu einer stabilen europäischen Neuordnung dar.« Ebd., S. 112

269 Hagen Schulze – Weimar, a. a. O., S. 36

270 Ebd., S. 38

271 Ernst Troeltsch – Die Fehlgeburt einer Republik. Spektator in Berlin 1918 bis 1922, Frankfurt/M. 1994, S. 47

272 Die im Jahre 1980 von dem Historiker Ernst Nolte entfachte

Debatte um eine Revision der Bewertung des Nationalsozialismus und des Dritten Reichs in Deutschland konzentriert Nolte zielgerichtet und bewußt auf die Frage der Schuld an Auschwitz. Auffällig dabei ist, daß Auschwitz und das Leugnen des Mordes am europäischen Judentum (die sogenannte »Auschwitz-Lüge«) im nachhitlerschen Rechtsradikalismus eine zentrale ideologische Entlastungsrolle spielt und dadurch zugleich ideologiebildend und sinnstiftend für den Rechtsradikalismus wirkt. Nolte leugnet das Verbrechen nicht, auch wenn er daran unermüdlich mit feinsten Werkzeugen relativierend herumarbeitet, sondern er konzentriert sich statt dessen auf die Schuldfrage und wird fündig: »Aber die Ereignisse in Indochina [gemeint ist der Massenmord der Roten Khmer am kambodschanischen Volk, d. A.] sollten nun klargemacht haben, was im Bereich der Klassen-, Völker- und Gruppenvernichtung das Original und was die Kopie war. Wer die Hitlersche Judenvernichtung nicht in diesem Zusammenhang sehen will, läßt sich möglicherweise von sehr edlen Motiven leiten, aber er verfälscht die Geschichte. Er übersieht bei der legitimen Suche nach unmittelbaren Ursachen die Hauptvorbedingungen, ohne die all jene Ursachen wirkungslos geblieben sein würden. Auschwitz resultiert nicht in erster Linie aus dem überlieferten Antisemitismus und war im Kern nicht ein bloßer ›Völkermord‹, sondern es handelte sich vor allem um eine aus Angst geborene Reaktion auf die Vernichtungsvorgänge der Russischen Revolution. Diese Kopie war um vieles irrationaler als das frühere Original ... Sie war entsetzlicher als das Original ... Sie war abstoßender als das Original ... Doch all das begründet zwar Singularität, ändert aber nichts an der Tatsache, daß die sogenannte Judenvernichtung des Dritten Reiches eine Reaktion oder verzerrte Kopie und nicht ein erster Akt oder das Original war.« Ernst Nolte – Zwischen Geschichtslegende und Revisionismus. Das Dritte Reich im Blickwinkel des Jahres 1980; zitiert nach: Historikerstreit. Eine Dokumentation der Kontroverse um die Einzigartigkeit der nationalsozialistsichen Judenvernichtung, München 1987, S. 32/33. Das Argument wird in seiner Absicht sofort erkenntlich, wenn man es umdreht, denn dann sagt Nolte im Klartext: Hätten es Lenin und die Seinen nicht so blutig getrieben, hätte Hitler weniger Angst zu haben brauchen, die Nachahmungstat wäre folglich harmloser ausgefallen und Auschwitz wäre möglicherweise der Welt erspart geblieben. Ergo kann man Hitler maximal als Nachahmungstäter mit putativen Schuldminderungsgründen betrachten und muß folglich zu einer Neubewertung des Nationalsozialismus mit eindeutig schuldminderndem Ergebnis kommen. Mit Geschichte hatte dieser Noltesche Unfug nur noch sehr wenig zu tun, sehr viel hingegen mit Politik.

273 »Am 26. April 1925 entfielen auf ihn [Hindenburg] 48,5 auf seinen Gegenkandidaten Marx 45,2 Prozent der Wählerstimmen. Für Hindenburgs Wahlsieg erwies sich zweierlei als ausschlaggebend: zum einen hatte die Schwesterpartei des Zentrums, die Bayrische Volkspartei, ihre Anhänger nicht etwa zur Wahl des Zentrumspolitikers Marx, sondern zur Wahl Hindenburgs aufgerufen, und zum anderen hatte die KPD in ihrer üblichen Verblendung es fertiggebracht, ihren Thälmann auch im zweiten Wahlgang kandidieren zu lassen; die auf ihn entfallenden 6,3 Prozentpunkte hätten Marx ohne weiteres zum Sieg verholfen. So aber siegte Hindenburg mit Hilfe der Bayern und der Kommunisten.« Hagen Schulze – Weimar, a. a. O., S. 298. Siehe auch Arthur Rosenberg – Entstehung und Geschichte der Weimarer Republik II, a. a. O., S. 184: »Die Kommunisten, unter ihrer linken Führung, hielten damals begreiflicherweise Hindenburg für kein größeres Übel als Marx, und sie hielten die Kandidatur Thälmanns auch für den zweiten Wahlgang aufrecht ... Die Hindenburg-Parteien hatten im ersten Wahlgang ungefähr zwölf Millionen Stimmen erhalten. Im zweiten Wahlgang im April wurde der Feldmarschall mit 14 1/2 Millionen Stimmen gewählt. Der Name Hindenburg hatte demnach 2 1/2 Millionen Wähler aus den politisch indifferenten Volksschichten mobilisiert. Marx erhielt 13,7 Millionen Stimmen und Thälmann nicht ganz zwei Millionen. Hindenburg war ein monarchistischer Konservativer alten Stils und schärfster Gegner einer jeden demokratischen und sozialistischen Tendenz ... Hindenburg wurde das Symbol der deutschen Gegenrevolution, die sich mit legalen Mitteln die Macht in der Republik verschafft hatte.«

274 »So war es ein verhältnismäßig enger Kreis um den Reichspräsidenten, die vielgenannte ›Kamarilla‹, die den alten Herrn im Sinne der Bürokratie, der Reichswehr und der Landwirtschaft beredete und zu lenken versuchte. In parlamentarischen Demokratien sind Personalien dieser Art normalerweise von untergeordnetem Interesse; wenn aber in ihrem Mittelpunkt ein Mann steht, der die verfassungsmäßige Macht besitzt, Regierungen nach Belieben auszuwechseln, die Volksvertretung aufzulösen, den Notstand zu verkünden und Grundrechte zu suspendieren, dann werden die Einflüsse auf diesen Mann im Krisenfall zur Schicksalsfrage. Und die Einflüsse, unter denen Hindenburg stand, sollten sich später als das Leichengift des Ancien Regime erweisen, an dem die Republik endgültig sterben sollte.« Hagen Schulze – Weimar, a. a. O., S. 299/300

275 Arthur Rosenberg – Entstehung und Geschichte der Weimarer Republik II, a. a. O., S. 203

276 »Ohne Zweifel ist Hitler eine Figur der politischen Weltgeschichte; aber ebenso zweifellos gehört er auch in die Kriminalchronik. Er hat, aller-

dings erfolglos, versucht, durch Eroberungskriege ein Weltreich zu gründen. Bei solchen Unternehmungen wird immer viel Blut vergossen; trotzdem wird niemand die großen Eroberer, von Alexander bis Napoleon, schlechthin als Verbrecher bezeichnen. Hitler ist nicht deswegen ein Verbrecher, weil er ihnen nachgeeifert hat. Sondern aus einem ganz anderen Grunde. Hitler hat zahllose harmlose Menschen umbringen lassen, zu keinem politischen oder militärischen Zweck, sondern zu seiner persönlichen Befriedigung. Insoweit gehört er nicht mit Alexander und Napoleon zusammen, sondern etwa mit dem Frauenvertilger Kürten und dem Knabenvertilger Haarmann, nur mit dem Unterschied, daß er fabrikmäßig betrieb, was sie handwerklich verübten, so daß seine Opfer nicht nach Dutzenden oder Hunderten zählen, sondern nach Millionen. Er war ganz einfach auch ein Massenmörder.« Sebastian Haffner – Anmerkungen zu Hitler, München 1978, S. 155

277 »Der Nationalsozialismus war Resultat der deutschen Ungleichzeitigkeit, des unaufgelösten Spannungsverhältnisses von industriegesellschaftlicher Modernität und vorindustrieller politischer Kultur und Denktradition. Er war Konsequenz des immer schwerer zu realisierenden Versuches der vorindustriellen, großagrarischen Führungsgruppen in Armee, Bürokratie und Diplomatie, ihre politisch-soziale Machtstellung zu behaupten und durch klassische Großmachtpolitik abzusichern. Er führte schließlich zum Versuch dieser Führungsgruppen, nach dem Scheitern aller anderen Integrationsmöglichkeiten sich die notwendige politische Massenbasis bei einer Bewegung zu sichern, die sich ähnlich ungleichzeitig darstellte wie sie selbst. Die lange Vorherrschaft vormoderner Führungsgruppen und ihre Chance der politischen Rückversicherung bei anderen verspäteten Stützgruppen war einer der Gründe dafür, daß die europäische Krise des liberalen Systems in Deutschland zu einer faschistisch-totalitären Lösung führte. Sie brachte eine Bündniskonstellation zwischen alten Machteliten und einer jungen, populistischen Massenbewegung, die sich freilich schrittweise von ihren Bündnispartnern aus Großwirtschaft, Bürokratie und Armee löste und ihre eigene, ungleich radikalere Zielsetzung entfaltete.« Hans-Ulrich Thamer – Verführung und Gewalt. Deutschland 1933–1945, Berlin (West) 1987, S. 774. Siehe auch S. 74: »Die nationalen Frustrationen über die Niederlage und ihre politischen und wirtschaftlichen Folgen verwandelten die Sonderwegsthese von einer Rechtfertigungsideologie des Kaiserreichs in eine ›Anti-Ideologie zu Weimar‹. Der besondere deutsche Weg wurde zum Kristallisationspunkt aller illiberalen und antidemokratischen Elemente und Vorstellungen, ohne daß man sich klar darüber war, wohin denn der deutsche Weg eigentlich weiterführen

solle. Entscheidend war, daß er den Blick für die Wirklichkeiten der Zeit verstellte und schließlich den Nationalsozialisten die Bühne bereitete, auf der sie agitierten und in deren Kulissen sie ihre wahre Absichten verbargen. Verbunden mit der Wendung gegen alles Westliche war meist ein heftiger Antisemitismus.«

278 Zum Kontinuitätsproblem der deutschen Geschichte siehe die Aufsatzsammlung von Wilhelm Alff – Materialien zum Kontinutitätsproblem der deutschen Geschichte, Frankfurt/M. 1976. Dort heißt es auf S. 10: »Was jedoch konstituiert die deutsche Kontinuität, mit deren Nachwirkung, mit deren sich wandelnder und abschwächender Fortsetzung wir es heute zu tun haben? Am leichtesten läßt sich ihr *Ergebnis* feststellen: der gescheiterte Versuch eines deutschen Nationalstaats. Aber nicht nur dieses Ergebnis, sondern das, was ihm vorherging, wessen Folge es war, die barbarischste Herrschaft, die seit dem Aufstieg der europäischen Menschheit in der Rennaissance errichtet worden ist, macht das Problem aus. Dieses Deutschland wurde von der Menschheit nicht ertragen, es wurde militärisch besiegt. Aus dem Zusammenstoß zweier Weltmächte, Amerikas und Rußlands, ist dieser Untergang Deutschlands nicht schlüssig abzuleiten. Bald nach 1945 hat die deutsche Zeitgeschichtsschreibung in vorausschauender Weisheit zur Schuldlossprechung der deutschen herrschenden Klassen beigetragen, indem sie das Jahr 1917 zum Epochenjahr erklärte. Dieses Ideologem erklärt freilich nicht, aus welchem Grunde die übrigen Nationen Europas bis hin zum Großherzogtum Luxemburg ihre nationale Staatlichkeit erhalten konnten, während das Deutsche Reich untergegangen ist, nachdem es bis ins letzte Dorf seine Eigenständigkeit verloren hatte: sogar die Gemeindeverwaltungen wurden von den Siegern jeweils in ihren Funktionen autorisiert.« Siehe dazu auch Sebastian Haffner – Von Bismarck zu Hitler, a. a. O., S. 270ff. Zusammenfassend stellt Haffner dort fest: »Stand das Dritte Reich eigentlich in der Kontinuität des Deutschen Reiches, oder war es ein Schritt vom Wege? Die Antwort lautet schlicht, daß es Elemente der Kontinuität und Elemente der Diskontinuität gegeben hat, daß aber die Kontinuitätselemente alles in allem überwogen.« Und weiter schreibt Haffner auf S. 273: »Das Hauptelement der Diskontinuität war Hitlers Antisemitismus, also der biologische Rassegedanke, der vorher im Reich keine Rolle gespielt hatte und der für Hitler selbst vielleicht sogar wichtiger war als die eigentliche Reichsführung.«

279 »Seine Aktualisierung hat der Führergedanke, wie er sich in den faschistischen Bewegungen entwickelte, wiederum im Erlebnis des Krieges erfahren. Denn diese Bewegungen verstanden sich durchweg nicht als Parteien im herkömmlichen Sinne, sondern als militante Weltanschauungs-

gruppen, als ›Parteien über den Parteien‹, und der Kampf, den sie mit düsteren Symbolen und entschlossenen Mienen aufnahmen, war nichts anderes als die Verlängerung des Krieges mit nahezu unveränderten Mitteln in der Politik: ›Augenblicklich befinden wir uns in der Fortdauer des Krieges‹, hat Hitler wiederholt ausgerufen, und der italienische Außenminister Graf Ciano sprach gelegentlich vom ›faschistischen Heimweh nach dem Krieg‹. Der Führerkult war innerhalb der ›Fiktion des permanenten Krieges‹ nicht zuletzt die Übertragung der Grundsätze militärischer Hierarchie auf die innere Organisation dieser Bewegungen und die Erscheinung des Führers nicht anderes als die in übermenschliche Höhen entführte, von Glaubensbedürfnissen und Hingabesehnsüchten magisch emporgerückte Figur des Offiziers. Der Marschtritt auf allen Pflastern Europas demonstrierte die Überzeugung, daß auch die Probleme der Gesellschaft am wirksamsten durch militärische Modelle zu bewältigen seien. Gerade ihr Rigorismus hat eine starke Anziehungskraft vor allem auf die zukunftsbewußte Jugend entfaltet, die in Krieg, Revolution und Chaos die Suggestion ›geometrischer‹ Ordnungsentwürfe entdeckt hatte.« Joachim C. Fest – Hitler, a. a. O., S. 146

280 Sebastian Haffner – Anmerkungen zu Hitler, a. a. O., S. 11

281 Zitiert nach: Hagen Schulze – Weimar, a. a. O., S. 409/410. Weiter heißt es da: »Man glaubte Hitler ›eingerahmt‹; einem Bekannten, der vor Hitler warnte, erwiderte Papen: ›Sie irren sich, wir haben ihn uns engagiert‹, und einem anderen versicherte er: ›Was wollen Sie denn? Ich habe das Vertrauen Hindenburgs. In zwei Monaten haben wir Hitler in die Ecke gedrückt, daß er quietscht.‹ Zum »Einrahmungs- und Bändigungskonzept« siehe auch Joachim C. Fest – Hitler, a. a. O., S. 505 ff.

282 »Die Verbindung von kleinbürgerlichen und militärischen Elementen, wie sie vor allem für den Nationalsozialismus kennzeichnend war, hat der NSDAP von Beginn an einen eigentümlichen Doppelcharakter gegeben. Er machte sich nicht nur in der organisatorischen Trennung zwischen Sturmabteilungen (SA) und Politischer Organisation (PO) bemerkbar, sondern hat auch die verwirrend ungleichartige Charaktergalerie des Anhangs geprägt. Überzeugte Idealisten verbanden sich mit sozial Entgleisten, Halbkriminellen oder Opportunisten zu einer grellen Mischung aus Leistungshunger, Bewährungsethos, Arbeitsscheu, Vorteilssucht und irrationalem Aktivismus. Auch der den meisten faschistischen Organisationen eigene gebrochene Konservativismus stammt von daher. Denn obwohl sie vorgaben, der gestörten und beleidigten Weltordnung zu dienen, demonstrierten sie doch, wo sie die Macht dazu hatten, einen traditionslosen Änderungswillen. Charakteristisch war für sie eine unverwechselbare Mi-

schung von Mittelalter und Modernität, ein Vorhutbewußtsein, das mit dem Rücken zur Zukunft stand und seine folkloristischen Neigungen in den Asphaltregionen eines totalitären Zwangsstaates heimisch machte. Noch einmal träumten sie die verblichenen Träume der Vorväter nach und priesen eine Vergangenheit, in deren verschwimmenden Konturen die Verheißungen für eine ruhmreiche, auf territoriale Expansion gerichtete Zukunft sichtbar wurde ... Der hegemoniale Aufbruch Hitlers, der als das planvollste, kaltblütigste und realischste Unternehmen unter Zuhilfenahme des ganzen Arsenals modernster technischer Mittel unternommen worden ist, war begleitet von einem Beiwerk krauser Requisiten und Symbole: ein Welteroberungsversuch im Zeichen von Strohdach und Erbhofbauerntum, von Volkstanz, Sonnenwendfeier und Mutterkreuz. Thomas Mann sprach von ›explodierender Altertümlichkeit‹.« Joachim C. Fest – Hitler, a. a. O., S. 147

283 Hans-Ulrich Thamer – Verführung und Gewalt, a. a. O., S. 772

284 Allan Bullock zitiert Hitlers revolutionäre Selbsteinschätzung aus einer Kontroverse mit Otto Strasser: »Ich bin Sozialist, aber ein Sozialist von anderem Schlage als euer steinreicher Graf Reventlow. Ich war einmal ein einfacher Arbeiter. Ich könnte niemals dulden, daß mein Chauffeur anders ißt als ich. Aber was sie unter Sozialismus verstehen, ist krasser Marxismus. Die Masse der Arbeiter verlangt nichts anderes als ›Brot und Spiele‹. Sie hat kein Verständnis für irgendwelche Ideale. Wir können niemals darauf rechnen, diese Masse zu gewinnen, wenn wir uns auf Ideale berufen. Was wir brauchen, das ist eine Auslese: Männer, aus einer neuen Schicht von Herrenmenschen ausgewählt, die sich nicht – wie Sie – von einer Mitleidsmoral treiben lassen. Diese Herrenschicht muß wissen, daß sie das Recht hat zu befehlen, und zwar eben auf Grund der Tatsache, daß sie einer höheren Rasse angehört. Sie muß dieses Recht verteidigen und rücksichtslos aufrechterhalten ... Liberalismus, Liberalismus – das ist alles, was sie predigen. Es kann nur eine Revolution geben, und das ist die Revolution der Rasse. Es gibt keine wirtschaftliche, keine politische und keine gesellschaftliche Revolution – es handelt sich immer nur um die gleiche Auseinandersetzung: um den Kampf der niederrassigen Unterschicht gegen die herrschende höhere Rasse. An dem Tag, an dem die höhere Rasse dieses eherne Gesetz vergißt, hat sie die Schlacht verloren.« Allan Bullock – Hitler, Düsseldorf 1960, S. 153

285 Michael Stürmer – Die Grenzen der Macht, a. a. O., S. 108

286 »Hitlers Vorstellungswelt war stark historisch bestimmt. ... Im Mittelpunkt von Hitlers Geschichtsbild standen Volk und Rasse. Geschichte, so definierte er, ›ist die Darstellung des Verlaufs des Lebenskamp-

fes eines Volkes‹. Oder anders ausgedrückt: ›Alles weltgeschichtliche Geschehen aber ist nur die Äußerung des Selbsterhaltungstriebes der Rassen in gutem und schlechtem Sinne.‹ Die Rassenfrage war mithin der ›Schlüssel zur Weltgeschichte‹. Völker und Rassen also waren die Träger oder Faktoren der Geschichte, nicht etwa wie in anderen Geschichtsauffassungen Klassen, Kulturen, Individuen oder was immer.« Eberhard Jäckel – Hitlers Weltanschauung. Entwurf einer Herrschaft, Stuttgart 1981, S. 97/98. Und weiter: »Da der Raum begrenzt ist, die beiden Erhaltungstriebe auch der Völker aber unbegrenzt sind, müssen die Völker einen ewigen Kampf um Raum führen, und insofern dies der eigentliche Inhalt ihres Lebens ist, ist Geschichte der Lebenskampf der Völker um Lebensraum« (S. 104). »Wenn dieser ewige Kampf um Raum nun aber der Sinn der Geschichte war und Politik nichts anderes als werdende Geschichte, dann folgte daraus mit Notwendigkeit das Ziel der Politik: ›Dann ist Politik in Wahrheit die Durchführung des Lebenskampfes eines Volkes.‹ Da ferner dies wiederum ihr oberstes, ja ihr einziges Ziel war, verloren die Unterschiede zwischen Krieg und Frieden einerseits sowie zwischen Außen- und Innenpolitik andererseits ihre herkömmliche Bedeutung. Sie alle traten auf ihre Weise in den ausschließlichen Dienst des einen Zieles der Politik und damit des Sinnes der Geschichte. Lebenskampf war natürlich und schon seiner Begriffsbestimmung nach mit Gewaltanwendung verbunden, so daß, wenn man sich dies klar vor Augen hielt, ›die beiden Begriffe Friedens- und Kriegspolitik sofort in ein Nichts versinken‹. ... Krieg wurde gewissermaßen zum Normalzustand, und es war eine untergeordnete Frage der Zweckmäßigkeit, ob man sich dabei der Waffen oder anderer Mittel bediente. Damit verschwanden auch die herkömmlichen Unterschiede zwischen Außen- und Innenpolitik. ›Wenn‹, so faßte Hitler diese Überlegungen zusammen, ›die Aufgabe der Politik die Durchführung des Lebenskampfes eines Volkes ist, der Lebenskampf eines Volkes im letzten Grunde darin besteht, der jeweiligen Volkszahl die zur Ernährung notwendige Raummenge zu sichern, dieser gesamte Vorgang jedoch eine Frage des Machteinsatzes eines Volkes ist, dann ergibt sich die folgende Schlußdefinition: Politik ist die Kunst der Durchführung des Lebenskampfes eines Volkes um sein irdisches Dasein. Außenpolitik ist die Kunst, einem Volke den jeweils notwendigen Lebensraum in Größe und Güte zu sichern, Innenpolitik ist die Kunst, einem Volke den dafür notwendigen Machteinsatz in Form seines Rassenwertes und seiner Zahl zu erhalten‹« (S. 105/106).

287 »So gehört zu den wichtigsten Erfolgsursachen nationalsozialistischer Politik, daß der Autor von *Mein Kampf* und Meister des totalitären Terrorregimes weder in Deutschland noch im Ausland – West und Ost –

rechtzeitig ernst genommen wurde. Indem man Ideologie und Politik, Phantasie und Wirklichkeit, Endziele und tatsächliche Möglichkeiten voneinander trennen zu können glaubte und auf die ›guten‹ oder doch nützlichen Perspektiven des Nationalsozialismus setzte – Antibolschewismus im einen, antiwestliche Interessenpolitik im anderen Fall –, verkannte man die enge Verflechtung von Innen- und Außenpolitik, von Diktatur und Expansion. Im Rückblick erscheint so der Weg in die Katastrophe fast unvermeidlich, im Falle Europas wie im Falle Deutschlands.« Karl Dietrich Bracher – Die deutsche Diktatur. Entstehung, Struktur, Folgen des Nationalsozialismus, Köln 1993, S. 329

288 Sebastian Haffner – Anmerkungen zu Hitler, a. a. O., S. 19. Und auf S. 20 fährt Haffner fort: »Machen wir uns klar, was in diesem ›Nie wieder ein November 1918‹ alles enthalten war. Es ist eine Menge. Erstens der Vorsatz, eine künftige Revolution in einer Lage wie der des November 1918 unmöglich zu machen. Zweitens aber – sonst hinge das erste ja in der Luft – der Vorsatz, eine solche Lage wiederherzustellen. Und das bedeutete, drittens, bereits, den verlorenen oder verloren gegebenen Krieg wiederaufzunehmen. Viertens mußte der Krieg aus einer inneren Verfassung heraus wiederaufgenommen werden, in der es keine potentiell revolutionären Kräfte gab. Von da aus war es nicht weit zum fünften: Abschaffung aller linken Parteien – und warum dann nicht, in einem Aufwasch, gleich aller Parteien? Da man aber das, was hinter den linken Parteien stand, die Arbeiterschaft, nicht abschaffen konnte, mußte man sie politisch für den Nationalismus gewinnen und das bedeutete, sechstens, man mußte ihr Sozialismus bieten, jedenfalls eine *Art* von Sozialismus, eben einen Nationalsozialismus. Ihren bisherigen Glauben aber, den Marxismus, mußte man – siebentens – ausrotten, und das bedeutete – achtens die physische Vernichtung der marxistischen Politiker und Intellektuellen, unter denen gottlob eine ganze Menge Juden waren, so daß man – neuntens, und Hitlers ältester Wunsch – auch gleich alle Juden ausrotten durfte. Man sieht, Hitlers innenpolitisches Programm ist in dem Augenblick, da er in die Politik eintritt, fast komplett beisammen.«

289 »Was am Nationalsozialismus eigenartig deutsch war, tritt am unverwechselbarsten gerade beim Blick auf die vergleichbaren Systeme in diesem und anderen Ländern hervor: er war die radikalste, unbedingteste Erscheinungsform des Faschismus. Diese prinzipielle Schärfe, die auf der intellektuellen wie auf der exekutiven Ebene zum Vorschein kam, war Hitlers eigenster Beitrag zum Wesen des Nationalsozialismus. In seiner Art, einen Gedanken schroff gegen die Wirklichkeit zu stellen, ihm Macht einzuräumen gegenüber der Realität, war er eigentlich deutsch: der geschei-

terte Lokalpolitiker war es, der sich als Untermieter in der Thierschstraße die Triumphbögen und Kuppelhallen seines Nachruhms entwarf; der Kanzler, der nicht in Menschenaltern, sondern, ungeachtet allen Hohns, in tausend Jahren rechnete; der nicht Versailles und die Ohnmacht Deutschlands, sondern im Grunde die Ergebnisse der Völkerwanderung ungeschehen machen wollte. ... Hitler (dachte) an die Verwirklichung eines konstruierten Ziels: ein aus rassischem Selbstbehauptungswillen erkämpftes Weltreich vom Atlantik bis zum Ural und von Narvik bis Suez. Die Staaten stemmten sich dagegen? – er würde sie niederwerfen; die Völker siedelten seinen Plänen zuwider? – er würde sie umquartieren; die Rassen entsprachen seinem Bilde nicht? – er würde sie selektieren, höherzüchten, vernichten, bis die Wirklichkeit seiner Vorstellung gerecht würde. Durchweg hat er das Unausdenkbare gedacht, in seinen Äußerungen schlug stets ein Element äußerster Unerschrockenheit vor der Wirklichkeit durch, das nicht frei von wahnhaften Zügen war: ›Ich stehe allem mit einer ungeheuren, eiskalten Vorurteilslosigkeit gegenüber‹, hat er erklärt. Nur in der äußersten Radikalität schien er der, der er wirklich war. Insofern kann der Nationalsozialismus ohne ihn nicht gedacht werden.« Joachim C. Fest – Hitler, a. a. O., S. 517

290 Sebastian Haffner – Von Bismarck zu Hitler, a. a. O., S. 276

291 Sebastian Haffner – Anmerkungen zu Hitler, a. a. O., S. 127

292 In einer brillanten Analyse arbeitet Haffner heraus, wie und warum Hitler seine »Zielpriorität« kurz vor der Jahreswende 1941/42 geändert hat: »Solange Hitler in Rußland noch einen ähnlich schnellen Sieg erhoffte wie ein Jahr zuvor gegen Frankreich, verband er damit die Hoffnung auf ein Einlenken Englands, da es mit Rußland seinen letzten ›Festlandsdegen‹ verloren haben würde. Er hat das oft ausgesprochen. Dann aber mußte er für England verhandlungsfähig bleiben. ... Mit anderen Worten: seinen lange gehegten Wunsch, die Juden ganz Europas auszurotten, durfte er sich erst erfüllen, wenn er jede Hoffnung auf einen Ausgleichsfrieden mit England (und die damit verbundene Hoffnung, den Kriegseintritt Amerikas zu vermeiden) aufgab. Und das tat er erst nach dem 5. Dezember 1941, dem Tag, an dem ihn die russische Offensive vor Moskau aus seinem russischen Siegestraum riß ... Wenn er in Rußland nicht mehr siegen konnte, dann gab es – so Hitlers Folgerung – auch keine Friedensmöglichkeit mit England mehr. Dann konnte er auch gleich Amerika den Krieg erklären, was ihm nach Roosevelts so lange unbeantworteten Provokationen eine offensichtliche Genugtuung gewährte. Und dann konnte er sich die noch größere Genugtuung gönnen, nunmehr die ›Endlösung der Judenfrage‹ für ganz Europa anzuordnen, denn auf die Wirkung dieses Verbrechens in England

und Amerika brauchte er nun keine Rücksicht mehr zu nehmen. Freilich machte er mit alledem die deutsche Niederlage unausweichlich und sorgte auch gleich dafür, daß der Niederlage ein Strafgericht folgen mußte. ... Kurz, im Dezember 1941, innerhalb weniger Tage, traf Hitler zwischen den beiden miteinander nicht vereinbarenden Zielen, die er von Anfang an verfolgt hatte, der Weltherrschaft Deutschlands und der Ausrottung der Juden, eine endgültige Entscheidung: er gab das erste als unerreichbar auf und konzentrierte sich ganz auf das zweite ... Mehr noch: Er nahm jetzt auch die totale Niederlage Deutschlands, mit allen ihren möglichen Folgen, in Kauf dafür, die Judenausrottung in ganz Europa, nach der ihm schon lange der Mund wässerte, endlich durchzuführen. Von hier aus erklärt sich nun auch die Kriegserklärung an Amerika ... Der Politiker Hitler dankte im Dezember 1941 endgültig ab zugunsten des Massenmörders Hitler.« Sebastian Haffner – Anmerkungen zu Hitler, a. a. O., S. 178 ff.

293 Auf die absolut prioritäre Bedeutung des Judenmords in Hitlers Weltbild selbst noch angesichts des unmittelbar bevorstehenden Endes von Führer und Reich weist Bracher hin: »Auch nach der systematischen Ermordung von Millionen Juden hielt dieser (Hitler) in seinem ›Testament‹ (29. April 1945) fanatisch an seiner ›Grundidee‹ fest und mahnte alle Nachfolger, ›Führer der Nation und Gefolgschaft‹, auch für die Zukunft ›vor allem ... zur peinlichen Einhaltung der Rassengesetze und zum unbarmherzigen Widerstand gegen den Weltvergifter aller Völker, das internationale Judentum‹. Realität und Irrealität des Nationalsozialismus haben in der Judenvernichtung ihren furchtbarsten Ausdruck gefunden.« Karl Dietrich Bracher – Die deutsche Diktatur, a. a. O., S. 468

294 Siehe dazu eine ausführliche Darstellung der wichtigsten Rationalsierungen der Mittäter in der Bürokratie des Massenmordes bei Raul Hilberg – Die Vernichtung der europäischen Juden. Die Gesamtgeschichte des Holocaust, Berlin (West) 1982, S. 694 ff.

295 »Diese drei Faktoren des Volkswertes, des Persönlichkeitswertes und des Selbsterhaltungstriebes oder, wie man auch sagen könnte, des Nationalismus, des Führerprinzips und des Heroismus hatten für Hitlers Weltanschauung die allergrößte Bedeutung.« Eberhard Jäckel – Hitlers Weltanschauung, a. a. O., S. 110. Die Gegenpositionen waren Internationalismus, Demokratie und Pazifismus. Und weiter heißt es bei Jäckel: »Die schlechthin entscheidende Bedeutung des Gedankens von den drei Faktoren für den Gesamtzusammenhang von Hitlers Weltanschauung lag aber darin, daß die Urheber und Träger sämtlicher drei Gegenpositionen die Juden waren. Die Entdeckung im einzelnen war wiederum nicht neu. Indem Hitler sie jetzt jedoch in seine Geschichtstheorie eingliederte, gelang ihm

zum erstenmal die schlüssige Verbindung seines außenpolitischen Konzepts mit seinem Antisemitismus. Im Geschichtsbild fanden sie ihre Synthese.« Und weiter heißt es auf den S. 118/119: »Deutschland hingegen würde zuerst das Hindernis Frankreich beseitigen und sich dann auf Kosten Rußlands ausdehnen, wo der Jude schon vollständig gesiegt hatte. Das machte den Krieg einerseits leicht, weil der Jude ja keinen raumstaatsbildenden Rassewert hatte, und verlieh ihm andererseits wegen der dortigen Judenherrschaft eine Bedeutung für die ganze Welt. Wenn man dort die Juden vernichtete, schwächte man den russischen Staat und erleichterte somit die Eroberung neuen Lebensraumes für Deutschland, und wenn man ihn eroberte, fügte man zugleich dem internationalen Judentum, das dort seit kurzem seine Weltzentrale eingerichtet hatte, eine entscheidende Niederlage bei. Was sich nach dem Einmarsch der deutschen Truppen am 22. Juni 1941 in der Sowjetunion zutragen sollte, die Herrschaft der Reichskommissare, die Mordaktionen der Einsatzgruppen und schließlich die Vernichtungslager, in denen ein guter Teil des europäischen Judentums unterging, es war alles vorgezeichnet in dieser Weltanschauung. In ihr war alles, was Hitler wollte und tat, zusammengefaßt.«

296 »Die Juden betrieben die Zerstörung Deutschlands; deshalb mußten sie vernichtet werden. Um es in Himmlers Worten zu sagen: ›Wir hatten das moralische [sic! d. A.] Recht ... gegenüber unserem Volk, dieses Volk, das uns umbringen wollte, umzubringen.‹ Mit Hilfe dieser Theorie verwandelte sich somit im Hinterkopf der Täter der Vernichtungsprozeß in eine Art Präventivkrieg.« Raul Hilberg – Die Vernichtung der europäischen Juden, a. a. O., S. 692

297 »Kriege um Lebensraum hat es, jedenfalls bis zu Hitler, in Europa seit der Völkerwanderung, also seit rund anderthalb Jahrtausenden, nicht mehr gegeben. Europa war besiedelt; seine Völker waren ortsfest ... Lebensraum wurde weder gewonnen noch verloren, um Lebensraum wurde in Europa nicht gekämpft. Das hat erst Hitler nach einer Pause von rund 1500 Jahren wieder in die europäische Geschichte eingeführt, und es hat sich für Deutschland furchtbar ausgewirkt. Vertreibung, wie die der Deutschen aus ihren früheren Ostgebieten, war genau das, was Hitler als Sinn jedes Krieges immer gepredigt und im eroberten Polen auch schon seinerseits praktiziert hatte.« Sebastian Haffner – Anmerkungen zu Hitler, a. a. O., S. 113

298 Ebd., S. 46

299 Hans-Ulrich Thamer – Verführung und Gewalt, a. a. O., S. 776

300 Siehe zur Idenfikation von Hitlers Führerkult und der preußischen Tradition den »Tag vom Potsdam« am 21. März 1933, den Goebbels als

frischgebackener »Reichspropagandaminister« als »Tag der nationalen Erhebung« perfekt inszenierte. Dazu Joachim C. Fest – Hitler, a. a. O., S. 555 ff.

301 Christian Graf von Krockow – Warnung vor Preußen, a. a. O., S. 85

302 Ebd., S. 83

303 »Hitler steht in keiner deutschen Tradition, am wenigsten in der protestantisch-preußischen, die, Friedrich und Bismarck nicht ausgenommen, eine Tradition nüchtern-selbstlosen Staatswohls gewesen ist.« Sebastian Haffner – Anmerkungen zu Hitler, a. a. O., S. 201/202. Haffner beschwört hier wieder das Altpreußentum, und nur darin hat er recht. Wenn man genau hinschaut, entspricht bereits der Wilhelminismus nicht mehr den altpreußischen Bescheidenheitsnormen Haffners, und doch war er preußisch-deutsch durch und durch – und exakt dies gilt erst recht für Hitler. Er radikalisierte die preußisch-deutschen Illusionen ins Absolute, und nur deshalb konnte er Erfolg haben.

304 »Die ideologische Fremdbesetzung nahm ihren Lauf, denn ohne eigene Antwort nach dem Sinn des Staates war man ihr hilflos ausgeliefert. Wenn deshalb festgestellt wurde, daß die führenden Nationalsozialisten durchweg nicht aus Preußen stammten, dann muß doch noch etwas hinzugefügt werden: In den späten Jahren der Weimarer Republik waren es nicht die vom Zentrum und der Bayrischen Volkspartei beherrschten katholischen Reichsgebiete und auch nicht die von den Sozialdemokraten verteidigten industriellen Ballungsräume, sondern die alten ostdeutschen Kernprovinzen Preußens, die sich auf der Wahllandkarte besonders rasch und besonders rückhaltlos braun einfärbten.« Christian Graf von Krockow – Warnung vor Preußen, a. a. O., S. 85

305 Ebd., S. 84

306 Zitiert nach: J. P. Stern – Hitler. Der Führer und das Volk, München 1978, S. 203/204. Siehe auch Hans-Ulrich Thamer – Verführung und Gewalt, a. a. O., S. 703

307 J. P. Stern – Hitler, a. a. O., S. 204

308 Siehe dazu zahlreiche Hinweise ebd., S. 195 ff., besonders S. 197/198: »Ich habe bereits von den heimlichen Flugblättern gesprochen, die von der ›Weißen Rose‹ verfaßt und verteilt worden waren. Die Anführer dieser Gruppe waren Hans Scholl und Alexander Schmorell. Beide dienten als Sanitäter an der russischen Front. Nach München auf Studienurlaub für das Sommersemester zurückgekehrt, schrieben sie die ersten vier Flugblätter. Im zweiten heißt es: ›Nicht über die Juden wollen wir in diesem Blatte schreiben, keine Verteidigungsrede verfassen – nein, nur als Beispiel wollen wir die Tatsache kurz anführen, die Tatsache, daß seit der Eroberung Po-

lens dreihunderttausend Juden in diesem Land auf bestialische Weise ermordet worden sind. Hier sehen wir das fürchterlichste Verbrechen an der Würde des Menschen, ein Verbrechen, dem sich kein ähnliches in der ganzen Menschheitsgeschichte an die Seite stellen kann. Auch die Juden sind doch Menschen – man mag sich zur Judenfrage stellen, wie man will –, und an Menschen wurde solches verübt …‹ Nachdem sie von der Verhaftung, Deportation und Ermordung des polnischen Adels gesprochen haben, fahren die beiden Autoren fort: ›Wozu wir Ihnen dies alles erzählen, da Sie es schon selber wissen, wenn nicht diese, so doch andere gleich schwere Verbrechen des fürchterlichen Untermenschentums? Weil hier die Frage berührt wird, die uns alle zutiefst angeht und uns allen zu denken geben muß. Warum verhält sich das deutsche Volk angesichts dieser scheußlichsten, menschenunwürdigsten Verbrechen so apathisch?‹ Hans Scholl und Alexander Schmorell dienten als Feldwebel im Sanitätskorps und hatten keinen Zugang zu besonderen Informationen.«

309 Hans-Ulrich Thamer – Verführung und Gewalt, a. a. O., S. 709/710. Und Thamer fährt auf S. 710 fort: »Es war ein eingeübter Verdrängungsmechanismus, mit dem die meisten auf das offene Geheimnis reagierten … Doch neben allen Verdrängungen und Scheinrechtfertigungen war und blieb der Vorgang selbst ebenso präzedenzlos wie letztendlich unvorstellbar. Es ist die Gleichzeitigkeit völlig ungleichzeitiger Phänomene, eines ›messianischen Fanatismus und bürokratischer Strukturen, von pathologischen Handlungsantrieben und administrativen Erlassen, von archaischen Denkweisen in einer hochentwickelten Industriegesellschaft‹, die das Begreifen erschwert. Das gilt für die Zeitgenossen wie für die Nachgeborenen.«

310 »In dieser Nacht wurden in fast ganz Deutschland Synagogen in Brand gesteckt, jüdische Geschäfte und Wohnungen zerstört und geplündert, jüdische Friedhöfe geschändet. Mindestens 91 jüdische Bürger wurden erschossen, niedergestochen oder zu Tode geprügelt. Als am Morgen des 10. November die Straßen der deutschen Städte mit Scherben übersät waren, bürgerte sich rasch die Bezeichnung ›Reichskristallnacht‹ ein, worin sich teils Ablehnung des Vorgefallenen, teils Verlegenheit und der Wunsch aussprach, das Ganze herunterzuspielen, als ginge es bloß um zerbrochene Scheiben. Im In- und Ausland fand sich kaum jemand, der an den spontanen Ausbruch des Volkszornes glauben konnte. … Am folgenden Tag wurde die Gestapo aktiv: schon um Mitternacht hatte ihr Chef Heinrich Müller die Verhaftung von 20 000–30 000 vermögenden Juden und ihre Überstellung in Konzentrationslager befohlen, um sie zur Auswanderung zu zwingen. Die angebliche Demonstration des Volkswillens gab dem Re-

gime Gelegenheit, das zu tun, was längst beabsichtigt gewesen war ... Den deutschen Juden wurde eine Kontribution von einer Milliarde Reichsmark auferlegt, eine gewaltige Summe, ganz besonders für eine Bevölkerungsgruppe, die zu diesem Zeitpunkt nur noch rund 250 000 Mitglieder zählte ... Von besonderer Perfidie war die Auflage an die betroffenen Juden, für die Wiederherstellung der zerstörten Geschäfte selbst aufzukommen.« Hans-Ulrich Thamer – Verführung und Gewalt, a. a. O., S. 397/398

311 Ebd., S. 398

312 Und weiter heißt es bei Thamer: »Das SS-Organ ›Schwarzes Korps‹ sprach dieses Endziel bereits drei Wochen nach der ›Reichskristallnacht‹ unverholen aus: Mit Feuer und Schwert müsse man das nun auf sich beschränkte Parasitenvolk auslöschen. Den Zeitpunkt und Zusammenhang dieser Vernichtung hatte Göring bereits auf der Konferenz am 12. November angegeben: ›Wenn das deutsche Volk in irgendeiner absehbaren Zeit in außenpolitischen Konflikt kommt, so ist es selbstverständlich, daß auch wir in Deutschland in allererster Linie daran denken werden, eine große Abrechnung mit den Juden zu vollziehen. Und auch Hitler drohte in der Folgezeit vor ausländischen Diplomaten und in einer Reichstagsrede vom 30. Januar 1939 mit der Vernichtung des deutschen und europäischen Judentums im Falle eines Krieges. Die später mehrmals wiederholte ›Prophetie‹ dieses 30. Januars macht deutlich, wie eng Krieg und Judenhaß ideologisch und pathologisch miteinander verbunden waren. Die Tatsache, daß der Novemberpogrom auf keine spontane Zustimmung der Bevölkerung gestoßen war – sie zeigte sich vielmehr verschüchtert, schockiert und zum Teil offen angewidert –, hat freilich den Weg nach Auschwitz nicht versperrt, sondern im Gegenteil die Judenverfolgung noch konsequenter auf den Weg der technisch-bürokratischen Massenvernichtung außerhalb des Gesichtskreises der Mehrheit der Bevölkerung geführt.« Ebd., S. 398

313 Haffner zitiert Albert Speer und den berüchtigten »Nerobefehl« Hitlers vom 19. März 1945, der nichts weniger als den physischen Untergang des deutschen Volkes zum Ziel hatte, ein letzter Massenmordversuch des abtretenden Hitlers: »... so machte der zweite Führerbefehl vom 19. März, der sogenannte ›Nerobefehl‹, die Absicht vollends deutlich, den Deutschen, und zwar nunmehr *allen* Deutschen, jede Überlebensmöglichkeit zu nehmen. Sein entscheidender Absatz lautet: ›Alle militärischen, Verkehrs-, Nachrichten-, Industrie- und Versorgungsanlagen sowie Sachwerte innerhalb des Reichsgebiets, die sich der Feind für die Fortsetzung seines Kampfes irgendwie sofort oder in absehbarer Zeit nutzbar machen kann, sind zu zerstören.‹ Und zur Erläuterung erklärte Hitler dem protestierenden Speer nach dessen Zeugnis ›in eisigem Ton‹: ›Wenn der Krieg

verloren geht, wird auch das Volk verloren sein. Es ist nicht notwendig, auf die Grundlagen, die das deutsche Volk zu seinem primitivsten Weiterleben braucht, Rücksicht zu nehmen. Im Gegenteil ist es besser, selbst diese Dinge zu zerstören. Denn das Volk hat sich als das schwächere erwiesen, und dem stärkeren Ostvolk gehört ausschließlich die Zukunft. Was nach diesem Kampf übrigbleibt, sind ohnehin die Minderwertigen, denn die Guten sind gefallen.‹ Man ist an den Ausspruch erinnert, den Hitler schon am 27. November 1941 getan hatte, als die Möglichkeit des Scheiterns zum ersten Mal aufgetaucht war ... Hitler hatte damals gesagt: ›Ich bin auch hier eiskalt. Wenn das deutsche Volk einmal nicht mehr stark und opferbereit genug ist, sein Blut für seine Existenz einzusetzen, so soll es vergehen und von einer anderen, stärkeren Macht vernichtet werden. Ich werde dem deutschen Volk keine Träne nachweinen.‹ Jetzt war es soweit und jetzt machte er Ernst damit.« Siehe auch Hans-Ulrich Thamer – Verführung und Gewalt, a. a. O., S. 759ff.; und Joachim C. Fest – Hitler, a. a. O., S. 997ff.

314 »Die Deutschen sind von Hitler befreit worden und werden ihn doch niemals loswerden. Zwar wird er nicht wiederkommen, und auch die Gefahr einer abermaligen Alleinherrschaft wie der seinigen ist angesichts unserer gesellschaftlichen Entwicklung gering, weil jene ganz besondere Konstellation von Umständen, die sie ermöglichte, nach gegenwärtigem Ermessen auf absehbare Zeit nicht wiederkehren kann. Welche anderen Gefahren uns drohen, gehört nicht mehr zur hier gestellten Frage. Eines jedoch gehört noch dazu, und das ist, daß auch der tote Hitler immer mit den Deutschen sein wird, mit den überlebenden, mit den nachlebenden und sogar mit den noch ungeborenen, nicht so wie mit den mitlebenden, aber als ewiges Denkmal des Menschenmöglichen.« Eberhard Jäckel – Hitlers Weltanschauung, a. a. O., S. 159

315 »Die Machthaber sorgten sich, im Unterschied zu den Finanzexperten, wenig um die Schuldenwirtschaft, war das doch allenfalls ein mittelfristiges Problem, das spätestens durch die territoriale Expansion und die Kriege des Dritten Reiches gelöst würde. Ihr Ziel war es, in möglichst kurzer Zeit einen möglichst hohen Rüstungsstand zu erreichen, um dann mit begrenzten militärischen Aktionen den politischen und wirtschaftlichen Machtbereich zu vergrößern.« Hans-Ulrich Thamer – Verführung und Gewalt, a. a. O., S. 480. Siehe dort auch S. 477ff.

316 Joachim C. Fest – Hitler, a. a. O., S. 847

317 Ebd., S. 847. Siehe auch S. 845ff.: »Es waren vor allem die konservativen Führungsschichten gewesen, deren Wortführer die ausgreifenden Konzepte der Kaiserzeit entworfen und aus dem Zusammenbruch des Jahres 1918 einen verstärkten Geltungskomplex entwickelt hatten: seither

suchten sie, Deutschlands erschüttertes Selbstbewußtsein wiederherzustellen sowie die verlorenen Gebiete (vor allem von Polen) zurückzugewinnen, und weigerten sich selbst in ihren besonnensten Vertretern während der Weimarer Zeit stets, eine Grenzgarantie nach Osten zu geben ... Bezeichnenderweise ermunterten sie ihn (Hitler) zu Beginn seiner Kanzlerschaft sogar zu einem verschärften Kurs: sowohl beim Rückzug aus der Abrüstungskonferenz und beim Austritt aus dem Völkerbund als auch in der Abrüstungsfrage drängten die konservativen Kabinettsmitglieder den zögernden Hitler voran, und bis hin zur Münchner Konferenz waren es im Grunde nur die waghalsigen Spielermethoden Hitlers, die ihre Mißbilligung fanden.
Dann freilich endet die Kontinuität mit einem Schlag. Denn was die revisionistischen Konservativen vom Schlage eines v. Neuraths, v. Blombergs, v. Papens und v. Weizsäckers als Ziel betrachteten, war für Hitler nicht einmal eine Etappe, sondern lediglich ein vorbereitender Schritt. Er verachtete die halbherzigen Partner, weil sie eben nicht wollten, was die umstrittene Formel ihnen zuschreibt: den ›Griff nach der Weltmacht‹, der sein unverwandt angesteuertes ›Zukunftsziel‹ war: nicht neue (oder gar alte) Grenzen, sondern neue Räume, eine Million Quadratkilometer, ja alles Land bis zum Ural und schließlich auch darüber hinaus: ›Wir werden dem Osten unsere Gesetze aufdiktieren. Wir werden vorpreschen bis zum Ural. Ich hoffe, daß das unsere Generation noch schafft ... Dann werden wir eine gesunde Auslese für alle Zukunft haben. Wir werden damit die Voraussetzungen dafür schaffen, daß das gesamte von uns, dem germanischen Volk, geleitete, geordnete und geführte Europa in Generationen seine Schicksalskämpfe mit einem bestimmt wieder hervorbrechenden Asien bestehen kann. Wir wissen nicht, wann das sein wird. Wenn dann auf der anderen Seite die Masse Mensch mit 1 bis 1,5 Milliarden antritt, dann muß das germanische Volk mit seinen, wie ich hoffe, 250 bis 300 Millionen zusammen mit den anderen europäischen Völkern in einer Gesamtzahl von 600 bis 700 Millionen und mit einem Vorfeld bis zum Ural oder in hundert Jahren bis über den Ural hinaus seinen Lebenskampf gegen Asien bestehen.‹ Was diesen Imperialismus von dem der Kaiserzeit qualitativ unterschied und die Kontinuität zerbrach, war weniger der gewaltige Raumhunger, der immerhin bei den Alldeutschen oder, machtpolitisch konkreter, in Ludendorffs Ostplänen von 1918 bereits angedeutet war, als vielmehr das ideologische Ferment, das ihm Bindung und Stoßkraft verlieh: Vorstellungen von Auslese, Rasseblock und eschatologischer Sendung.«

318 Bernd Martin – Weltmacht oder Niedergang?, a. a. O., S. 163. Siehe auch Eberhard Jäckel – Hitlers Weltanschauung, a. a. O., S. 42 ff. und beson-

ders S. 44/45, wo Jäckel das 14. Kapitel »Ostorientierung oder Ostpolitik« des zweiten Bandes von »Mein Kampf« zusammenfaßt: »Mit diesem Kapitel war es Hitler gelungen, alle seine bisherigen außenpolitischen Überlegungen, nämlich das Verhältnis zu den vier europäischen Großmächten, die Bodenpolitik, die Revisionspolitik und sogar die Rassenpolitik zu einem in sich geschlossenen Programm zu vereinigen. Es gliederte sich nunmehr in drei große Phasen. In der ersten hatte die innere Erneuerung und Aufrüstung Deutschlands sowie der Bündnisabschluß mit Britannien und Italien zu erfolgen. Damit wurde die Möglichkeit gegeben, ›in aller Ruhe diejenigen Vorbereitungen zu treffen, die im Rahmen einer solchen Koalition für eine Abrechnung mit Frankreich so oder so getroffen werden müßten‹. In der zweiten Phase kam dann der Krieg gegen Frankreich. Damit wurde die französische Vormachtstellung in Europa beseitigt und zugleich die Bedrohung im Rücken Deutschlands während der Ostexpansion, und als Nebenergebnis fiel dabei sogar die Erfüllung der deutschen Revisionsforderungen von 1918 ab, jedenfalls soweit sie auf dem europäischen Festland erfüllt werden konnten. In der dritten und letzten Phase konnte dann der große Eroberungskrieg gegen Rußland stattfinden, militärisch nur noch ein leichtes Werk, denn nichts stünde ihm mehr im Wege als das desorganisierte Land der jüdischen Bolschewisten und der unfähigen Slawen, politisch von geradezu epochaler Bedeutung, weil damit für Generationen ein neuer Lebensraum der deutschen Nation errungen und zugleich eine neue Weltmachtstellung begründet wurde.«

319 »Nichts, gar nichts ist von dem geblieben, was Bismarck den Kräften des Umbruchs, der revolutionären Veränderungen seiner Zeit in Widerstand und Entgegenkommen abgetrotzt hat: den kleindeutschen Nationalstaat, den Fortbestand der Macht der preußischen Krone in einem ganz neuen politisch-institutionellen Rahmen, die Sicherung der traditionellen Eliten und ihrer materiellen Basis, die Machtposition des neuen Reiches im Kreis der europäischen Mächte. Im Gegenteil: Die scheinbar so erfolgreiche Legierung zwischen Elementen des Alten und des Neuen erwies sich als täuschende Patina. Sie verdeckte nur den Korrosionsprozeß und führte zu Selbsttäuschungen aller Art, vor allem bei jenen, denen sie scheinbar neue Kraft verliehen hatte. Was zunächst so stabil, so dauerhaft und historisch eigenständig, einer besonderen geschichtlichen Entwicklung entsprechend erschien, wurde in wenigen Jahrzehnten beiseite geschoben. Das Reich von 1871 steht heute, betrachtet man die Dinge nüchtern und ohne Wunschdenken, als extrem unstabiles und kurzlebiges historisches Gebilde vor uns.« Lothar Gall – Bismarck, a. a. O., S. 725

320 »Der mit Beginn des rassischen Vernichtungskrieges im Osten 1941

und der ›Endlösung der Juden-Frage‹ (Ende 1941) von Hitler vollzogene Bruch in der deutschen Geschichte wurde durch die Niederlage des von ihm geschaffenen Systems 1945 besiegelt. Die Diskrepanz zwischen der angestrebten Weltvormacht-Stellung und der erreichten Katastrophe war größer als bei den Verbündeten des Deutschen Reiches, Japan und Italien. ... Die deutsche Geschichte und das Deutsche Reich waren nicht wie 1918 beim Waffenstillstand und den ihm folgenden inneren Wirren in Frage gestellt, sondern waren in der Ausprägung des traditionsverhafteten Einheitsstaates mit seiner rückwärtsgewandten Elite und den nationalsozialistischen Usurpatoren schlichtweg beendet. Das auf der gemeinsamen Basis des äußeren Primats der Expansion nur folgerichtig geschlossene Bündnis zwischen den antiliberalen Traditionsgruppen autoritärer Observanz (den wilhelminischen Imperialisten) und den modernen Antiliberalen totalitärer Tendenz (den Nationalsozialisten), diese antidemokratische, antifreiheitliche Mesaillance bildete den Höhepunkt einer verblendet dem äußeren, nationalen Erfolg verpflichteten deutschen historischen Sonderentwicklung. Die preußische Keimzelle Deutschlands war über den Staat Bismarcks in dem tausendjährigen germanischen Reich als moderne totalitäre Schreckensvision der Herrschaft des Menschen über den Menschen aufgegangen. ... Die Deutschen waren 1945 durch ihre vollständige Niederlage der Hypothek ihrer geschichtlichen Sonderentwicklung im sozialen wie im politischen Bereich enthoben. Das Jahr 1945 markiert das definitive Ende einer Epoche der deutschen Geschichte ...« Bernd Martin – Weltmacht oder Untergang?, a. a. O., S. 266/267

321 »Deutschlands Großmachtrolle war zu Ende, Mitteleuropa geteilt zwischen den Siegern. Als Hitler sich im Bunker erschoß, war er gescheitert: mit der Weltreichsidee ebenso wie mit dem Versuch, den Deutschen ihren Untergang zu bereiten. Er war gescheitert mit der Vernichtung der Juden, denn nun entstand der Staat Israel. Gescheitert mit dem Antibolschewismus, denn fortan standen Sowjettruppen an der Elbe, die Sowjetunion war auf dem Weg zur nuklearen Supermacht ... Er war aus dem Bürgerkrieg gekommen, der Zusammenbruch der bürgerlichen Epoche hatte ihn groß gemacht. Als Erlöser war er den Deutschen erschienen, und als Folterknecht ist er von ihnen geschieden. Der letzte, extreme Versuch, von Europa aus antirevolutionäre Weltpolitik zu machen, hat die Welt revolutionär verändert. Eine neue Epoche wurde im Schrecken geboren.« Michael Stürmer – Das industrielle Deutschland, a. a. O., S. 365

322 Sebastian Haffner – Anmerkungen zu Hitler, a. a. O., S. 126. Siehe auch S. 125/126: »Was Hitler wollte, war Deutschlands Vorherrschaft in Europa und direkte Herrschaft über Rußland, im übrigen die Erhaltung der

europäischen Herrschaft über Afrika und große Teile Asiens und Ozeaniens. Eine Machtpyramide, mit den alten europäischen Überseekolonien und der neuen deutschen Kolonie Rußland ganz unten an der Basis, den übrigen europäischen Ländern, abgestuft in deutsche Nebenländer, Hilfsvölker, Satelliten und schein- oder halbunabhängige Bundesgenossen, als Mittelbau und Deutschland an der Spitze. Dieses riesige deutschbeherrschte Machtgebilde sollte dann später den Kampf mit Amerika und Japan um die Weltherrschaft aufnehmen können. Was Hitler bewirkt hat, ist die Vorherrschaft Amerikas im westlichen und Rußlands im östlichen Europa mit Teilung Deutschlands, und die Auflösung aller europäischen Kolonialreiche. Eine Welt mit zwei Machtspitzen, in der die ehemaligen europäischen Kolonien plötzlich Selbständigkeit und eine gewisse Narrenfreiheit genießen, Europa aber (wiederum mit Abstufungen) den beiden Supermächten untergeordnet ist. Deutschland ist dabei zunächst, bei völligem Verlust seiner Staatlichkeit, ganz unten im Keller gewesen und hat Jahre und Jahrzehnte gebraucht, um sich auch nur wieder, geteilt und besetzt, in den Zustand abhängiger Bundesgenossenschaft mit Amerika beziehungsweise Rußland, in dem das übrige Europa verharrt, heraufzuarbeiten.«

323 »Der Aufstand gegen die Modernität hatte geendet als Bruch aller Tradition. Am ersten Tag des Polenfeldzugs wurden noch Kavalleriesäbel geschärft, und sechs Jahre später standen die Explosionswolken von Atombomben über zwei japanischen Städten. Was als Serie von europäischen Blitzkriegen geplant war, endete mit einem neuen Weltsystem, in dem Europa nur noch zählte nach dem Maß seiner Bedeutung für das globale Gleichgewicht. Die Revolution, um alle Revolutionen zu beenden, wurde, wenn man die Wirkung ermißt, Weltrevolution.« Michael Stürmer – Das industrielle Deutschland, a. a. O., S. 364/365

324 David S. Hamilton – Beyond Bonn. America and the Berlin Republic, Washington DC, 1994, S. 13

325 »Still anxiety persists. Few doubt that Germany ›is the 900-pound gorilla in the Europe of the future‹, as a senior U. S. diplomat in Bonn put it.« »Future is East for German Business?«; aus: INTERNATIONAL HERALD TRIBUNE vom 18. April 1994, S. 1

326 Christian Graf von Krockow – Die Deutschen vor ihrer Zukunft, Berlin 1993, S. 117

327 »SIEDLER Sind wir denn nicht wirklich im sicheren Westen gelandet, und gilt das nicht für alle Zeiten? Die deutsche Entwicklung seit 1945 ist eine entschlossene Westwendung. Zum ersten Mal blickt Deutschland auch seelisch und geistig rückhaltlos nach Westeuropa. Die Ideen der engli-

schen Revolution des 17. Jahrhunderts, dann die amerikanische Revolution des 18. Jahrhunderts und schließlich die französische Revolution von 1789 haben geistig nun endlich Besitz von Deutschland ergriffen.
BARING Die Ideen? Geistig Besitz von Deutschland ergriffen? Das glaube ich keine Minute!
SIEDLER ... Das alles läuft, Herr Baring, darauf hinaus, daß ich Ihnen in einem gewissen Sinne widersprechen möchte. Wir sind, um ihre Formulierung aufzugreifen, tatsächlich im sicheren Westen gelandet, haben wirklich neue Partner gefunden, und das gilt, so hoffe ich zumindest, für alle Zeiten.
BARING Ich hoffe das auch. Aber gleichzeitig muß man sehen, daß sich die Rahmenbedingungen ändern. Wir sind heute in einer Lage, in der wir zwangsläufig wieder größere Verantwortung für uns selbst übernehmen müssen. Die Allianz hat uns sehr viel stärker, als wir selber damals gesehen haben, vor unseren eigenen früheren Fehleinschätzungen und Irrtümern geschützt. Ich glaube, daß wir erst im Rückblick sehen werden, wieviel wir der Allianz verdankten ... Weil wir unsere eigenen Einschätzungen immer mit denen der anderen abstimmen mußten, kamen wir zu einem verbesserten Urteil und auch zu einem klügeren Verhalten. Jetzt sind wir wieder stärker darauf angewiesen, aus eigener Kraft die auswärtige Konstellation zu analysieren, dann auszubalancieren. Darauf sind wir alle nicht vorbereitet. Wir haben auch keine Vorbilder, haben historisch uns noch nie zufriedenstellend einen Reim auf uns machen können.« Arnulf Baring – Deutschland, was nun? Ein Gespräch mit Dirk Rumberg und Wolf Jobst Siedler, Berlin 1991, S. 17/18

328 Die eher komische Seite des sehr ernsten Problems der mangelnden demokratischen Traditionsbestände wird im Hin und Her um das »richtige« Datum des Nationalfeiertages offenbar. Das Bismarckreich war hier konsequenter, denn es feierte mit dem »Sedantag« als Nationalfeiertag sein ureigenstes Erfolgs- und Modernisierungsprinzip, den Krieg und dessen Subjekt, die Armee. Das demokratische und wiedervereinigte Deutschland hatte leider nicht den Mut, sich dem 9. November zu stellen, ein Tag von höchster Ambivalenz in der deutschen Geschichte: der Tag der Novemberrevolution von 1918; der Tag der sogenannten »Reichskristallnacht« 1938, des Pogroms der Nazis an den deutschen Juden und der deutschen Schande; und der Tag des Falls der Mauer 1989, der Freiheit für Ostdeutschland und des Endes der Teilung. Gerade deshalb ist der 9. November ein ausgezeichneter Tag zur Vergegenwärtigung der Gebrochenheit, der Chancen, der Verbrechen und des schließlichen Sieges der deutschen Demokratie, und zugleich macht dieses Datum klar, daß legitimitätsbildende Traditionsbestände für die deutsche Demokratie wohl nicht zu ein-

facheren, unkomplizierteren Bedingungen zu haben sind. Die Alternative heißt, auf solche Traditionsbestände ganz zu verzichten, was in normalen Zeiten nichts schadet, in schweren Krisen sich allerdings als fataler Fehler erweisen kann. Die jetzt gefundene Lösung des 3. Oktober ist eine von oben aufgesetzte Scheinlösung, die tatsächlich auf den Verzicht hinausläuft, getarnt als Nationalfeiertag ohne demokratische Bindungswirkung, denn das Datum der staatsrechtlichen Einigung verfügt über keinerlei legitimationsbildende Traditionsbestände, da dieses Datum lediglich den bürokratischen Zufällen des staatsrechtlichen Vereinigungsprozesses entsprang. Siehe dazu auch Christian Graf von Krockow – Die Deutschen vor ihrer Zukunft, a. a. O., S. 124ff.

329 »Das Selbstbewußtsein heilen, die gefestigte Identität herstellen: Möglichkeiten gäbe es dafür durchaus, eine vor allem. Denn im Herbst 1989 haben sich in Deutschland Menschen erhoben, den aufrechten Gang geübt und Zivilcourage bewiesen. Gegen eine perfekt organisierte Gewalt haben sie das Verlangen nach Freiheit gesetzt; in einer friedlichen Revolution haben sie den Obrigkeitsstaat zum Einsturz gebracht und die selbsternannten Vormünder verjagt, die ihn regierten. Niemals zuvor war derartiges gelungen; immer blieb die deutsche Geschichte der Freiheit die ihrer Niederlagen. Die Bürgerrevolution von 1848 scheiterte. Die Weimarer Republik trug für ihre schwachen Kräfte viel zu schwer am Zusammenbruch von 1918 und am ›Schandfrieden‹ von Versailles. Nur wenige haben sie aus vollem Herzen bejaht, aber vielen blieb sie verhaßt als ein Produkt des Verrats, wie die Legende vom ›Dolchstoß‹ ihn malte. Am Ende ist auch sie gescheitert, wie dann am 20. Juli 1944 der Versuch, die Gewaltherrschaft zu stürzen. 1945 hielten Demokratie und Sozialismus sozusagen auf Bajonettspitzen, mit der Macht der Sieger ihren Einzug, und die Bundesrepublik wählte im Gedenken an den gescheiterten Aufstand vom 17. Juli 1953 wiederum eine Niederlage der Freiheit zum Nationalfeiertag.« Christian Graf von Krockow – Die Deutschen vor ihrer Zukunft, a. a. O., S. 115

330 Siehe zu dieser Ambivalenz von äußerer Westbindung und innerer Demokratisierung die biographisch-politischen Anmerkungen von Jürgen Habermas, die beispielhaft sind für das Verhältnis der westdeutschen demokratischen Linken zur Westbindung:

»HABERMAS: ... Als ich ›Theorie und Praxis‹ zu schreiben begann, bezog ich mich auf die Rezeption des Naturrechts, auf Hobbes, auf Locke, Kant, den linken Hegel, und für mich war es offensichtlich, daß ein westlich gelesener Marx durchaus demselben intellektuellen Universum angehört. Daher war die kulturelle und mentale Westorientierung eine Antwort auf die irrationalistischen deutschen Traditionen, die immer gegen die französi-

sche Aufklärung gerichtet waren. Nicht erst Nolte hat mich auf westliche Bahnen gebracht. Allerdings muß ich sagen, da mir erst in den achtziger Jahren klargeworden ist, daß die politische Integration in den Westen, die ich in den fünfziger Jahren bekämpfte, weil ich die Restauration des Kapitalismus ablehnte, richtig war. ... Und deswegen bin ich, ähnlich wie Herr Kohl, für eine schnelle europäische Integration.
KRZEMINSKI: Und jetzt die zweite Frage: Was ist vom Sozialismus geblieben?
HABERMAS: Radikale Demokratie. ... Ich füge noch hinzu, da man von der marxistischen Tradition nach wie vor die Kapitalismuskritik lernen kann, die heute vielleicht nötiger ist als zuvor, da durch den Zerfall des Staatssozialismus die Selbstbestätigung des Kapitalismus gesteigert wurde... Aber der Maßstab ist ausschließlich die Realisierung einer radikalen Demokratie, was natürlich die sozialstaatliche Zähmung des Kapitalismus bis zu seiner Unkenntlichkeit einschließt.« »Mehr Demut, weniger Illusionen. Adam Michnik triff Jürgen Habermas...Ein Streitgespräch, moderiert von Adam Krzeminski«; aus: DIE ZEIT Nr. 51, 17. Dezember 1993, S. 12

331 Karlheinz Weißmann – Wiederkehr eines Totgesagten: Der Nationalstaat am Ende des 20. Jahrhunderts; aus: Politik und Zeitgeschichte, Beilage zur Wochenzeitung DAS PARLAMENT, 14/93, 2. April 1993, S. 9

332 Siehe dazu beispielhaft den Sammelband von Rainer Zittelmann, Karlheinz Weissmann, Michael Grossheim – Westbindung. Chancen und Risiken für Deutschland, Frankfurt/M.–Berlin 1993. Siehe ganz besonders auch die These, die sich wie ein roter Faden durch die Mehrheit der Beiträge zieht, daß es so etwas wie einen deutschen Sonderweg niemals gegeben habe, daß sich demnach Deutschland von den westlichen Nationen kaum wirklich unterschieden habe und mit Hitler einfach Pech gehabt hatte, ja, es wird gar der wahre Geniestreich indirekt angeregt, Hitler als eine »gemeineuropäische Angelegenheit« zu europäisieren und damit zu entnationalisieren: »Nicht die deutsche Geschichte ermöglichte Adolf Hitler, sondern das konkrete Verhalten bei nicht minder konkreten Herausforderungen, die eine Antwort erheischten, entsprechend den zeitlich gegebenen Möglichkeiten. Das freilich empört viele West-Deutsche. Eine ›Historisierung‹ des Nationalsozialismus bedeutet eine ›Individualisierung‹, eine Begrenzung auf den historisch gegebenen, besonderen Augenblick in seiner Flüchtigkeit und damit Vergänglichkeit. Mit der ›Historisierung‹ des Nationalsozalsimus würde aber auch der ›Gründungsmythos‹ der Bundesrepublik, nämlich der ›des Westens‹, historisiert und relativiert. Wovon die Staatsideologie des ›freiesten Staates, den es auf deutschem Boden gab‹,

unmittelbar betroffen ist, weil sie ihrerseits unversehens zum Verlegenheitsmythos würde: Sollte etwa Deutschland gar nicht so hartnäckig auf ›Sonderwegen‹ gewandelt sein, die es gar nicht eindeutig von seinen westlichen Nachbarn entfernte? Wäre Deutschland gar nicht so ›unwestlich‹, dann allerdings erübrigte sich auch in gewisser Weise die deutsche Angst vor den Deutschen, dann könnte manches, was Besorgnis verursacht, als eine gemeineuropäische Angelegenheit, eine genuin europäische, begriffen werden und Deutschland als ein relativ ›normaler‹ Staat mit einer relativ ›normalen‹ Geschichte behandelt werden, soweit es eben Normalität überhaupt in der Geschichte gibt. Doch ›normal‹ zu sein – das gerade widerspricht der deutschen Idee ›des Westens‹, der gleichsam zur Staatsaufgabe erhobenen Verpflichtung der ›Verwestlichung‹, was eine deutsche ›Anomalie‹ voraussetzt, von der der ›freieste Staat‹, zur Verwestlichung erziehend, befreit.« Eberhard Straub – »Verwestlichung« als Erziehungsprogramm; aus: Zittelmann u. a. – Westbindung, a. a. O., S. 326/327. Und auf S. 341 wird Straub unter der Überschrift »Lauter Sonderwege« noch deutlicher: »Fragen an die deutsche Geschichte sind zum großen Teil Fragen, die an alle Europäer gerichtet werden müssen. Es würde nichts schaden, wenn die Westler von der strengsten Observanz sich des Frankreichs im vergangenen Jahrhundert gründlicher annähmen und keine so tugendhafte Scheu vor dem Frankreich der *Collaboration* bewahrten ... Nur hieße das, den Nationalsozialismus im Zusammenhang der europäischen Krise des liberalen Parlamentarismus zu behandeln, als eine gar nicht außergewöhnliche, aber extreme Erscheinung einer sich damals radikalisierenden, revolutionierenden Moderne. Das hieß ihn eben zu ›verwestlichen‹. Aber davor haben die West-Deutschen panische Angst, weil sie das um die beanspruchte Exklusivität ihres Unbehagens und der Furcht vor sich selbst brächte.«

333 Hans D. Barbier – »Anschwellende Zumutung. Bedarf an nationaler Rhetorik gedeckt«; aus: FRANKFURTER ALLGEMEINE ZEITUNG (FAZ) vom 25. April 1994, S. 35. Weiter heißt es da: »Die Bundesrepublik hat ihren Platz in der Welt vierzig Jahre lang gefunden, ohne das Nationale auch nur zu vermissen. Wer es heute – mit allen Risiken, die diese Chiffre in Deutschland nun einmal hat – in den politischen Prozeß einführt, der ist begründungspflichtig. Wozu ist das gut, wird das gebraucht, wem schadet das?«

334 Ansgar Graw – (Historiker-)Streit unter Adenauers Enkeln; aus: Zittelmann u. a. – Westbindung, a. a. O., S. 379

335 Ebd., S. 381

336 Diese doppelte Frontstellung der neuen Nationalrevisionisten

gegen die Legitimität der alten, westdeutschen Bundesrepublik wird exemplarisch, ja nachgerade programmatisch in der Einleitung des Sammelbandes »Westbindung« unter der Überschrift »Wir Deutsche und der Westen« von den Herausgebern biographisch festgemacht: »Die Mehrzahl der Autoren dieses Bandes gehört einer jüngeren Generation an, die weder durch das Trauma der NS-Vergangenheit noch durch die 1968er-Revolte geprägt ist. Es geht ihnen nicht darum, die westliche Orientierung des vereinigten Deutschland in Frage zu stellen, aber viele plädieren doch dafür, die Chancen und Risiken der Westbindung nüchtern zu diskutieren, frei von der fast schon mystischen Verklärung ›des Westens‹, wie sie nach 1945 zum Glaubensbekenntnis für viele Linksliberale und Konservative geworden ist. Auch daher rührt die Skepsis der meisten Autoren gegen die ›Sonderwegsthese‹, welche von ihren offenherzigsten Vertretern mit dem Argument begründet wurde: ›Man bricht dem deutschen politischen Bewußtsein nach 1945 das Rückgrat, wenn man die Sonderwegsthese eleminiert. Die Chancen, die die Westorientierung gerade heute für Deutschland bietet, sind offensichtlich und werden von den Autoren betont. Aber die Risiken einer Politik, die sich der Utopie einer Totalwestintegration Deutschlands in einen europäischen Bundesstaat verschrieben hat, sollten ebenfalls nicht verkannt werden.« Zittelmann u. a. – Westbindung, a. a. O., S. 15

337 Siehe das Interview des bayrischen Ministerpräsidenten Edmund Stoiber (CSU) in der SÜDDEUTSCHEN ZEITUNG vom 2. November 1993, S. 14, das gewiß sehr stark wahltaktisch, ja regelrecht wahlopportunistisch auf europakritische Rechtswähler der Republikaner zielt, in dem Stoiber aber dennoch einige »rechte Wahrheiten« über die nationalistische Neuorientierung nach der Einheit zielsicher ausplaudert. Die SÜDDEUTSCHE ZEITUNG machte die Zusammenfassung des Interviews auf S. 1 unter der Überschrift auf: »Stoiber: Mit Adenauer brechen.« Edmund Stoiber erklärt darin nichts weniger, als daß die Zeit der notwendigen europäischen Maskerade der deutschen Rechten mit der Einheit zu Ende gegangen sei:
»SZ: Franz Josef Strauß hat gefordert: ›Wir dürfen nicht aufhören, mit aller Kraft am europäischen Bundesstaat zu arbeiten.‹ Dieser Satz stand am Beginn des Wahlkampfs zum ersten direkt gewählten Europäischen Parlament im Jahre 1979. Sie, Herr Ministerpräsident, haben sich in diesem Punkt von Ihrem Lehrmeister Strauß abgewandt und dem europäischen Bundesstaat den Rücken gekehrt.
Stoiber: Ja. Was ein europäischer Bundesstaat auf dem Hintergrund der inzwischen gemachten Erfahrungen mit zentralistischen Tendenzen der EG und ihrer Bürokratie bedeutet – das hatten wir damals in den siebziger Jahren noch nicht gesehen.

SZ: Sie haben den europäischen Bundesstaat auch als Fernziel aufgegeben?
Stoiber: Ja. Wir streben keinen europäischen Bundesstaat mehr an. ...
SZ: ... Man muß doch wegen Fehlern im Detail nicht das ganze Modell wegwerfen. Die Defekte, die Sie feststellen, sind doch nicht Ausprägungen des europäischen Föderalismus, sondern Exzesse der europäischen Bürokratie.
Stoiber: Da ist schon was dran, aber: Bundesstaat würde bedeuten, daß die Staatlichkeit Deutschlands oder Frankreichs überwölbt und ausgehöhlt würde durch eine europäische Staatlichkeit. Das ist der Weg, den die Deutschen in den fünfziger, auch noch in den sechziger Jahren gehen wollten. Eine Rolle spielten dabei unsere geschichtlichen Belastungen: Wir hofften, die Nation, die damals geteilte deutsche Nation würde aufgehen in einer europäischen Nation, und wir würden uns damit auch entlasten von den geschichtlichen Verantwortlichkeiten. Mit der deutschen Wiedervereinigung haben wir nun eine andere Situation – und wir müssen uns bewußt werden, was die deutsche Identität eigentlich ist.
SZ: Von Konrad Adenauer bis Helmut Kohl – die Europa-Politiker der Union sahen doch nicht nur ein deutsches, sondern ein europäisches Dilemma. Sie sagten: Wir müssen es schaffen, daß man sagt, ich bin Europäer aus Deutschland, ich bin Europäer aus Frankreich. Sie wollten nicht ängstlich sein, sondern offensiv lernen, etwas grundsätzlich Neues anstreben.
Stoiber: Der junge Helmut Kohl war in einer Zeit aufgewachsen unter dem Eindruck eines verheerenden Weltkriegs, der zugleich europäischer Bürgerkrieg war, in einer Zeit also, wo Deutscher zu sein insgesamt oft als belastend empfunden wurde. Deshalb haben viele Deutsche damals eine neue Identität gesucht und glaubten, sie in Europa zu finden.
SZ: Sie, Herr Ministerpräsident, sagen also: Wir Deutsche hatten eine Macke, die Macke ist weg mit der Wiedervereinigung, jetzt können wir wieder...
Stoiber: Nein, aber: Ein europäischer Bundesstaat setzt eine große Interessengemeinschaft voraus. Sie läßt sich nicht vom Nordkap bis nach Südsizilien zusammenfassen wie Bayern und Nordrhein-Westfalen. Ich sage noch einmal: Es gab einmal eine europäische Bewegung in Deutschland, die unter anderem auch glaubte, in der europäischen Identität belastete deutsche Identität auffangen zu können. Das ist vorbei...«

338 Karlheinz Weißmann – Wiederkehr eines Totgesagten: Der Nationalstaat am Ende des 20. Jahrhunderts, a. a. O., S. 3

339 Karl Schlögel – Deutschland: Land der Mitte, Land ohne Mitte; aus: Zittelmann u. a. – Westbindung, a. a. O., S. 441

340 Siehe dazu auch die bereits 1985 verfaßte Polemik von Hans-Peter Schwarz – Die gezähmten Deutschen. Von der Machtbesessenheit zur Machtvergessenheit, Stuttgart 1985, in der fast alle Kampfbegriffe des nunmehr stattfindenden nationalen Revisionsversuchs vorzufinden sind – vor allem das Hohelied auf eine klare Freund-Feind-Unterscheidung in der Außenpolitik und die Wiederentdeckung der äußeren Machtpolitik.

341 Alfred Mechtersheimer – Friedensmacht Deutschland. Für einen neuen Patriotismus, Frankfurt/M.–Berlin 1993, S. 170/171

342 »Die ›Klientitis‹ war offen ausgebrochen – Frankreich fühlte sich zum Schutz Serbiens verpflichtet, als der deutsche Schwenk in Richtung Kroatien unverkennbar wurde; und der französischen Passivität gegenüber dem Aggressor stand die britische nicht nach.« John Newhouse – Bonn, der Westen und die Auflösung Jugoslawiens; aus: BLÄTTER FÜR DEUTSCHE UND INTERNATIONALE POLITIK Heft 10, Oktober 1992, S. 1196

343 Marie-Janine Calic – Jugoslawienpolitik am Wendepunkt; aus: Politik und Zeitgeschichte, Beilage zur Wochenzeitung DAS PARLAMENT, B 37/93, 10. September 1993, S. 14

344 Am 5. September 1991 berichtet die Zeitung DIE WELT unter der Überschrift »Kohl und Genscher warnen Belgrad« über die Bundestagsdebatte vom Vortag. Kaum einem Beobachter fiel damals auf, daß es das erste Mal war seit 1945, daß ein deutscher Kanzler und sein Außenminister eine fremde europäische Macht »gewarnt« hatten und es dabei nicht um die Anerkennung der früheren DDR in den sechziger Jahren ging. Und ebenfalls fiel in Bonn kaum jemand auf, daß Kohl und Genscher gar nichts zum Warnen hatten, denn wer »anerkennt«, »garantiert« auch, und Bonn hatte nichts zu garantieren. Belgrad pfiff auf diese deutsche »Warnung«, und die Bonner Anerkennungspolitik wirkte ohne Schutzgarantie für die anerkannten neuen Republiken sogar noch kriegsverstärkend, weil jeden weiteren territorialen und staatsrechtlichen Kompromiß zwischen den verschiedenen jugoslawischen Völkern ausschließend.

345 »Angesichts der verworrenen innerjugoslawischen Situation grenzte es ohnehin an die Quadratur des Kreises, eine für den gesamten Raum akzeptable politische Ordnung zu entwerfen und durchzusetzen. Der gravierendste Fehler der Jugoslawienpolitik bestand aber darin, sich permanent mit Teillösungen zu bescheiden und zu ignorieren, daß die Probleme aller südslawischen Republiken unlösbar miteinander verwoben sind. Wer ein Element innerhalb des labilen multinationalen staatlichen Konstruktes verschob, brachte das gesamte ethnische und politische Gefüge in Bewegung. Überspitzt gesagt, jede politische Reaktion gegenüber

Slowenien hätte auf ihre Auswirkungen auf Makedonien hin überprüft werden müssen. ... Der Vorsatz, alle Teilrepubliken in unabhängige und souveräne Staaten umzuwandeln, besaß mit Bosnien-Herzegowina und Makedonien zwei gefährliche Schwachstellen ... Prinzipiell schien es wenig plausibel, warum das Zusammenleben der Völker in ethnisch heterogenen Republiken besser funktionieren sollte als im multinationalen jugoslawischen Bundesstaat.« Marie-Janine Calic – Jugoslawien am Wendepunkt, a. a. O., S. 15

346 »Der Riß: während die westlichen Länder darauf hinwiesen, daß Selbstbestimmung als solche noch keine Politik sei, wird von deutscher Seite das Selbstbestimmungsrecht als Politik eingesetzt, die, weil sie mit den entsprechenden Strömungen wie in Kroatien konform geht, des Zwangs enthoben ist, sich näher zu erklären.« Arthur Heinrich – Neue Deutsche Außenpolitik; aus: BLÄTTER FÜR DEUTSCHE UND INTERNATIONALE POLITIK Heft 12, Dezember 1991, S. 1451

347 Siehe dazu Heinz Jürgen Axt – Hat Genscher Jugoslawien entzweit?; aus: EUROPAARCHIV Folge 12/1993, S. 351ff.; Wolfgang Wagner – Acht Lehren aus dem Fall Jugoslawien; aus: EUROPAARCHIV Folge 2/1992, S. 32ff.; Alexander Mühlen – Die deutsche Rolle bei der Anerkennung Jugoslawiens; aus: LIBERAL, Jg. 34, Heft 2, Juni 1992, S. 49ff.; und die Magisterarbeit von Martin Rosenfeldt – Deutschland und Frankreich im Jugoslawienkonflikt (1991–1993), vorgelegt der Sozialwissenschaftlichen Fakultät der Ludwig-Maximilians-Universität, München 1993

348 Am 18. Juni 1993 machte DIE WELT mit der Schlagzeile auf: »US-Außenminister kritisiert Bonn – Christopher wirft der Bundesregierung Fehler in der Jugoslawienpolitik vor.« Und weiter heißt es in der Meldung: »›Es wurden beim gesamten Anerkennungsprozeß und vor allem bei der zu schnellen Anerkennung schwere Fehler gemacht‹, erklärte Christopher in einem Interview mit ›USA Today‹, ›und die Deutschen tragen eine besondere Verantwortung dafür, daß sie die EG zu dieser Anerkennung überredet haben ... viele ernstzunehmende Fachleute sind der Meinung, daß die Probleme, denen wir heute gegenüberstehen, aus der Anerkennung Kroatiens und später Bosniens abzuleiten sind.« Die FAZ meldet am 19. Juni 1993: »Trübungen zwischen Bonn und Washington. Kohl und Kinkel verwahren sich – Christopher: Deutschland ist für den Krieg mitverantwortlich/Die Anerkennung Kroatiens und Sloweniens.« Neben der berichteten Bonner Empörung über die öffentliche Zurechtweisung durch den Außenminister der USA lautet die wichtigste Botschaft: »Indessen wurde der sachliche Gehalt des Vorwurfs damit offenkundig nicht zurückgenommen«. Man wird lange in den deutsch-amerikanischen Beziehungen der vergange-

nen vierzig Jahre suchen müssen, bis man einen vergleichbaren Eklat finden wird.

349 Arthur Heinrich – Neue Deutsche Außenpolitik, a.a.O., S. 1451. Und weiter heißt es da: »Ein paar Tage nach dem Mitterand-Besuch in der Bundesrepublik übte der außenpolitische Sprecher der CDU-Fraktion, Karl Lamers, Selbstkritik. Es folgte das offene Eingeständnis einer doppelten Fehleinschätzung, sowohl hinsichtlich der Zielvorstellungen als auch in bezug auf die Durchsetzungschancen. Die Jugoslawien-Krise, so Lamers, habe gezeigt, daß die Bundesrepublik zu Alleingängen nicht in der Lage sei. Vielmehr habe sich, noch deutlicher als vor der Vereinigung, die Europäische Gemeinschaft als ›entscheidender Handlungsrahmen‹ deutscher Außenpolitik erwiesen. Die europäischen Partner hätten die Folgen einer Anerkennung Sloweniens und Kroatiens klarer als die Bundesrepublik gesehen: ›Niemand wollte aussprechen, daß die Anerkennung die Voraussetzung für den militärischen Schutz Kroatiens bildet.‹ Latentes europäisches Mißtrauen gegenüber deutschen Motiven sei durch die Jugoslawien-Politik verstärkt worden. Um den Eindruck einer Isolierung Bonns zu korrigieren, wie beim Mitterand-Besuch geschehen, sei ein ›temporäres Einlenken‹ unabdingbar gewesen. Ohne deutsch-französische Kooperation könne nichts geschehen. Solidarität mit den europäischen Partnern und das Bestreben, jede Beschädigung der Gemeinschaft zu vermeiden, müßte für die deutsche Außenpolitik Priorität besitzen.«

350 Ebd., S. 1457

351 György Konrád – An Europas Horizont kichert der Wahnsinn; aus: DIE TAGESZEITUNG (TAZ) vom 8. August 1992, S. 11

352 »Wer eine solche Zukunft herbeiführen will, muß die strategischen Akzente anders setzen als in der Gegenwart. Es bedarf keiner neuen Strategien, sondern nur eines anderen Mischverhältnisses. Im Zentrum muß der westliche Beitrag zur Demokratisierung und zum wirtschaftlichen Aufschwung Rußlands und Osteuropas stehen; vom Erfolg dieser Strategie hängt die Sicherheit Europas in erster Linie ab. Fast ebenso wichtig ist es, das Sicherheitsdilemma aufzuheben oder doch jedenfalls radikal abzuschwächen. Das Heilmittel ist die KSZE. Sie muß reaktiviert, muß zur wichtigsten Sicherheitsorganisation Gesamteuropas aufgestockt werden. Die NATO muß als Stabilitätsanker und Rückversicherung erhalten bleiben, kann sich aber rückbilden in dem Maße, in dem die neuen Strukturen Europas aufwachsen.« Ernst Otto Czempiel – Bausteine einer europäischen Friedensordnung; aus: EUROPAARCHIV Folge 4/94, S. 99